History of Brazil

브라질사

최 영 수

한국외국어대학교 출판부

브라질사

초판 1쇄 인쇄 2010년 9월 10일
초판 1쇄 발행 2010년 9월 20일

지은이 최영수
발행인 박철
발행처 한국외국어대학교출판부
130-791 서울특별시 동대문구 이문동 270
전화 02)2173-2495~6
팩스 02)2173-3363
홈페이지 http://press.hufs.ac.kr
전자우편 press@hufs.ac.kr
출판등록 제6-6호(1969. 4. 30)

본문 편집 · 디자인 지댄피(070-8234-0025)
표지디자인 (주)이환디앤비(02-2254-4301)
인쇄 · 제본 (주)동국문화(02-718-5011)

ISBN 978-89-7464-614-1 93950 값 16,000원

잘못된 책은 바꾸어 드립니다.

머리말

얼마 전까지만 해도 브라질은 국민 대다수가 빈곤, 질병 그리고 무지 속에서 살아가는 나라, 노예의 나라, 열대 기후와 가톨릭 외에는 종교의 자유도 허용되지 않는 나라라는 편견이 지배적이었다. 그러나 최근들어 BRICs 국가의 일원으로써 국제적 지위가 향상되면서 브라질은 국제무대에서도 다양한 역할을 수행하고 있다. 따라서 브라질에 관한 연구도 종전의 개론적 측면에서 탈피해서 정치, 사회, 경제적 측면뿐만 아니라 인간의 일상 활동이나 문화인류학, 이문화(Cross Culture) 연구 등으로 다양한 지평을 확장하고 있다.

브라질은 참으로 매력적인 나라이다. 세계 제5위의 거대한 나라,1억 8천만의 인구와 무한한 천연자원의 보고인 이 나라는 1980년 인구조사에 따르면 인구의 거의 반이 20세 미만인 젊은 국가이고, 출생률은 미국과 구소련 연방을 합친 것보다 높다. 또한 세계 최대의 가톨릭 국가이고, 아프리카 대륙 밖의 최대 흑인 거주국이며 일본을 제외한 최대의 일본인 거주국이다. 그런 이유로 21 세기는 Brazilian Century라는 기대감 또한 크다.

서구인들에게도 브라질은 어떤 면에서 그들의 미래의 모습이다. 상류계층 대부분은 유럽계 조상을 두었고, 높은 문화 수준이나 각종 사회제도와 관습도 서구로부터 왔다. 하지만 브라질은 서구세계와 분명한 차이점을 지닌다. 식민 시대 이후 수세기 동안 서구와 비서구 문화가 한데 혼합되어 특이한 문화가 창조된 것이다. 브라질 지식인들은 서구의 이론을 확산시키기보다 그들의 환경에 적합한 새로운 분석을 시도하고 있다.

일반적으로 역사서술에 있어 민족형성의 과정은 가장 중요한 핵심이 된다. 민족을 구성하는 객관적 요건은 동일 인종, 공통의 선조, 동일 언어와 공통의 문화 그리고 관습 등이다. 그렇다면 민족의 외형적 구성요건이 획일적이지 못한 브라질을 한 민족으로 만들 수 있었던 것은 무엇일까? 그것은 브라질인들이 자신들의 조국은 백인, 흑인 그리고 원주민의 3인종에 의해 건설되었다는 믿음을 확고히 하고 있기 때문일 것이다. 그런 이유로 많은 사람들은 다양성(Diversity)을 브라질과 브라질인을 설명하는 최상의 어휘라고 하지만, 인종혼합, 종교혼합 그리고 문화의 디아스포라로 이룩된 브라질에게는 혼합(Mixture)이라는 어휘가 진정으로 어울리는 표현이다.

한 나라의 역사를 단독으로 집필한다는 것은 오랫동안 대학강단에서 포르투갈어권 국가들의 역사를 강의했던 본인으로서도 엄청난 용기와 노력이 필요한 일이었다. 더욱이 식민시대를 경험한 국가들의 민족국가 확립 과정이나 특유의 문화적 복합성 그리고 다민족 사회의 문제점 등을 총체적으로 정리한다는 것은 일종의 도전이었다.

이 책은 크게 4부로 구성된다. 1부 브라질 식민시대에서는 이 땅의 주인이었던 원주민의 역사와 1500년 브라질이 발견된 이후 식민통치 300년의 역사가 서술된다. 2부 브라질의 독립에서는 1822년 정치적 독립, 브라질 제국의 정치적 발전, 영유권 문제 등이 서술되고, 3부는 브라질 공화정 시기로 공화정의 선포에서 과두체제의 형성과 변천 그리고 몰락과정을 정리했으며, 4부 브라질의 현대에서는 민주화시대, 군부 독재정치 그리고 민간정부의 출현과 룰라 대통령의 재집권까지를 상술하고 있다.

오늘날 다민족사회 국가들이 안고 있는 문제점들은 심각하다. 그러나 다양한 문화의 혼합은 신생국 브라질의 정체성 확립에 크게 기여했다. 최근 브라질은 2016년 하계올림픽을 히우 지 쟈네이루에 유치하는데 성공했다. 항상 혼혈국가 또는 이류국가로 취급받던 브라질로서는 조국을 전 세계에 알릴 수 있는 호기를 맞게 된 것이다. 룰라는 한 기자회견에서 UN안보상임이사국 진출이 브라질 외교의 가장 큰 꿈임을 밝힌 바 있다. 저자는 이 책을 통해 새롭게 이미지를 부각시키는 브라질의 참된 모습을 많은 사람들이 인식하게 되기를 바란다. 아울러 이 책의 출간을 허락해주신 한국외국어대학교 출판부에 깊은 감사의 뜻을 전한다.

2010년 7월

최 영 수

세계 각국사 시리즈(2)

브라질사

차 례

I

브라질—식민시대

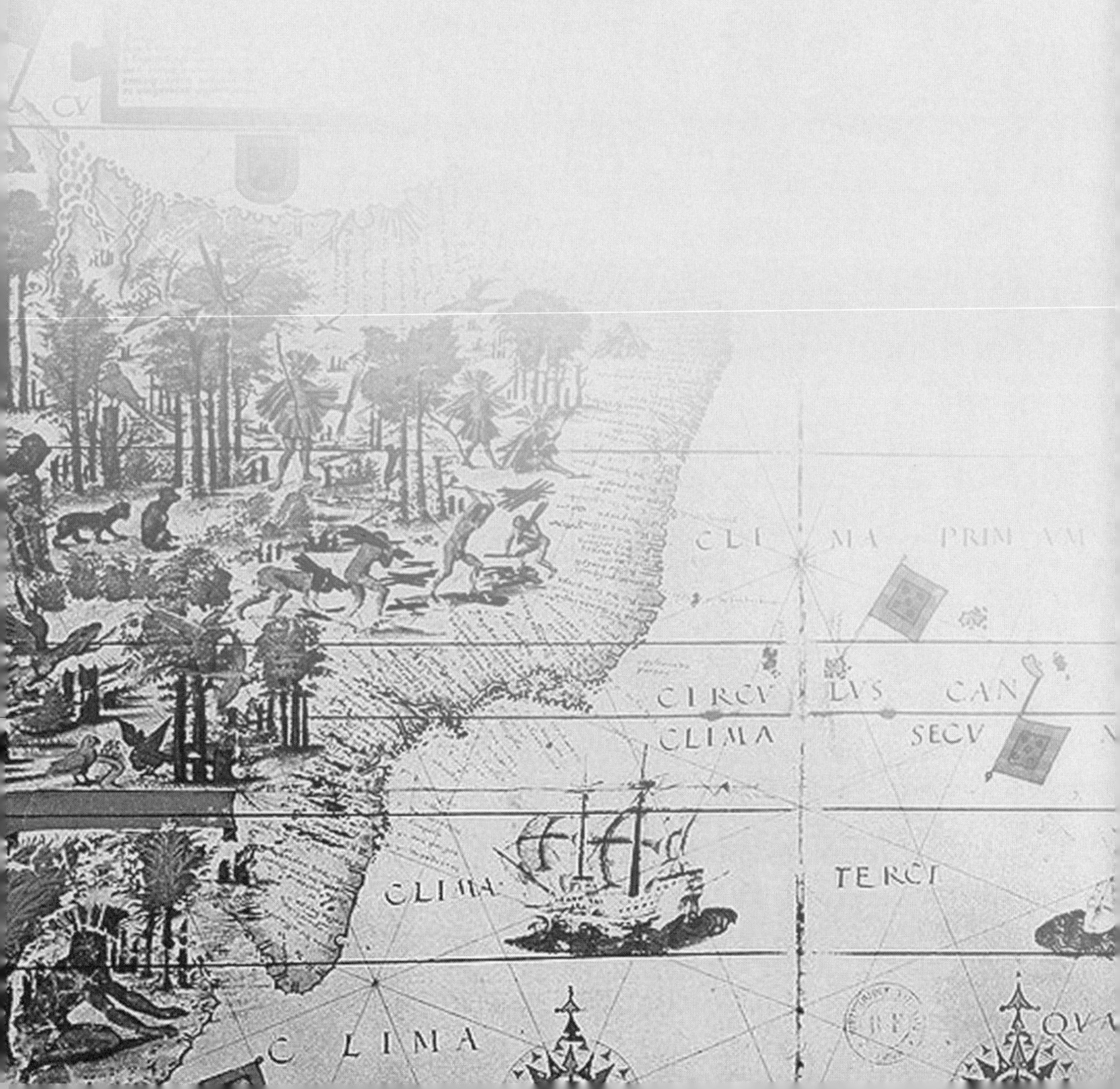

제1장 대항해시대

1. 포르투갈의 해외팽창

14-17세기에는 이베리아의 두 왕국 포르투갈과 스페인이 선도하고, 뒤이어 영국, 화란과 프랑스가 참여함으로써 보다 적극적이고 체계화되었던 유럽세계의 정신적, 물질적 그리고 공간적 확장이 진행되었다. 이것은 무엇보다도 유럽 문명의 식민제국주의적 팽창 움직임이었다.

아담 스미스(Adam Smith)는 신대륙발견과 인도항로 발견을 가리켜 '인류 역사상 가장 위대하고 중요한 사건'이라고 평한다. 이 역사적 발상과 본원적 충동은 맨 먼저 포르투갈인들에 의해 일어났고, 당시로써는 최상의 조건을 지녔던 그들에게만 가능한 일이었다. 포르투갈이 위치한 이베리아 반도는 지리적, 역사적 그리고 자연환경적으로도 발견의 시대를 주도할 필연적 당위성을 지니고 있었다. 또한, 당시의 유럽사회는 중세로부터 근대로의 이행기로서 르네상스 운동의 '새로운 것과 미지의 세계에 대한 인간의 호기심과 모험심'이 팽배해 있었다. 따라서 전통적 굴레에서 벗어나고자 했던 포르투갈인들은 낯선 세계와의 물질적 교류를 갈구하고 있었고, 야곱 브르크하르트(Jakob Bruckhardt)의 말처럼 '세계와 인간의 발견'을 위한 정신적인 면도 추구하고 있었다.

15세기 초에는 포르투갈에 아비스(Avis) 왕조가 설립되었다. 초대 왕 동 쥬앙 1세(D. João I)는 유럽의 다른 국가들보다 앞서 해외영토 확장을 이룩하기 위한 계획에 착수했다. 좁은 해협을 사이로 아프리카 대륙과 마주하여 흡사 대륙과 대륙의 마디를 연결하는 관절과 같은 역할을 했던 이베리아 반도의 포르투갈은 긴 해안선과 잘 발달된 항구들로 해운 활동에 최상의 조건을 갖추고 있었다. 또한, 포르투갈인들은 기원전 청동기 시대부터 해안지역에 정착했던 페니키아, 그리스와 카르타고 인들의 영향을 받아 해양성 천품이 강한 민족이었다.

15세기까지만 해도 인접한 스페인, 영국, 프랑스와 독일 등이 내부통일을 위해 진통을 겪고 있었지만, 포르투갈은 이미 무어(Moor)인 세력을 추방하고, 스페인과 평화협정(1411)을 체결하여 정치적으로 안정되어 있었다. 당시 동 쥬앙 1세는 부르주아 상인들의 적극적인 지원으로 왕위에 올랐기 때문에 귀족들보다 부르주아 계급을 중시했다. 따라서 포르투갈 상인들은 국왕의 지원을 받아 해상교역 활동에 착수할 수 있었고, 호전적이고 모험심 강한 귀족들도 오랜 정복전이 끝난 후, 해외 영토 확장에서 그들의 능력을 발휘할 수 있었다.

이상과 같은 제반 상황과 더불어 종교적으로는 십자군 운동의 사명 즉, 기독교 신앙의 전파로 미지의 세계에서 이교도들을 개종시키는 것이 포르투갈인들의 주요한 목적이었다.

포르투갈 해양개척을 주도했던 인물은 동 쥬앙 1세의 3남인 항해왕자 엥리끄(Infante D. Henrique)였다. 항해왕자에 의해 시작된 인도항로의 꿈은 동 쥬앙 2세(D.João II) 통치기인 1488년 바르똘로메우 디아스(Bartolomeu Dias)가 아프리카의 동남통로인 희망봉을 발견하면서 포르투갈인들에 의해 인도 항로가 열릴 것이라는 확신으로 변했다.

인도를 향한 함대가 거의 준비될 무렵 동 쥬앙 2세가 서거함으로써 계승자인 동 마누엘(D.Manuel)이 발견의 계획을 이어받았다. 그는 바스코 다 가마(Vasco da Gama)를 함대 사령관으로 4척의 배로 원정대를 구성했다. 1497년 벨렝(Belém)항을 떠난 원정대는 희망봉을 통과하여 아프리카 동해안을 따라

북상하다가 오늘날의 케냐에 위치한 멜린드(Melinde)항에 도착했다. 멜린드 왕은 포르투갈인들을 환대하고 인도양 횡단을 위한 우수한 항해사들을 제공하였고, 원정대는 그들의 도움으로 남서풍을 타고 순조로운 항해 끝에 1498년 인도 서해안의 깔리꾸뜨(Calicute)에 도착했다.

다 가마의 인도항로 발견은 유럽을 이른바 변혁의 시대로 이끌었고, 여행 중 통과한 동아프리카의 해안과 신비에 쌓였던 동양세계를 유럽사회에 알렸다. 이로써 유럽, 아프리카와 아시아 간의 문물교환과 긴밀한 교류가 실현되었다.

항해왕자 엔리끄

2. 브라질의 발견

북아프리카의 세우따(Ceuta) 정복으로 시작된 포르투갈의 해외팽창은 식민제국주의의 첫 시도였다. 15세기 초의 세우따는 비단, 상아, 금 등의 진귀한 상품들과 노예 노동력이 유통되는 매우 중요한 무역항이었다.

포르투갈의 역사서술은 주로 초기 팽창정책의 목표가 중세말의 종교적 사명감을 앞세운 호전적 군사주의에 있다고 주장하지만, 안또니우 세르지우(Antonio Sergio)와 같은 역사가들은 세우따 정복은 그 목표가 당시 부족한 식량과 유럽국가들이 절실히 필요로 했던 금의 유입 통로 확보에 있었다고 말한다.

이 정복 계획에는 동 쥬앙 1세의 아들 항해왕자 동 엥리끄가 적극 참여하고 있었다. 그는 세우따 정복 후 더 많은 해외영토 확장을 위해 항해기술과 해양과학을 연구하는 한편, 포르투갈 남단의 사그레스에 항해학교(Escola de Sagres)를 설립하여 저명한 해외의 천문학자,지리학자, 수학가, 항해기구제조

기술자, 해도 작성가와 항해가들을 초빙하였다. 그는 당대에 가장 발전된 해양연구기지가 된 사그레스에서 해양개척의 원대한 꿈을 키워나갔다.

브라질이 발견된 1500년까지 포르투갈이 이룩한 팽창의 업적은 실로 눈부셨다. 그들의 발견 과업은 1415년 세우따를 시작으로 1419년 마데이라(Madeira)군도 점유, 1431년 대서양 상의 아쏘레스(Açores)군도 재확인, 1434년 질 이아네스가 당시까지 유럽인들이 해상을 통한 남하 한계선 까보 보자도르(Cabo Bojador)통과, 1482년 디오구 까웅의 자이레(Zaire)강 답사, 1488년 바르똘로메우 디아스의 희망봉 우회와 1498년 바스코 다 가마의 인도항로 발견으로 이어졌다.

포르투갈이 이처럼 숨겨진 바다의 비밀을 밝혀내고 아프리카 서해안의 많은 지역 발견과 답사 그리고 교역확대에 몰두하는 동안, 스페인은 여전히 이베리아 반도 남부를 장악하고 있었던 이슬람 세력의 그라나다 왕국에서 무어인(Mouro)들을 추방하는 문제로 고심하고 있었다. 따라서 재정복(Reconquista)사업이 우선순위였던 스페인으로서는 대항해를 위한 경제적 여유가 없었다. 그러나 1491년 그라나다의 알함브라 입성이 초읽기에 있을 때, 가톨릭 왕들은 콜럼버스에 대한 후원을 결정하였다.

1492년 콜럼버스의 신대륙 발견 직전 가톨릭 왕들은 새로 발견될 땅에 대한 소유권 인정을 위해 교황청의 개입을 요청하였다. 당시 교황이었던 알렉산더 6세(Alexander VI)는 스페인 출신이었다. 그는 즉각 인테르 코에테라(Inter Coetera) 칙서를 통해 까보 베르드(Cabo Verde) 제도 서쪽 100레구아(légua)를 지나는 가상의 선을 설정하고 경계선 서쪽에서 새롭게 발견된 모든 땅은 스페인 소유로, 그리고 동쪽에서 발견된 땅은 포르투갈에 소유권이 있음을 선언했다. 이 칙서의 내용을 따르면 스페인은 아메리카의 모든 땅을 그들의 소유로 인정받게 되고, 포르투갈은 단지 아프리카에서만 영토를 확장할 수 있었다.

포르투갈은 이 제안에 불응하고 강력히 교황청에 항의하였고, 결국 양국은 3-4차례의 협상 끝에 1494년 또르데질랴스 조약(Tratado de Tordesilhas)을 체결하였다. 이 조약에 따르면 까보 베르드 서쪽 370레구아 거리에 새로운 가상의 선을 긋고 경계선의 서쪽은 스페인, 동쪽은 포르투갈에 새로운 땅의 소유권이 있음을 인정하게 되었다.

이 조약으로 신세계는 포르투갈과 스페인 양국에 의해 양분되었다. 이러한 교황의 칙서에 분노한 프랑스의 프랑소아 1세는 '스페인과 포르투갈인들 간에 인디아스를 양분해 준다는 아담의 유언장이 과연 존재하는지 확인하고 싶노라.'라며 반박했다.

까브랄 함대의 브라질 상륙

1498년 바스코 다 가마의 인도항로 발견 이후 동 마누엘 국왕은 강력한 함대를 조직하고 그 지휘권을 뻬드루 알바레스 까브랄(Pedro Álvares Cabral)에게 부여했다. 원정대는 동양에 무역을 위한 기지 설립의 목적을 지니고 리스본 항을 출항했다. 13척의 선박과 1,200명으로 구성된 원정대에는 희망봉의 발견자 바르똘로메우 디아스를 비롯한 잘 알려진 항해가들이 다수 포함되어 있었다.

1500년 3월 포르투갈을 떠난 함대는 4월 21일 항해 중 인근에 육지가 있다는 여러 가지 징후를 예감하였고, 이튿날 그들이 몬테 파스코알(Monte Pascoal)이라 명명한 곳에 도착했다. 까밍냐(Pero Vaz da Caminha)는 국왕에게 보낸 서한에서 이것을 브라질의 발견이라고 밝혔다. 브라질의 발견에 관해서는 우연설(Casualidade)과 의도설(Intencionalidade)의 두 가지 주장이 대립된다. 브라질의 발견이 우연이었다고 주장하는 학자들은 까브랄이 무풍지대(Calmaria)를 피하려고 아프리카 서해안으로부터 멀리 떨어져서 항해하다가 브라질 땅을 발견했었거나 아니면 해류나 폭풍에 밀려서 그곳에 도착했으리라고 믿는다. 그러나 이와 같은 가정에는 수많은 비판이 뒤따른다. 첫째로, 포르투갈인들처럼 뛰어나고 능숙한 항해가들이 기존 항로를 이탈한다는 것은 불가능하다. 둘째로, 당시의 여행을 기록한 항해일지나 문서들에는 해류나 폭풍에 관한 내용이 발견되지 않는다. 셋째로, 설령 폭풍이나 해류에

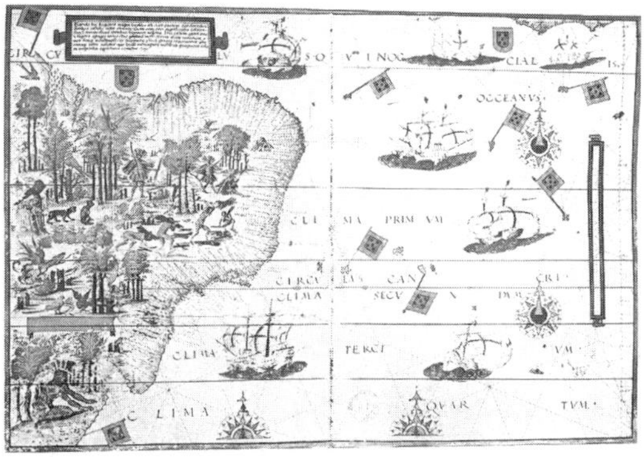

16세기 초의 브라질

밀렸더라도 함대가 흘러간 방향은 안틸랴스 제도였을 것이다.

의도설에 관해서도 많은 주장이 있다. 첫째로, 당시에 브라질은 유럽인들이 작성한 지도에 정확치는 않지만 그 위치가 표시되어 있었다. 둘째로, 포르투갈인들은 항해술이 뛰어났고, 함대 사령관 까브랄은 이 항로를 통과한 경험이 있는 항해가들과 함께 여행했다. 셋째로, 아메리카 대륙 발견 이후 포르투갈과 스페인의 발견지 소유권이 또르데질랴스 조약에서 370레구아로 확정되자 포르투갈로서는 브라질 땅을 확인할 필요가 있었다. 넷째로, 카밍냐의 서한에는 발견에 대한 놀라움이 전혀 나타나 있지 않았다.

까브랄의 항해 이후 수많은 국가들이 브라질 땅에 대한 권리를 주장하고 나섰다. 이들 국가들은 카브랄 이전에 이미 자국의 항해가들이 브라질에 도착했음을 입증했다. 프랑스는 루셀(Roussel)과 장 쿠쟁(Jean Cousin)이 아마존강 유역까지 답사했고, 독일인 마르틴 베아임(Martim Beahim), 이탈리아인 아메리쿠스 베스푸시우스(Americus Vespucius) 그리고 스페인의 핀손(Pinzón)형제는 마르 둘세(Mar Dulce)라 불렀던 아마존 하구를 여행했으며, 알론소 데 오헤다(Alonso de Hojeda)와 디오구 데 레페(Diogo de Lepe)의 브라질 여행 사실이 확인된 바 있다.

3. 초기식민화사업

발견 이후 포르투갈 왕실은 브라질 땅에 대한 별다른 관심을 표명하지 않았다. 당시 포르투갈은 동양과의 향료 교역으로 엄청난 부를 창조했고, 도자기나 비단 같이 진귀한 물품이 풍요로운 중국에도 큰 흥미를 느끼고 있었기 때문에 신대륙에는 상대적으로 무관심했다. 인구밀도가 조밀하고, 이미 발전된 문명을 이루고 있는 동양의 많은 지역들에는 교역을 위한 좋은 시장이 형성되어 있었다.

이미 안정되고 이익이 보장된 동양의 교역시장에 비해 브라질 땅은 풍부한 자원을 지니고 있다 할지라도 개발을 위해서는 많은 자본과 노동력이 요구되는 지역이었다. 그러나 스페인이 정복한 아메리카 대륙의 일부 지역에서는 금과 은의 발견 소식이 끊이지 않았다. 아울러 전설적인 황금향 엘도라도(El Dorado)의 꿈은 유럽 전역을 들끓게 했다. 포르투갈 왕실은 이와 같은 상황에서 브라질 땅에도 귀금속이 매장되어 있을 가능성을 확인하고자 했다.

해안답사 원정대

1501년 최초로 브라질 해안 답사를 위한 원정대가 가스파르 지 레모스(Gaspar de Lemos)의 지휘 하에 파견되었다. 원정대는 광활하게 펼쳐진 해안지역을 탐사하며 브라질이 섬이 아니고 거대한 대륙의 일부라는 사실을 확인했다. 이로써 처음에 베라 끄루즈(Vera Cruz)섬이라 불렀던 브라질은 산타 끄루즈(Santa Cruz)의 땅으로 명명되었다. 그러나 그들은 기대했던 금을 찾지 못하고, 답사한 지역들에 지명을 부여한 후 빠우 브라질(pau-brasil)이라는 붉은색 염료를 축출하는 나무를 다량 선적한 채 귀환했다.

1501년 원정대의 답사 결과로 포르투갈 왕실은 브라질에 더욱 무관심했다. 왕실은 이 지역의 개발권마저 민간인에게 임대했다. 최초의 민간인 임대업자는 기독교로 개종한 유태인 훼르낭 지 노롱냐(Fernão de Noronha)였고 1502년부터 3년 계약 기간이었다. 노롱냐는 이후 1506년에도 3년의 계약 기간을 갱신하였고, 왕실의 요구로 매년 6척의 선박을 파견하여 요새를 축조하고 개발 수익의 1/5을 국왕께 바쳤다.

2차 원정대는 1503년 한 임차회사의 지원을 받아 파견되었고, 곤살루 꼬엘류(Gonçalo Coelho)와 아메리쿠스 베스푸시우스가 지휘했다. 그들의 원정 목적은 빠우 브라질과 은광의 개발에 있었다. 아메리카 대륙을 수차례 여행한 바 있었던 베스푸시우스는 자신의 여행일지 레테라(Lettera)에서 다채로운 색깔의 깃털을 지닌 앵무새들과 아름다운 자연경관을 소개했고, 귀금속은 발견되지 않았지만 빠우 브라질 나무는 기나긴 해안 전체를 뒤덮고 있었다고 기록했다. 이 여행에서 꼬엘류는 히우 지 쟈네이루(Rio de Janeiro)까지 답사했고, 베스푸시우스는 까부 푸리우(Cabo Frio)까지 남하했다. 결국 그들 역시 많은 양의 빠우 브라질 나무를 선적하고 귀환했다. 그러나 이 목재를 본격적으로 개발하기 위해서는 해안지대에 상관인 훼이또리아(feitoria)를 설치할 필요가 있었다. 이 상관에 관해서는 많은 자료가 남아있지는 않지만 이가라쑤(Igaraçu), 이따마라카(Itamaracá), 바이아(Bahia), 뽀르뚜 세구루(Porto Seguro), 까부 푸리우(Cabo Frio) 그리고 싸웅 비센찌(São Vicente)에 설치되었고, 원주민들과 프랑스 인들의 빈번한 공격으로 소멸된 것으로 알려지고 있다.

해안경비 원정대

1516년에는 외국인들의 침입을 막기 위해 크리스또방 쟈께스(Cristovão Jaques)가 지휘하는 제1차 해안 경비 원정대가 브라질로 떠났다. 이 원정대는 뻬르낭부꾸(Pernambuco)에서 프랑스인들이 세운 요새와 상관을 공격하여 파괴하였고, 까부 푸리우까지 순찰을 행한 후 본국으로 귀환했다. 그리고 1526년에는 쟈께스가 제2차 해안 경비원정대를 지휘하며 또 다시 브라질 해안에 프랑스인들이 세운 상관과 요새를 공격하고 프랑스 선박을 나포했다.

쟈께스는 두 차례의 원정을 통해서 간헐적인 원정대의 파견만으로는 브라질을 충분히 지켜낼 수 없다고 판단했다. 브라질 해안선이 너무나 길었기 때문에 몇 척의 감시선에 의존하여 외국의 침입자들을 막는다는 것은 불가능한 일이었다. 쟈께스는 왕실에게 효과적인 식민화 사업을 행하지 않는다면, 브라질 땅은 원주민들과 우호관계를 맺고 있는 프랑스인들의 수중에 넘어가게 될 것이라고 간언했다. 이에 국왕 동 쥬앙 3세(D.João III)는 즉각 식민원정대를 조직하도록 지시했다.

식민 원정대

1530년 마르띵 아퐁소 지 소우자(Martim Afonso de Sousa)가 지휘하는 식민원정대가 브라질을 향해 떠났다. 원정대는 프랑스인들을 추방하고, 히우 다

뻐라따(Rio da Prata) 지역을 개발하며, 새로운 땅에 식민 거주지를 세우는데 목적이 있었다. 원정대는 5척의 선박으로 구성되었다. 동 쥬앙 3세는 소우자에게 3장의 증서를 하사했다. 그는 종전에 파견된 사령관들에게 제공된 것보다 훨씬 큰 특권을 받았다. 첫 번째 증서는 그를 새로운 땅과 함대의 총사령관으로 임명한 것이었고, 두 번째 증서는 브라질에서 법의 집행권과 공증인 임면권이었으며, 세 번째는 정착인들에게 미개간지의 분배권이었다.

이 원정대에는 400명 이상의 귀족, 조타수, 독일, 스페인과 네덜란드 군인들이 참여했고, 이미 원주민 언어를 익힌 통역관도 함께 했다. 소우자는 프랑스 선박들을 나포하고 요새를 파괴한 다음 브라질 북부 해안에서 히우 마라냥(Rio Maranhão) 하구까지 답사를 행했다. 바이아에서는 오래전이 지역에 정착해서 원주민 여성과 결혼하여 많은 혼혈아를 낳은 포르투갈인 디오구 알바레스 꼬헤이아(Diogo Álvares Correia)를 만났다. 까라무루(Caramuru)라는 별칭으로 불린 그는 소우자의 식민 사업에 큰 도움을 주었던 인물이다. 이 원정대는 눈부신 활약을 행했다. 식민사업의 일환으로 싸웅 비센찌(São Vicente)마을을 세웠고, 마데이라 군도에 서 사탕수수 묘목을 들여와 재배를 시작했으며 최초의 설탕 제분소를 세웠다. 이를 기점으로 사탕수수는 빠우 브라질에 이어서 브라질 경제의 가장 주요한 산업으로 각광받기 시작했다.

제2장 브라질의 민족형성

1. 포르투갈인

브라질이 발견되었을 당시 동 마누엘은 이곳에 유배인들을 남겨 향후 식민사업에 도움이 되고자 했다. 까브랄 함대가 인도로 떠날 때 브라질에 남겨두고 온 유배인들과 난파 선원들은 최초의 브라질 식민이었다. 이들 중 아퐁수 히베이루(Afonso Ribeiro)는 원주민 언어를 습득하고 새로운 땅에 대한 많은 지식과 정보를 얻었고, 1501년 원정대를 따라온 석사라는 의미의 바샤렐(Bacharel)로 불린 박식한 유배인도 브라질 식민사업에 많은 기여를 했다. 신세계에 정착한 포르투갈인들은 다양한 계층의 사람들이었다. 많은 귀족들은 식민행정구역의 통치자로 부임하여 대토지를 소유하고 상류사회를 형성하였다. 농사를 목적으로 이주해 온 백인들도 땅을 소유하고 번영을 누렸으며, 유배인들과 범법자들은 사회의 밑바닥 계층이었지만 성공한 사람들도 많았다. 또한, 기독교로 개종한 유태인들은 해안 지역에 정착하여 설탕생산과 수출에 전념했다.

16세기에 대서양을 건너온 포르투갈인들은 오늘날 브라질 발전의 가장 큰 기여자라고 할 수 있다. 당시 위험을 무릅쓰고 이주해 온 모험가들은 남에게 강요하거나 강요당하지도 않는 자립심 강한 개인주의자들이었지만,

중세 포르투갈의 계급주의적 전통을 인식하는 사람들이었다. 그들은 기독교 신앙의 영적 지시에 순응했고, 상업적 물질주의에도 적응하였다.

포르투갈 식민들의 가장 큰 장점은 적응성이었다. 그들은 식민지의 기후와 풍토에 잘 적응했다. 그러나 그들은 육체노동을 멸시하는 경향이 있었다. 이것은 모험가들이 발견과업의 성공을 통해 자연적으로 권위의식을 얻게 된 이유 때문이었다.

역사적으로 포르투갈인들은 이교도세력인 무어인들의 지배를 받을 때, 지배계급인 무어인 여성들에게서 이상적인 여인상을 추구했다. 당시 검은 피부, 검고 긴 머리, 신비스럽고 애로틱한 무어인 공주는 포르투갈인들의 이상적 여인상이었다. 이루지 못한 꿈은 브라질에서 실현되었다. 벌거벗은 원주민 여인들은 그들의 꿈을 이루어 주었다. 이리하여 인종 간의 혼혈이 시작되었다. 또한, 포르투갈인들은 무어인들이 이베리아 반도에 전파한 일부다처제, 가부장제와 여성들의 가정은둔습관 같은 유산을 브라질에 전파했다.

2. 원주민

콜럼버스가 아메리카 대륙을 발견하기 이전부터 신세계에는 수많은 원주민이 거주했다. 그들이 어디에서 아메리카 대륙으로 이주해 왔는지에 대해서는 여러 가지 학설이 있다. 첫 번째는 토착인설(Autoctonismo)로 원주민들이 다른 어느 곳으로부터 온 것이 아니고 기원전부터 이곳에 거주하고 있었다는 주장이다. 두 번째는 아시아 기원설이다. 이 설에 의하면 아메리카 원주민들은 원래 아시아인들로서 베링 해협을 건너 이주해 왔다고 한다. 세 번째는 아우스뜨랄리아나 설(Australiana)로서 원주민들이 태평양을 건너 오스트랄리아로부터 이주해 왔다는 것이다.

까브랄이 1500년 브라질을 발견했을 때, 원주민 숫자는 대략 6백만 명 정도로 추정된다. 그러나 그들과 정복자들이 접촉해온 5세기가 지난 오늘날 브라질 전역의 원주민 인구는 히우 지 쟈네이루에 있는 세계 최대의 축구경기장 마라카낭(Maracanã)을 채울 정도밖에 남지 않았다고 페이지(Page)교수

브라질 원주민

는 말한다.

브라질인들의 정체성을 확립하는데 있어 원주민의 기여하는 바는 매우 크다. 많은 브라질인들의 외모에서 높은 광대뼈, 구릿빛 피부는 원주민들의 피가 흐르고 있음을 시사해 준다. 또한, 원주민들의 관습과 전통은 브라질인들의 행동양식에 깊이 자리 잡고 있고, 원주민들의 신화는 브라질인들의 잠재의식 속에 흐르고 있다.

인류학자들은 브라질 원주민을 크게 두 종류로 구분한다. 첫째는 아마존의 우림지역과 해안의 평야에 거주하는 열대우림 원주민들로서 농업과 어업으로 생계를 유지한 사람들이다. 둘째는 사냥과 수렵에 종사했던 고원과 평원지대의 유목민으로 한계문화(Marginal Culture)원주민이 있다. 최초의 포르투갈 개척자들은 열대우림 원주민들과 접촉했는데 대표적 부족은 뚜삐(Tupi)족이었다.

유럽의 식민들은 처음에 브라질 원주민들을 보고 꾸밈없고, 친절하고, 잘생기고, 근심 없는 듯한 모습의 그들은 때 묻지 않은 '고귀한 야만인'이라고 평했다. 무성한 숲 한가운데서 나체의 몸에 울긋불긋 채색한 그들의 모습을 보는 것은 일종의 최면에 걸린 듯한 느낌을 주었다.

그러나 이와 같은 환상은 금방 깨졌다. 백인들은 꿈의 실현을 위해 이들을 굴복시키려 하였고, 원주민들도 이에 반발했다. 식민 초기에 포르투갈인들은 해안을 따라 일구기 시작한 사탕수수 농장에서 엄청난 노동력이 필요했다. 식민들 자신은 육체노동을 꺼렸고, 원주민들은 장기 노역에 응하지 않았기 때문에 강제노동만이 유일한 해결책이었다. 브라질 원주민들은 사탕수수 농장의 노역에 잘 적응하지 못했다. 그들의 유목민적 천성은 한 군데 정착하는데 익숙지 못했다. 자유분방한 그들 사회에서 농사일이나 온갖

험한 일은 여인들의 몫이었고, 남성은 전사로서, 사냥꾼으로서, 어부로서 그리고 카누 제조 등의 장인 일에 몰두했다. 따라서 힘든 사탕수수 농장의 강제노동은 지극히 비천한 일로 생각했다.

포르투갈 인들은 원주민을 천대시하고 노예신분으로 전락시켰지만 원주민 여인들을 자신들의 육욕을 충족시키는 대상으로 삼았다. 그리고 이들 사이에 태어난 까보끌로는 식민사회의 가장 낮은 계층으로 분류되었다.

원주민들의 습관과 전통

원주민들은 주로 수렵활동을 했다. 그러나 일부 개화된 원주민들은 옥수수, 만디오까(Mandioca)와 담배를 경작했다. 거주지 주변에 사냥감이나 물고기가 부족하면 미련 없이 다른 곳으로 옮겨 갔다. 그래서 그들의 생활은 유목민이나 다름없었다. 사냥도구로는 활과 화살을 이용했다. 작은 화살촉은 새와 같은 작은 짐승 사냥에 사용되었다. 그들은 올가미를 놓거나 동물을 유인하여 잡기 위해 완벽하게 울음소리를 흉내 냈다. 또한, 원주민들은 작은 그물, 화살, 낚시바늘과 띰부(Timbo)라 부르는 독성을 지닌 식물을 이용하여 고기를 잡았다.

농사짓는 원주민들은 숲에 불을 놓아 화전을 일구었다. 이는 꼬이바라(Coibara)로 불리며 아직도 브라질 내륙지역에서 이용되는 관습이 되었다. 원주민들은 우루꾸(Urucu) 나무 열매에서 짠 붉은 염료와 제니빠뿌(Jenipapo) 열매의 푸른 염료로 몸에 채색을 하였다. 일부 부족은 귀와 입술에 구멍을 뚫고 나무 조각이나 입술 장신구인 보또께스(Botoques)를 끼워 넣었으며 때로는 짐승과 적의 이빨로 목걸이를 만들었고 새의 깃털도 장식으로 사용했다.

적과의 싸움에서 사용한 무기는 활과 화살, 창과 곤봉이 있었다. 일부 부족은 독을 바른 작은 화살을 입으로 불러서 쏘는 에스가라바따나(Esgaravatana)도 이용했다.

악기로는 우아이(Uai)라는 북과 마라까(Maraca)라는 방울 그리고 사람 뼈로 만든 멤비(Membi)라는 일종의 풀루트가 있었다.

적과의 전쟁은 주로 옥수수와 까우잉(Cauim)이라는 음료를 만드는 까쥬

(Caju) 열매가 익을 무렵 시도되었다. 식인 원주민들은 잡아먹을 포로의 숫자가 충분할 때 전투를 중단하고 주거지인 따바(Taba)로 돌아갔다.

원주민들은 모루비샤에게 복종했지만 더 큰 영향력은 부족의 주술사 빠제(Paje)에게 있었다. 그들은 주술사가 초능력을 지니고 있어서 미래를 예견하고 각종 질병을 고치며 어떤 짐승으로도 둔갑할 수 있다고 믿었고, 심지어는 자신의 몸을 보이지 않게 하는 신통력의 소유자로 확신했다.

유럽인들이 가장 놀란 원주민들의 습관 중 하나는 청결성이었다. 16세기 유럽인들의 정갈하지 못한 습성과는 대조되게 원주민들은 하루에도 수차례씩 강에서 목욕하여 청결을 유지했다. 수면 시에는 항상 그물침대를 이용했으며, 원주민 여인들은 머리에 코코넛 기름을 발라 머릿결을 보호했다. 백인들이 놀란 또 하나의 관습은 꼬우바지(Couvade)였다. 이것은 아내가 출산할 때 남편은 몸가짐을 단정히 하고 어린애의 아버지임을 공개적으로 입증하기 위해 모범적인 생활을 하는 자세를 의미했다.

마지막으로 그들에게는 꾼냐멩비라(Cunhamembira)라는 관습이 있었다. 즉 포로를 처형하기 직전에 극진히 대접하는 것이었다. 어떤 경우에는 포로를 자신의 아내와 동침하게 했다. 그리고 처형 후 어린아이가 출생하면 가장 가까운 친척에게 아이를 보내서 그가 후일 아이를 죽이게 했다. 그러나 이러한 일은 자주 일어나지 않았다. 모성애의 본능이 전통보다 강했고, 원주민 여인들이 이 악습에 강력하게 맞섰기 때문이었다.

원주민 부족들

브라질에서 가장 중요한 원주민 부족은 뚜삐(Tupi)였다. 예수회 신부들은 이들을 공통 언어의 원주민(Índios da Língua geral)이라 불렀는데 이것은 뚜삐어가 브라질 해안 전역에서 사용되었기 때문이었다. 이 부족국가는 많은 소부족으로 세분되는데 아마존 유역의 마우에(Maué)와 오마과(Omagua), 히우 그란지 두 노르찌의 뽀찌과르(Potiguar), 빠라이바에서 싸웅 프란시스코에 이르는 지역의 까에떼(Caete), 바이아 지역의 뚜삐남바(Tupinamba), 그리고 히우 지 자네이루의 따모이우와 까리죠(Carijo)부족이 있었다.

브라질의 대표적인 원주민 뚜삐는 아마존 상류의 페루에서 브라질로 이주해 온 것으로 추정된다. 뚜삐는 브라질 문화형성에 있어 매우 중요한 역할을 수행했다. 그들이 오지개척단 반데이란찌스에 참여하면서 뚜삐 문화는 브라질 전역에 확산되었다. 그들은 브라질에 기원전 5천 년 경에 도착하였다. 혼도니아를 시작으로 파라과이 강 분지까지 진출한 그들은 투철한 전사의 기질을 지니고 있었다. 그들은 강과 해안 지대에 거주했기 때문에 수영솜씨가 뛰어났고, 카누 조정술이 매우 훌륭했다.

뚜삐족 외에도 브라질에는 많은 원주민 부족국가가 있었다. 브라질 북부에는 누아르아케(Nuaraque) 부족국이 있었다. 이들은 상당히 높은 문화수준을 지녔는데, 특히 질그릇 제조에 뛰어났다. 대표적인 부족으로는 마나우스(Manaus)와 아루아(Arua)가 있었다.

까리바 또는 까라이바(Caraiba)도 부족국가를 형성하고 있었다. 그들의 일부는 매우 잔인했고, 까리바라는 의미 역시 식인종을 뜻하는 단어 카니발(Canibal)에서 파생되었다.

또 다른 부족국가로는 제(Je) 또는 따뿌이아(Tapuya) 부족국이 있었다. 이 부족으로는 가장 낙후되고 사나웠던 아이모레(Aimore)족이 있었다. 그들은 집을 짓지 않고 땅 위에 나뭇잎을 깔고 생활했으며 자식들이 숲 속 생활에 익숙해지도록 가시나무로 매질하는 독특한 습관을 지녔다. 그들은 숲 속에 매복하고 있다가 지나가는 사람을 공격하여 살해한 다음 인육을 먹는 습관이 있었다.

가장 규모가 작은 부족국으로는 과이쿠루(Guaicuru)가 있었다. 그들은 마뚜 그로쑤에 분포된 순박한 부족으로서 브라질이 파라과이와 전쟁을 치룰 때 큰 도움을 주었다.

제3장 브라질 식민정책

1. 아비스(Avis)왕조의 식민정책

1532년 소우자는 국왕 동 쥬앙 3세로부터 한 장의 서신을 받았다. 그 내용은 빈번한 프랑스인들의 침공과 땅을 요구하는 귀족들이 많기 때문에 이미 포르투갈의 대서양 식민지 아쏘레스와 마데이라 군도에서도 실시하여 큰 효과를 얻은 바 있었던 까삐따니아(Capitania)제도를 브라질에도 적용하겠다는 것이었다. 포르투갈 왕실은 프랑스 선박 라펠러린 호 나포 사건과 뻬르낭부꾸에 프랑스 상관설립 등의 빈번한 침투소식으로 긴장상태에 있었기 때문에 이 제도를 가급적 빨리 실시하고 싶었다. 이웃나라 스페인도 카를로스 5세가 북미대륙의 많은 땅을 포기하고 멕시코와 페루의 광산 지역을 사수할 것을 선언하였다. 까삐따니아 제도는 1534년 시행에 들어갔다.

세습 까삐따니아 제도

동 쥬앙 3세는 뻬르낭부꾸에서 라플라타(La Prata)강까지 경계를 정하고 50레구아의 해안선을 단위로 15개의 까삐따니아를 설정한 후, 소우자에게 100레구아에 해당하는 2개의 까삐따니아를 하사했다. 그리고 그의 동생 뻬로 로뻬스(Pero Lopez)에게도 비교적 기후조건과 위치가 좋은 50레구아를 제공했다. 이리하여 브라질은 15개의 까삐따니아로 나뉘어졌고, 12명의 수증자 도나따리우(donatário)가 통치하게 되었다.

당시 강력한 중앙집권정책을 추구하고 있었던 포르투갈이 마치 봉건제도에서처럼 많은 특권을 수증자들에게 제공한 것에 대해서는 다양한 견해가 제시된다. 세습적 특색을 지닌 이 제도는 실제로 시대에 역행하는 봉건제도와 유사한 기능이 있었다. 이 제도를 일종의 봉건제로 평가하는 학자들은 그 증거를 증여장(Carta de Doação)과 특허장(Forais)에서 찾는다. 증여장은 까삐따니아의 양여와 관할 지역의 분할금지, 양도불가 그리고 구역 내에서 수증자의 절대적 권리를 내용으로 하고 있다. 또한, 특허장은 수증자의 권리와 의무를 규정한 서류로서 다음과 같은 사항들이 포함되어 있었다. 먼저 수증자의 권리로는 첫째, 통치권을 부여받아 새로운 마을을 세우고, 필요 시 세금을 신설하거나 징수하며, 원주민을 노예화하고 이들을 매매할 수 있고, 둘째, 청문관이나 공증인 등 행정 통치에 필요한 공직자를 임명할 수 있었고, 셋째, 불경지의 경작권을 식민들에게 제공할 수 있으며, 넷째, 염전과 제분소 등의 설립 허가권과 이에 관련된 차유권을 갖고, 다섯째, 까삐따니아 전체 토지의 20%를 소유하는 권한이 있었다. 한편 의무조항으로는 첫째, 자신이 수증 받은 지역에서 금이 발견될 시 이는 국왕의 소유이고, 둘째, 금 · 은 · 빠우 브라질과 향료의 개발권은 왕실이 갖고, 셋째, 수증자는 방어의 임무가 있고, 넷째, 왕실에 소득의 1/5 또는 1/10의 형태로 조세를 납부하며, 다섯째, 농업을 발전시킨다는 내용들이 있었다.

까삐따니아 전도

이처럼 증여장과 특허장의 성격이 다분히 봉건적 특성이라는 주장에 대해 일부 사가들의 반론이 제기된다. 그들은 식민 본국인 포르투갈에서는 유럽에서도 가장 강력한 중앙집권정책이 실행되고 있었고, 포르투갈의 식민정책은 진정한 자본주의의 형태를 지녔으며 국왕의 대리인이라 할 수 있는 수증자들은 중세의 기사처럼 정복을 행하지 않았고, 오히려 포르투갈 왕실을 더욱 부강하게 하려고 노력하여 국왕의 권위가 높아지기를 기대했다. 이와 더불어 반대론자들은 브라질 경제가 자급자족 경제가 아니고 수출을 위한 국제교역을 겨냥하고 있었다고 주장한다. 또한, 브라질 경제가 노예에 의존하지만 중세의 봉건제도하에서 물물교환에 의존하지 않고 화폐 유통으로 이루어지고 있었다고 강조한다.

실제로 1500년대의 포르투갈은 봉건제도하에 있지 않았다. 포르투갈 왕실은 강력한 중상주의 정책을 추구하는 초기자본주의 국가였다. 따라서 수증자들에게 제공된 막강한 권리가 곧 봉건제도를 의미하지는 않았다. 주로 소귀족 계급에서 선정된 수증자들은 자신에게 할당된 까삐따니아의 발전과 개발을 위해 투입할 자금이 부족했다. 유럽 내에서 많은 식민을 모집하여 이들을 브라질로 운송하는 데는 대규모 선단의 이용이 불가피했다. 또한, 원시상태의 자연을 개간하고 농장을 일구기 위해서는 노예 노동력의 구매가 필수적이었다. 그러나 그 이상의 자본 투입은 사탕수수 가공에 필요한 제분소 시설비였다. 그러한 이유로 수증자 자신이 많은 재산을 보유했거나, 화란이나 개종한 유태인 상인들과 계약을 맺은 까삐따니아 만이 성공적으로 사업을 이끌 수 있었다.

15개의 까삐따니아 중 가장 발전의 속도가 빠르고 번영을 누린 곳은 마르띵 아퐁소 지 소우자의 싸웅 비센찌와 두아르찌 꼬엘류(Duarte Coelho)의 뻬르낭부꾸였다. 싸웅 푸란시스꼬(São Francisco) 강에서 이가라쑤(Igaraçu)에 이르는 지역의 뻬르낭부꾸는 동양에서 세운 공적에 대한 대가로 국왕이 꼬엘류에게 하사한 곳이었다. 그는 자신의 전 재산을 투입하여 가족친지 및 많은 식민을 이끌고 브라질에 도착했다. 올린다(Olinda)마을을 끊임없이 공격하는 적대적 원주민들과의 투쟁 속에서도 식민들은 사탕수수 경작, 제분소 설립과 식량확보를위한 개간사업을 진행시켰다. 꼬엘류가 죽고난 후 포르투갈에서 온 두 아들은 원주민 부족 까에떼(Caeté)와의 싸움에서 승리하여 그들을 오지로 추방하고 더욱 번영을 누릴 수 있었다. 싸웅 비센찌 역시 사탕수수와 목축업으로 번창한 곳이다. 이곳에서도 식민들은 따모이오(Tamoio)족과 까리죠 부족의 공격으로 위협을 당했지만 이들을 물리치고 크게 성장할 수 있었다. 이곳은 브라질 내륙침투의 전진기지로 변모했고, 남부와 서부 지역을 향한 교통의 요지였으며, 금이 발견된 이후에는 식민경제의 중심지였다. 이 지역이 특히 유명한 것은 브라질 오지개척을 위해 조직된 개척단 엔뜨라다(Entrada)의 본거지였기 때문이다.

이와 같은 성공 사례에 반하여 나머지 대부분은 성과 없이 실패로 돌아갔다. 특히 후란시스꼬 페레이라 꼬우찐뉴(Francisco Pereira Coutinho)가 통치한 바이아 까삐따니아는 프랑스인들과 우호관계를 맺은 뚜삐남바 부족의 사나운 공격으로 막대한 피해를 입었다. 인디아에서 수많은 전투를 경험했고, 국왕의 신임을 받은 꼬우찐뉴는 자신의 재산을 투입하여 식민들과 빌라 벨랴(Vila Velha)마을을 설립하고 개간사업을 실행했지만 원주민들의 공격으로 8년간 어려움 속에서 지내야만 했다. 결국 이 까삐따니아는 수증자를 비롯한 많은 희생자를 내고 폐허로 사라졌다. 또한, 오늘날 히우 지 쟈네이루에 해당하는 싸웅 또메(São Tomé) 까삐따니아는 페로 지 고이스(Pero de Góis)가 수증자였다. 그는 빌라 다 하인냐(Vila da Rainha) 마을을 창건하고 식민들과 더불어 사탕수수 경작에 심혈을 기울였지만 원주민들의 공격으로 초토화되었다.

결과적으로 브라질에서 이 까삐따니아 제도는 큰 성과를 얻지 못하고 실패했다. 많은 사가들은 실패의 원인을 첫째, 까삐따니아의 면적이 너무 광활해서 한 수증자의 자본과 역량으로는 개발이 불가능했고, 둘째, 지리적이나 기후 여건 상 내륙 개발을 위한 침투가 힘들었고, 셋째, 프랑스인들과 결탁한 적대적 원주민들의 공격과 위협이 끊임없이 지속되었으며, 넷째, 국왕의 능력 있는 수증자 선정 실패, 다섯째, 일부 수증자들이 단지 광활한 땅을 소유했다는 것만으로 만족하고 수증지에는 관심을 표명하지 않았으며, 여섯째, 이 수증자들과 15개 까삐따니아를 총괄하여 관장할 중앙 식민조직이 부재한 점에서 찾고 있다.

그러나 이 제도의 실행으로 긍정적인 결과도 있었다고 평가된다. 즉, 첫째, 브라질 땅에서 사탕수수 경작이 활성화되기 시작했고, 둘째, 수많은 마을이 설립되었고, 셋째, 식민들이 들어오면서 해안 지역이 외국인의 침투로부터 보호되었고, 넷째, 앞서 언급한 바와 같이 뻬르낭부꾸가 브라질 귀족정치의 중심지인 올린다의 창건과 더불어 발전되었으며, 소우자의 싸웅 비센찌는 경제와 교통의 중심지로서 식민지 발전에 기여했다는 점이다.

총독부

세습 까삐따니아 제도의 실패로 포르투갈 왕실은 새로운 식민정책을 추구하지 않을 수 없었다. 동 쥬앙 3세는 15개 까삐따니아를 총괄할 행정기구가 필요하다는 사실을 간파하고 1548년 총독부라 일컫는 새로운 식민행정기구를 창설했다.

사실상 까삐따니아 제도 하에서 브라질은 15개의 국가나 다를 바 없었다. 수증자는 자신의 영역에서는 절대자였고, 왕실의 권위에도 위협이 될 만한 자치권을 소유하고 있었다. 더욱이 수증자들 간의 중재역할을 수행할 조직도 없었고, 각 까삐따니아 간의 접촉도 이루어지지 않고 있었다.

동 쥬앙 3세는 식민총독부를 바이아 지역에 설치했다. 이곳이 브라질 해안의 중심지로서 남쪽과 북쪽의 필요성에 부응할 수 있다고 판단했기 때문이었다. 또한, 바이아는 토지가 비옥하고 맑은 공기와 깨끗한 물이 흐르는 강변의 쾌적한 거주지였고, 브라질을 인체에 비유한다면 심장이 위치한 곳이라고 할 수 있었다.

그러나 까삐따니아는 증여장에서 이미 세습적 권리가 인정되어 수증자 사망 시 아들이 물려받을 수 있었기 때문에 국왕 자신도 수증자로부터 그 땅을 빼앗을 수 없었다. 1547년 동 쥬앙 3세는 꼬우찐뉴가 사망하자 그의 아들로부터 오늘날 화폐단위로 173꼰뚜(conto)에 해당하는 1,000끄루쟈두(cruzado)를 상속자에게 지급하고 바이아를 구입했다.

1548년 제정된 마누엘 규정은 전적으로 브라질의 효과적인 통치를 하는데 목적이 있었다. 이 규정에 의해 까삐따니아 수증자의 권한은 대폭 축소되었고, 식민사업은 한층 강화되었으며 해안 지역의 방어와 보호를 위한 대책도 마련되었다. 국왕은 총독을 보필하기 위한 식민행정 조직으로 군의 총사령관에 해당하는 알까이지 모르(Alcaide-Mor), 법을 집행할 총청문관 오우비도르 제랄(Ouvidor-Geral), 해안 경비 사령관 까삐따웅 모르 다 꼬스따(Capitão-Mor da Costa)와 관리들의 봉급을 지급하고 왕실의 수익과 세금을 관장하는 재무장관격인 쁘로베도르 모르(Provedor-Mor)를 임명했다. 또한, 각 까삐따니아에도 총독의 지시에 따라 재무담당관리와 사법관들이 배치되어 활동함으로써 수증자의 권한이 분산되었다. 마누엘 규정은 각 식민마을에 시의회(Camara Municipal)을 두고 도시행정의 기반을 갖추어 나갔다.

총독들의 통치

식민시대에는 지방 자치도시와 중앙권력 간에 항상 불안한 관계가 유지되고 있었다. 중앙통치권력은 형식적인 면이 강해서 실질적인 힘은 자치도시의 지주계급에 있었다. 그들은 자치시의회를 통제하는 도시권력의 대표자들이었다.

1대 총독 또메 지 소우자

1549년 초대총독으로 또메 지 소우자(Tomé de Sousa,1549-1553)가 임명되었다. 그는 국왕으로부터 엄청난 권력을 이양 받았다. 그는 또두스 우스 산또스(Todos Os Santos)만에 살바도르(Salvador)시를 세우고, 포르투갈인들에게 우호적인 원주민들과 협력관계를 유지하면서 그들을 노예화하려는 의도를 지닌 식민들을 가차 없이 사형에 처하도록 지시했다. 식민행정에 필요한 관리를 임명하고 설탕 제분소를 세우고자 하는 식민들에게 미개간지를 양도해 주는 것도 총독의 권한이었다. 그 외에도 그에게 부과된 임무는 많았다. 우선 브라질 해안에 수시로 출몰하는 해적을 추방하고, 그들의 정착시도를 괴멸시키고, 일주일에 한 번 이상 시장을 개설하여 원주민들과 식민들의 상거래를

또메 지 소우자

허용하고, 각 까삐따니아의 세금징수관리가 임무를 철저히 수행하게 하며, 귀금속의 발견에 최선을 다하라는 것이 있었다.

그가 브라질에 부임할 때, 임명된 총청문관, 재무관과 해안 경비사령관 등이 함께 대동했으며, 400명의 군인, 계약식민과 600명의 유배인과 목공, 석공 등의 기능인들, 그리고 예수회 신부들도 있었다.

소우자는 브라질 식민사에 영원히 기억될 훌륭한 업적을 남겼다. 그는 까라무루의 도움을 받아서 살바도르 시를 건설했다. 근면하고 성실한 총독은 도시건설에 앞장서서 자신이 스스로 목재와 건축자재를 나르며 열심히 일했다. 소우자는 사탕수수 경작뿐만 아니라 식민들의 영양과 운송수단을 위해서 까보 베르드(Cabo Verde)에서 소를 들여와 목축업도 활성화했다. 예수회 신부들도 본격적으로 원주민들의 교화를 위해 교리문답을 시작했다. 그리고 브라질 최초로 주교좌교구가 바이아에 설립되었고, 동 뻬루 훼르난지스 사르진냐(D. Pero Fernandes Sardinha)가 주교로 부임했다.

소우자 총독은 식민지 발전을 위한 필요한 대책을 찾기 위해 손수 남부 지역의 까삐따니아들을 순방했다. 그는 과나바라(Guanabara)만을 지날 때 이 지역이 외국인들의 침투에 대비할 최적지라고 판단하고 즉각 국왕께 도시의 건설을 간청했다. 만약 동 쥬앙 3세가 그의 요청을 받아들였더라면 1555년 프랑스인들의 히우 지 쟈네이루 침공은 실패했었을 것이다.

소우자 총독은 여전히 브라질에도 스페인 식민지와 같이 금이나 귀금속이 매장되어 있으리라 판단했다. 그런 이유로 광물 탐사를 위해 오지개척단 엔뜨라다를 조직하고 바이아의 내륙을 탐사하도록 했다.

소우자의 통치 기간에 까삐따니아 수증자들의 총독부에 대한 불만은 심각했다. 그들은 총독의 지나친 간섭이 식민들의 자치권과 자유를 제한하고 있다고 불만을 터트렸다. 특히 뻬르낭부꾸의 수증자 꼬엘류는 동 쥬앙 3세에게 청원서를 보내 총독의 까삐따니아 방문을 금지시켜 주도록 요구했고 이 제안이 받아들여졌다. 이 사건은 브라질에서 중앙집권정책이 당면한 한계를 보여주고 있다.

2대 총독 동 두아르찌 다 꼬스따

2대 총독으로는 동 두아르찌 다 꼬스따(D. Duarte da Costa,1553-1558)가 부임했다. 그는 쥬제 지 안쉬에따(Joséde Anchieta)를 비롯한 많은 예수회 신부들과 버릇없는 아들 동 알바루 다 꼬스따(D. Álvaro da Costa)와 함께 왔다. 도착 즉시 견습수사 안쉬에따는 원주민 언어인 뚜삐-과라니(Tupi-Guarani)어를 습득하기 위해 꼴레지우 다 바이아(Colégio da Bahia)에 입학했다.

꼬스따 총독 재임 시에는 많은 사건이 발생했다. 첫 번째 사건은 방종한 총독의 아들 알바루와 주교 사르진냐 간의 갈등이었다. 문란한 알바루의 사생활에 격노한 주교가 공개적으로 그의 잘못된 행동을 비판하자 식민사회는 분열되고 혼란에 빠졌다. 많은 사람이 주교를 지지했지만, 총독을 지지하는 세력들이 경작을 포기하자 바이아의 수도는 경제적 위기에 빠졌다. 포르투갈 왕실은 사건의 진위를 파악하기 위해 주교를 소환했다. 그러나 주교가 승선한 노싸 세뇨라 다 아쥬다(Nossa Senhors da Ajuda)호가 알라고아스(Alagoas)해안에 좌초하여 주교 사르진냐는 식인 원주민 까에떼 부족에게 붙잡혀 살해당했다.

꼬스따 총독 재임 시인 1555년 프랑스인들이 히우 지 쟈네이루를 점유했다. 빌례가뇽(Nicolau Durand de Villegagnon)이 지휘하는 프랑스인들은 포르투갈인들과 적대적 관계에 있었던 따모이우 부족과 동맹을 맺었다. 그들의 공격 목적은 그곳에 상업식민지를 건설하는 것이었다. 꼬스따 총독은 적을 격퇴하지 못하고 그들의 정착을 허용했다. 결국 포르투갈 왕실은 총독의 무능을 탓하며 제3대 총독을 파견하였다. 그러나 꼬스따의 재임 시인 1554년에 오늘날 브라질에서 가장 중요한 경제의 중심지 상 파울루(São Paulo)시가 창건되었다.

3대 총독 멩 지 싸

제3대 총독 멩 지 싸(Mem de Sá)는 1558년부터 집무를 시작했고, 매우 뛰어난 행정가라는 평판을 받았다. 그가 바이아에 도착했을 때, 식민지는 여전히 주교 지지세력과 꼬스따 총독 세력의 갈등으로 질서가 문란했다. 그는 무질서한 총독부의 조직을 쇄신하고, 예수회의 지원으로 사회기강을 바로

잡기 위해 노력했다. 그는 당시 온 식민지에 만연되고 있었던 도박을 금지시키고, 수도에서만 해도 엄청난 희생자가 발생했던 아프리카에서 건너온 천연두 퇴치에 앞장섰다.

마누엘 다 노브레가(Manuel da Nóbrega)의 충고로 싸 총독은 온순한 원주민들을 미쏘잉스(Missões)로 끌어들여 전도사업을 감행하는 한편 문명세계로 이끌었다. 하지만 포르투갈인들의 우정을 받아들이지 않는 원주민들은 전쟁을 통해 제압해 나갔다. 한 전투에서 아들인 훼르나웅 지 싸(Fernão de Sá)가 야만인들이 쏜 화살에 맞아 전사하는 슬픔도 겪었다.

그러나 싸 총독이 브라질에서 행한 최대의 업적은 꼬스따 총독 때 히우 지 쟈네이루를 강점한 프랑스인들을 추방한 것이었다. 히우 지 쟈네이루 근처에는 빌레가뇽이 이끄는 프랑스인 식민촌과 남부에는 위그노파 신도들이 프랑사 안따르티까(França Antartica)라는 새로운 식민국가 건설을 시도하고 있었다. 이 계획은 프랑스의 앙리 2세(Henrique II)의 지원을 받아 콜리니(Coligny)제독이 주도하고 있었다. 1560년 싸 총독은 콜리니의 요새를 공격하여 적군을 물리쳤다. 그러나 그들은 총독이 바이아로 돌아가자 예전의 위치로 다시 복귀했다. 1565년 총독은 조카인 에스따시우 지 싸(Estácio de Sá)를 시켜 빠웅 지 아쑤까르(Pão de Açúcar)와 까라 지 까웅(Cara de Cão) 사이에 마을을 설립하게 했다. 이리하여 1567년 3월 1일 싸웅 쎄바스찌앙 두 히우 지 쟈네이루(São Sebastião de Rio de Janeiro)시가 탄생하게 되었다.

싸 총독이 재임하는 기간 노부레가와 안쉬에따 신부의 도움으로 따모이우 원주민을 평정하는 사업이 성공리에 끝났다. 상 파울루와 히우 지 쟈네이루의 원주민들은 포르투갈인들과 투쟁하기 위해 동맹을 맺고 있었다. 따모이우스의 동맹(Confederação dos Tamoios)로 알려진 이 연합은 잔인하기로 소문난 꾼냥베베(Cunhambebe)가 추장이었다. 수차례의 치열한 전투가 있었지만 결국 두 신부의 적극적인 설득과 호소로 평화조약이 맺어졌다.

1572년 싸 총독의 후임자 동 루이스 지 바스콘셀루스(D. Luís de Vasconcelos)는 브라질에 도착하지 못했다. 항해 중 프랑스 해적의 공격을 받아 전사했기 때문이었다. 총독과 함께 떠났던 40인의 예수회 신부들도 모두 죽음을 당했다. 이 신부들은 브라질의 40인 순교자라는 이름으로 영원히 기억되고 있다.

총독부의 분할

1573년 브라질은 두 개의 총독부로 분할되었다. 북부 총독부는 살바도르에 수도를 정하고 루이스 브리뚜 이 알메이다(Luís Brito e Almeida)가 총독직을 맡았으며, 남부 총독부는 히우 지 쟈네이루에 수도를 두고 안또니우 살레마(Antonio Salema)가 총독으로 부임했다. 이 두 총독은 부임하자마자 원주민들과의 투쟁을 경험했다. 특히 살레마 총독은 까보 푸리우 지역의 원주민들과 치열하게 전투를 했는데 이들은 빠우 브라질을 밀매무역을 하려고 침투해 들어온 프랑스인들과 동맹을 맺고 있었다. 그러나 두 개의 총독부 제도는 별다른 성과 없이 종결되었고, 1578년 로우렌수 다 베이가(Lourenço da Veiga)가 단일 총독으로 부임했다. 그는 1580년 포르투갈과 해외식민지들이 스페인의 지배에 들어갈 때까지 불과 2년간 총독으로 활동했다.

포르투갈과 스페인의 합병

15세기에 이미 카스티야(Castilla)의 이사벨(Isabel)과 아라곤(Aragon)의 페르난도(Fernando)가 결혼하면서 구체화되었던 이베리아 반도 통합의 꿈은 그라나다 정복 후 반도 내의 무어인(Mouro)들이 완전히 축출되었음에도 포르투갈 왕국의 성립으로 실현되지 못했다.

펠리페 2세

역사적, 문화적 그리고 인종적인 면에서 이질성을 주장하며 반도통합에 반대했던 포르투갈은 강한 분리주의 성향을 굽히지 않았다. 그러나 16세기 후반 포르투갈은 아비스 왕조의 왕위 계승자 부재로 난관에 봉착했다. 부친인 카를로스 황제의 부인 도나 이사벨(D.Isabel)이 포르투갈 공주였기 때문에 스페인의 펠리페 2세(Felipe II)는 포르투갈 왕위 계승권을 차지하게 되었고, 이로써 이베리아 반도의 두 왕국은 통합되었다.

포르투갈 역사에서 1580-1640년의 60년 간은 펠리페 왕조(Dinastia Filipina)라 불린다. 이원왕정(Monarquia Dualista)으로도 불리는 이 왕조는 세계 역사상 그 유례를 찾기 힘든 특이한 정치 체제였다. 펠리페 왕조를 하나의 민족적 왕조로 인정하지 않는 역사가 중에는 합병기간 동안 스페인의 세 왕들이 포르투갈에 거주하지도 않았고, 혈연적으로도 결속력이 약하다는 이유로 왕조 자체를 부인한다. 그러나 실제로는 1581년 포르투갈의 또마르(Tomar)에서 개최된 궁정회의에서 이원왕정의 원칙이 확립되고 펠리페 2세의 왕위가 인정되었으며, 포르투갈과 스페인은 각각 1인의 왕이 개별 정부조직을 갖추고 국왕으로서의 권리를 행사한다는 통치규정이 확인되었다.

이로써 스페인에서 펠리페 2세는 포르투갈에서는 펠리페 1세라는 호칭으로 왕국을 통치했다. 또마르 궁정회의에서는 대부분 국내 정치 부분에 관한 사항들이 확립되었지만 식민지에 관한 것으로는 '포르투갈 식민지의 부왕 또는 총독직은 포르투갈 왕가의 일원이나 귀족 중에서 선출한다.'는 원칙 정도가 포함되어 있었다.

합병 당시 양국은 동양과 신대륙에서 강력한 해양팽창정책을 추구하여 식민제국을 건설하고 중상주의 정책을 통해 많은 부를 축적하고 있었지만 정치체제의 변화로 포르투갈 식민지 모두가 스페인 지배하에 들어가게 됨으로써 급기야는 기존 포르투갈 식민정책도 새로운 전환점을 맞게 된다.

스페인은 또마르 궁정회의에서 '국왕은 포르투갈 군주국의 전통적 관습, 자유와 특성을 준수할 것이며 이에 어떤 변화도 가하지 않는다.', '포르투갈의 문제에 관한 법제정을 위해 소집되는 궁정회의는 포르투갈에서 소집한다. 또한, 포르투갈의 모든 기본법은 계속해서 그 효력을 발생한다.'는 조항을 통해 식민정책에도 어떠한 변화를 갖지 않겠다는 점을 강조했다. 그러나 통합 이후 펠리페 왕실은 빈번한 정책수정으로 약속을 위반했고, 포르투갈의 자치권을 말살하면서 포르투갈을 거대한 스페인 제국의 한 지방으로 귀속시킬 계획을 진행해 나갔다.

2. 펠리페(Felipe)왕조의 식민정책

포르투갈과 스페인의 식민정책은 서로 상이한 특징을 지닌다. 포르투갈이 주로 동양과의 교역에 치중하며 땅의 소유나 정착에 집착하지 않았던데 반하여, 스페인은 아메리카에서 정착을 우선으로 생각했고, 이곳에 재정복 전쟁 시대의 그라나다식 식민사업을 전개해 나갔다. 또한, 스페인령 아메리카 식민지는 스페인 제국의 중심역할을 했고, 브라질은 포르투갈 제국의 한 계지에 불과했다. 따라서 상이한 양국의 정책 차이로 합병 이후 브라질에는 다양한 변화와 수정이 행해졌다.

카를로스 1세와 펠리페 2세가 고안해 낸 스페인령 아메리카의 통치기구는 합스부르크(Habsburg)왕가의 산물이었다. 3대에 걸친 펠리페 국왕들은 브라질 통치에도 이를 반영했다. 합병기에 펠리페 왕조가 브라질에서 시행한 정책은 크게 분권정책, 영토 확장정책과 군사방어정책으로 구분된다.

분권정책

이미 동 세바스띠앙 국왕 통치기에 브라질 통치에 관한 제도 개편이 시도되었지만 스페인 침공으로 이 계획은 중단되었다. 합병 이후 남부 총독부(Repartição do Sul)와 마라냐웅(Maranhão)주의 설치는 스페인 분권정책의 가시적인 반영으로 볼 수 있다. 스페인 왕실이 브라질에서 분권정책의 실행을 적극 추진한 이유는 스페인령 아메리카 식민지가 아나우악(Anauac) 고원과 안데스(Andes)산맥으로 장벽을 이루고 있어서 외세의 침입에 대한 천연의 방어조건을 갖춘 반면, 브라질은 대서양을 따라 길게 이어지는 해안선으로 외부에 노출되어있었기 때문이었다. 실제로 분권정책은 브라질의 발전에 좋은 결과를 제공했다. 이 정책 시행으로 브라질은 북쪽으로는 아마존 유역까지 영토가 확장되었고, 서쪽으로는 내륙 깊숙이 식민마을 미싸웅(Missão)이 들어섰으며, 남쪽으로는 히우 그란지 두 술(Rio Grande do Sul)까지 확장된 영토가 정치적 통일체를 이루게 되었다.

영토 확장정책

땅의 소유에 집착했던 펠리페 국왕들은 포르투갈의 식민정책을 전환하여 재정복사업의 연장으로서 영토 확장을 시도했다. 펠리페 시대에 서쪽으로 향하는 브라질의 팽창운동은 동쪽으로 향하는 스페인 식민지 주민들의 팽창운동에 비해 훨씬 적극적이었다. 스페인은 이미 아메리카 정착 이후 금과 은 등의 풍요로운 자원을 확보하고 있었기 때문에 브라질 주민들의 서진정책을 크게 우려하지 않았다. 따라서 남미에서는 페루로 옮겨가는 포르투갈인들의 이주가 성행했다. 그들 대부분은 마젤란 해협을 우회하는 뱃길을 택했지만 상 파울루에서 파라과이를 통해 육로를 택하기도 했다. 이처럼 펠리페 국왕들은 브라질 식민들의 서진정책을 장려하고 있었다. 양국 합병 이후 중남미 전역이 스페인 소유였기 때문에 양 지역 간의 교류를 굳이 막을 필요가 없었다. 오히려 부족한 스페인 식민지 광산 지역의 인력난을 해소할 좋은 기회로 생각했다.

펠리페 시대에 브라질의 가장 효과적이고 실질적인 팽창은 북부에서 있었다. 당시 북부해안에는 프랑스 인들과 화란인들의 출몰이 빈번하였다. 그들은 밀매무역을 통해 많은 이득을 얻고 있었다. 펠리페 왕실은 이들을 추방하고 새롭게 편입된 땅에서 식민사업을 전개하며 이 지역의 적대적 원주민들을 평정하려는 의도로 영토 확장에 착수했다. 이리하여 정복되고 식민화가 이루어진 지역들은 빠라이바(Paraíba), 히우 그란지(Rio Grande), 쎄아라(Ceará),마라냐웅과 빠라(Pará)가 있었다.

북진 정책과 더불어 서부지역의 개발도 활발히 진행되었다. 그러나 이 지역은 아마존 강 유역을 통과해야하는 어려움이 있었다. 아마존은 1500년 삔손이 마르 둘세(Mar Dulce) 라 불리운 이 강의 하구에 도착했다. 동세기에 스페인인 오레야나(Orellana)가 원정대를 거느리고 이 강을 거슬러 올라갔다. 그는 수많은 부족들과 싸웠는데 그들 중 한 부족은 여전사들로 이루어져 있었다. 그런 이유로 오레야나는 그리스 신화에 등장하는 여자전사를 일컫는 아마죠나라는 이름으로 이 강을 명명한 것이었다. 그리고 1637년 포르투갈인 뻬드루 떼이세이라(Pedro Teixeira)가 아마존의 하구에서 발원지까지 여행을 했고 이때. 아마존의 많은 부분이 포르투갈 소유로 인정되었다.

당시 해안 지대에 산재해 있었던 설탕 제분소의 노동력은 원주민의 노예화로 충족되었다. 상 파울루의 민간인들이 주도하고 있었던 원주민 사냥은 반데이라(Bandeira)라 불리는 민간인 오지개척단이 전담했다. 왕실은 비인

도적인 인신매매의 주역이 될 수 없었지만 브라질 부의 원천인 설탕생산을 위해서는 노동력으로 이용되는 원주민 사냥이 불가피했다. 그런 이유로 붉은 노예사냥은 왕실의 간섭이 배제된 채 민간인들에 의해 성행하였고, 내륙으로 확산되어 나갔다.

북부와 남부에서 시행된 팽창정책은 상당한 차이점이 있다. 펠리페 왕실은 지역 간의 실제적인 가능성에 따라 정책을 달리했다. 이것은 스페인 통치 정책의 속성이었고, 분권정책의 특징이었다. 펠리페 왕조의 국왕들은 브라질 팽창정책에 적극적으로 지원을 하였다. 그들의 정책이 일관성 있게 진행된 것은 무엇보다도 제반 문제를 다루기 위해서 창설된 많은 기구들 때문이었다. 이 기구들은 식민정책의 수행에 있어서 국왕의 대행 역할을 충분히 수행했다. 1604년 펠리페 3세가 설립한 인디아 자문위원회(Conselho da India)는 식민지만을 위한 기구였다. 1524년 레르마(Lerma)공이 스페인령 식민지의 확장을 위해 설립한 인디아스 자문위원회(Conselho das Indias)를 모방한 이 위원회는 브라질 식민정책에 대한 최고의결기관이었다.

군사방어정책

펠리페 왕조가 브라질에서 실행한 또 하나의 주된 정책으로는 군사방어정책이 있었다. 프랑스인들의 마라냐웅 침입과 화란인들의 북동부 침공은 그 원인이 스페인의 이베리아 반도 통합에 있었다. 이들의 침공은 성공적으로 방어되었지만 화란인들은 포르투갈의 왕정복고 이후까지 브라질을 괴롭혔다. 그런 이유로 펠리페 시대에는 군사방어정책이 주요한 기본 정책이었다. 그러나 당시 펠리페 국왕들은 남미 전역의 식민지들을 보호해야 했기 때문에 브라질 해안에만 관심을 집중시킬 수는 없었다. 그들에게는 멕시코에서 페루로 연결되는 귀금속 통로(Estrada dos Metais)가 브라질의 설탕 통로(Estrada do Açúcar)보다 훨씬 중요했다.

당시 스페인의 적대국들은 해외식민지에서 침투정책과 비식민화 지역의 정복정책으로 스페인 제국에 맞섰다. 이는 스페인의 우월한 힘과 직접 겨루기를 피할 수 있는 조처였다. 스페인 역시 해외영토와 해상교역의 보호를 위해 두 가지 전략을 사용했다. 그것은 식민지와 본국을 왕래하는 선박들의 보호를 위한 호송선단제도(El Sistema de Convoyes)와 비식민화 지역의 식민촉진정책이었다. 식민지 보호를 위해 스페인 왕실은 강력한 군사적 지원을 통해 화란인들의 침공을 성공적으로 막았다. 그러나 화란은 작전을 바꿔서 과감하게 브라질의 중심지에 대한 공격을 감행했다. 바이아가 대상이 된 이 작전이 성공하면 브라질 전체를 잃을 수 있는 위기였다. 브라질에서 화란인들은 독일, 폴란드, 알사스와 스위스인들을 동원하여 포르투갈, 스페인, 나폴리와 벨기에 출신 용병들로 구성된 스페인 다국적군에 맞서 싸웠다. 당시 스페인은 올리바레스(Olivares)가 주도한 무모한 전쟁사업으로 브라질을 도울만한 군사력이 크게 부족했다. 결국 1630년 올린다(Olinda)와 헤시피(Recife)시가 화란인들의 수중에 들어갔다. 화란인들은 정복지에 식민총독부를 설치하고 종교적 자유, 재산소유권의 보장 및 자금 지원 등의 제안으로 제분소 주인들의 환심을 샀다.

1637년 정복 식민지를 통치하기 위해 마우리씨우 지 나싸우(Maurício de Nassau)가 총독으로 부임했다. 그는 화란의 서인도 회사와 대농장주들 간의 중재자 역할을 수행했다. 또한, 쎄아라와 세르지삐를 정복하여 영토를 넓혀나갔고, 통치 지역 내의 주민들에게 종교의 자유를 허용했으며 폐허가 된 대농장주들에게 자금을 대여해서 농업과 목축업을 활성화시켜 나갔다. 나싸우 총독은 헤시피 시에 다리, 운하와 궁전을 세워 도시미관을 한층 아름답게 하는데도 큰 역할을 했다. 이러한 조처로 화란의 서인도 회사는 큰 이득을 취했지만 총독은 회사 간부들의 이간질로 본국으로 소환되었다. 그가 브라질을 떠날 때 많은 주민들은 아쉬움을 표명하였다.

1640년 포르투갈은 스페인의 멍에로부터 풀려났다. 포르투갈의 40인 독립투사들은 궁전을 기습공격하여 당시 포르투갈 부왕직을 맡고 있었던 만투아(Mantua)공작녀에게서 항복문서를 받아냈다. 60년 만에 왕정을 복고한 포르투갈은 1641년 화란과 평화협정을 맺었다. 그러나 화란이 점유하고 있었던 동북부의 올린다와 헤시피는 나싸우 총독의 송환 이후 불만에 찬 식민들과 동인도회사의 지나친 간섭에 반발한 대농장주들이 힘을 합쳐 화란인들을 추방함으로써 수복되었다.

제4장 내륙지역의 정복과 국경조약

1. 내륙지역의 정복

엔뜨라다(Entrada)와 반데이란찌스(Bandeirantes)

브라질은 식민화 초기에 주로 해안을 중심으로 마을 설립과 식민활동이 시작되었다. 사탕수수 경작, 설탕제조를 위한 제분시설, 빠우 브라질의 벌목과 외국인들의 침투에 대한 방어를 위해서는 무엇보다도 해안지대의 개발이 필수적이었다. 내륙 지역의 정복은 금과 은광 탐사 또는 원주민 사냥 등의 이유에서 행해졌다. 이러한 목적을 위해서 엔뜨라다와 반데이라 원정대가 조직되었다. 이와 함께 예수회 신부들과 다른 선교 단체의 신부들이 내륙 지역의 원주민들을 교화시키고 문명세계로 이끌기 위해 원주민 개화마을 미싸웅을 설립하였다.

또 다른 형태의 내륙 침투는 목축업을 통해 실현되었다. 브라질에는 소우자 총독 통치기인 1534년 가축이 유입되었고 바이아에도 확산되었다. 목축업은 주로 사탕수수 농장 부근에서 시작되었다. 가축들이 제분소의 방아를 돌리고 수레를 끄는 중요한 수단이었기 때문이었다.

내륙지역의 개척을 위해 조직된 엔뜨라다와 반데이라에는 큰 차이는 없었다. 그러나 엔뜨라다는 총독부 주도로 조직된 공식적인 원정대였고, 반데이라는 일반적으로 민간인 주도의 원정대였다. 양 원정단의 목적은 주로 금광 발견, 원주민과 도주한 흑인 노예사냥 등이었지만 공식적인 원정단 엔뜨라다는 스페인과 체결된 또르데질랴스 조약(1494)이 규정한 경계선인 또르데질랴스 자오선을 넘을 수 없었고, 민간인들로 구성된 반데이라는 이 자오선을 넘어 스페인 영토 내까지 침투했다.

반데이라는 상 파울루를 출발점으로 브라질 남부와 북부 그리고 스페인령을 자유롭게 드나들면서 풍요로운 귀금속 광산을 개발했다. 그런 이유로 오늘날도 상 파울루는 반데이란찌스의 고향(Terra dos Bandeirantes)라 불린다.

엔뜨라다와 반데이라의 활동

1503년 개척원정대의 조타수였던 아메리쿠스 베스푸시우스는 40명의 대원을 거느리고 까브 푸리우까지 침투해 들어갔던 최초의 엔뜨라다를 조직했다. 마르띵 아퐁수는 브라질에 있을 때 금광을 찾기 위해 두 개의 원정대를 조직했다. 또한, 또메 지 소우자도 금을 찾기 위해 원정대를 바이아의 오지로 파견했다. 가장 특이한 원정대는 루이스 지 브리뚜 이 알메이다 총독 재임 시 광산을 찾기 위해 떠났던 원정대였다. 그들은 금은 발견하지 못했지만 7천명의 원주민을 붙잡아서 노예로 팔았다. 엔뜨라다 중에서 가장 주목받은 것은 벨쉬오르 디아스(Belchior Dias)의 원정이었다. 그는 바이아에서 은광산을 발견했다고 확신했다. 전설에 의하면 벨쉬오르는 국왕이 귀족 작위를 수여하지 않았기 때문에 광산의 위치를 밝히지 않고 죽었다고 한다. 그러나 후일 그의 행적을 추적하여 밝혀진 바에 의하면 그 광물은 은이 아니었고 공작석이었다. 이 사실은 유명한 낭만주의 작가 쥬제 지 알렝까르(José de Alencar)에 의해 은광(As Minas da Prata)이란 소설의 주제가 되었다.

앞서 밝힌 바와 같이 민간주도 원정대 반데이라는 원주민 사냥과 광물탐사가 주된 목적이었다. 그러나 때로는 식민당국의 요청으로 적대적인 원주민과의 전투나 도주한 흑인 노예들의 은거지인 낄롬보(Quilombo)들 중 가장 규모가 컸던 빨마레스(Palmares)낄롬보를 공격하기 위해 조직되었다. 적대적 원주민들과 예수회 신부들이 설립한 미싸웅을 공격하기 위해서는 많은 병력이 필요했다. 따라서 원정대는 활과 화살로 무장한 수천 명의 우호적이고 온순한 원주민들을 동원했다. 또한, 원정대는 때로는 따빤뉴노스(Tapanhunos)라 부르는 흑인 노예들을 참여시켰는데 원주민을 공격할 때 흑인들을 앞장세워 싸우게 하고, 흑인 노예들을 사냥할 때 원주민을 이용함으로써 흑인과 원주민 사이에 적대감을 불러일으키게 했다. 이 방법은 숫자적으로 불리했던 백인 통치 세력이 흑인과 원주민의 단합을 방해하여 쉽게 통치할 수 있는 이른바 'Divide and Rule Strategy' 전략이었다.

반데이란찌스

오지개척단 반데이란찌스는 브라질 개척에 있어 가장 중요한 역할을 수행했다. 그들은 자유롭게 스페인령에 들어가서 활동하면서 후일 브라질 영토 확장에 큰 기여를 했다. 그들이 침투해 들어가 장기적으로 체류한 곳들은 후일 도시로 변했다. 또한, 내륙지역에서 발견된 금광과 다이아몬드 광산으로 인해 내륙개발과 인구 이동현상도 나타났다.

2. 국경조약

1492년 콜럼버스가 신대륙을 발견하고 귀환할 때 그가 탄 니냐호는 폭풍우로 인해 부득이 떼쥬(Tejo)강 하구에 위치한 리스본으로 피항했다. 그는 자신의 여행 계획을 거부했던 포르투갈 국왕 동 쥬앙 2세와의 거북스런 만남을 피할 수 없었다. 이때 동 쥬앙 2세는 1479년 체결되었던 루조-까스뗄랴노(Luso-Castelhano)조약에 근거하여 발견된 땅은 포르투갈 소유라고 주장했고, 콜럼버스는 자신이 스페인 국왕의 지시에 따라서 발견을 행했을 뿐이라고 답변했다.

이 발견을 기점으로 양국 간의 해상경쟁은 가열되기 시작했고, 향후 야기될 복잡한 문제점이나 갈등을 사전예방하기 위해서 대서양에서 발견되는 땅에 대한 소유권을 미리 구분하는 제안이 나오게 되었다. 이리하여 양국 간에 교황이 중재자로 개입하여 진행된 오랜 협상의 결과로 또르데질랴스 조약이 체결된 것이다.

1494년 체결된 이 조약의 주요 내용은 양국의 관할영역은 까보 베르드 군도에서 대서양의 서쪽으로 370레구아 지점에서 북극과 남극으로 그은 자오선이 경계가 되며, 그 서쪽에서 발견된 땅은 스페인의 소유이고 동쪽에서 발견된 땅은 포르투갈 소유가 된다는 것이었다.

1500년 포르투갈이 브라질을 발견하고 난 후 포르투갈은 최고의 해상제국으로 부상했지만 또르데질랴스 조약의 규정 때문에 빚어진 관할권 시비로 스페인과 많은 지역에서 충돌을 피할 수 없었다. 그러나 스페인과의 합병 시 모든 남아메리카 식민지가 펠리페 왕들의 소유였기 때문에 양국 식민지의 경계선은 유명무실했다. 브라질의 오지개척단 반데이란찌스는 이미 오래전부터 경계선을 훨씬 넘어서 개척활동을 행하고 있었지만, 합병기간인 60년 동안에는 더욱 자유롭게 서쪽으로 침투해 들어가서 스페인 소유지에 포르투갈 문화를 정착시켜 나갔다.

왕정복고 이후의 조약들

마드리드 조약(Tratado de Madri)

포르투갈은 스페인으로부터 독립했던 1640년 이후 브라질 국경문제로 커다란 갈등을 빚었다. 그러나 포르투갈 왕위 계승자가 스페인 공주와 맺어지면서 남아메리카 국경에 대한 진지한 논의를 진행해 나갔다. 양국은 남미의 경계선을 다시 긋기로 약속했다. 이로써 1750년 마드리드 조약이 체결되었고 두 가지 원칙 하에서 파란만장했던 또르데질랴스 조약은 그 효력을 완전히 상실했다. 첫째 원칙은 단순히 소유권을 주장하는 행위보다는 점유자의 권리를 인정하는 우띠 뽀씨데찌스(Uti Possidetis) 이론이었고, 둘째는 항상 논란을 불러 일으켰던 천문학적 위치 결정보다는 강, 산맥, 호수나 국경을 표시할 수 있는 자연적 경계인 Natural Boundary를 인정한 것이다. 이 원칙이 적용된 조약으로 브라질 땅은 오늘날의 면적과 거의 비슷한 면적을 점유하게 되었다. 마드리드 조약에서 포르투갈을 성공적으로 이끈 주역은 브라질 산또스 출신 알렉산드리 구즈마웅(Alexandre Gusmão)이었다.

한편 남쪽에서는 점유자의 기득권이 인정되지 않았다. 포르투갈은 사끄라멘뚜 식민지를 스페인에게 넘겨줬고, 대신 히우 그란지 두 술의 서쪽에 위치한 스페인의 세찌 뽀부스(Sete Povos) 원주민 개화마을(Missão)을 획득했다. 그러나 이 교환은 성공적이지 못했다. 세찌 뽀부스의 원주민들이 브라질 편입을 거부했기 때문이었다. 따라서 사끄라멘뚜 역시 스페인에게 인도되지 않았다.

산뚜 일데퐁수 조약(Tratado de Santo Ildefonso)

1777년 체결된 이 조약으로 남쪽 영토 문제가 해결되었다. 사끄라멘뚜 식민지와 세찌 뽀부스 개화마을들은 스페인 소유로 계속 인정되었고, 빈번히 스페인군의 침입을 당했던 싼따 까따리나와 히우 그란지 두 술은 포르투갈에게 그 소유권이 돌아왔다.

제5장 브라질 식민경제의 발전

포르투갈이 브라질을 발견했을 때 포르투갈 왕실은 오로지 교역활동에만 관심이 집중되어있었다. 그러나 브라질은 동양에서처럼 훌륭한 생산시장도 아니었고, 훌륭한 소비시장이 될 가능성도 없었다. 열대와 아열대성 기후가 지배적인 북동부에서 포르투갈인들은 적응하기 힘들었고 생산물 역시 빠우 브라질, 모피, 생약, 향료 등으로서 재배에 의한 생산이 아니고 채취에 의존하였기 때문에 빠우 브라질을 제외하고는 생산량도 충분하지 못했다. 결국 포르투갈 왕실은 귀금속 발견의 가능성과 농업경제에 기대를 걸 수밖에 없었다. 포르투갈의 관심은 내수를 위한 생산에 있지 않았고, 오직 수출을 목표로 하는 대규모 농업생산에 있었다. 이러한 계획은 사탕수수 경작과 함께 실현되었다. 그러나 이에 앞서 브라질 식민경제는 빠우 브라질의 개발과 더불어 시작되었다.

1. 빠우 브라질

- 왜 당신들은 땔감을 찾는가?
- 땔감이 아니다. 염료의 원료다. 이것을 우리나라에 가져가면 부유한 상

인이 너희가 좋아하는 물건들과 바꿔준다. 그는 매우 큰 부자이다.
- 그도 죽는가?
- 죽는다.
- 그렇다면 그의 재산은 누가 갖는가?
- 그의 아들이다.
- 그것은 참 어리석은 짓이구나. 아들에게 재산을 남기려고 먼 길을 와서 고생을 하다니.

이상은 브라질 해안 지역에서 자생하던 빠우 브라질 나무를 구하러 왔던 백인 벌목꾼들과 원주민 노인과의 대화였다.

이 나무는 유럽에서 매우 큰 규모의 시장을 형성하고 있었다. 나무의 용도는 붉은색 염료의 축출, 선박과 고급가구 그리고 주택 건축 등 다양했다. 1500년 까브랄의 브라질 발견 당시 이 나무숲은 북동부에서 히우 지 자네이루에 이르기까지 펼쳐져 있었다. 원주민들은 이 나무를 이비라비땅가(Ibirabitanga)라 불렀다. 평균 8-12m의 높이, 평균 80cm 지름의 빠우 브라질은 붉은색 표면에 검은 반점이 있다. 포르투갈인들은 이미 이 나무의 변종을 인디아에서 알고 있었다.

빠우 브라질은 까부 푸리우로부터 히우 그란지 두 노르찌(Rio Grande do Norte)에 이르는 해안지대에 무수히 자생하고 있었다. 그런 이유로 16세기 몇몇 지도에는 브라질 해안의 이 지역을 빠우 브라질 해안이라고 했다. 가장 질이 좋은 나무가 뻬르낭부꾸에서 발견되었기 때문에 17세기에 네덜란드인들은 이 나무를 파우 지 뻬르낭부꾸라고 불렀다. 유럽에서의 폭발적인 수요와 인기 때문에 빠우 브라질은 포르투갈 부의 원천이 되었지만,

빠우 브라질 벌목

동시에 프랑스와 네덜란드 밀수꾼들을 브라질로 끌어들이는 결정적인 요인이 되기도 했다.

빠우 브라질의 개발은 원시적이었고, 원주민의 도움 없이는 불가능했다. 처음에는 숲을 불태우는 방식을 사용했지만 포르투갈인들이 제공한 도끼와 톱 등으로 나무를 벌목했고, 해안으로 운반하여 유럽행 배에 선적했다. 그러나 포르투갈인들보다 더 뛰어난 친화력을 지닌 프랑스들은 원주민들의 협조를 얻어 많은 목재를 밀매무역했다. 또한, 독점 개발권을 얻은 민간기업은 과다한 왕실의 세금 부담으로 사업을 포기했다. 그리고 19세기에는 밀매와 남획으로 브라질 해안 지역에서 찾아보기조차 힘들어졌고, 새로운 염료축출 식물인 아닐(anil)의 등장으로 그 경제적 가치가 떨어졌다.

2. 사탕수수 경작

사탕수수 경작은 포르투갈이 식민지 브라질을 확고하게 점유할 수 있었던 최상의 방법이었다. 아시아가 원산지인 사탕수수는 항해왕자 엥리끄의 지시로 이미 마데이라 군도에서 재배되었다. 브라질에 언제 처음으로 유입되었는지는 정확히 알려지지 않지만 소우자가 1533년 외국 상인들의 협조하에 싸웅 비센찌에서 경작을 시작한 것으로 알려진다. 당시 포르투갈은 동양교역이 국내적 요인과 새로운 경쟁세력의 대두로 사양화되고 있었기 때문에 브라질에 대한 관심을 보이기 시작했다.

16세기에 포르투갈은 최대의 설탕 생산국이 되었고, 유럽시장에 대한 최대의 수출국이었다. 그러나 이 산업의 활성화를 위해서는 막대한 자본이 필요했다. 포르투갈 귀족들은 브라질에 투자를 꺼려했고, 상인 그룹들은 자본동원 능력이 부족했다. 결국 외부자본의 유입이 불가피했다.

네덜란드는 브라질 설탕경제 주기에서 자본을 투입하고 설탕의 유럽 시장 공급에서 주도적인 역할을 수행했다. 설탕은 유럽에서 매우 비싼 가격으로 거래되었다. 이미 마데이라 군도에서 재배기술을 익힌 포르투갈은 네덜란드의 지원으로 머지않아 세계시장을 석권할 수 있었다. 포르투갈의 해외

팽창은 14세기에 접어들면서 등장한 제2왕조인 아비스(Avis)왕조와 더불어 시작되었다. 이 사업의 주체가 된 아비스 왕조는 그 성립 과정에서 시민혁명을 주도한 부르주아지 계급의 민족주의 정신이 크나큰 역할을 했기 때문에 그들의 요구에 따라 식민사업에 적극적일 수밖에 없었다. 이리하여 부르주아 상인들의 재정적 지원에 힘입은 국왕이 왕권을 강화하기 위해 중상주의 정책을 추구하고 식민제국을 건설해 나가게 된 것이다. 브라질 발견 이후 포르투갈 왕실은 영토의 효과적인 방어와 그 소유권을 확고히 할 필요가 있었다. 식민을 끌어들여 마을을 세우고 발전을 유도하기 위해서는 안정된 경제적 기반을 확립해야 했다. 포르투갈 왕실이 브라질에서 가장 흥미를 느낀 것은 귀금속 매장의 가능성과 농업경제의 활성화였다. 그러나 식민 초기에는 인접한 스페인 식민지처럼 귀금속이 쉽게 발견되지 않았기 때문에 관심은 농업에 집중되었다.

수많은 시행착오 끝에 브라질이 사탕수수의 재배에 이상적임을 간파한 포르투갈 왕실은 강수량이 풍부하고 열대성 기후와 최적의 토양 마싸페(massapé)를 지닌 북동부를 중심으로 경작을 시작했다. 설탕은 당시 매우 비싼 가격에 거래되었다. 이미 대서양상의 식민지 마데이라(Madeira) 군도에서 재배기술을 익힌 포르투갈은 자본투여와 운송에서 큰 몫을 담당했던 화란의 지원으로 순식간에 세계시장을 석권했다.

1530년 소우자가 묘목을 들여와 사탕수수 농장과 제분소를 설립한 이래 급성장한 이 산업은 브라질 경제의 중추적 역할을 수행했다. 1560-1570년에 간다보(Pero de Gandavo)가 발표한 브라질 땅에 관한 논문(Tratado da Terra do Brasil)에는 당시 8개의 까삐따니아에서 연간 3,000아호바(arroba)를 생산하는 60개의 제분소가 있었다고 기록되고 있다.

설탕 생산은 대규모 농장에서 많은 노동력을 동원해야 하는 어려움이 있었다. 높은 임금을 지급한다 해도 본국의 노동력 결핍으로 임금노동자의 확보는 불가능했다. 더욱이 이주해 온 식민들은 본국에서보다 사회, 경제적으로 우월한 위치에 서고 싶은 사람들이어서 노동을 달갑지 않게 여겼다. 기대했던 원주민 노동력의 이용계획도 예수회를 비롯한 많은 종교단체들의 반대로 만족스런 결과를 얻지 못하게 되자 백인 농장주들은 원주민들이 노동력 문제를 위한 만족할 만한 해결책이 아님을 알게 되었다. 그들은 결국 아프리카의 흑인 노예 확보가 최상책임을 확신했다. 이미 1433년 초에 흑인 노예가 포르투갈에 유입되기 시작했다. 발견의 시대에 아프리카 서해안 개척에 전념했던 포르투갈은 이 지역의 흑인들이 사탕수수 농장에서 잘 적응하리라고 판단했다. 그런 이유로 16세기 중반부터 시작된 아프리카 노예수입은 1850년까지 지속되었고, 강제 이주해 온 숫자는 3백5십만 명이었다.

오늘날 브라질의 성장에 아프리카 흑인 노예들이 기여한 바는 매우 크다. 사탕수수 농장은 유럽과 아프리카 문화가 만나 서로 혼합되는 장소였다. 그러나 무엇보다 큰 기여는 노동력 제공이었다. 그들의 근육이 브라질의 성장을 일구어 낸 것이다. 또한, 그들은 브라질 내륙지역의 개척과 정복을 도왔고, 화란과 프랑스의 침공 시 군인으로 전쟁에 참여했다. 사탕수수 농장은 문화교류뿐만 아니라 인종혼합의 근원지이기도 했다. 이곳에서 포르투갈인들과 흑인 노예들 사이에 물라뚜(mulato)라는 혼혈이 창조되었다. 브라질의 역사학자 질베르뜨 후레이레(Gilberto Freire)는 저서 주인과 노예들(the masters and slaves)에서 브라질의 역사는 포르투갈인, 원주민 그리고 흑인의 인종혼합의 역사이고 이 혼합은 대농장 화젠다(Fazenda)에서 이루어졌다는 폰 마르테우스(Von Marteus)의 주장을 확인시켜 준다. 1803년 설탕과 담배 산지로 유명한 살바도르(Salvador)의 인구조사에 의하면 10만 인구에서 3만 명이 백인이고, 3만 명은 물라뚜 그리고 나머지는 흑인이었다. 또한, 1818년 3백5십만 브라질 인구 중 백인은 1/3이었고, 50만 명이 물라뚜 그리고 2백만 명이 흑인이었다. 그런 이유로 포르투갈인들은 '브라질은 육신은 아메리카이지만 영혼은 아프리카이다.'라고 말한다.

중세의 불경지 경작법(sesmaria)에 근거한 대농장 화젠다는 장원제도와 흡사한 느낌을 준다. 대농장과 제분소는 단순히 설탕 생산의 기능에 국한되지 않았다. 장원의 봉건 영주와 같았던 농장주는 자신의 가족, 하인, 백인 소작인 그리고 노예와 인근 주민들을 지배하는 일종의 가부장(Patriarchal Chief)였다. 식민지에 파견된 왕실관리들이나 지방행정관리들의 힘이 미치지 못하는 거대한 농장의 주인들은 더욱더 권력을 키워나갔고, 지역 소교구의 사제나 농장의 전담 신부들도 위성처럼 농장주의 주변을 맴돌았다.

가부장인 농장주는 항상 대장원의 한 복판에 있는 대저택 베란다에서 광활한 영지를 바라보며 이 영역에 속한 모든 사람들의 청원을 듣고, 송사를 관장하는 사법권까지도 행사했다. 가부장제도는 주인 중심으로 운영되는 사탕수수 농장 사회의 구조를 잘 설명해 준다. 중세 포르투갈의 전통에 유래하는 이 제도 하에서 가족의 우두머리는 제분소의 주인이었고, 주인의 장남은 농장의 상속자가 되었다. 이것은 로마법 가족세습 재산규정에서 비롯되었다. 따라서 장남 이외의 다른 가족들은 재산의 실질적 상속권을 갖지 못했고, 세대가 교체되면서 한 농장의 재산이 분할되지 않고 잘 유지될 수 있도록 하기 위한 조처였다. 또한, 상속권이 없는 자식들이나 친지들은 장남의 권위에 예속되었다.

농장에는 목공, 대장장이, 제빵사, 침모, 양초제조인, 각종 기술을 보유한 장인들과 노예들이 포진해 있었기 때문에 대농장 밖의 세계와 접촉할 필요가 없었다. 지역 간의 교류가 없었던 브라질 경제에서는 생산단위 간의 인구이동도 없었다. 대농장에는 최소한의 자치권이 보장된 자유민들이 있었다. 설탕산업은 일종의 복합공정체였기 때문에 대규모 농장들은 땅의 대부분을 이들 자유민들에게 임대해주고 사탕수수를 경작하도록 했다. 그들은 재배에 필요한 노동력을 흑인 노예로 충당했다. 그런 이유로 그들은 마치 자신이 농장과 노예를 소유한 상류사회의 특권계급인 것처럼 행동했다. 이와 같은 상황을 비판하는 사람들은 '왜 포르투갈에서는 괭이로 땅을 파던 사람들이 브라질에서는 그렇게 하지 않으려 드는가? 왜 복종 밖에는 모르던 사람들이 명령하려 드는가?'라고 나무란다.

사회적 계급의식이 정착되지 않았던 브라질에서 사탕수수 농장의 가부장제도는 제분소 주인들의 신분상승과 귀족의식을 부추겼다. 화려한 상류사회 생활, 과시욕과 사치풍조는 그들의 속성이 되었다. 반면에 노예들은 센잘라(Senzala)라 부르는 집단 수용소에서 짐승 취급을 받으며 쇠사슬에 묶인 채 생활했다. 노예들은 단순한 물건이나 노동의 도구로 간주되었다. 게다가 백인들은 노예제도를 정당화하기 위한 이론을 내세웠다. 그들은 아프리카 흑인들을 그들의 고향에서 강제로 끌어내온 행위를 문명화로 이끄는 구원이라고 주장했다.

사탕수수 농장은 이처럼 가부장제(Patriach), 대토지소유제도(Latifundia), 노예제도(Slavery) 그리고 수출상품으로 모노 컬쳐(Mono-Culture), 즉 단일품목 경작 경제를 선도했고, 이것이 식민지 브라질의 사회와 경제적 특징으로 확고히 자리 잡게 되었다.

브라질인들은 자신들이 세계에서 가장 위대한 인종적 민주주의를 이룩한 국민이라고 주장한다. 그들은 분명 백인과 유색인종 간에 많은 차별이 있음에도 불구하고 인종문제가 없다고 주장한다. 작가 에리꼬 베리씨무(Érico Veríssimo)는 '브라질에는 인종문제가 존재하지 않는다.'라고 공언한 바 있다. 그들은 이것을 인종적 민주주의라고 부른다. 문제는 인종적인 면보다 경제적인 면에 있다. 차별이 인종적인 면에서보다 부와 사회적 지위의 차이에서 나타나기 때문이다. 1888년 황금법의 공표로 노예제도가 완전히 종식된 것으로 인식되지만 이후 사회의 밑바닥에서 출발한 흑인들 대다수는 자신의 지위향상에 크게 성공적이지 못했다.

3. 목축업

목축업은 소우사 총독 통치기에 시작되었다. 그가 바이아 지역에 소를 들여온 지 얼마 안돼서 목축업은 전국적으로 확산되었다.

설탕 경제의 영향으로 높은 소득이 보장되었기 때문에 목축업은 괄목할 만한 성장을 보였다. 초창기에는 사탕수수 농장에서 운송수단으로 이용하고, 식민들과 노예들을 위한 육류, 버터 그리고 우유와 같은 식품의 공급을 위해 가축사육이 행해졌지만 목축업은 사탕수수 농장과 한 지역에서 공존하기 힘들었다. 초지가 부족하자 가축들이 사탕수수 재배지에 막대한 피해를 입혔다. 목장과 사탕수수 경작지의 경계에는 철조망으로 울타리를 세워야 했지만, 포르투갈에서 수입해오는 양이 많지 않았기 때문에 소들의 경작지 침범이 자주 발생했다. 이로써 제분소 주인과 목장주 간의 갈등이 빚어졌다. 결국 포르투갈 왕실은 해안지대에서 목축업을 금지시켰다. 이리하여 목장은 쎄르지피의 싸웅 프란시스꼬 강 유역으로부터 내륙을 향해 3 방향으로 확산되었다. 하나는 이 강의 상류로 거슬러 올라가서 미나스 제라이스(Minas Gerais)의 오지에 이르렀으며, 또 하나는 이 강을 가로 질러 북부를 향했고, 오늘날 마라냐웅, 삐아우이, 쎄아라, 빠라이바와 히우 그란지로 확산되었다. 마지막으로는, 서쪽 방향으로 향한 목축업이 또깐찐스(Tocantins)와 아라과이아(Araguaia)강에 도달하여 마뚜 그로쑤와 고이아스 오지에 정착한 경우였다.

한편 남부에서는 예수회 선교사들이 가축을 유입했다. 그들은 오늘날의 빠라나, 싼따 까따리나(Santa Catarina)와 히우 그란지 두 술의 드넓은 초원에 목장을 만들었다. 우유와 고기 외에도 가축의 사육은 식민지 생활에 매우 요긴하게 사용되었던 가죽을 공급해 주었다. 한때 가죽의 수요가 절정에 이르자 가죽의 시대라 일컬을 정도로 가죽 생산량이 넘쳐났던 적이 있었다. 당시 목축업자들은 가죽끈, 가죽옷, 신발과 심지어는 주택의 문이나 창문 제조용 가죽 생산을 위해 가축을 도살한 후 고기는 버리고 짐승의 외피만 이용할 정도였다.

목축업에 종사하는 노동력은 원주민들이 대다수였다. 브라질에 거주하는 원주민들은 대부분이 유목민들이었기 때문에 동물의 습성을 잘 알았고, 이들을 길들이는데도 특별한 재능이 있었다. 그러나 목축업은 사탕수수 경작보다 훨씬 수익성이 높았기 때문에 많은 자유민들을 끌어들였다. 그들은 목장에서 목동으로서 열심히 일하면 몇 년 내에는 분양받은 가축을 기반으로 자신을 위한 목장을 소유할 수 있었다.

사탕수수가 17세기 중엽에 북동부 지역에서 목축업의 발전을 도왔던 것과 마찬가지로 18세기에는 광산업이 남부지역에서 목축업의 발전을 이끌었다. 넓은 지역에 산재해 있고, 해안 지역으로부터 멀리 떨어진 곳에 위치한 광산에서는 운송수단이 필수적이었다. 목축업은 이러한 필요조건을 충족시켜줄 유일한 수단이었다.

4. 광산업

사실상 포르투갈 왕실은 브라질에서 귀금속의 발견에 가장 큰 관심을 가졌었다. 스페인령 아메리카 식민지들에서 금, 은과 귀금속의 발견은 포르투갈에 한편으로는 희망과 기대감을, 또 한편으로는 불안감을 심어 주었다. 포르투갈 왕실은 많은 전문가들을 파견하여 탐사작업을 벌였지만, 귀금속이 발견되지 않자 농업에 의한 식민화로 정책을 전환했다.

1640년 포르투갈이 스페인으로부터 왕정을 복구하고 난 후, 왕실은 재정적 궁핍을 타파하고, 브라질의 일부 지역을 강점하고 있었던 화란인들을 추방하며, 사탕수수 사업의 사양화를 대신하기 위해서 금의 발견에 관심을 집중시켰다. 포르투갈 왕실은 이를 위해 공식적인 개척단 엔뜨라다스와 상 파울루의 민간인 오지개척단 반데이란찌스에게 큰 기대를 걸었다.

최초의 금 발견 소식이 미나스 제라이스로부터 들려왔다. 이 소식으로 브라질 내의 다른 지역에 있었던 수많은 식민과 본국에서 몰려온 포르투갈인들로 인해 이 지역에는 우후죽순처럼 수많은 도시가 생겨났다. 오늘날의 오우루 쁘레뚜(Ouro Preto)시도 이때 건설되었다. 이 지역에 뒤이어 마뚜 그로쑤, 고이아스와 바이아에서도 금 발견 소식이 전해졌다. 이로 인해 사회적 신분상승과 일확천금을 꿈꾸는 모험가들이 이 지역으로 몰려들기 시작했다.

브라질에서 금은 개발 방법에 따라 두 개의 주기로 구분된다. 첫째 주기는 충적토의 금(Ouro de Aluvião)으로 세광의 금(Ouro de Lavagem) 주기로도 불린다. 이 주기는 원주민 사냥을 위한 원정대활동 시 시작되었으며 많은 이득을 얻지 못했다. 두 번째 주기는 광산 채광주기로서 1693년 경부터 시작되었다. 이 주기에는 50-100명의 노예가 고용된 광산기업들이 등장했다. 이따베라(Itaberá)와 쎄바라(Sebará) 광산 등이 잘 알려지고 있다.

한편 광산붐으로 상 파울루 주민을 일컫는 빠울리스따(Paulista)뿐만 아니라 바이아인, 뻬르낭부꾸인, 까리오까(Carioca)인 그리고 포르투갈 본토인들이 몰려들어 수많은 갈등을 빚기도 했는데 1708년 일어난 폭동 엥보아바스들의 전쟁(Guerra dos Emboabas)은 금광의 발견자인 내지인과 본토인들 간의 소유권 쟁탈전이었다.

포르투갈 왕실은 금광개발을 위해 히우와 미나스 제라이스를 연결하는 많은 도로를 개설하였다. 금광 개발에 많은 노동력과 자본이 투입되자 경작되지 않고 방치된 농토가 늘어났고, 이로써 식량 부족 현상도 발생했다. 이리하여 기아와 고질적인 영양실조가 광산지역에서 만연되기 시작했다. 1698년 히우의 총독은 왕실에 보내는 보고서에서 식량부족현상이 심각한 지경에 이르렀음을 실토했다. '많은 광산주가 금광맥을 포기하지 않으면 안 될 지경입니다. 그들은 모자란 식량 대용으로 짐승, 물고기 또는 열매를 찾아 노예들과 함께 숲 속을 헤매고 있습니다.'라고 당시의 상황을 알렸다.

이와 같은 어려움에도 불구하고 1709년경에는 3만 명이 광산지역의 주요 도시에서 활동하고 있었다. 따라서 왕실은 금광 개발을 통제하기 위해 많은 제도와 법령을 만들었다. 초창기에 자유롭게 누구나에게 보장되었던 개발권은 밀매나 금의 무단이탈을 막기 위해 포르투갈 왕실이 제정한 광산법으로 규제받기 시작했다. 광산 개발권은 개인의 개발능력에 따라 제공되었다. 만일 개발권 수혜자가 40일의 기간 내에 개발을 행하지 않으면 자격이 취소되었다.

또한, 포르투갈 왕실은 광산 감독청을 신설하였다. 이 기구의 주된 목적은 낀뚜(Quinto)세를 징수하는 것이었다. 브라질에서 채광된 모든 금은 상파울루에 설치된 4곳의 제련소와 미나스제라이스의 따우바찌(Taubate)제련소로 운송되었다. 그곳에서 제련되어 금괴로 주조된 금은 왕실 몫으로 1/5이 공제되었고, 나머지는 직접 채광자에게 주지 않고 단지 소유권한을 보장해 주는 증서만 발급했다. 그리고 채광자가 모든 필요조건을 이행한 후에야 양도되었다.

이와 같이 철저한 단속에도 불구하고 식민지에서 주화가 부족하여 금의 불법거래가 행하여진다는 사실을 알게 된 왕실은 1694년 바이아에 조폐국을 설립했다. 그러나 이러한 조처에도 금의 불법거래나 이탈은 은밀하게 행해지고 있었다. 밀매된 금은 영국과 네덜란드인들에 의해 아프리카로 유입되었고, 담배, 럼주, 브랜디 등과 함께 노예구입을 위해 사용되었다.

브라질 식민 경제에서 광산주기는 매우 중요한 결과를 가져왔다. 광산업의 발전으로 수많은 도시가 형성되었다. 사탕수수 주기에서 농장주를 중심으로 형성된 가부장제적 사회구조는 점차 약화되었고, 노예들도 농장에서 보다 더 자유로운 생활을 영위하였다. 뿐만 아니라 도시에는 바로크 풍의 아름다운 건축물들이 도시의 품격을 향상시켰으며, 부르주아 계층의 형성과 더불어 소비가 확산되자 내수시장과 외국에서 수입이 증가되었다. 광산업이 발전되면서 미나스 제라이스와 가까운 항구도시 히우 지 쟈네이루로 식민지의 수도가 이전되었으며 광산지대에서 목축업이 병행 발전하는 현상도 나타났다. 그러나 지나친 개발 붐으로 자연이 파괴되고 아름다운 산림자원이 사라지는 문제점들도 야기되었다.

제6장 브라질의 흑인

인종차별에 반대하는 사람들은 '어디에나 열등이나 우등 인종은 존재하지 않는다. 다만 진보된 아니면 낙후된 인종이 있을 뿐이다.'라고 말한다.

브라질과 같이 흑인, 백인 그리고 원주민 세 인종이 이룩한 국가에서는 인종으로 인해 많은 문제가 발생한다. 칠흑같이 검은 피부색에서 우유처럼 하얀색에 이르기까지 모든 피부 색이 존재하는 곳이 브라질이다.

최근 브라질의 한 TV방송에서는 매우 흥미로운 프로그램이 방영되어 화제가 되었다. 한 병원에서 한날한시에 태어난 아이들이 바뀐 사건이었다. 이 사실은 3년이 지난 후 우연히 확인되었다. 그동안 두 아이는 각 가정에서 많은 사랑을 받으며 잘 양육되었다. 사실이 확인된 이상 아이들은 친부모들에게 되돌려져야 했지만 두 가정은 키운 정 때문에 작별을 아쉬워했다. 이와 같은 사건은 지극히 평범하고 어느 나라에서나 있을 수 있는 일로 생각된다 하지만 백인 부부 사이에 태어난 아이가 흑인이고, 흑인 부부 사이에 태어난 아이가 백인이었다면 문제가 달라진다. 흑인 부부는 친자식인 백인 아이를 돌려받았고, 백인 부부 역시 흑인 아이를 돌려받았다.

이러한 사건은 다인종 사회가 만들어낸 인종혼합의 전시장 브라질에서나 발생할 수 있는 일이다. 일부 학자들은 16세기 중엽부터 19세기 중엽에 이르기까지 브라질에 수입된 아프리카 흑인의 숫자는 약 1천만에서 1천2백만 명에 이른다고 추정한다. 결국, 포르투갈과 아프리카인들의 후손 사이에 인종혼합의 전통은 4세기 동안 꾸준히 지속된 것이다.

인종 혼합은 백인과 흑인 사이의 관계를 매우 복잡하게 만들었다. 혹자는 인종혼합을 인종적 조화를 이루는 열쇠이고, 브라질 사회의 초석이라고 한다. 또 어떤 이들은 그것은 인종 차별을 야기하고, 사회적, 경제적 불평들을 조장한 병폐라고 주장한다.

죠르지 아마두처럼 아프리카 흑인들의 브라질 사회건설에 기여한 바를 높이 찬양한 사람들이 있는 반면 올리비에라 비아나처럼 원주민과 흑인을 열등인종으로 간주하고 아리안화(Aryanization)를 통해서 브라질은 백인국가가 되어야한다고 주장하는 사람들도 있다.

1. 브라질 흑인의 문화적 분류

식민시대 브라질에 유입된 아프리카 흑인들은 주로 아프리카 서해안 출신이었다. 기니아(Guinia)만에서 온 그들은 세네갈과 오렌지(Orange)사이의 지역에 거주하던 사람들이었다. 16세기 초반의 주요 노예수출지역은 콩고와 앙골라였다. 구콩고 왕국은 남으로 단데(Dande), 서쪽으로 대서양, 동쪽으로 크방고(Kvango)에 인접하고, 북쪽으로는 쟈이레(Zaire)에 인접한 · 곳이었다.

브라질에 거주한 아프리카 노예들의 종족과 문화적 분류는 사실상 부정확한 지리적 상황으로 인해 판단하기 힘들다, 그러나 16-17세기에 들어온 두 개의 중요한 부족은 반뚜(Bantu)와 수단족(Sudaneses)이었다. 그들은 브라질 바이아, 뻬르낭부꾸 그리고 히우 지 쟈네이루 항구로 들어와 전국에 분산되었다.

반뚜족은 주로 앙골라와 콩고에서 왔고 원시적 문명권에서 살았다. 그들은 전쟁포로, 공물 또는 교역 대상물의 노예로 전락한 사람들이었고, 이러한 자신의 운명을 피동적으로 받아들였다. 평화 시에 그들은 'peddler'로 불리는 노예대리상들에게 포획되었는데 페들러들은 1-2년 동안 아프리카 오지를 돌아다니며 수백 명의 노예를 이끌고 루안다(Luanda)항으로 향했다. 이들 중에는 흑인과 백인 사이에 태어난 물라뚜나 심지어는 흑인들도 참여했다.

17세기부터 브라질 상품들인 설탕, 브랜디, 담배, 면화, 무기와 화약이 노예교역 대상물로 사용되었지만 1720년 2월 왕령으로 무기와 화약은 제외되었다. 전쟁은 많은 노예를 제공했다. 이른바 정당한 전쟁으로 불리는 'Just War'에서 포르투갈인들은 충성스럽고 호전적인 쟈가 식인부족(Jaga Cannibals)의 도움을 받아 많은 노예를 포획했다. 노예들은 브라질 땅에 도착하기 전에 세례를 받았고 나이와 성별에 따라 분류되었다.

식민시대 중반기에 브라질에서 광물이 발견되자 광산업이 활기를 띠기 시작했다. 수요가 늘어나자 노예공급은 오늘날의 기니아만을 일컬었던 미나(Mina)해안으로 확산되었다. 그리고 니제로아로부터 이루바스(Iorubas)와 황금해안 지역인 가나로부터 이위스(Ewes)와 만딩가(Mandinga)인들을 수입하기 시작했고, 다호메이(Dahomey)와 토고(Togo)에서도 이위스와 만딩가 부족이 수입되었다. 또한, 수단에서는 하우사스(Hausas)와 만딩가가 수입되었고, 모잠비크에서도 반뚜족들이 브라질에 들어왔다.

흑인 노예들은 아프리카를 떠나기 전에는 문화적으로 뚜렷하게 구분되는 지역에 거주했지만 브라질 내에서는 철저한 식민당국의 감시와 통제 하에 있었기 때문에 같은 종족이 한 까삐따니아에 집단화되는 것은 허용되지 않았다. 그 주된 이유는 폭동이나 봉기를 사전에 차단하기 위한 데 있었다. 그러나 각 까삐따니아의 필요에 따라 뻬르낭부꾸, 바이아 그리고 히우지 쟈네이루 등지에서 반뚜와 수단 출신 부족들이 많이 집결되었다.

일반적으로 아프리카 노예들의 문화수준을 논할 때 그들 대다수가 원시적 수준에 머문 하층 문화권 출신으로 생각하기 쉽다. 그러나 또레나레의 연구에 의하면 노예 중에는 매우 지체 높은 왕족, 부족장, 주술사와 장인들도 포함되어 있었다고 한다. 한 예로써 까빈다 지역에서 여왕이었던 흑인 떼레사는 간통죄로 왕좌에서 쫓겨나 노예가 된 경우였다. 그녀가 팔려 왔을 때 팔과 다리에는 황금 팔찌와 화려한 장식품으로 치장되어 있었다. 또한,

주변의 많은 노예들이 그녀에게 존경을 표했다. 그녀는 오만한 태도로 노동일을 거부했다. 하지만, 엄청난 매질을 당하고 난 후 그녀는 훌륭한 노예로 변모했다고 한다.

모라이스 마르띵스는 앙골라와 콩고에서 들어온 노예 중에는 지식인들도 다수 포함되어 있었다고 한다. 노예구입을 위한 지급수단은 매우 다양했다. 설탕, 럼주, 잡화, 동양이나 유럽각지에서 구입된 값싼 장신구, 담배, 만디오까 등이 주된 품목들이었다. 노예선들이 브라질을 떠날 때에는 이와 같은 물건들이 가득 선적되었고, 거래가 이루어진 후 노예를 실은 배들은 앙골라에서 뻬르낭부꾸까지 35일, 앙골라에서 바이아까지는 40일 그리고 히우까지는 장장 50일의 항해를 해야만 했다.

노예들의 종족적 특성을 살펴보면, 반뚜족은 의존적이고 복종심이 강하며 행동은 내성적이었다. 그들은 환경에 잘 적응했기 때문에 고용주들이 선호하는 대상이었고, 기독교를 쉽게 받아들였다. 반뚜족들 중 앙골라 출신은 타 흑인 인종에 비해 키가 크고 덜 난폭하며 말이 잘 통하고 예의바른 부족이었다. 반면 반항적인 부족은 다호메이의 제제스(Jejes)족이었고, 나이지리아북부에서 유입된 모하메단(Mohammedan)도 저항심이 강했다. 또한, 하우사스족은 바이아 지역에서 수많은 폭동을 주도한 종족이었다.

그러나 질베르뚜 후레이리는 '이러한 불복종과 저항 속에서도 농업식민화를 이루는 과정에서 백인들의 가장 중요한 협조자는 흑인이었다.'라고 말한다.

2. 브라질의 흑인문화

아프리카 노예의 유입과 더불어 브라질은 흑인, 백인 그리고 원주민 세 인종이 구성원이 된 지구상에서 그 유래를 찾을 수 없는 다인종 사회를 이루었다.

브라질은 사탕수수밭과 커피농장을 일으켜 세운 검은 침니를 아프리카로부터 유입시킨 것으로 그들의 역할을 한정시키지 않았다. 백인 여성이 귀한 브라질 땅에서 흑인들은 백인식민 가정의 여주인, 광산개발 노동자, 가축사육사, 상인 때로는 마호멧 신앙의 지도자 역할도 수행했다.

흑인들은 브라질에 많은 종의 식물도 반입해 왔다. 그 대표적인 것들로는 사고야자(Sago), 산뚜 그라스(Santo Grass), 아프리카 나리(Agapanthus),인디언 후추, 종려유, 구아바(Guava), 호박과 수박 등이 있고, 브라질 중산층 가정에 널리 애용된 콩과 쌀도 18세기 중엽에 유입되었다. 음식으로는 옥수수죽(Mush), 까루루(Caruru), 에포(Efó), 바따빠(Vatapá), 페이죠아다(Feijoada), 아바라(Abara), 보보(Bobo), 싱싱(Xinxing) 등이 소개되었고, 앙골라 닭과 콜라열매도 전래했다.

이처럼 아프리카의 영향력이 커지자 19세기 브라질 상류사회는 탈아프리카를 위해 노력을 기울였다. 나폴레옹이 이베리아 반도를 침공했을 때 포르투갈 왕실은 브라질 천도를 시도했다. 히우에 수도를 정한 동 쥬앙의 재서구화 정책으로 많은 변화가 일어났다. 한 예로써, 1850년 바이아와 뻬르낭부꾸의 상류사회 음식습관을 보면 콩과 돼지고기의 사용을 줄이고, 적은 양의 후추로 조미하며, 스튜요리도 줄여나가는 이른바 탈아프리카 요리법을 개발해 나갔다. 그러나 오늘날까지도 브라질인들의 가장 인기 있는 음식들 중에서 페이죠아다를 비롯한 많은 아프리카 음식이 차지하고 있는 점을 감안하면 그 영향력이 여전히 큰 것을 확인할 수 있다.

의상 역 시 아프리카 특색이 많이 남아있는데 특히 하층민들의 옷, 스툴, 은장식, 튜니카, 긴 가운 바이아나(Baiana)와 스커트 등이 전통을 이어가고 있다.

페이죠아다

현대 언어학에서는 아프리카 언어가 포르투갈어에 영향을 미쳤다는 주장을 인정하지 않는다. 그러나 브라질식 포르투갈어의 구조가 흑인들의 언어에서 영향을 받지 않았다 하더라도 어휘상으로까지 그러한 것은 아니었다. 브라질의 끄리올(Creol)방언은 저문화계층 사람들이 어설프게 익힌 언어가 아니었다. 그들은 포르투갈어의 동사도 단순화시키고, 활용도 축소시켰으며 형태론에도 영향을 미쳤다. 특히 브라질식 포르투갈어는 끼분드와 요루바 족 언어가 많이 사용되면서 본국의 포르투갈어보다 훨씬 어휘가 풍요로워졌고, 발음 또한, 부드러워지는 변화가 있었다.

음악과 민속문화에 있어서도 흑인의 영향은 매우 컸다. 우선 아프리카에서 전래한 악기만 해도 마라까뚜(Maracatu) 땅보르(Tanbor), 플라우따(Falauta), 꾸이까(Cuica), 베링바우(Berimbau)등이 널리 알려졌다. 또한, 춤으로는 예수의 공현을 축하하는 헤이사도스(Reisados), 콩고왕의 즉위를 축하하는 춤 꽁가다스(Congadas) 그리고 앙골라와 콩고지역에서 건너온 바뚜끼(Batuque)춤에서 유래한 브라질 대표적인 춤과 음악인 삼바(Samba)가 유명하다. 까삐스뜨라누 지 아브레우는 '흑인은 말 없는 포르투갈인들과 음침한 원주민들에게 유쾌함이 무엇인가를 일깨워주었다.'라고 말한다.

아프리카적 문화유산, 종교와 민속에 관한 연구는 마리우 지 안드라지, 아루뚜르 하무스, 에디송 까르네이루가 괄목할만한 연구를 이룬 분야로써 특히 하무스는 음악과 춤이 신화적, 종교적인 면과 연관되어 발전된 것을 집중적으로 관찰하였다. 그는 흑인들이 그들의 신앙인 마꿍바스(Macumbas)와 깐동블레(Cancomblé)를 통해서 표현하며 음악, 무용, 대중축제와 카니발을 통해 무의식 세계에 접근하는 방법을 터득하는 것도 깊이 있게 연구했다. 로져 바스찌데(Roger Bastide)는 아프리카의 제설혼합주의가 종교적 관념과 주술이 혼합되면서 생성되었다고 지적한다. 아프리카 기원의 브라질 종교에서 가장 중시되는 이에만쟈(Iemanjá)여신은 사실상 Our Lady of Compassion과 Our Lady of the Rosary가 뒤섞인 존재로써 오늘날 많은 브라질인들의 사랑과 숭배의 대상이 되고 있다.

사회적 관점에서 볼 때 백인 주인과 흑인 노예는 보다 밀접한 관계로 발전되었다. 백인 남성들의 성적인 필요성과 자녀양육을 위해 흑인 여자노예들은 백인주인의 내연의 처, 유모, 하녀들로 봉사했다. 그러나 노예신분의 고달픔을 견디지 못한 많은 노예들이 도망을 시도했고, 주인을 살해하거나 떠나온 고향을 그리며 자살을 택하기도 했다.

1711년의 한 자료에는 이미 그 시대에도 주인들에게 노예를 너무 가혹하게 다루지 말라는 충고의 글이 남아있다. 그 구체적인 내용은 의기소침해서 자살을 선택하지 않도록, 숲으로 도망치지 않도록, 그리고 여자노예들이 고통을 자식에게 넘겨주기 싫어서 낙태를 시도하는 일이 없도록 하라는 것이었다.

노예들에 대한 체형이나 가혹한 형벌은 개인 또는 집단의 저항을 야기했다. 그런 이유로 도망한 노예들이 자신의 고향과 비슷한 환경의 밀림이나 오지로 숨어들어가거나 집단거주하며 백인들에게 항거했는데 이를 낄롬부라 한다.

3. 브라질 흑인의 기여

브라질에서 흑인들의 가장 큰 기여는 그들이 백인, 원주민과 더불어 브라질을 이루는 중요한 구성요소라는 점이다. 라틴아메리카 국가들 중 원주민의 수가 다른 나라에 비해 적고, 흑인의 수가 많으며 흑백 인종혼합율이 매우 높은 곳이 브라질이다. 페루, 과테말라, 에쿠아도르와 니카라구아처럼 인구의 약 40%가 원주민으로 구성된 국가들과 비교할 때 브라질은 매우 다른 세계이다.

또한, 브라질은 흑인의 비중이 크지 않은 코스타리카, 아르헨티나, 우루과이와 순수 흑인의 비율이 60%이상인 아이티나 카리브해의 영연방국가들인 쟈마이카, 바르바도스, 토바고와도 확연히 구별되는 인종구성을 지니고 있다. 그러나 브라질은 흑인이 경제적으로 중요한 역할을 차지하고, 문화발전에도 크게 영향력을 행사하며, 흑백 혼혈이 인종 구성에서 압도적인 쿠바와는 매우 유사한 점이 많다.

이와 같은 점을 고려할 때 브라질은 일부 국가들처럼 원주민화 되지도 않았고, 일부 국가들처럼 아프리카화 되지도 않았으며, 인구 구성에 있어 균형을 이루고 동질성을 지닌 나라이다. 인구의 큰 부분이 아프리카인과 백인의 혼혈인 메스띠소의 경제적, 문화적 중요성을 부인할 수 없고, 또한, 국가발전에 있어서도 그들의 기여는 무시할 수 없다.

흑인계로 성공적인 삶을 통해 브라질 발전에 기여한 인물들은 수없이 많다. 유능한 혼혈 출신 안드레 헤보우사쓰(André Rebouças, 1838-1898)은 노예제도 폐지운동에 앞장섰으며 열정적인 군주제의 옹호자이기도 했다. 뿐만 아니라 그는 과학도로써 농업개혁을 적극 추진했고, 공화제를 반대하는 입장에 섰다. 그 이유는 공화정이 실시되면 토지소유 지배계층이 브라질의 정권을 장악하게 될 것이고 노예제도는 계속 유지될 것이라는 우려 때문이었다. 그는 리우의 항만시설과 터널공사에도 관여했고, 파라과이 전쟁 시에는 군대를 위해 지뢰를 발명하는 등 과학적인 면에서도 기여한 바가 컸다.

예술 분야에서도 매우 뛰어난 인물이 배출되었다. 알레쟈징유(Alejadinho)로 불렸던 안또니우 프란시스꾸 리스보아(Antônio Francisco Lisboa, 1738-1814)는 포르투갈인 건축가와 여자 노예 사이에서 태어난 물라또로써 나병으로 손을 절단하는 불행을 겪었으나 불굴의 의지로 브라질 최고의 조각가가 된 인물이다. 그는 나무와 사암(Sanadstone)에 정교한 조각기술을 익혀 이 분야에서 타의 추종을 불허했다. 그의 작품은 오늘날 미나스 제라이스의 많은 교회정문과 실내를 장식하고 있다.

쥬아낑 마샤두 지 아씨스(Joquim Machado de Assis, 1839-1908)는 브라질 문학에서 가장 위대한 작가로 추앙되는 인물이다. 포르투갈인 어머니와 물라뚜인 아버지 사이에서 태어난 그는 유머, 아이러니, 그리고 염세주의적 특성을 작품에 반영한 최고의 사실주의 작가였는데 지병인 간질병으로 고생했기 때문에 삶을 회의적으로 보는 경향이 있었다.

그 밖에도 풍경화와 삽화로 유명한 산따 호사, 뚜삐어의 권위자이며 유명한 과학자인 떼오도루 삼빠이우(Teodoro Sampaio), 의학 분야 특히 정신의학의 권위자인 쥴리아누 모헤이하(Juliano Moreira)와 정치인 출신으로 후일 브라질 대통령에 올랐던 닐로 뻬산냐(Nilo Peçanha)도 흑인의 피가 흐르는 브라질인이었다.

4. 브라질의 인종문제와 사회문제

아메리카 대륙에서 가장 많은 흑인을 받아들인 브라질은 주로 흑·백 두 인종으로 구성된 미국과는 달리 인종혼합주의가 오랫동안 전통으로 이어졌다. 그런 이유로 오늘날 브라질의 인종문제를 이해하려면 물라뚜에 관한 연구가 필요하다.

1870년 인종에 관한 생각은 사회이데올로기와 연관되었다. 브라질 지식인들은 인종혼합이 브라질을 2등 국가로 전락시키지 않을까 우려했다.

1880년 브라질 사회에서는 의외로 자유로운 흑인계층이 많았다. 학자들은 그들이 어떻게 자유로워질 수 있었을까? 라는 의문에 다양한 견해를 피력한다. 질베루뚜 프레이레와 탄넨바움은 이베리아 반도에서의 경험 즉 왕실과 교회가 개입하여 노예의 비인간화를 막고 해방을 지원한데서 해답을 구한다. 또한, 마빈 해리스(Mavin Haris)같은 이들은 인구통계학적 측면에서 백인의 상대적 부족으로 저급노동이 아닌 농업경작활동, 수공예, 목장에서 일할 혼혈 자유계급의 출현이 불가피했음을 지적한다. 여타 라틴 아메리카 국가들에서는 가난한 백인이 차지해야 할 위치를 브라질에서는 자유로운 유색인종이 점유했다.

1872년 인구 조사는 브라질 인구의 37%가 백인, 20%가 흑인 그리고 나머지는 물라또로 분류했다. 그렇다면 1870-1888년에 지식인들과 정치적 엘리트 계층은 인종에 관해 어떠한 견해를 가지고 있었을까? 이 시기에 브라질에는 자유주의 이데올로기가 급격히 젊은 세대 안에 확산 되어 있었다. 그들은 생물학적 열등감에 대한 이론을 믿지 않았다. 그런 이유로 노예주의 폐지론자들은 인종차별주의자들의 논리를 공박했다. 그러나 폐지론자들은 노예들이 문맹이고 비숙련 노동자들임을 우려했다. 그래서 자유를 찾은 이후의 고용대책에 대해 심각하게 숙고했고 그들의 삶을 위한 훈련과 이를 위한 방법도 연구했다.

노예제도 폐지론자들은 폐지 이후 노동문제의 해결책으로 대규모 유럽 이민의 유입을 생각했다. 나부꾸와 빠뜨로씨니우 같은 폐지론자들은 노예제도가 오래 지속되면서 브라질이 절실히 필요로 하는 막강한 잠재력을 지닌 유럽 이주민의 유입이 방해받고 있다고 주장했다. 또한, 그들은 대규모 백인 이주민들과의 혼혈이 점차 브라질 인구를 백인화(whiten)하고 브라질인들의 질적 향상을 가져다줄 것이라고 확신했다.

1879년 노예제도 폐지론자들은 브라질에 중국의 쿨리(Coolie)를 수입하자는 제안에 강력히 반대했다. 공화주의자들은 쿨리의 노예 대체를 생각했지만, 폐지론을 지지했던 정치지도자 나부꾸는 아시아 혈통의 유입은 상황을 더욱 복잡하게 할 뿐이라며 이 제안에 반대했다.

백화(whitening)의 논제는 푸레이레에 의해 소개되었고 많은 지지를 얻었다. 포르투갈인들은 그들과 혼합된 검은 피부의 인종을 백화할 계획과 그 가능성을 즐기는 것 같았다.

1888년 황금법으로 노예제도가 완전히 폐지된 이후 유럽에서 유입된 새로운 사상으로 폐지 캠페인의 시대와는 다른 움직임이 나타나기 시작했다. 노예제도가 도덕적 압력과 경제적 변화의 충격 하에서 무너져 내리는 동안, 유럽 사상가들은 인종들 간에는 타고난 생물학적 차이가 있다고 주장했다.

인접한 라틴아메리카 국가들에 비해 유럽사상의 흐름을 더디게 받아들였던 브라질은 새로운 인종이론에 공격받기 쉬운 곳이었다. 노예제도가 폐지된 20년 동안 브라질은 생물학적 열등감과 우등의 이론에 휩싸여 있었다. 지식인들은 새로운 유럽 사상을 인식하면서 흑인들의 열등성에 대해 깊은 우려를 나타냈다. 타고난 생물학적 열등 때문에 검은 인종은 지배당해야 하고, 심지어는 더욱 강한 아리안 인종에 의해 제거되어야 한다는 인종 이론은 브라질 내에서 커다란 반향을 일으켰다.

이로써 흑인은 연구의 대상이 되었고 실험의 주제였다. 니나 호드리게스는 아프리카인의 사회관습을 분류하였고, 흑인과 혼혈의 사회적 행동을 깊이 있게 연구했다. 그가 흑인들의 범죄현상을 밝히기 위해 두개골을 이용한 것은 새로운 유럽의 인종이론에 근거한 것이었다.

르본(Le Bon)과 같은 유럽 인종주의자의 저술은 브라질 교육기관에서 교제로 채택되었다. 뿐만 아니라 제임스 브라이스가 많은 흑인들과 그 혼혈이 집단을 이룬 브라질에 대해 안타까움을 표명하자 브라질 지식인들은 유럽과 미국에 대해 심한 열등감을 느꼈다.

브라질은 이들과의 논쟁을 준비해야만 했다. 히우 브랑꾸는 유럽 이주민을 끌어들이는데 성공적이었던 아르헨티나마저도 아프리카 일색인 브라질을 멸시하고 있다는 사실을 불쾌하게 생각했다.

노예제도 폐지 이후 브라질은 해방 노예들에 대한 관심은 외면한 채 유럽 이민 끌어들이기에만 몰두했다. 일반 브라질인들도 아리안 우월주의 이론을 수용하는 듯했다. 1914년 질베르뚜 아마두, 알베르뚜 또레스, 마누엘 봉핑과 알바루 보미까르(Alvaro Bomicar)와 같은 소수의 용기 있는 반인종차별주의자들은 흑인 열등과 백인 우등이론을 인정했지만, 인종이론과는 별개로 환경과 사회적 관습을 역사적으로 분석하며 여기에서 브라질의 상대적 후진성을 밝혀내려고 노력했다. 1920년에 올리베이라 비아나 같은 역사가는 유럽의 이론에 수긍했지만 그것이 절대적이라고 생각하지는 않았다. 그는 1872년과 1890년 인구조사에서 인종의 구성 비율을 비교했다.

이 기간에 백인 인구는 38%에서 44%로 증가했고 흑인은 20%에서 15%로 감소했다. 혼혈의 비율도 38%에서 32%로 감소했으며 원주민이 4%에서 9%로 증가한 사실을 조사했다. 그는 이와 같은 자료를 통해 브라질의 인종적 진화를 밝히며 백인화의 가능성을 기대했다. 질베르뚜 프레이레 역시 브라질의 인종적 정체성을 재정립하는데 선구적인 역할을 했다.

1933년 저술한 대저택과 노예막사는 영어로 주인과 노예(Masters and Slaves)라는 이름으로 번역 출간되었다. 이 책은 16-17세기 브라질 북동부 흑인 노예들의 생활을 밝히고 설탕경제가 브라질을 다인종 사회로 만들어가는 과정을 잘 설명해주고 있다.

그러나 브라질 정치 엘리트들 가운데는 백화사상이 확고했고, 그로 인해 이민에 대한 관심도 컸다. 1921년 마뚜 그로쑤 주는 원하는 사람들에게 땅을 제공하는 조건을 제시하여 개발을 추진했다. 이때 개발업자들이 미국에서 흑인을 들여올 것이라는 정보를 입수하고 이 계획을 철회한 적도 있었다.

뻬르낭부꾸의 베제라 하원의원과 상 파울루의 브라가 의원 역시 흑인의 진입을 막는 법안을 제안했다. 베제라 의원은 미국, 캐나다, 오스트레일리아의 이민법을 상기시키며 국가이익을 위한 정책의 필요성을 강조했다. 이들은 아시아계 이민을 3%로 제한하는 법안을 상정했다.

1934년 헌정의회가 소집되었다. 1930년 혁명 이후 바르가스 임시정부는 1891년 헌법을 폐기시키고 포고령을 통해 통치했다. 그러나 헌정의회가 헌법을 제정하고 121조 6항에 이민의 국가별 쿼터제를 명시하였다. 새로운 규제조처가 부가된 것이다. 이로써 그 어떤 국가로부터의 이민도 지난 50년간 브라질에 거주하는 해당국 이민인구의 2%를 초과하지 못하게 되었다.

제7장 식민말기의 브라질

18세기 말엽은 서구사회에 일련의 변화가 나타나고 있었다. 16세기 초부터 시작된 절대주의는 점차 소멸하였고, 18세기 초에는 새로운 사상이 태동하였다. 몽테스키외, 볼테르, 디드로와 루소 등이 주창한 계몽주의 사상은 비록 서로 간에 약간의 차이는 있었지만 이성의 원리라는 공통점을 지니고 있었다. 서구 유럽에서 자유주의는 절대왕권과 특권으로 특징지어지는 구체제의 청산을 위한 투쟁의 이념적 기반이었다. 그것은 아메리카 식민지에서 개혁의 시도와 봉기를 이론적으로 정당화시켰다. 국부론에서 아담 스미스는 식민제도에 대한 비판을 가했고 노예제도 역시 시대착오적인 과오라고 평가했다.

맨 먼저 영국인들은 중상주의 원리를 포기하고 자유교역을 확대해 나갔다. 그들은 스페인과 포르투갈령 아메리카 식민지에서 상업협정, 밀매무역과 지역 상인들과의 동맹협정으로 침투해 들어갈 틈을 노렸다. 또한, 식민세계는 계몽주의 사상과 종교적 관점에서 생성된 노예제도의 제한이나 폐지 운동으로 위협당하고 있었다.

18세기 중엽에 포르투갈은 다른 유럽 국가들보다 낙후되어 있었다. 1750년 동 쥬세 1세(D. José I) 국왕 통치 시 재상으로 기용된 뽕발 후작(Marquês de Pombal)은 본국과 식민지 간의 관계에 새로운 변화를 추구하고 있었다. 중상

뽕발 재상

주의 정책의 강화를 목적으로 뽕발 재상은 식민지 교역을 전담할 2개의 특권회사를 창건하였다. 그랑 빠라와 마라냐웅 교역총괄회사(Companhia Geral do Comércio do Grão-Pará e Maranhão)는 1755년부터 북부지역의 발전을 위해 활동을 시작했다. 이 회사는 카카오, 정향, 계피, 면화와 쌀 등의 식민지에서 생산된 상품을 독점하여 유럽에 수출하였고, 마뚜 그로쑤 광산지역에 공급할 노예의 수입도 대행했다. 또 하나의 회사는 뻬르낭부꾸와 빠라이바 총괄회사(Companhia Geral de Pernambuco e Paraiba)로서 1759년 북동부의 교역활성화를 위해 창건되었다.

그러나 뽕발 재상의 식민지 경제 정책은 실패했다. 18세기 중엽부터 1770년대 말까지 지속된 경제불황으로 식민경제가 크게 악화되어 있었기 때문이었다. 불황의 주요 요인은 1760년제의 침체였다. 국내적부터 금생산량의 급격한 하락과 설탕 경으로도 1755년 발생한 리스본 대지진으로 폐허가 된 도시 재건에는 천문학적인 비용이 들었고, 설상가상으로 라플라따 강 유역의 영토분쟁으로 스페인과 전쟁 중이었기 때문에 경제사정은 악화일로에 있었다.

뽕발은 이러한 상황을 극복하기 위해 식민지에서 귀금속의 밀매를 방지하고 세금징수 제도의 개선으로 세수를 확대하려고 노력했다. 또한, 재정적 위기 극복의 일환으로 1771년부터 다이아몬드 광산을 왕실이 직접 개발하였으며 본국과 식민지에서 소비재 상품 제조업을 육성하여 수입의존도를 줄이기 위해 힘썼다.

이와 같은 뽕발의 통치에서 가장 논란이 많았던 사건은 1759년 본국과 식민지에서 예수회를 추방하고 그들의 재산을 몰수했던 경우였다. 이 조치는 포르투갈이 중앙집권을 더욱 강화하고 날로 비대해지는 종교단체를 견제하기 위해 행해졌다. 그가 몰수한 예수회의 재산은 왕실과 식민지 상류계층의 탐욕을 불러 일으켰다. 재산의 대부분은 대상인들과 농장주들이 경매를 통해 차지했고, 교회나 그 부속 건물들도 단체에 소속되지 않은 주교들의 수중에 들어갔다. 또한, 예수회가 운영했던 학교들은 군 병원이나 총독들의 관저로 변했다.

1. 브라질의 주민폭동

브라질에서 민족주의는 이미 식민화 초기부터 나타난 현상이었다. 브라질 식민들은 외국인들의 침공에 대항해 싸우는 한편, 일부 총독들의 폭정에 대항해 투쟁하면서 결속과 유대를 강화해 나갔다. 17세기 중엽부터는 왕정복고 이후의 경제적 침체로 본국의 간섭과 착취가 극에 달하자 식민지 곳곳에서 애국주의적 감정이 태동되었다.

경제적으로 붕괴되어 있었던 포르투갈은 식민지에서 엄격한 제한정책을 적용하였다. 즉, 외국인들과 식민지의 직접교역을 금지시키고, 브라질을 출발한 선박들이 외국의 항구를 경유하는 조처도 금지시켰다. 또한, 특권회사들의 외국무역독점과 광산지대에서 엄격한 통제정책 등은 식민지 경제마저 심각한 위기의식에 빠지게 했다. 이러한 압력은 독립을 위한 투쟁에 선행되었던 지역적 특성을 지닌 폭동의 원인이 되었다.

벡만의 폭동(Revolta de Beckman,1684)

마라냐옹은 17세기 후반에 심각한 노동력 부족에 시달렸다. 식민들은 원주민의 노예화를 막는 예수회와 잦은 충돌을 일으켰다. 마침 포르투갈 왕실이 노예화를 금지시키자 식민들의 분노는 극에 달했고 이로써 폭동이 발생하였다. 1682년 마라냐옹 교역회사는 앞으로 20년 동안에 1만 명의 아프리카 흑인 노예들을 들여오겠다고 약속했다. 독점의 특혜를 누렸던 이 회사는 소비재와 생필품을 저렴한 가격에 구입하여 공급하겠다는 약속도 했다. 그러나 약속은 지켜지지 않았다. 이러한 이유로 1684년 식민정부를 철수시키고, 예수회를 추방하며, 교역회사를 폐지하자는 구호와 함께 무장봉기가 일어났다. 폭동의 목적은 포르투갈과 분리독립하자는 의도는 아니었다. 시인이자 변호사인 폭동의 주모자 또마스 벡만은 자신의 주장을 정당화하고 국왕의 사면을 요청하기 위해 리스본으로 떠났지만 체포되었다. 폭동의 결과로 신임 총독이 부임하였지만 대토지 소유자인 마누엘 벡만과 또마스 벡만은 처형당했다. 예수회는 다시 복귀하였고, 교역회사는 소멸되었다. 그러나 적대적 원주민들과의 이른바 정당한 전쟁(Guerra Justa)에서 잡힌 포로들은 노예화할 수 있다는 조처가 내려졌다.

엠보아바스의 전쟁(Guerra dos Emboabas,1708)

1708년 미나스 제라이스에서는 빠울리스따들이 발견 후 소유권을 보장받았던 광산의 채굴권이 외부인들에게 제공되면서 폭동이 발생했다. 발견자들은 강력히 반발했지만 포르투갈인들이 채굴권을 얻어 이곳에 정착했다. 엠보아바는 일반적으로 포르투갈인을 의미하는 단어였지만, 사람이나 개의 올가미라는 뜻으로 해석하는 역사가들도 있다. 엠보아바스들은 포르투갈 상인이며 광산업자인 마누엘 누네스 비아나(Manuel Nunes Viana)를 대표로 선출했다. 이에 빠울리스따들은 봉기하였고, 비아나는 저항하는 그들을 포위하여 무기를 버리고 투항하면 살려주겠다고 약속했다. 빠울리스따들은 항복했지만 결국 모두가 살해당했다. 이 역사적 비극은 사건이 발생한 장소의 이름인 까빠웅 다 뜨라이싸웅(Capão da Traição)으로 알려지고 있다.

1709년 총독은 비아나를 설득하여 광산의 관할권을 포기하게 하였고, 이로써 광산지역에는 다시 평화가 찾아왔다. 이 사건의 결과로 히우 지 쟈네이루로부터 분리하여 미나스 제라이스와 상 파울루 지방이 생겨났고, 상 파울루는 도시로 승격하였다. 상 파울루 인들이 소유했던 광산은 다시 그들에게 되돌려 졌지만 그들은 이곳을 떠나 새로운 광산을 찾아 마뚜 그로쑤와 고이아스로 떠났다.

마스까찌스의 전쟁(Guerra dos Mascates,1710-1712)

이 폭동의 간접적인 원인은 포르투갈인들과 브라질인들 간의 라이벌 의식에 있었다. 화란인들이 침공했을 때부터 대토지 소유자들의 도시 올린다는 사양기에 접어들고 있었다. 반대로 헤시피(Recife)시는 교역의 활성화로 성시를 이루고 있었다. 올린다 시의 위기는 화란인들이 브라질을 떠나 안틸랴스 군도로 사탕수수 경작지를 옮겨 가면서 더욱 심각했다. 이러한 상황에서 1710년 뻬르낭부꾸 총독에 새로운 인물이 임명되었다. 헤시피 주민들은 오래전부터 도시 승격을 요청했었다. 신임 총독은 국왕 동 뻬드루 2세에게 그들의 요구를 승인해 달라고 간청했다. 국왕은 승격을 허가했고, 헤시피는 이 지방의 수도가 되었다.

뻴로우린뉴

마스까찌스는 올린다 주민들이 교역으로 부자가 된 헤시피의 포르투갈 하층민들을 지칭하는 표현이었다. 두 도시가 경계선 때문에 갈등을 빚고 있을 때 뻬르낭부꾸 총독은 마스까찌스의 편을 들었다. 올린다 주민들은 헤시피 시를 공격하여 자치도시의 상징인 펠로우린뉴(Pelourinho)를 파괴해 버렸다. 그들은 한 주교를 총독으로 내세웠고, 이에 마스까찌스들은 분노하여 주교를 체포하였다. 올린다로 간신히 도주한 주교는 저항세력을 규합했다.

올린다 시의회는 까우질류(caudilho)인 비에이라 멜루(Vieira Melo)가 공화정 선포를 제안하였다. 그러나 그의 제안은 큰 호응을 얻지 못했다. 왕실은 군대를 파견하여 멜루와 주교를 체포했고 또 다시 새 총독이 부임하면서 폭동은 일단락되었다. 포르투갈 왕실은 헤시피 시를 수도로 재확인하고 사태를 수습하였지만 이 지역에서 민족주의 감정이 일어나기 시작했고, 1817년에는 독립을 염원하는 폭동이 표면화되었다.

필리피 두스 산뚜스의 폭동(Revolta de Felipe dos Santos,1720)

1720년 미나스 제라이스의 빌라 리까에서는 또 다른 폭동이 발생했다. 이곳은 채굴된 금 모두를 가져다 주조하고 1/5을 왕실에 의무적으로 바치는 제련소가 있었다. 제련소의 설립으로 인하여 식민지에서는 금괴나 사금은 유통될 수 없었다. 이러한 철저한 감시와 통제 하에서 광산주들은 과중한 세금을 피할 수 없었다. 일부 사가들은 이 폭동은 경제적 이유에서 발생하였기에 민족주의 감정의 발로였다고 인정하지 않는다. 그러나 이 폭동은 민족주의 정신을 자극했고, 미나스 제라이스 지방으로부터 상 파울루를 분리시키게 된 주요한 계기가 되었다.

2. 정치적 해방의 시도

앞서 언급한 폭동들이 본국인들과 식민들 간의 이해관계에서 빚어진 지역적이고 지엽적인 원인에서 발생한 사건들이었다면, 18세기 후반부터는 브라질의 정치적 해방을 위한 수많은 시도가 있었다.

광산촌의 불신(Inconfidência Mineira)

1789년 발생한 이 사건은 전적으로 서구 세계의 사회, 정치, 경제적 변화의 영향을 받은 폭동이었다. 우선 경제적 측면에서, 광산주기가 시작될 무렵부터 본국의 엄격한 통제와 감독에 문제가 있었다. 포르투갈 왕실은 낀뚜세로 알려진 1/5세를 징수하였다. 식민들은 매년 포르투갈에 100아호바(arroba)(주: 1아호바는 약 15kg)의 금을 징수당했다. 그러나 금광맥이 고갈되자 식민들은 더 이상 세금을 바칠 수 없었다. 미나스 지방이 세금납부를 지연시키자 징수관들의 폭력행사로 많은 주민들이 피를 흘렸다. 정치적 측면에서는 프랑스 계몽주의 사상가들의 자유주의 사상에 기초한 미국의 독립에 자극받은 브라질 식민들의 독립의식이 주된 원인이었고, 사회적으로는 식민 부유층의 자녀들이 유럽 유학 중 자유주의 사상에 고취되어 귀국하였고, 사회적, 문화적 수준이 향상되면서 본국의 정책에 반감을 품게 된데서 비롯되었다.

따라서 이 폭동의 주모자들은 지식인들과 부유한 중산층이 대부분이었다. 미국 독립 직후 깊은 감명을 받은 쥬제 주아낑 다 마이아(José Joaquim da Maia)는 프랑스 주재 미국공사였던 토마스 제퍼슨에게 브라질의 독립을 도와달라고 서한을 통해 요청했다. 마이아의 동료 비달 바르보사(Vidal

Barbosa)에 따르면 제퍼슨이 단지 식량원조로 도움을 제공하겠다고 했을 때 친구의 실망은 매우 컸다고 밝혔다.

이후 마이아는 프랑스에서 사망했지만, 그의 계획은 동료들에 의해서 브라질에 알려졌다. 그리고 꼬잉브라 대학에서 철학박사 학위를 수여한 쥬제 알바레스 마시엘(José Álvares Maciel)이 거사를 꾸몄다. 이 음모에는 미나스의 기병연대 소속인 마시엘의 처남 안드라지 중령과 동 부대 소속 견습사관 찌라덴찌스(Tiradentes)가 가담했고, 그 밖에도 관료출신, 광산업자, 문인, 청문관, 부사교 등의 많은 지식인도 참여했다.

폭동은 세금징수관들이 납세자들을 폭력으로 위협할 때 일어났다. 폭동의 주모자들은 미나스 총독을 체포하고 통치위원회를 조직하려 했다. 공화정 형태의 위원회는 싸웅 쥬앙 델 헤이(São João del Rei)를 수도로 정하였다. 위원회는 자녀를 많이 낳은 어머니에게 포상을 하고, 빌라 리까에 대학을 창건하고, 노예제도를 폐지하는 한편 공업 발전을 촉진시키는 계획을 수립했으며 민중봉기를 상징하는 깃발도 만들었다. 그러나 음모에 가담한 일부 인사들의 배신으로 거사계획은 수포로 돌아갔다.

그러나 이를 계기로 총독은 세금강제 징수를 즉각 정지하였다. 찌라덴찌스는 체포되어 감옥에 수감되었고, 1792년 사형에 처해졌다. 그 밖에 가담자들은 장기형으로 수감되거나 자살함으로써 이 사건은 매듭지어졌지만, 결과로서 식민들의 독립의식이 한층 강화되었고 노예제도 폐지에 대한 인식도 고조되었다.

찌라덴찌스

바이아 혁명(Revolução Bahiense)

이 혁명은 1798년 바이아에서 비밀공제결사단체인 마쏘나리아(Maçonaria)에 의해 프랑스의 계몽주의 사상이 확산되면서 발생했다. 그들은 브라질인들에게 식민본국에 반대하는 투쟁을 위해 봉기하자는 전단을 배포하며 혁명을 부추겼다. 사회의 하층민들과 노예들의 비참한 현실이 그들에 의해 알려지자 많은 사람이 혁명에 가담했다. 폭도들은 살바도르 시를 약탈하면서 유색인에 대한 편견의 폐지와 항구를 모든 외국국적 선박들에게도 개방하라고 요구했다. 가담자들 중 많은 수가 하층민들이었기 때문에 이 혁명은 알파이아찌스의 폭동(Revolta dos Alfaiates)라고 알려지고 있다. 혁명은 식민정부에 의해 진압되었지만, 가담자들 중 하층민들은 처형되었고, 지식인들은 사면되었다.

뻬르낭부꾸 혁명(Revolução Pernambucana)

1817년 발생한 이 혁명의 원인은 주민들의 민족주의 감정, 마쏘나리아가 옹호한 자유주의와 계몽주의 사상 그리고 브라질의 정치적 현실에 있었다. 이 폭동에는 군인, 상인, 변호사 등 사회 각계각층의 인사들이 가담하여 혁명정부도 구성했다. 그들은 애국주의적 군 장교들을 승진시키고, 각하(Excelência)나 주인어른(Senhoria) 같은 지나친 경칭을 당신이란 의미의 보스(Vós)로 대체하고, 부당한 세금을 폐지하라고 주장했다. 아울러 혁명세력은 인근의 쎄아라와 바이아 그리고 미국, 영국 등지에 특사를 파견하여 혁명을 지원해 주도록 요청했다. 그러나 바이아와 쎄아라에 보낸 특사들은 체포되었다. 알라고아스(Alagoas)와 바이아가 이 거사에 가담했지만, 진압군의 봉쇄작전으로 폭도들은 기세가 꺾였고, 주모자 히베이루 신부는 자살했다. 이로써 해방을 위한 다양한 시도들은 모두 진압되었지만, 독립에 대한 브라질인들의 꿈과 기대는 점차 커져가고 있었다.

제8장 식민시대(1500-1822)의 영토정책과 국경형성

1. 식민시대의 영토정책

또르데질랴스 조약은 브라질 영토의 윤곽 형성에 있어 가장 중요한 역할을 수행했다. 이 조약은 내륙지역에서는 기능을 발휘하지 못했지만 해안 지역에서는 식민 통치에 있어 매우 효과적인 면이 있었다. 오늘날의 브라질 해안이 또르데질랴스 조약 체결 시의 해안과 비교해서 큰 차이가 나지 않는다는 것이 이와 같은 사실을 입증해주고 있다.

해안 지역에서 포르투갈인들은 교황의 칙령과 스페인과의 협약으로 보장된 합법적 소유권을 인정받았음에도 불구하고 프랑스인들을 추방하기 위한 확고한 대책을 수립하지 않으면 안 되었다. 그런 이유로 브라질에서는 해안 경비원정대와 사실상 식민화의 시작으로 평가되는 세습 까삐따니아 제도가 실시되었다.

발견이 이루어진 1500년대 초기에 포르투갈 왕실은 브라질을 거의 방치하고 있었다. 포르투갈 왕 동 마누엘은 오직 인디아 항로를 통한 향료교역에만 전념하고 있었다. 때문에 초창기에 브라질은 인디아로 향하는 교역선단이 잠시 머무르며 식수를 공급받거나 쉬어가는 기항지로 이용될 뿐이었다. 그러나 1500-1530년 유럽의 신흥해상국가들인 프랑스, 네덜란드 그리고 영국 등이 해상경쟁에 뛰어들면서 동양교역이 크게 위협받게 되자 포르투갈 왕실은 차츰 브라질로 눈길을 돌리기 시작했다.

1501년 최초로 브라질 해안답사를 위한 원정대가 파견되었고, 1516년과 1526년에는 프랑스인들이 세운 요새와 밀매무역기지를 파괴하기 위해 해안 경비원정대가 파견되었다. 포르투갈 왕실이 브라질을 사수하기 위해 본격적으로 식민사업에 착수한 것은 1530년 마르띵 아퐁수 지 소우자를 파견하면서부터였다. 오늘날 대체 에너지 자원으로 크게 각광받고 있는 사탕수수의 재배가 시작된 것도 바로 이때였다. 대서양상에 위치한 마데이라 군도에서 많은 식민이 사탕수수 묘목을 가지고 브라질로 떠났다. 1532년 소우자는 당시 국왕 동 쥬앙 3세로부터 브라질의 땅이 너무도 광대하고, 프랑스인들의 침공이 빈번하니 그곳에 까삐따니아 제도를 실시하겠노라는 서한을 받았다. 이리하여 이미 포르투갈 왕실이 마데이라와 아쏘레스 군도에서 성공을 거둔 바 있었던 세습 까삐따니아 제도가 브라질에서 시행된 것이다. 1534-1536년 대서양에 접한 브라질 해안에서 내륙의 또르데질랴스 자오선에 이르는 브라질 땅은 10레구아에서 100레구아에 이르는 다양한 길이의 15개 까삐따니아로 구분되었다.

당시 스페인의 카를로스 5세는 멕시코와 페루의 은광산을 개발하며 엄청난 귀금속을 유럽으로 유입하고 있었다. 이에 자극받은 동 쥬앙 3세는 까삐따니아 제도를 도입함으로써 브라질 땅을 외세의 침범으로부터 보호하는 한편, 동방교역을 통해 부를 축적한 귀족들을 중심으로 12인의 수증자를 선정하여 브라질땅의 본격적인 개발에 착수한 것이다. 그러나 이 제도는 뻬르낭부꾸와 싸웅 비센찌(São Vicente)를 제외하고는 성공적이지 못했다. 브라질에서 까삐따니아 제도의 실패원인은 첫째, 광활한 면적과 자연환경 때문에 개발을 위한 침투의 어려움, 둘째, 적대적인 원주민들과의 갈등, 셋째, 적절한 수증자 선정의 실패와 일부 수증자들의 무관심, 넷째, 15개 까삐따니아를 총괄할 중앙정부의 부재, 다섯째, 개발을 위한 자본의 부족 때문이었다.

까삐따니아 제도가 실효를 거두지 못하자 1549년부터는 포르투갈왕실은 총독부를 설치하여 지방분권화 된 공권력을 중앙으로 집중시켰다. 이미

1548년 포르투갈 왕실은 Regimento를 공표하였다. 이것은 브라질 식민정책을 위한 일종의 헌법이었다. 이 규정으로 수증자들의 권한이 대폭 감소되었고, 총독부가 설치되었다. 총독부 설치의 주된 목적은 식민거점도시들을 확산시켜나가고, 분권화된 통치제도를 통일시키며 프랑스 등 외세의 침범으로부터 해안을 보호하는 데 있었다.

빈번한 외세의 침공에 직면한 포르투갈왕실은 식민영토 방어에 집중적인 관심을 표명하였다. 총독부의 설립으로 원주민 부족과 동맹관계를 맺은 프랑스인들이 점유한 히우 지 쟈네이루, 빠라이바, 세르지삐와 히우 그란지 두 노르찌 등을 수복하기 위한 강력한 정책이 추진되었다. 반면에, 남쪽에서는 쁘라따 강 하구를 차지하려는 강한 욕망을 드러냈다. 이에 맞서 스페인도 이곳에 부에노스 아이레스 시를 세우고 지배권을 공고히 했다.

초대총독으로 임명된 또메 지 소우자는 싸웅 살바도르에 수도를 정하고 괄목할만한 활동을 펼쳐 나갔다. 그가 통치한 1549-1553년에는 사탕수수 재배가 활성화되고 북동부 지역에서 목축업이 번창했다. 2대 총독 두아르찌 다 꼬스따(1553-1558) 통치기에는 활성화된 사탕수수 경작에 필요한 노동력 확보를 위해 원주민 노예화를 시작했지만 예수회 선교사들의 강한 반발에 부딪혔다. 또한, 프랑스인들의 히우 지 쟈네이루 침공으로 곤경에 빠졌다. 3대 총독 멩 지 싸(1558-1572)는 자신의 재산을 제공하며 농업을 장려했다. 또한, 와해된 통치조직을 강화하고 프랑스인들을 추방하는 등 식민지 발전에 크게 기여했다.

그러나 1572년 멩 지 싸 총독의 죽음 이후 포르투갈 왕실은 두 개의 총독부 설치를 결행했다. 즉, 바이아에 소재한 북부 총독부와 히우 지 쟈네이루에 소재한 남부 총독부가 설립된 것이다. 이는 광활한 식민지에서 빈번한 외세의 침입, 적대적 원주민들의 반발 그리고 노동력 부족으로 원주민 노예화를 주장하는 식민들과 예수회 사이의 갈등을 해결하기 위해서는 북동부에 위치한 총독부만으로는 정책수행에 한계가 있었기 때문이었다.

1578년 또 다시 브라질은 두 개의 총독부가 단일 총독부로 전환되는 변화를 맞게 된다. 그러나 아비스 왕조의 왕위계승권 다툼에서 승리한 스페인의 펠리페 2세에 의해 이베리아 반도 통합(1580-1640)이 이루어지자 브라질은 새로운 변화의 국면을 맞게 된다. 스페인 국왕 펠리페 2세가 포르투갈에서 펠리페 1세라는 칭호로 이원왕정(Dual Monarch)을 형성하자 포르투갈의 모든 식민지들도 스페인 국왕의 소유가 인정되었다. 이리하여 남아메리카에서 포르투갈령 브라질과 스페인령 식민지 사이에서 국경을 형성하고 있었던 또르데질랴스 자오선은 그 의미를 상실하게 되었다.

비록 포르투갈을 합병하면서 펠리페 2세가 포르투갈인들에게 약속한 또마르 궁정회의 합의문은 식민지 통치에도 스페인이 전혀 간섭하지 않겠다는 내용을 포함하고 있었지만 중남미 모든 식민들은 한결같이 펠리페 2세의 신민들이었다. 그들에게서 예전의 스페인령과 포르투갈령 간의 국경 개념은 차츰 소멸되었고, 또르데질랴스 선 너머로의 자유로운 이동이 가능해졌다.

브라질이 가장 적극적으로 영토팽창정책을 추구했던 시기는 합병기였다. 1580-1640년 즉 이베리아 반도 통합기에 스페인과 포르투갈의 해외영토는 이론적으로는 분리된 채 유지되었지만 실제로는 많은 스페인인들이 제약 없이 브라질 땅에 출입했고, 포르투갈인들 또한, 또르데질랴스 자오선 넘어 스페인령 령에 정착했다. 이처럼 통합 기간에는 국경으로 인해 발생하는 문제는 존재하지 않았다. 아무도 이와 같은 상황이 미래의 국경 확정에 큰 영향을 미칠 줄 몰랐고, 이로 인해 수많은 영유권 문제와 국경협상이 전개되리라고 생각지 못했다.

합병 이후 스페인은 브라질에 남부총독부와 마라냐웅 주를 설립하였는데 이것은 스페인령 남아메리카에서 행한 분권정책의 일환이라고 할 수 있다. 이 정책으로 브라질은 북으로 아마존 유역까지 세력권이 확장되었고, 서쪽으로는 내륙 깊숙이 식민마을들이 설립되었으며 남쪽으로는 히우 그란지 두 술에 이르는 영역을 확보했다.

브라질 남부에서는 마찰이 빚어지고 있었지만, 그것은 스페인인들과 포르투갈인들 간에서 이루어진 것이 아니었고, 선교마을 미싸웅을 보호하려는 예수회 선교사들과 식민들 간의 충돌이었다. 따라서 스페인인들이 브라질의 팽창운동에 제동을 건 것은 1640년 포르투갈 왕정복고 이후였다.

브라질의 넓고 풍요로운 땅과 자원은 많은 유럽국가들의 부러움의 대상이었다. 이들 중 특히 프랑스와 화란은 많은 이유 때문에 포르투갈의 식민지를 침공 대상으로 삼았다. 프랑스는 16세기, 17세기 그리고 18세기에 걸쳐 3차례 브라질 침공을 시도했다. 16세기의 첫 번째 침공지는 히우 지 쟈네이루였다. 침공 원인은 경제적으로는 브라질 해안의 풍요로운 자원, 특히 당시 유럽에서 큰 인기를 끌고 있었던 염료축출 나무 빠우 브라질 밀매에 있었고, 스페인령 식민지에서 귀금속의 발견에 크게 고무되었던 것이다. 또한, 종교적으로는 프랑스 칼빈파 교도들에게 피난처를 제공하는데 목적이 있었다. 그들은 원주민 따모이오스 부족과 동맹을 맺고 끈질기게 포르투갈 군에 저항했으나 1567년 완전히 추방되었다.

프랑스인들의 2차 침공은 17세기에 마라냐웅에서 있었다. 그들은 아마존의 풍부한 자원을 개발하기 위해 프란싸 에끼노씨알(França Equinocial)을 설립하고 이 지역의 강제점거를 시도했다. 마지막으로 18세기에 행해진 프랑스인들의 3차 침공은 다시 히우 지 쟈네이루를 대상으로 했다. 스페인 왕위 계승전쟁 시 포르투갈이 영국이 이끄는 대동맹에 참여했기 때문에 이에 대한 보복으로 1710년 침공이 이루어진 것이다.

펠리페 왕조 통치기에 북부에서는 빠라이바(Paraiba), 히우 그란지(Rio Grande), 쎄아라(Ceará), 마라냐웅과 빠라가 정복되었고 식민화가 성공을 거두었다. 빠라이바에서 마라냐웅까지의 정복은 프랑스인들과 적대적 원주민들과의 투쟁으로 시작되었다. 노르만디와 브리타니(bretões) 출신 프랑스 상인들은 이 지역 원주민들과 우호관계를 맺고 있었다. 그들은 원주민들과 혼혈을 이루고 그들의 생활습관과 풍습 그리고 언어를 배우며 정착하여, 포르투갈에 대항하고 있었다. 1583년 빠라이바 정복을 위한 두 개의 원정대가 조직되었다. 육로 원정대는 푸르뚜오수 바르보사(Frutuoso Barbosa)가 지휘하였고, 해로 원정대는 디오고 플로레스 발데스(Diogo Flores Valdez)제독이 이끄는 스페인 해군이 동원되었다. 뽀띠구아라스(Potiguaras) 원주민 부족의 도움을 받은 프랑스인들의 저항은 완강했지만 스페인과 포르투갈 군의 끈질긴 공격으로 이 지역은 평정되었다.

16세기 말엽 히우 그란지 까삐따니아는 포르투갈 식민화의 최북단이었다. 이곳은 마싸페 토양이 아닌 모래 토양으로 사탕수수 재배에 적격지는 아니었지만 서쪽과 북서쪽으로 식민화를 확장시켜나가는 데는 가장 중요한 군사적 요충지였다. 이 지역은 따바쟈라(Tabajara)부족 출신 마멜루꾸(mameluco)인 제로니무 지 알부께르끼(Jeronimo de Albuquerque)의 도움으로 1599년 식민마을이 세워졌다.

쎄아라와 마라냐웅의 정복 시도는 1603년 행해졌다. 그러나 프랑스인들과 따뿌이아스(Tapuias) 부족의 저항으로 정복은 실패했다. 1612년 신임 총독 돈 디오고 데 메네세스(D.Diogo de Meneses)가 이끄는 원정대가 따뿌이아스 부족에 대한 유화책을 사용하며 그들의 신뢰를 구축한 후에야 프랑스인들을 추방할 수 있었다.

1613년 마라냐웅 섬에 프란싸 에끼노씨알 식민지를 건설하려는 프랑스인들을 격퇴하고 1616년에는 아마존 하구의 벨렝 정복이 성취되자 펠리페 왕실은 1621년부터 브라질을 살바도르에 수도를 둔 브라질 국(Estado do Brasil)과 싸웅 루이스에 수도를 둔 마라냐웅 국(Estado do Maranhão)으로 양분하여 분권정책을 실시했다.

아마존 유역의 팽창운동은 내륙 침투의 전략기지인 아마존 삼각주 정복과 북부 해안 지배권 확립의 결과였다. 브라질 전토의 36%에 해당하는 아마존 유역 개발과 합병은 공교롭게 펠리페 통치기에 시작되었지만 1750년 마드리드 조약으로 최종적으로 이 지역에 대한 포르투갈의 소유권이 확인되었다.

아마존 지역은 또르데질랴스 조약에 의해 스페인에 소속되어 있었고, 최초의 발견자들도 스페인인들이었다. 삐사로(Pizarro)와 후일 푸란시스코 오레야나(Francisco Orellana)가 지휘한 원정대가 1539년 키토(Quito)를 출발해서 1542년 대서양에 도착한 경험이 있었다. 이 원정여행으로 스페인인들은 서쪽의 아마존 상류에서 동쪽의 대서양까지 아마존 전 구간을 항해했던 것이다. 이 통로는 1560-1561년에도 다시 스페인인들에 의해 항해가 실현되었다.

이러한 성공에도 불구하고 아마존 지역은 미개발된 채 그누구의 땅도 아닌 '떼하 지 닝겡(terra de ninguém)'으로 남아있었다. 그런 이유로 영국인, 화란인 그리고 이후에 프랑스인들이 이 지역에 침투해 들어와서 벌목이나 어로행위에 몰두했으며, 후에는 향신료, 카카오(cacau), 정향(cravo), 수지

(resinas) 등의 채취에 큰 관심을 보였다. 이리하여 영국인들과 화란인들은 아마존 강 일부 지역에 요새를 세우고 정착을 기도했다.

포르투갈인들은 내륙으로 팽창운동을 시작할 때 이 지역의 합법적인 주인이었던 스페인 인들과의 갈등을 피할 수 없었고 프랑스, 영국, 화란 그리고 아일랜드인들의 침공에 맞서 싸우지 않으면 안 되었다. 포르투갈왕실은 이 팽창운동에서 프란시스코 수도회와 예수회가 개화시킨 원주민들의 지원뿐만 아니라 귀금속을 찾아 헤매는 모험가들과 식민들의 도움에 크게 의존했다.

아마존 지역의 안정은 영토 확장과 풍요로운 원료시장 개척에 큰 도움을 주었다. 그런 이유로 지체 없이 팽창운동은 계속되었고, 유럽에 아마존 세계의 새로운 면모가 밝혀지기 시작했다. 아울러 북부 아마존 지역에서 포르투갈의 국경은 한층 확장되었고, 지배영역도 강화되었다.

브라질의 영토 확장에서 가장 중요한 역할을 한 것은 목축업이었다. 이것은 내수시장 발전을 위한 유일한 경제활동이었다. 사탕수수 재배와는 달리 목축업으로 얻은 수익은 브라질에 남았다. 따라서 본국 정부는 이 산업에 대한 촉진책이나 지원에 대해서는 전혀 무관심했다. 목축업이 수출을 겨냥한 다른 산업의 보조활동이었음에도 불구하고 광산업보다 브라질 영토 확장에 더 큰 기여를 한 것은 주지의 사실이다.

목축업 덕분에 탄생한 인구거주지는 많지는 않았지만 꾸준히 늘어났다. 대부분의 인구는 대규모 농장지대에 산재해서 농촌을 형성하였지만, 예외적으로 목축지들은 처음에 뽀우조스(Pousos)나 훼이라스(Feiras)에서 시작된 도시의 원형을 이루었다.

목축업은 북동부의 아마존 원산 가지 무리의 약초가 뒤덮인 까아찡가스(Caatingas) 와 남부의 깜삐나스(Campinas) 초원 지역을 점유하고 이 지역의 개발에 크게 기여했다. 이외에도 마라죠(Marajó) 섬에서 목축업은 벨렝에 육류, 낙농식품, 가죽 등을 공급했고, 고이따까씨스(Goitacases) 초원은 히우 지쟈네이루를 소비시장으로 발전했으며, 미나스 남부 역시 광산지대의 생필품 공급원으로 발전했다.

또메 지 소우자 총독이 가축을 유입한 이후 목장들은 살바도르와 올린다 주변에 확산되었고, 북동부 해안의 가장 중요한 목축지역으로 자리 잡았다. 초기에 목축업은 사탕수수 농장과 제분소의 보조적 기능을 수행했다. 즉, 운송수단이나 제분소 방앗간의 동력원 그리고 농촌주민들의 영양식품 공급원 역할을 맡았다. 그러나 사탕수수 산업의 확산으로 해안 지대의 목축업은 커다란 타격을 받았다. 비옥한 토지의 감소를 우려한 농장주들은 수출작물 사탕수수 재배를 위한 토지확보에 전념했다. 1701년 포르투갈 왕실은 왕령으로 해안에서 10레구아 이내의 지역에서 목축업을 금지시켰다.

북동부 오지와는 반대로 남부지역은 주로 평원으로 이루어졌다. 꾸리찌바에서 히우 그란지 두 술에 이르는 평야지대는 목축업에 최상의 조건을 갖춘 지역이었다. 또르데질랴스 협정의 규정에 의해 스페인령이었던 이 지역에서 목축업은 영토 확장의 견인차 역할을 했다.

처음에 이 지역에 들어온 것은 스페인 예수회 선교사들이었다. 그러나 스페인의 점유는 평온하지 못했다. 포르투갈인들은 이 지역에 깊은 관심을 보였다. 그들은 17세기 말엽 꼴로니아 두 싸끄라멘뚜(Colonia do Sacramento)를 설립하였고, 반데이란찌들의 광산개발과 더불어 피혁산업의 중요성이 인식되자 목축업을 더욱 확산시켰다.

펠리페 왕조의 국왕들은 브라질의 이와 같은 팽창운동에 제약을 가하지 않았다. 그들은 식민정책을 수행하기 위해 국왕을 대행할 많은 기구를 설립했다. 1591년 창건된 재정자문위원회(Conselho da Fazenda), 1604년 펠리페 3세가 창건한 인디아 자문위원회는 브라질의 식민활동을 관리하는데 가장 중요한 기구들로써 식민정책의 최고의결기관이었다.

1640년 왕정복고와 더불어 포르투갈과 스페인 사이에는 1668년 평화협정이 체결되었다. 포르투갈은 남아메리카에서 영토 확장의 꿈을 버리지 않았다. 당시 국왕 동 아퐁수 6세(D. Afonso VI) 는 1678년 왕령으로 쁘라따 강 하구에 꼴로니아를 세워 이 지역의 소유권을 주장했다. 결국 스페인 국왕은 1715년 유트리히트 조약에서 쁘라따 강 북부 어귀의 포르투갈 측 지배권을 인정했고 이것이 브라질 남부의 국경선으로 확정되었다.

프랑스인들이 추방되고, 1654년 마침내 포르투갈인들은 화란인들도 브라질 땅에서 추방할 수 있었다. 식민들은 처음으로 포르투갈 신민으로써가 아니라 브라질인으로써 자긍심과 강한 국가통합의 충동을 느꼈다. 그들 스스로가 화란인들을 격퇴했다는 자부심으로 본국출신 포르투갈인들에 대한 열등의식으로부터 벗어나기 시작했다.

화란인들의 추방은 브라질 자주독립 기반의 계기가 되었을 뿐만 아니라 브라질 역사에서 오랫동안 영향력을 행사했던 군부 탄생의 분위기를 야기했다. 투쟁은 브라질인들의 민족정신도 함양했지만 군사조직도 강화시켰다. 화란 점령자들을 추방하는 과정에서 브라질 식민당국과 군부는 상호간에 긴밀한 유대관계를 이루어 나갈 수 있었다.

당시 포르투갈 왕실은 식민지 방어를 위해 포르투갈 군의 파견을 자제함으로써 이 공생관계를 용이하게 했다. 포르투갈은 소수의 직업 장교들만을 브라질에 파견했고, 일반 사병들은 사회적 추방자들에서 모병했다. 아울러 리스본 왕실은 브라질 내에서 민병대(local militias)의 창건을 허용하였다. 민병대는 시간이 경과하면서 지방정치에 개입하게 되었고, 결국 군부세력의 탄생을 가능하게 한 것이다.

화란인에 대한 승리는 민병대의 작품이었다. 그들 계급조직은 식민사회의 다양한 인종으로 구성되었다. 성공은 그들에게 브라질이 자신의 조국이라는 확고한 신념을 고무시켰다.

한편 브라질 내륙 침투는 브라질의 정신을 강화하는데 크게 기여했다. 미국과는 달리 브라질의 지형은 해안지대를 벗어나면 산맥으로 가로막혀 있어서 개척정신을 불태운 초기 모험가들이나 정착민들에게는 무서운 장애물이 되었다. 해안에서 멀지 않은 중앙고원은 식민지 내부 깊숙이 침투하기에 힘든 장벽이었고, 대부분의 강들 역시 내륙항해가 불가능했다.

브라질 내륙의 개방은 전설의 원주민 보물이나 아마존 여전사들의 잃어버린 땅을 찾아 모험하는 포르투갈 개척자들과 더불어 시작되었다. 프랑스인들의 브라질 북부 정착을 막으려는 노력이 포르투갈인들의 아마존 지역 진출을 고무시켰고 가축사육에 적합한 초원을 찾는 개척민들이 해안의 사탕수수 농장 지대를 벗어나 내륙으로 향했다. 스페인과 포르투갈 통합기에 브라질과 남미의 스페인령과의 교역이 자유로웠기 때문에 양 지역 간의 교통은 원활했다.

그러나 브라질의 광활한 내륙 진출에서 가장 극적이고 의미 있는 순간은 싸웅 비센찌 까뻬따니아의 개척도시 상 파울루에서 시작된 반데이란찌스의 모험과 더불어 시작되었다. 상 파울루는 해안에서 멀지 않은 곳에 위치해있지만 바다를 향해 가파른 고원 위에 있기 때문에 일찍부터 이곳 주민들은 바다에서의 일거리보다 목축업과 생계형 농업에 종사했고, 많은 주민들이 원주민 혼혈이었다.

상 파울루에서 내륙으로 향한 첫 원정대는 원주민 노예를 사냥하는 것이 목적이었다. 중세시대 포르투갈인들의 표현으로 소규모 기동 타격대(small mobile assault force)를 의미하는 반데이란찌스는 수년간 집을 떠나 모험활동을 수행하였다. 그들은 예수회가 오늘날 파라과이의 과라니 원주민들의 교화를 위해 세운 선교마을을 공격했고, 브라질 중앙 지대를 휩쓸었으며 북동부에서는 화란인들을 상대로 투쟁했고 아마존 지역까지 진출했다.

반데이란찌스를 반문명화된 야만인들로 간주하는 경향도 있다. 그러나 이들은 브라질 식민시대에 두 가지 눈부신 공적을 남겼다. 첫째, 그들 원정대의 여행은 개척민들에게 아직 문명의 손길이 닿지 않은 내륙 곳곳을 향한 길잡이 역할을 수행했고, 또르데질랴스 조약 이후 브라질 국경이 크게 확장되는데 커다란 기여를 했다. 둘째, 그들이 히우 지 쟈네이루 북부 수백 마일 떨어진 곳에서 금을 발견하면서 브라질 경제발전에 새로운 시대를 개막한 일종의 선구자가 되었던 것이다.

상 파울루가 위치한 싸웅 비센찌 까뻬따니아는 제분소가 설립되고 수출지향적 농업경제가 발전되고 있었음에도 불구하고 16세기 중반에는 뻬르낭부꾸와의 경쟁에서 뒤지고 있었다. 그런 이유로 이 지역 주민들은 '빈곤의 치유제'로 불렸던 원주민 노예사냥에 관심을 갖고 내륙진출을 계획했다. 첫 걸음은 1554년 상 파울루 지 뻬라찡잉가 마을의 창건이었다.

당시 브라질 식민들은 아프리카 노예를 비싼 가격에 구입할 수밖에 없는 상황에서 원주민 노동력의 이용에 큰 기대를 걸고 있었다. 타지역에 비해 내륙진출에 유리한 조건을 지녔던 이곳 주민들은 3방향으로 팽창을 추구했다. 첫째는, 빠라이바 계곡을 통한 북동부 방향의 통로로써, 미나스 제라이스, 싸웅 프란시스꼬 강 그리고 북부와 북동부를 향한 원정대였고, 둘째는,

깜삐나스와 모기-미링(Mogi-Mirim)을 통과해서 고이아스에 도착한 원정대와 아찌바이아(Atibaia)와 브라간싸(Bragança) 지역을 통과해서 미나스의 남부에 이르는 북부 통로, 셋째는, 소로까바(Sorocaba)와 이따뻬찡잉가(Itapetininga)를 경유하여 남부와 남서쪽으로 향하는 통로가 있었다.

이리하여 상 파울루 마을은 고원지대와 해안을 연결하는 중개기지가 되었다. 반데이란찌스의 활동은 상 파울루를 출발점으로 사방으로 확산되었다. 원주민 포획과 귀금속 발견을 위한 팽창운동으로 많은 지역들이 황폐화되었다. 개발보다 확장에 치중했던 개척단의 활동으로 영토는 확장되었다. 또르데질랴스 선을 넘어서 개척단은 스페인 예수회 선교사들을 추방하고, 대서양 해안 지대에서 내륙으로 새로운 통로를 열고, 귀금속을 발견했다. 이로써 미나스 제라이스, 마뚜 그로쑤, 빠라나와 히우 그란지 두 술의 실질적인 점유를 가능하게 했다.

물론 거주민 없는 많은 땅을 황폐화하기도 했지만 삐아우이와 히우 그란지 두 술에서는 목축업으로 많은 인구가 거주하는 마을을 세우며 확고한 점유활동을 펼쳐 나갔다. 또한, 오늘날 미란다(Miranda), 꼬씽(Coxim), 까마뿌아(Camapuã)와 싼따나 두 빠르나이바(Santana do Parnaíba) 같은 소규모 부락으로부터 시작된 간접적인 도시형성이 행해지면서 스페인령 영토를 잠식해 들어갔다.

반데이란찌스

엄청난 귀금속 매장의 루머가 개척자들의 모험정신을 자극했다. 17세기 말엽 이들의 꿈이 현실로 드러났다. 미나스 제라이스로 알려진 곳에서 막대한 금광맥들이 발견된 것이다. 브라질 전역에서 수많은 사람이 이 지역으로 몰려들었다. 포르투갈인들과 유럽인들도 행운을 쫓아 브라질 땅을 찾았고, 오지개척단에 참여했다. 수많은 개척민들이 일시에 몰려들자 식량공급이 충분치 못했다. 광산촌에 기아로 인한 많은 불행한 사건들이 발생했고, 반데이란찌스와 새로운 이주민들 간의 알력도 심각해서, 18세기 초엽에는 내전도 발생했다.

결국 오지개척단의 활동으로 또르데질랴스 경계선은 와해되었고, 오늘날 브라질 영토의 2/3가 그들에 의해 포르투갈 소유로 변했다. 이러한 과정에서 내륙에 거주하던 원주민들은 개척단의 무자비한 포획활동과 노예화로 거의 전멸하고 말았다. 그러나 원주민들과 오랫동안 관계를 유지해오면서 백인과 원주민 간의 혼혈 인구가 크게 증가했고, 이것은 18세기 상 파울루 인구 형성의 전형적인 특색으로 나타나게 되었다.

북부에서는 1639년 오늘날의 아마빠에 포르투갈 식민마을들이 설립되었다. 1679년부터 오이아뽀끼(Oiapoque) 강을 운송로로 이용하려는 프랑스인들이 이 식민마을의 북부에 정착하여 양국 간 갈등의 소지가 되었다. 이 지역에서의 국경협약은 오랫동안 끌어오다가 19세기 말에서 20세기 초에 해결되었다.

이와 같이 식민시대의 브라질은 수많은 외세의 침입과 펠리페 왕조의 반도 합병으로 인한 식민정책 전환 등으로 많은 변화를 겪게 되었다.

2. 식민시대의 국경에 관한 협약들

16-19세기까지 사이에 체결된 수많은 국경조약들은 그것이 경제적 동기였든, 예수회, 프란시스쿠와 까르멜리따 수녀회가 설립한 미션마을 영유권에 관계된 종교적 동기였든 간에, 이전에 브라질에 속하지 않았던 많은 땅을 포르투갈 소유로 인정하였다. 우띠 뽀띠데띠스 이론의 도움으로 북부에서 남부에 이르기까지 포르투갈령 식민지는 크게 확장되었다.

마드리드 조약(Tratado de Madrid)

마드리드 조약은 1750년 1월 13일 포르투갈의 동 쥬앙 5세와 스페인의 동 페르난도 6세(D.Fernando VI) 사이에 체결된 남아메리카의 양국 식민지 국경을 확정하기 위한 조약이었다. 마드리드 조약은 더 이상 유효성을 지니지 못하게 된 또르데질랴스 조약을 대체하는데 그 목적이 있었다. 협상은 주로 마빠 다스 꼬르찌스(Mapa das Cortes)에 기초하고 있었고, 국경의 확정에 있어 산과 강들의 위치가 활용되는 특징이 있었다. 이 지도의 작성자는 알려지지 않았지만 알렉산드리 구스마웅이 주도한 마드리드 협정 직전인 1749년 포르투갈에서 제작되었다. 지도상에서 경도는 외관상으로 형상이 훼손되어 나타나 있지만, 아마존 하구와 동일한 자오선 아래 꾸이아바가 있다. 그리고 이 부근에는 또르데질랴스 자오선이 지나고 있다. 쟈이미 꼬르띠싸웅에 의하면 경도의 잘못된 위치는 의도적인 것이었는데 또르데질랴스 자오선 서쪽의 광활한 땅의 통합을 꿈꾼 포르투갈이 Uti Possidetis 이론을 스페인인들이 수락하는데 용이하도록 취한 조처였다고 주장한다. 이 지도상에는 스페인 소유지를 장미색 그리고 포르투갈 소유지를 노란색으로 구분하고 있었다.

스페인과 포르투갈이 국경을 확정하는데 있어 Uti Possidetis,Ita Possideatis(실제로 소유한 자가 권한을 소유해야한다)는 실효적 점유의 유효성을 강조한 로마의 사유권 이론은 오늘날 브라질의 윤곽이 제 모습을 갖추는데 크게 기여했다.

앞서 언급한 바처럼 이베리아 반도 통합기에 브라질은 프랑스와 화란인들의 침공으로 많은 피해를 입었다. 식민 브라질 최대의 적은 화란이었다. 그들은 에스삐리뚜 싼뚜(Espirito Santo)에서 마라냐웅에 이르는 지역에 침투해서 오랜 기간 정착했으나 1654년 결정적으로 추방되었다. 1640년 왕정복고 후 1668년 포르투갈과 스페인 간에는 평화협정이 체결되었다. 포르투갈은 여전히 쁘라따 강 하구까지 그들의 지배권 확장을 시도했고, 1678년에는 이 지역에 꼴로니아 두 사끄라멘뚜를 설립하였다.

스페인왕실은 포르투갈의 조처에 단호하게 대처했다. 몇 달 후 부에노스 아이레스 총독 호세 데 가로(Joséde Garro)는 이곳을 공격해서 역사상 비극의 밤(Noite Trágica)으로 알려진 정복전을 펼쳤다. 외교협상을 통해 이 꼴로니아의 소유권은 1681년 5월 7일 리스본 임시협약(Tratado Provisional de Lisboa)으로 포르투갈 측에 반환되었다. 포르투갈은 이곳 요새를 다시 재건하여 항구적인 점유지로 만들었다. 1683년 1월 23일 새로운 포르투갈 함대가 싸웅 가브리엘 요새를 점령했다. 이곳은 1705년까지 포르투갈인들이 노바 꼴로니아 두 사끄라멘뚜(Nova Colonia do Sacramento)로 유지해나갔다.

17세기 중엽 국제시장에서 설탕가격의 하락에 앞서 동양식민지의 상실 그리고 스페인령 남미 식민지의 광산지대에 대한 접근이 차단되면서 포르투갈은 심각한 경제적 위기에 봉착했다. 그러나 포르투갈도 스페인 왕위계승전쟁(1701-1713) 발발시, 대동맹군(영국, 네덜란드, 오스트리아, 프러시아)에 참여하여 프랑스와 스페인에 대항하여 싸웠다. 전쟁이 끝나고 승전국의 대열에 동참한 포르투갈은 1704년 재건된 Nova Colonia do Sanitíssimo Sacramento의 요새에 대한 소유권을 강력하게 주장했고, 부에노스 아이레스의 스페인인들이 주축이 되어 아폰소 발데스(Afonso Valdez)의 지휘 하에 정복되었던 이 지역은 1715년 2월 6일 유트리히트 조약으로 또 다시 포르투갈에 반환되었다.

산따 까따리나와 상 파울루 까삐따니아의 남쪽 지역 통합을 위한 포르투갈의 집념에 강한 불만을 품은 스페인은 세찌 뽀보스 다스 미쏭이스(Sete Povos das Missões) 지역의 예수회 선교마을에 대한 지원, 1726년 몬떼비데우의 공격 그리고 브라질 남부의 꼴로니아 두 사니띠씨무 사끄라멘뚜를 고립시키기 위한 우루과이 내륙지역 식민정책으로 강력하게 반발했다.

1735년 마드리드에서 발생한 한 외교적 사건으로 인해 1737년까지 돈 미구엘 데 살세도(D.Miguel de Salcedo)의 지휘 하에 꼴로니아의 포위공격이 행해졌다. 또 다시 양국 간에는 휴전협상이 이루어졌지만, 포르투갈왕실은 원정대를 파견하여 오늘날 히우 그란지의 한 도시인 리우 그란지 지 싸웅 뻬드루 식민지를 설립하는 한편 몬테비데우 정복도 시도했다.

그러나 1750년 1월 13일 체결된 마드리드 조약으로 포르투갈은 꼴로니아 두 싸끄라멘뚜를 스페인에게 인도하고 대신 세찌 뽀부스 다스 미쏭이스를 양도 받았다. 경계확정의 어려움과 과라니 전쟁(Guerra Guaranitica, 1753-

1756))으로 마드리드 조약의 규정들은 취소되고 새롭게 엘 빠르도(El Pardo) 조약이 1761년 2월 체결되었다.

브라질의 전반적인 국경은 1750년의 마드리드 조약으로 완성되었다. 마드리드 조약은 포르투갈과 스페인 간에 남미에서 식민지의 경계에 관한 논쟁을 종식시키려는 최초의 시도였다. 브라질 내륙을 개발하고, 작은 마을들을 건설하였던 오지개척단 반데이란찌스들의 선구자적 활동으로 또르데질랴스 조약의 경계는 이미 효력을 상실했다.

마드리드 조약은 전통에 사로잡힌 경계선을 사용하지 않았지만 구스마웅에 의해 조약 원문에 소개된 다른 국경의 개념을 활용했다. 즉, 땅의 실제적인 소유에 관한 우띠 뽀띠데띠스 이론과 국경의 개념으로써 강과 산 등의 자연적 경계를 도입한 것이다.

스페인 왕실에 제시한 자료에서 구스마웅은 1494년 또르데질랴스 조약의 경계선에 관계된 양국 간의 권리침범이 상호적이었음을 지적했다. 그 실례로써 아시아에서 필리핀(Filipinas), 마리나군도(Marianas)와 몰루카스군도(Molucas)가 스페인에 보상되었고, 남미에서는 아마존과 중서부에서 포르투갈 측의 권리가 스페인에 의해 침범되었었다는 내용이었다.

또마스 다 실바 뗄리스(Tomás da Silva Teles)가 포르투갈 측 협상대표였지만 구스마웅은 조약문의 작성자였고 우띠 뽀띠데띠스 이론 적용의 제안자였다. 1746년 양국 간에 조약을 위한 외교협상이 전개되었을 때 구스마웅은 이미 남아메리카의 가장 정밀한 지도를 소유하고 있었다. 그가 포르투갈 최고 수준의 지리학자들에게 미리 지도제작을 요청해두었던 것이다. 이것은 4년간 지속된 협상에서 포르투갈이 승리할 수 있었던 중요한 요인이었다.

구스마웅은 스페인인들이 쉽게 Colonia do Sacramento를 포기하며 그들의 국부에 손실을 끼치지 않을 것이라고 믿었다. 스페인은 포르투갈 왕실에 이에 대한 보상을 획책하고 있었다. 그 적절한 대상지는 브라질 식민들이 목축업으로 큰 이익을 얻고 있는 Sete Povos das Missões와 히우 그란지 두 술의 서부 초원지대였다.

1750년 포르투갈과 스페인 간의 국경분쟁은 마드리드 조약으로 해결되었다. 즉, 이 지역은 포르투갈 소유를 인정하고, 대신 사끄라멘뚜와 필리핀

군도를 스페인에게 넘기는 조건이었다. 이리하여 원주민들은 미쑝이스를 떠나고, 각 마을에는 포르투갈 왕실이 4천 페소를 지급하기로 약속이 이루어졌다. 그럼에도 불구하고 성직자들과 과라니 부족은 이 조약을 인정하지 않았다. 예수회는 스페인 왕실에 많은 조세와 부를 제공했다. 포르투갈은 종교단체를 상대로 과격한 조처를 취하기 힘들었다. 1750-1756년에는 과라니 부족이 일으킨 전쟁이 발발했다. 그러나 이베리아 반도 국가의 우월한 군사력 앞에서 그들의 저항은 무기력했다.

마침내 1750년 2월 13일 마드리드에서 조약이 성사되었다. 포르투갈은 사끄라멘뚜 식민지와 쁘라따 강 하구에 대한 권리를 양보했고, 오늘날의 산따 까따리나, 히우 그란지 두 술(스페인 예수회의 미션마을들), 오늘날의 마뚜 그로쑤, 알뚜 파라과이, 구아뽀레(Guaporé), 마데이라(Madeira)의 한 쪽면, 따빠죠스(Tapajós)와 또깐찡스(Tocantins) 사이에 위치한 광대한 지역을 획득했다.

구스마웅의 눈부신 활약으로 남미 대륙의 절반이 포르투갈에 넘어왔다. 남쪽 새로운 영토에는 산토스 주민들이 식민으로 이주했고, 땅의 확고한 소유를 보장하기 위해 아쏘레스에서 집단으로 이주민들이 들어왔다. 구스마웅은 노예를 필요로 하지 않는 이런 생산력을 지닌 이민 유입 정책을 적극 추진하며 식민화를 진행했다. 처음으로 60가구가 뽀르뚜 도스 까사이스(Porto dos Casais) 마을을 세웠고, 이곳이 오늘날의 뽀르뚜 알레그리(Porto Alegre)시이다.

조약은 많은 면에서 놀랄만한 결과를 가져왔다. 본국들 간에 전쟁이 있을 때에도 식민지에서는 항상 평화가 유지되었다. 종전에 유럽왕실들이 중재안으로 내놓은 제안들은 자연적 경계와 땅의 실질적 소유권 이론의 합리성 때문에 그 의미를 상실했다. 로마인들의 사유재산권에 관한 우띠 뽀씨데띠스 이론은 종전의 어떤 조약내용보다 설득력이 있었고 이로 인해 또르데질랴스 조약 경계선 너머에서 포르투갈인이 거주하고 있었던 땅들은 포르투갈 소유로 확정된 것이다.

마드리드 조약에서 구스마웅이 얻은 성공 때문에 파라과이 역사학자인 베르나르도 깝데비예(Bernardo Capdeville) 신부는 '이것은 스페인 외교의 수치이다.'라고 한탄했다.

이처럼 스페인 측에 수치를 안겨준 마드리드 조약의 결과를 정리해 보면 다음과 같다:

a) 스페인 측에 Sete Povos das Missões를 양보하고 Colonia do Sacramento를 포르투갈이 획득.

b) 또르데질랴스 조약의 무효화 선언

c) 실질적인 거주자가 지배권을 갖는다는 Uti Possidetis이론의 공인화

d) 과라니 부족의 반발 야기

e) 포르투갈 소유가된 브라질 남부지역에 아쏘레스 주민들의 이주와 1752년 뽀르뚜 알레그리(Porto Alegre)시 탄생

f) 남부지역에 포르투갈 군사력의 증가

g) 브라질 식민부왕청 수도가 바이아의 살바도르 시에서 히우 지 쟈네이루로 이전

h) 아마존의 소유권 포르투갈에 양도

i) 우루과이 강을 브라질 서부와 아르헨티나 간의 국경으로 확정

이와 같이 마드리드 조약에서 확정된 경계선 때문에 예수회 선교사들의 지원을 받은 과라니 부족의 반발이 컸고 1762년-1777년에는 꼴로니아 두 사끄라멘뚜, 히우 그란지, 산따 까따리나와 마뚜 그로쑤에서 불명료한 양국 식민지 경계 문제로 많은 충돌이 빚어졌다.

그러는 동안 마드리드 조약에 대한 반발세력이 등장했다. 스페인 예수회 선교사들, 미쑹이스의 추방자들 그리고 쁘라따 강에서 밀매무역이 저지된 상인들은 강력하게 반발했다. 그들의 저항은 당시 포르투갈 최고의 권력자이며 재상이었던 뽕발 후작의 예상치 않은 지원을 받았다.

그와 같은 상황에서 1761년 2월 12일 체결된 엘 빠르도(El Pardo) 조약은 마드리드 조약을 무효화했다. 그러나 1750년에 구스마웅이 그토록 치열하게 싸웠던 자연환경과 지리적 기반 그리고 법적 근거들은 효력을 잃었다. 1777년 엘 빠르도 조약에서 무효화된 이 논리는 산뚜 일데퐁수 조약(Tratado de Santo Ildefonso)에서 다시 부활되었다.

남부에서는 우띠 뽀씨데띠스 이론이 제대로 기능을 발휘하지 못했다. 포르투갈은 포르투갈 지배지보다 스페인령에 훨씬 가까운 꼴로니아 두 싸끄라멘뚜를 스페인에게 넘겨주어야만 했다. 대신 포르투갈은 히우 그란지 두 술의 서쪽에 위치한 스페인령 쎄찌 뽀보스 미쏭이스를 받게 되었지만 교환은 순조롭지 못했다. 쎄찌 뽀보스의 원주민들이 이 지역을 포기하지 않았기 때문이었다. 이리하여 싸끄라멘뚜도 스페인에게 인도되지 않았다. 그래서 스페인인들은 이 꼴로니아를 공격했고, 히우 그란지 두 술과 산따 까따리나를 침공한 것이다.

산뚜 일데퐁수 조약(Tratado de Santo Ildefonso,1777)

이 조약은 1777년 10월 1일 스페인의 세고비아에 위치한 산뚜 일데퐁수에서 체결되었다. 이 조약의 목적은 유트리히트 조약과 1735-1737년 전쟁 이후 오랫동안 끌고 있었던 사끄라멘뚜 식민지 소유권에 대한 스페인과 포르투갈 간의 분쟁을 종식시키는데 있었다. 조약은 영국과 프랑스의 중재하에 이루어졌으며, 이들이 이베리아 반도 양국의 문제에 개입한 이유는 국제정치적인 이해관계의 당사자들이었기 때문이었다.

산뚜 일데퐁수 조약의 체결로 포르투갈의 도나 마리아 1세와 스페인의 카를로스 3세(Carlos III)는 사실상 마드리드 조약의 유효성을 재확인했고, 스페인은 꼴로니아와 세찌 뽀보스 다스 미쏭이스 지역의 소유권을 인정받았다. 포르투갈은 산따 까따리나와 히우 그란지 두 술을 반환받았고 아울러 쁘라따 강 왼편 어귀의 소유권을 인정받는 한편 남부 지역에서의 유리한 국경확정에 대한 대가로 스페인 측에 국경지대의 작은 땅들을 제공하는 한편 산따 까따리나(Santa Catarina) 섬을 되돌려주었다.

이 조약의 서명으로 양국의 국경문제는 아메리카에서 구스마웅에 의해 옹호되었고, 1750년 마드리드 조약에서 공인된 실효적 점유의 유효성 이론으로 역행하게 되었다. 당시 구스마웅은 동 쥬앙 6세 왕실의 각료였던 모따(Mota) 추기경 서거 후 아메리카에서 양국 간에 갈등 해소를 위해 포르투갈 공주출신 스페인 왕비의 지원을 얻었다.

마드리드 조약 서명 후에도 경계확정 작업은 성공을 거두지 못했다. 앞서 언급한 바처럼 과라니 부족의 반란뿐만 아니라 가우쇼 출신 뻬드로소(Manuel dos Santos Pedroso)와 깐또(José Borges do Canto)가 세찌 뽀보스 다스 미쑝이스를 강점했기 때문이었다. 1801년 바다호스(Tratado de Badajos) 조약으로 산뚜 일데퐁수 조약이 수정되었고, 포르투갈에 미쑝이스와 히우 그란지 두 술의 다른 땅들이 반환되었다. 이로써 50년 전 마드리드 조약에서 규정된 경계로 다시 복귀된 것이다..

바다호스 조약(Tratado de Badajos, 1801)

바다호스 평화조약으로 알려진 이 조약은 1801년 6월 6일 스페인과 포르투갈의 국경지대에 위치한 바다호스 시에서 체결되었다. 이 조약의 한 편 협상국은 포르투갈이었고 또 다른 편은 스페인과 프랑스였다.

비록 강요 하에 포르투갈 측이 서명하였지만 이 조약으로 오렌지 전쟁(Guerra das Laranjas)이 종결되었다. 당시 포르투갈과 인접한 스페인의 씨우다드 로드리고(Ciudad Rodrigo) 인근 국경지대에 주둔하고 있었던 프랑스군의 침공 위협이 부당한 협상의 주된 원인이었다.

바다호스 조약의 협상 결과는 포르투갈 측에게 너무도 가혹했다. 그 주요 내용을 보면, 첫째, 포르투갈은 영국의 모든 선박에게 자국 내의 모든 항구에 입출항을 금지한다(art.II). 둘째, 스페인은 Juromenha, Arronches, Campo Maior와 Ouguela를 포르투갈에 반환한다(art.III). 셋째, 스페인은 Olivença의 영토, 주민 그리고 요새를 소유하고, 포르투갈과의 경계선을 과디아나(Guadiana) 강으로 유지한다. 넷째, 영국 선박들로 인한 갈등에서 입은 모든 손해를 즉각 상환한다(art.V).

조약은 포르투갈 섭정왕자 동 쥬앙에 의해 6월 14일에, 스페인의 카를로스 4세에 의해 6월 21일에 비준되었다. 그러나 프랑스의 나폴레옹 보나파르뜨는 비준안에 동의하지 않았다. 스페인에 주둔한 프랑스군은 집요하게 포르투갈에게 조약 원문의 내용을 변경하도록 강요했다. 이리하여 동년 9월 29일 이른바 1801년 마드리드 조약이 체결되었다.

신 마드리드 조약(1801)

브라질 독립(1822) 이전에 스페인과 포르투갈이 체결한 마지막 국경협상은 신 마드리드 조약이었다. 이 조약은 1801년 9월 29일 마드리드에서 개최되었으며 협상국은 포르투갈과 프랑스였다. 협상에서 프랑스는 바다호스 조약의 규정을 포르투갈 측이 이행하도록 강요하였고, 2천만 프랑의 배상금을 프랑스 측에 지급하게 했다.

남아메리카에서 식민지배권에 관해서는 포르투갈 측이 프랑스에게 아마빠 땅의 절반을 양도했고, 브라질과 프랑스령 가이아나 간에 국경을 아라와니 즉 오늘날의 아라과리(Araguari) 강 하구로 결정했다.

이후 영국 해군이 프랑스와 스페인 연합 함대를 격파한 트라팔가(Trafalgar) 해전(1805) 이후 나폴레옹은 영국 본토 공격 시도에 실패했다. 그러자 1806년 대륙봉쇄령을 공표하였다. 그러나 포르투갈이 그들의 지시를 따르지 않자 1807년 10월 27일 폰텐블루 조약(Tratado de Fontainbleau)를 체결하였다. 스페인과 프랑스는 이 조약을 통해 포르투갈을 3등분하고, 브라질을 포함한 포르투갈의 식민지들도 양국이 분할 소유하기로 약속했다. 이어서 양국은 포르투갈을 침범하였고, 이른바 프랑스의 포르투갈 침공 전쟁(Guerra Peninsular)이 발발하였다. 결국 포르투갈의 섭정왕자 동 쥬앙은 브라질로 왕실을 천도하면서 1808년 5월 1일 바다호스 조약의 무효를 선언하는 한편 오늘날까지 논쟁 중인 올리벤사의 스페인 소유권 인정을 거부했다.

3. 섭정왕자 시대의 영토문제

1808년 포르투갈 왕실의 브라질 천도는 브라질 외교사의 새로운 장을 열었다. 당시까지 정책결정의 자치권이 결여되어 있었던 브라질은 본국과의 관계 외에는 지극히 제한된 외교정책을 펼치고 있었다. 18세기의 국경 협약과 같은 외교적 조처는 주로 본국의 절대적 이해관계를 고려하는 측면에서 유럽에서 취해졌고, 주변국과들과의 관계에 있어서도 최남단과 북부 지역 국경지대에서 사소한 갈등을 빚고 있을 뿐이었다.

섭정왕자 동 쥬앙의 브라질 도착으로 히우 지 쟈네이루에는 방위성이 설립되었다. 그리고 포르투갈의 모든 외교정책은 여기서 결정되었다. 포르투갈왕실의 도착과 더불어 브라질이 왕국의 범주로 승격되면서 포르투갈 지배계급의 이익에 많은 제약이 가해졌다. 외국의 대사관과 공사관들이 왕국의 소재지로 이동해 왔기 때문에 브라질의 외교활동은 한층 역동적으로 움직였다. 마침내 다른 많은 분야에서도 외교활동에서처럼 브라질은 본국을 대신할 군주국의 골격을 갖추게 된 것이다.

이 시기에는 브라질 아마존 북부와 남부의 쁘라따 강 지역에서 잦은 영유권 분쟁이 있었다.

프랑스령 가이아나의 점령

1808년 7월 10일 동 쥬앙은 대륙봉쇄령 이후 프랑스의 포르투갈 침공에 대한 보복조처로 프랑스에 대해 선전포고를 감행했다. 이어서 프랑스가 남미에서 유일하게 보유한 식민지 프랑스령 가이아나(Caiena)를 점령했다. 사실 프랑스의 남미 진출은 전혀 새로운 일이 아니었다. 브라질 발견 이래 그들은 해적 또는 정복 원정대의 형태로 브라질 해안에 수시로 출몰했다.

비록 초기에는 미지의 세계에서 적대적인 원주민들과의 갈등으로 식민화가 힘들었지만 18세기 말엽 식민들의 적극적인 노력으로 사탕수수, 커피, 럼주, 면화와 열대작물을 재배하는 작은 마을이 형성되었다. 1788년 이곳은 백인 1307명, 혼혈인 400명 그리고 1만 명 이상의 노예가 거주하며 53만 파운드의 생산물을 수출하는 주요 기지로 변했다.

브라질 북부의 아마빠와 인접한 이 지역의 프랑스와 포르투갈 경계에서는 항상 끊임없는 갈등이 빚어지고 있었다. 프랑스인들은 브라질 영토인 아마빠 지역까지도 넘나보면서 민간 식민들이나 군대를 동원하여 침투해 들어왔다. 포르투갈 정부는 날로 격증하는 프랑스인들의 국경 침투를 우려하여 이 지역에 대한 감시체제를 강화하는 한편 식민 마을을 설립했다.

1789년 프랑스 혁명의 발발로 가이아나에는 심각한 혼란이 빚어졌다. 본국의 영향으로 노예들이 농장주들을 상대로 폭동을 일으킨 것이다. 주둔군대마저도 폭도들 편에 서자 농장주들은 브라질로 피신할 수밖에 없었다.

루지타니아 정부는 달갑지 않은 인접국의 사태가 브라질로 확산될까 두려웠다. 포르투갈 왕실은 프랑스에 대한 확고한 조처를 취할 필요가 있다고 생각했지만, 섣부른 행동으로 나폴레옹이 대규모 군대를 파견할까 두려웠다. 하지만 동 쥬앙은 침공 준비를 서둘렀다. 역사가들의 증언에 따르면 이와 같은 결정의 이면에는 영국 해군의 지원 약속이 있었다고 한다.

이후 나폴레옹의 패배와 더불어 유럽 국가들이 모인 비엔나 회의에는 포르투갈 대표로 빨멜라의 백작(Conde de Palmela)과 동 쥬아낑 로부 실베이라(D. Joaquim Lobo Silveira)가 참여하였다. 이 회의에서 포르투갈은 프랑스로부터 옛 식민지 영토를 반환받았다. 1815년 중엽 결정된 이 조처는 2년이 경과한 1817년 말엽에야 실현되었다.

쁠라띠나(Platina) 지역에 대한 개입

복잡한 이해 관계 때문에 수많은 갈등을 야기시킨 쁘라따 강 유역에서도 동쥬앙의 적극적인 개입이 시작되었다. 이곳에서는 1680년 사끄라멘뚜 식민지 설립 이래로 스페인과 포르투갈의 군사적 충돌이 빈번했다. 동 쥬앙 섭정왕자 통치기에 이 지역은 피혁과 광물 생산으로 엄청난 발전을 이루었고, 교역과 상업의 중심지는 부에노스 아이레스였다. 하지만 쁘라따 지역의 교역시장은 여전히 영국 지배하에 있었다.

부에노스 아이레스의 발전으로 쁘라따 강 유역은 라틴 아메리카 모든 지역의 독립투쟁의 중심점으로 변모했다. 쁘라따의 많은 지역들은 파라과이의 경우처럼 분리된 독립국을 추구하면서 부에노스 아이레스의 전제정치에 대항하며 폭동을 일으켰다.

마침내 포르투갈도 경제적 이해관계에서 벗어나 정치적 질서 회복을 위해 이 지역의 분쟁에 동참했다. 당시 스페인에서 나폴레옹이 카를로스 4세(Carlos IV)를 폐위하고, 합법적 계승자인 페르난도 7세(Fernando VII)의 계승권을 박탈하는 사태가 발생하자 전국 곳곳에서 시민의 즉각적인 반발이 일어났다. 죠세 보나빠르찌(Jose Bonaparte)를 새로운 왕으로 받아들이기를 거부하며 까디스와 세비야에서는 페르난도 7세의 복권을 주장하며 조직된 훈따스(Juntas)가 투쟁을 선언했다. 남아메리카 식민지에서도 비록 페르난도를 지지하는 새로운 훈따스가 조직되었지만 그 주된 목적은 이 기회에 스페인과의 관계를 단절하고 식민지의 독립을 쟁취하는 데 있었다.

브라질의 포르투갈 왕실은 페르난도 7세의 여동생이며 섭정왕자 동 쥬앙의 부인인 도나 까를로따 죠아끼나(D. Carlota Joaquina)가 스페인의 왕권에 대한 지대한 관심을 표명했다. 역사가 깔로헤라스(João Pandiá Calógeras)는 이와 같은 상황에 대해 다음과 같이 설명한다. '법적으로, 도나 까를로따 죠아끼나는 섭정직에 오를 당연한 권리가 있었다. 그녀는 폭동을 일으킨 식민지와 지방들로 눈길을 돌렸다... 멕시코와 리오 다 쁘라따는 그녀의 첫 번째 관심지역이었다. 스페인에서는...이 생각이 동조를 얻지 못했다: 카를로스 4세의 딸들이 대중적 지지를 얻고 있었기 때문이었다.'

1810년 이후 쁘라따의 독립전쟁이 더욱 치열해졌을 때, 죠아끼나의 섭정직 시도는 점점 실현 가능성이 희박해졌다: 단지 얼마 후 시스쁠라띠나 지방(Porvincia Cisplatina)은 부르봉 왕가가 이끌어 나갔고, 카를로스 4세의 딸과 긴밀한 관계를 유지했다. 그러나 브라질 주재 영국대사 스트랑포드 경(Lord Strangford)은 동 쥬앙 왕자에게 모종의 조처를 취하도록 종용했다. 영국은 스페인령 아메리카의 완전한 독립을 기대하고 있었다. 한편 아내인 도나 까를로따 죠아끼나의 정치적 활동을 우려하며, 동 쥬앙은 오직 포르투갈인들의 오랜 염원이었던 리우 다 쁘라따에 대해서만 관심을 집중시켰다.

이리하여 아르헨티나인, 우루과이인, 스페인인, 동 쥬앙, 도나 까를로따, 영국은 제각기 쁘라띠나 지역에서 서로 엇갈린 이해관계로 암투를 벌였다.

시스쁠라띠나에 대한 포르투갈의 첫 번째 개입

영국의 반대에도 불구하고 동 쥬앙은 기회가 왔을 때 우루과이에 개입하였다. 1811년 호세 아르띠가스가 우루과이 독립전쟁을 시작했다. 그는 아르헨티나의 지원으로 군대를 조직하고 몬테비데우를 포위했다. 위기에 처한 쁘라따의 부왕 동 프란시스코 하비에르 엘이오(D. Francisco Javier Elío)는 동 쥬앙에게 도움을 요청했다. 브라질 남부 국경에 아르헨티나 군부대의 주둔을 구실로 1811년 중반 포르투갈 군대는 국경을 건너 말도나도(Maldonado)시를 점령했다. 포르투갈의 야심을 간파한 것은 엘리오 부왕뿐만 아니라 아

도나 까를로따 죠아끼나

르헨티나와 우루과이도 마찬가지였다. 스페인 부왕청은 아르띠가스와 아르헨티나 사령관 론도우(Rondeau)와 휴전협정을 체결하였고, 영국의 개입으로 포르투갈 군대가 철수하였다.

그러나 아르띠가스와 아르헨티나의 동맹은 오래 지속되지 못했다. 서로의 이해관계가 상충되었기 때문이었다. 우루과이의 이 애국자는 이곳을 독립시켜 새로운 국가를 형성하려고 하는 반면, 부에노스 아이레스는 시스쁠라띠나의 후견인 역할을 하고자 했다.

1816년 7월 뚜꾸마 의회(Congresso de Tucumã)가 소위 리오 다 쁘라따 연합 지역(Provincias Unidas do Rio da Prata)의 독립을 선언했을 때, 우루과이와 아르헨티나의 충돌이 재발되었다.

또 다시 동 쥬앙에게 이 지역에 대한 개입의 핑계가 생겼다. 그는 히우 그란지 두 술 국경에서 침략의 위협과 폭동을 허용할 수 없다고 선언했다. 그는 반다 오리엔딸(Banda Oriental) 지역을 브라질에 합병할 목적을 관철시키기 위해 1816년 우루과이를 침공하였고, 아르띠가스 군대를 격퇴하였다.

스페인의 페르난도 7세는 신성동맹(Santa Aliança)에 강력히 항의했지만 동 쥬앙은 1821년 이 지역을 브라질에 합병시켰다. 그러나 브라질의 남부의 국경 문제는 여전히 해결되지 않은 채 지속되다가 독립 이후 또 다시 갈등을 증폭시켰다.

Ⅱ

브라질의 독립

앞장에서 언급한 바처럼 18세기말까지 브라질에서는 탈식민화를 위한 수많은 폭동이 일어났다. 1700년대 말 거의 모든 아메리카 식민지들은 미국과 프랑스 혁명에 자극받아 독립을 위한 노정에 들어갔다. 브라질 역시 한편으로는 식민제도의 모순을 이유로, 다른 한편으로는 유럽 중상주의의 붕괴를 이유로, 포르투갈과의 분리를 도모하고 있었다. 이와 같은 브라질 탈식민화의 결정적 순간은 1822년 정치적 독립의 선언으로 표명되었다. 브라질의 독립은 내적으로는 심각한 사회-경제적 변화에 자극받았고, 외적으로는 아메리카에 강력한 영향력을 행사했던 유럽 내부에서 전개된 반 절대주의, 반 중상주의 그리고 수많은 자유주의 운동에 기인하였다.

18세기에서의 19세기로 넘어가는 유럽의 상황은 구대륙의 중요한 변화를 대표할만한 산업혁명과 프랑스 혁명에서 구체화된 정치, 경제, 사회적 변화로 특정 지어진다.

산업혁명이 기계가 지배하는 대규모 공장의 지원으로 자본주의의 가속화된 발전을 거듭하고 있을 때, 프랑스 혁명은 구체제의 모순을 타파하고 국가와 사회의 조직에 있어서 자유주의 원리를 내세우며, 봉건적 특성과 절대주의의 횡포에 반대하는 현대국가의 출현을 암시하고 있었다.

제1장 브라질 - 포르투갈 군주국의 소재지

1. 포르투갈 왕가의 브라질 천도 이유

프랑스 혁명기간 중 많은 국가들은 군주 체제를 옹호하면서 프랑스에 반하는 입장에 섰다. 그러나 혁명은 성공했고, 1799년 나폴레옹 보나파르찌(Napoleão Bonaparte)가 쿠데타를 일으키고, 프랑스 황제에 즉위하였다. 대불동맹의 주도자였던 영국은 경제적으로 프랑스와 대립관계에 있었기 때문에 나폴레옹은 자국산업을 보호하기 위해 보호무역정책을 추구하였다. 그는 영국에 커다란 타격을 가하고 자국산업이 유럽을 확고히 지배하도록 하기 위해 1806년 베를린 칙령을 발하여, 영국과의 통상금지와 영국 선박의 유럽대륙 입항을 금하는 조처를 취했으니 이것이 바로 대륙봉쇄령이었다. 이 지시로 유럽 국가들은 자국 항구에 영국선박의 입항을 폐쇄하고 무역거래마저도 중단했다.

포르투갈의 입장은 매우 미묘했다. 포르투갈은 이미 영국과 동맹관계에 있었고, 그들의 교역 대부분이 영국과의 사이에서 이루어지고 있었으며 두 나라 간에는 다양한 협정이 체결되어 있었다.

당시 모친인 도나 마리아1세(D.Maria I)를 대신하여 섭정으로써 포르투갈을 다스리고 있었던 동 쥬앙(D. João)은 나폴레옹에 대해 크게 주의를 기울이지 않았다. 그는 프랑스 황제의 명령을 부정적으로 보지도 않았지만 애매

모호한 태도로 임하면서 중립의 입장에 섰다. 이에 분노한 나폴레옹은 즉시 최후의 통첩을 발하였고 영국의 도움을 받은 포르투갈 왕실은 브라질로 왕실을 이전할 결심을 했다. 당시 다른 방도는 없었다. 포르투갈은 프랑스의 침공에 맞설 군사력도 없었고, 경제적인 여유도 없었다. 포르투갈 왕실이 브라질을 향해 떠난 다음날 나폴레옹의 지시로 쥐노(Junot) 장군이 포르투갈 땅을 침공했다.

도나 마리아 1세

영국은 포르투갈 왕실 천도 시 자국 함대의 일부를 제공했다. 대륙봉쇄령에 맞서기 위해서는 포르투갈과 그 식민지를 보호하는 것이 자국에 이익이 되었기 때문이다. 그뿐만 아니라 영국은 왕실의 이전에 도움을 준 대가로 많은 경제적 이득을 취할 수 있다는 계산도 하고 있었다.

포르투갈 왕실이 브라질로 항해하는 동안 폭풍우로 인하여 함대는 둘로 나뉘었다. 한 편대는 히우 지 쟈네이루로 향했고, 동 쥬앙이 승선한 다른 선단은 바이아 해안에 상륙했다. 동 쥬앙은 이곳에서 뜨거운 환영을 받았다. 바이아인들은 주도인 살바도르(Salvador)가 브라질의 수도가 될 것이라는 희망을 갖게 되었다.

2. 동 쥬앙 정부의 면모

경제적 측면

1808년 1월 28일 동 쥬앙은 까이루 자작(Visconde de Cairu)의 충고를 받아들여 우방국들에게 브라질 항구를 개방했다. 이와 같은 조처는 당시 포르투갈이 나폴레옹의 지배하에 놓여 있었기 때문에 교역 중재자로의 역할을 수행하기 불가능했고, 영국이 대륙봉쇄령에 맞서기 위해서는 포르투갈 제국과 교역을 유지할 필요성이 있었기 때문에 취한 조처였다.

항구의 개방과 더불어 타국가들과의 자유교역으로 브라질은 많은 산물들을 더 싸게 유럽에 공급함으로써 이익이 증가했고, 밀매무역을 경감하는 결과를 가져왔다.

동년 동 쥬앙은 브라질 내에서의 공장설립을 금하는 조치를 철회했다. 그와 같은 조처는 기대했던 효과를 제공하지 못했다. 이미 포르투갈이 영국과의 협정으로 식민지의 공업발전을 저해하고 있었기 때문이다.

영국인들은 포르투갈 왕실의 천도 시 제공했던 도움에 대한 대가를 요구했다. 유럽에서의 전쟁이 끝나기 전, 그리고 브라질과의 교역에서 경쟁국들이 출현하기 전, 영국은 그들의 입지를 확고히 하기 위하여 조약을 체결하였다.

1810년 협정으로 영국 상품들은 브라질 세관에서 특혜관세의 혜택을 얻었다. 그들은 15%의 종가세로 타국가들보다 훨씬 경감된 관세를 납부하였다. 영국은 각종 상품을 브라질에 공급했고, 원자재를 대량으로 수입해 갔다. 영국 상품은 가격이 워낙 저렴했기 때문에 저질의 브라질 상품은 경쟁력을 잃었다. 이와 같은 이유로 브라질의 공업발전은 기대할 수 없었다.

사회적 측면

히우 지 쟈네이루 사회는 왕가의 출현으로 엄청난 변화를 경험했다. 식민사회에 전혀 알려지지 않았던 사치풍조나 편의시설 등의 새로운 관습이 왕실에 의해 유입되었다. 소박한 소시민들의 생활은 귀족들을 모방하고, 안녕과 복지에 대한 기대로 부풀었다.

정치적 측면

국내정치

히우에 수도를 정한 동 쥬앙은 옛 식민지를 관장하고 포르투갈 왕실을 유지해 나가기 위한 정부 조직을 갖추어 나갔다. 그는 행정 조직 외에도 화약공장, 해군병기창, 식물원, 외과의사양성학교, 도서관, 국립박물관, 왕실 인쇄소, 브라질 은행과 조폐국을 신설하였다.

그러나 포르투갈에서는 동 쥬앙이 브라질에서 행하는 일련의 조처에 강한 반발이 나타났다. 1810년 영국과의 협정과 브라질 항구의 개방에 불만이 고조되었던 포르투갈인들은 나폴레옹의 3차 침공 시 도움을 주었던 영국군이 점령군으로써 머무르는 것과 동 쥬앙의 브라질 체류에 대한 강한 불만을 드러냈다. 영국은 포르투갈인들의 불만을 완화시키기 위한 많은 노력을 기울였다. 나폴레옹 몰락 직후 영국과 타 유럽 절대국가들은 동 쥬앙에게 압박을 가하기 시작했다. 한편 동 쥬앙은 그의 정치적 입지를 강화하면서, 1815년 브라질을 '포르투갈과 알가르브에 통합된 왕국'의 범주로 승격시켰다. 이것은 동 쥬앙의 브라질 체류를 정당화시켜주는 조처였다.

1816년 도나 마리아 여왕의 서거로 인해 왕세자인 동 쥬앙은 동 쥬앙 6세(D.João VI)라는 칭호로 왕위에 등극했다. 비록 브라질은 히우에 왕실의 정착으로 발전을 기약할 수 있었지만 동 쥬앙 정부의 편파적인 조처로 어려움도 많았다. 그중에서는 포르투갈 귀족들에게 일자리를 제공하기 위해 무익한 직책을 많이 설립하였던 조처나, 영국인들에게 지나치게 많은 특권을 넘겨주어 브라질 산업이 곤경에 빠지게 되고, 교역이 그들에 의해 통제되었던 일들이었다.

외교정책

브라질에 왕실을 옮겨온 동 쥬앙은 프랑스와의 전쟁을 선포하고, 곧바로 프랑스령 가이아나를 합병하여 1809-1817년까지 통치하였다. 이때도 포르투갈은 영국의 도움을 받았다.

그는 시스쁠라띠나도 침공하였다. 나폴레옹이 스페인 왕들을 폐위시키고 그의 형 쥬세 보나빠르찌(José Bonaparte)를 황제에 임명했을 때, 서령 아

동 쥬앙 6세

메리카 식민지들은 봉기를 일으켰다. 1821년 이 지역은 브라질에 합병되어 계속 시스쁠라띠나라는 이름으로 불렸다.

3. 동 쥬앙의 포르투갈 귀환

영국은 끈질기게 동 쥬앙의 포르투갈 귀환을 요구했다. 1817년 뻬르낭부꾸 혁명으로 노심초사하던 동 쥬앙은 브라질에서 포르투갈의 수입을 보호하는 조치를 취했다. 이로써 세관에서 포르투갈 상품은 16%에서 15%로 관세율이 인하되었다. 포도주의 경우만을 보더라도 외국산 포도주는 포르투갈 산에 비해 세 배나 높은 관세가 책정되었다.

1820년에는 우 뽀르뚜 시에서 자유주의 혁명이 발생했다. 이 민중봉기의 주된 원인은 절대주의에 대한 항거와 영국 해방군들의 폭정에 대한 불만이었으며, 포르투갈이 처한 빈곤과 방치 그리고 동 쥬앙 6세가 브라질에서 원거리 통치를 한 데 대한 시민의 분노에 있었다.

혁명군은 리스본에 입성하여 영국군을 추방하고 임시위원회를 설립하였다. 그들은 입헌의회 구성을 위한 의원을 선출하였다. 혁명은 브라질에도 큰 반향을 일으켰다. 브라질의 많은 지역에서 다양한 계층의 시민이 다양한 이유를 내세우며 자유혁명에 동조하였다. 부유층들은 더욱 폭넓은 자치권을 주장했고, 포르투갈 상인들은 영국인들에게 제공된 특혜를 거두어 달라고 강력히 요청하였으며 억압받는 서민층들은 경제적으로나 사회적으로 더 나은 생활을 위해 투쟁했다. 이리하여 브라질의 지방정부들은 시민에 의해 선출된 임시위원회로 대체되었다.

히우에서는 시민에 에워싸인 동 쥬앙 6세가 포르투갈 궁정의회가 제정한 헌법을 준수하면서 새로운 체제를 수용하라는 강요를 받았다. 그리하여

1821년 동 쥬앙 6세는 아들인 동 뻬드루(D.Pedro)를 섭정으로 브라질에 남겨 둔 채 귀환했다.

4. 궁정회의와 브라질

궁정의회는 포르투갈에서 선출된 130인의 하원의원과 브라질에서 선출된 75인의 의원으로 구성되었다. 의회는 브라질인들에 대한 적대감을 드러냈다. 동 쥬앙 6세의 귀환 요구와 브라질이 그동안 누리고 있었던 자유와 많은 혜택을 제한하려는 움직임을 보이기 시작했다.

브라질 출신 의원들은 강력하게 반발했지만 소수였기 때문에 브라질에 불리한 법안 통과에서 역부족이었다.. 또한, 그들은 주변의 위협으로 위기를 느끼자 포르투갈을 떠나 영국으로 피신하기도 했다.

제2장 브라질의 정치적 독립

동 쥬앙 6세 통치기에 브라질은 정치, 경제 그리고 사회적으로 일련의 변화를 경험했다. 이러한 변화에 외부적 사건들이 합체되면서, 독립에 대한 열망이 구체화되었다.

1. 원인

경제적 원인

항구개방과 공장 설립의 자유와 함께 브라질은 경제적 발전의 가능성을 예견하고 있었지만 기대했던 혜택은 나타나지 않았다. 브라질은 포르투갈과 영국이 미국의 면화와 안틸랴스제도의 설탕을 우선 구매했기 때문에 자국 상품을 판매할 시장을 구하지 못했다. 그런 이유로 브라질의 국제수지 균형은 항상 적자를 면치 못했다. 또한, 영국 상품이 보다 좋은 질과 보다 유리한 관세혜택을 입고 저렴하게 판매되었기 때문에 브라질 상품은 경쟁력이 없었고, 공업발전도 기대할 수 없었다. 그 외에도 브라질에 왕실이 설립되고 동 쥬앙이 외교정책으로 많은 예산을 사용했기 때문에 재정적으로도 어려움을 겪었다.

경제적 상황은 1821년 동 쥬앙 6세가 포르투갈로 귀환하면서 더욱 악화되었다. 그는 브라질 은행에 저장된 귀중품들과 귀금속 그리고 국립 박물관 소장품을 포르투갈로 옮겨 갔다.

사회적 원인

브라질에 왕실의 정착은 사회적으로 많은 변화를 야기했다. 사치풍조가 조장되고 향락적이고 생활에 편리한 많은 시설들이 소개되자 그때까지 소박하고 검소한 생활에 익숙해 있었던 시민들의 생활습관에 커다란 변화가 있었다. 이로써 브라질인들의 문화수준은 향상되었다.

정치적 원인

1776년 독립을 이룬 미국의 민주주의 사상과 왕권을 붕괴시킨 1789년 프랑스 대혁명은 브라질에 큰 영향을 미쳤다.

식민들의 문화 수준이 향상되자 많은 브라질인들이 유럽에 유학을 했다. 그들은 프랑스 계몽주의 사상과 직접적인 접촉을 할 수 있었다. 그 외에도 국제 비밀 공제회의인 마쏘나리아(Maçonaria)가 새로운 유럽 사상을 보급했다. 이로써 포르투갈과 브라질은 점점 더 상반되는 이해관계로 거리를 멀리했다. 포르투갈은 교역에 있어서 예전처럼 중재자 역할을 수행하고자 했고, 차츰 자신의 권리를 깨달은 브라질은 예전의 식민상태로 복귀하는 것을 결단코 거부했다.

이러한 이유로 동 쥬앙 6세 귀환 이후 브라질에서는 많은 정치적 소요사태가 발생하였다. 포르투갈은 다시 브라질을 예전 식민 상태로 복귀하려는 시도를 감행했다. 그것은 첫째로, 브라질 지방 정부들을 각각 독립시켜 섭정왕자의 권한을 대폭 약화시키고, 둘째로, 왕자의 교육을 핑계로 귀국을 강요하는 방법이었다.

자연히 자유와 해방을 원하는 저항세력이 형성되었다. 1822년 1월9일 동 뻬드루의 포르투갈 귀환을 강요하는 포고령이 브라질에 도착했다. 많은 저항세력이 뻬드루 왕자의 브라질 잔류를 위한 투쟁에 앞장섰다.

동 뻬드루는 '모든 국민들의 안녕과 국가 전체의 행복을 위하여 내가 여기 계속 머무르겠노라고 국민들에게 알려라.'라고 선언했다. 바로 그날은

휘꾸의 날(Dia do Fico)로 알려졌다. 한편 브라질에 주둔 중인 포르투갈 군대는 즉각 반발했다. 히우에서는 포르투갈 군 사령관 아빌레스(Jorge de Avilez)가 브라질에서 철수하라는 섭정왕자의 명령서를 받았다.

1822년 5월13일 마쏘나리아 그룹도 동 뻬드루에게 브라질의 영원한 수호자(defensor perpétuo do Brasil) 란 칭호를 부여하며 헌법제정을 위한 준비에 들어갔다. 동 뻬드루가 외무장관으로 임명한 쥬세 보니파시우(José Bonifacio)는 포고령을 내려 섭정왕자의 지시 없이는 브라질에서 어떠한 법도 통용될 수 없다고 선포했다.

2. 이뻬랑가의 외침(o Grito do Ipiranga)

동 뻬드루는 아내인 도나 레오폴디나(D. Leopoldina)를 히우에 남겨두고 지방 순시를 위한 여행을 떠났다. 상 파울루를 지나 산뚜스(Santos)를 향했다. 그곳에서는 안드라다(Andrada) 형제가 지방 임시위원회와 문제를 일으키고 있었다.

히우에서는 자유주의자들이 포르투갈로부터 브라질의 독립을 위한 준비를 진행하고 있었다. 쥬세 보니파시우는 포르투갈과의 단절이 섭정왕자 자신의 주도로 이루어지도록 상황을 통제하고 있었다. 국가를 통합하고 지주계급을 위하는 유일한 방법은 군주를 옹호하는 것이었다. 레오폴디나의 주제로 열린 국가자문위원회는 독립 선언을 결정했다.

동 뻬드루가 산뚜스에서 돌아왔을 때 포르투갈 궁정의회로부터 즉각 귀환하라는 포고령이 전달되었다. 이 전갈과 함께 레오폴디나와 쥬세 보니파시우의 편지도 있었다. 보니파시우는 이제 결단을 내릴 순간이 왔노라고 했다. 궁정의회의 지시에 따라 포르투갈로 돌아갈 것인가, 아니면 본국과 결정적으로 단절을 할 것인가를 결정하라는 내용이었다. 아내인 레오폴디나도 보니파시우의 말에 따르도록 충고하고 있었다.

편지를 읽은 후 동 뻬드루는 다음과 같이 선언했다. '오늘 이후로 우리들의 관계는 단절된다. 나는 포르투갈 정부로부터 더 이상 아무것도 원치 않

는다. 브라질이 포르투갈로부터 영원히 분리됨을 선언하노라.'

이어서 보좌관들에게 말했다. '내가 방금 브라질의 독립을 선언했다고 수비대에게 전하라.' 바로 이날이 1822년 9월7일 이었다.

동 뻬드루는 실제로 브라질의 많은 정치인들에 의해 조정을 받아 독립을 선언했다. 그들 중 가장 영향력을 많이 행사한 인물은 쥬세 보니파시우였다. 당시 보니파시우는 군주제를 유지하기 위해 독립을 서둘렀다. 자칫하면 스페인령 아메리카처럼 브라질도 공화정 체제로 독립할 수 있었기 때문이다.

브라질의 독립을 원하는 주된 세력이 군주제를 택한 것은 다음과 같은 이유에서였다. 첫째, 당시 왕권은 거의 모든 국민들에게 최상의 정부형태로 간주되고 있었다. 둘째, 질서의 유지가 관건이었는데 이미 공화정으로 독립한 스페인령 아메리카 국가들은 엄청난 무질서로 혼란을 겪고 있었다. 셋째, 정치 지도자와 군부 지도자들 간의 대립관계로 브라질의 통합을 유지하는 데는 군주제가 적합하다고 생각되었다, 넷째, 대토지 소유자들은 군주제 하에서만이 그들이 보호받을 수 있다고 판단했다.

4. 제1왕정(1822-1831)

국내정치

독립전쟁

동 뻬드루의 첫 번째 관심사는 독립에 동조하지 않는 지방 권력들을 진압하는 것이었다. 포르투갈 군대는 섭정왕자가 리스본의 궁정의회 포고령에 불복하자 동 뻬드루에게 반발하기 시작했다. 동 뻬드루는 이들에 맞서기 위해 군대를 양성하는 한편 코크레인 경(Lord Cochrane), 테일러(Taylor) 그리고 라바튀(Labatut) 같은 외국 용병장교들과 계약을 맺고 군대를 정예화하였다. 브라질군은 이후 바이아, 삐아우이, 마라냐웅과 시스쁠라띠나 등지에서 전개된 수많은 전투에서 승리하여 독립을 고수할 수 있었다.

브라질 독립선언

정치적 투쟁과 입헌의회

독립 직후 민주파(Democrático)와 민족주의파(Nacionalista)의 두 세력이 질서를 무너뜨리며 정치적 투쟁을 전개했다. 민주세력은 레두(Gonçalves Ledo)와 바르보사 신부(Padre Januário Barbosa)의 지도 하에 헌법제정을 위해 투쟁했다. 그들은 안드라다 형제가 이끄는 세력의 지원을 받았다. 그러나 그들 간에는 황제의 권력에 관한 커다란 이견차가 있었다. 민주세력은 국가의 법에 황제가 예속되어야 한다고 주장했다. 하지만 안드라다 형제는 황제가 국민의 지지를 받았기 때문에 의회보다 우월한 위치에 있어야한다는 주장을 내세웠다.

이와 같은 상황에서 1823년 5월3일 의회가 개원되었다. 헌법제정이 논의되었으나 동 뻬드 루는 자신의 권한을 제한한다는 이유로 헌법안을 승인하지 않았다. 그런 이유로 민주세력과의 투쟁이 시작되었다. 의회보다 황제의 권한이 우위에 있다는 주장을 한 보니파시우는 황제에게 민주세력을 박해하도록 종용했다. 의회에서는 황제의 태도에 대한 강한 반발이 있었다.

한편 민족주의 세력은 황제에게 반발한 바이아, 삐아우이와 시스쁠라띠나에서 포르투갈인 들의 폭동으로 그들에 대한 강한 적대심을 갖고 있었다. 안드라다 형제는 폭동의 주모자들을 추방하자는 제안을 의회에 제출했지만 황제의 동의를 얻지 못했다. 이 기회를 이용하여 정적들은 안드라다 형제를 맹렬히 비난했다. 대부분 포르투갈인들로 구성된 군대는 안드라다 형제의 추방을 강력히 요구했다. 이른바 고뇌의 밤(Noite de Agonia)로 알려진 11월 11일 저녁 황제의 군대는 의회를 포위했고, 안드라다 형제는 유배의 길을 떠났다. 이로써 브라질은 또 다시 재식민화의 조짐을 보이기 시작했다.

1824년 승인된 헌법

의회를 해산한 황제는 헌법제정을 위한 10인으로 이뤄진 국가자문위원회를 설립하였다. 안또니우 카를로스(Antonio carlos)의 헌법안이 승인되었다. 1823년 헌법과 1824년 헌법을 비교하면 다음과 같은 차이가 있다. 1823년 헌법은 영국과 프랑스 헌법과 루소의 사회계약론에 기초하고 있다. 유럽에서 부르주아의 권리회복을 촉구했던 사상은 브라질에서 농촌의 토지소유자들의 권리 옹호를 위해 이용되었다. 그들 간의 이해관계가 일맥상통했기 때문이었다. 이 헌법은 재식민지화의 두려움 때문에 지나치게 배타주의적이었고, 동 뻬드루 황제의 권리를 제한하는 한편 국민의 대표에게 권리를 대폭 부여하고 토지소유자들의 이익을 옹호하는 입장을 취했다. 반면 1824년 헌법은 황제의 권한에 관한 부분을 제외하면 이전과 동일한 특징을 지녔다. 즉, 브라질은 입헌세습 군주국으로 공식적인 종교는 로만 가톨릭이고 교회는 국가에 종속된다고 규정하고 있었다. 또한, 국가는 입법, 사법, 행정과 황제의 고유 권한인 조정권(Poder Moderador)의 사권 분립체제이며 이 마지막 권한은 다른 세 권한의 우위에 있기 때문에 국가의 어떠한 일에도 개입할 수 있었다. 이 헌법은 1824년 3월 25일 공표되어 1898년까지 그 효력을 발생했다.

외교정책

미싸웅 히우 마이오르(Missão Rio Maior)

동 쥬앙 6세가 아들인 동 뻬드루 황제와 함께 통합왕국으로 왕정을 복구하려는 시도를 하였는데 이를 지칭하는 표현이다. 이 사명을 수행하기 위해 군대가 브라질로 떠날 계획을 세웠다.

독립의 승인

브라질의 독립은 1824년 최초로 미국에 의해 인정되었다. 미국은 당시 몬로 독트린에 따라 행동하고 있었다. 하지만 유럽 국가들에 의한 독립의 인정은 쉽지 않았다. 그 이유는 첫째, 포르투갈이 브라질을 상실했다고 인정하지 않고 있었기 때문이고, 둘째, 신성동맹에 참여하고 있었던 많은 국가들이 상실한 식민지를 다시 되찾는 공동의 목표를 지니고 있었기 때문이었다. 그러나 영국의 경우는 달랐다. 그들은 브라질에서 관세상의 특혜를 누리고 있었지만, 옛 동맹국인 포르투갈에 대한 의리를 저버릴 수 없었다. 결국 영국은 1825년 동 쥬앙 6세가 브라질 황제칭호를 부여받고, 2백만 파운드의 보상금을 지급하자 독립을 인정했다. 영국이 얻은 대가는 관세 특혜를 갱신하고 노예교역에 개입하게 된 것이었다.

시스쁠라띠나의 상실

시스쁠라띠나는 포르투갈인들이 쁘라따 강어귀에 설립했던 예전의 꼴로니아 두 싸끄라멘뚜였다. 이곳은 몬테비데우를 세운 스페인인들이 들어와 식민화되었고, 쁘라따 부왕청에 소속되었다. 1821년 라바에하(Lavalleja)와 리베이라(Riveira)는 부에노스 아이레스의 지원을 받아 독립을 선포하였다. 그 이후 이곳은 아르헨티나에 속하게 되었다. 이를 지켜본 동 뻬드루 황제는 국민들의 의지와는 다르게 이곳을 재정복하기 위해 군대를 파견했다. 그는 유럽의 많은 국가들의 교역에 커다란 손실을 입히면서까지 쁘라따 강을 봉쇄하도록 명령했다. 영국의 개입으로 평화가 찾아왔고, 아르헨티나와 브라질은 시스쁠라띠나의 독립을 승인하였는데 오늘날의 우루과이가 바로 이곳이다.

동 뻬드루 1세의 퇴위

동 뻬드루는 브라질이 독립을 실현하는 데 있어 가장 뛰어난 공훈자였지만, 국내외에서 발생한 수많은 사건으로 어려움을 겪었다. 그를 퇴위로 이끈 수많은 원인이 있었다. 내적 원인으로는, 첫째, 황제가 의회를 무력으로 해산하고, 안드라다 형제를 유배시키고 국민들에게 자신에게 유리한 헌법을 강요하는 등 절대주의적 정책을 취함으로써 국민들의 신뢰를 얻지 못했으며, 둘째, 의회의 상황이 그에게 유리하게 전개되지 못했는데, 오랜 기간 폐쇄되었었던 의회가 경제문제를 해결하기 위해 1826년 소집되었을 때, 황제에 대한 적대감과 비판의 목소리가 높았고, 셋째, 이탈리아의 자유주의 신문기자 리베로 바다로(Libero Badaro)의 죽음이 황제의 측근들에 의한 암살이었다는 소문이 있었다.

한편 외부적 원인으로는 첫째, 시스쁠라띠나 전쟁에서 쁘라따 강에서 교역상의 큰 피해를 입은 유럽국가들과 브라질 국민의 비난을 면치 못했던 황제의 변덕스러움, 둘째, 신문기자 베이가(Evaristo da Veiga)가 아우로라 풀루미넨시(Aurora Fluminense)지에 기고한 프랑스의 1931년 자유주의 혁명에 관한 기사가 여론의 공감을 얻은 것이 있었다. 이 기자는 동 뻬드로가 부르봉(Bourbons) 절대왕정의 국왕과 비슷한 처지에 있기에 브라질 황제의 운명도 폐위된 프랑스 왕들과 다를 바 없다고 했다. 셋째, 동 뻬드루의 포르투갈 왕권에 대한 관심은 브라질인들의 불신을 얻기에 충분했다. 실제로 1826년 동 쥬앙 6세가 서거하자 포르투갈 왕위는 동 뻬드루에게 주어졌고, 그는 이를 수락했다. 브라질 국가 자문위원회는 포르투갈의 지배로 다시 돌아가는 것이 두려워서 황제가 이 결정을 취소하길 기대했다. 황제는 고심 끝에 딸인 도나 마리아 다 그로리아 공주에게 포르투갈 왕권을 넘겨주었다. 1831년 그가 지방을 순시하고 있을 때, 국민들의 반응은 매우 차가웠다. 미나스의 일부 지역에서는 리베로 바다로의 장례 종소리로 그를 맞이하기도 했다. 포르투갈인들은 그의 귀환을 기대했지만 브라질인들은 그렇지 못했다. 황제는 결국 1831년 4월 아들인 동 뻬드루 지 알깐따라(D.Pedro de Alcantara)왕자에게 왕위를 계승하고 퇴위했다.

섭정기(1831-1840)

황제의 퇴위 이후 브라질은 왕자가 성인이 될 때까지 섭정기에 들어갔다. 이 기간 동안 사회문제와 더불어 극우세력, 정부, 온건파와 합법주의자들 간에 정치적인 갈등이 정국을 매우 혼란케 했다. 전국 각지로 확산된 폭동을 효과적으로 진압하지 못했지만, 섭정 정부는 브라질의 통합을 유지해 나갔고, 독립은 한층 더 공고해졌으며 민주정체의 경험도 축적되고 있었다.

섭정단의 조직

1824년 헌법에 의거해 황제의 나이가 성년에 이르지 못했기 때문에 25세 이상의 왕가 출신이나 이에 적합한 인물의 부재 시 3인 섭정단이 통치하는 규정이 적용되었다.

섭정단의 활동

동 뻬드루 1세 퇴위 직후 리마 이 실바(Francisco de Lima e Silva), 깜뿌스(Carneiro de Campos) 그리고 베르게이루(Campos Vergueiro) 3인이 섭정직을 맡았다. 이후 또 다시 3인 섭정단이 구성되었다. 리마 이 실바, 꼬스따 까르발류(Costa Carvalho) 그리고 무니스(João Bráulio Muniz)로 이루어진 이 섭정단의 활동기에는 반황제적 정서가 브라질을 휩쓸고 있었다. 그 선봉에는 공화정을 추구하는 극자유주의세력(Liberais Exaltados)의 미구엘 지 프리아스가 있었다. 그들 세력은 극우파적 성향을 띠고 연방주의를 지향하며, 외국인들을 추방하고 포르투갈 상인들을 박해하였으며 군대양성을 추진하고 있었다. 이에 반해 온건자유주의세력(Liberais Moderados)은 훼이쥬와 베이가 두 사람이 선두에 서서 헌법을 준수하고 정부의 정책에 적극 호응했다. 또한, 까라무루스(Caramurus)라고도 불리는 왕정복고파(Restauradores)는 쥬세 보니파시우를 중심으로 뭉쳐서 황제의 귀환을 위해 투쟁했다. 하지만 이 세력은 동 뻬드루 1세의 죽음으로 1834년 소멸되었다.

이 세력들의 정치적 갈등으로 브라질에서는 극우파의 폭동과 왕정복고파의 폭동 등 사회적 불안정이 계속되었다. 이러한 상황에서 1835년 헌법 개정으로 단일 섭정이 탄생했다. 새로운 섭정에는 온건파의 디오구 안또니우 페이쥬 신부가 선출되었다. 집정 후 그는 왕정 복구파로부터 사회질서를 바로잡는데 능력이 부족하다는 이유로 강한 도전을 받았다. 그는 빠라 주에서 까바나젱(Cabanagem)과 남부에서 파로우필랴 혁명(Revolução Farroupilha)으로 어려움을 겪게 되자 임기 2년을 앞두고 물러났다. 또 다시 섭정선거가 실시되었고, 왕정복고파의 상원의원 뻬드루 아라우쥬 리마(Pedro Araujo Lima)가 섭정직에 올랐다. 그는 내각을 철저히 왕정복고파의 보수세력으로 구성했고, 정치적 폭동에 강력히 대응했다.

경제적 상황

제1제국기와 섭정 시대에 브라질의 전통적인 경제구조는 1810년 영국과의 사이에서 체결된 메투엔 조약으로 심한 고통을 겪고 있었다. 특혜관세인 15%의 종가세로 수입되는 영국 상품은 브라질 전국의 소비시장을 장악하고 있었다. 따라서 국내 산업의 발전은 전혀 기약할 수 없는 실정이었고, 브라질 경제는 수출을 목적으로 하는 일부 열대상품의 생산에 한정되었다.

1831년부터 브라질의 주요 생산품들은 국제시장에서 심각한 위기에 처했다. 설탕은 안틸랴스 제도의 산물과 당시 유럽과 미국에서 새롭게 각광받는 사탕무의 강력한 경쟁세력에 대처해야만 했다. 면화 역시 한층 앞선 생산기술과 값싼 운임을 앞세운 미국상품에 뒤졌다. 피혁은 쁠라따 지역 생산품이 강한 경쟁력을 지녔다. 브라질은 국제 시장에서 경쟁력이 배제된 열대작물을 새롭게 개발할 필요성을 인식했다. 그것이 바로 커피였다.

그러나 당시까지 브라질은 무역수지에 있어 수출보다 수입이 많은 고질적인 수지불균형을 벗어나지 못하고 있었다. 브라질의 재정적, 경제적 위기를 악화시킨 것은 무역수지의 적자뿐만 아니라 다른 요인도 있었다. 그것은 포르투갈이 브라질의 독립을 인정하는 대가로 지급한 보상금 200만 파운드와 국내외의 폭동과 갈등을 진압하는 데 사용된 엄청난 비용이었다.

브라질 정부는 이와 같은 적자를 국제금융시장의 차관자금으로 메워 나갔지만, 그것은 일시적인 완화제였을 뿐 근본적인 문제의 해결책은 아니었다. 문제를 더욱 악화시킨 것은 차관자금이 이자, 분담금과 연부상환 등의 지급을 위해 사용되는데 있었다. 독립 이후의 경제적 위기는 지방 곳곳에 불만을 확산시켰다. 19세기를 풍미했던 자유주의와 개혁주의의 물결 속에서 일반대중과 도시 중산층들의 참정권요구는 경제적 위기를 더욱 가중시켰다.

경제적 위기와 사회적 소요의 와중에서 지배계층은 정국에서 그들의 권위를 확고히 고착시킬 수 있는 국가조직을 갖추기 위해 노력했다. 이와 같은 목적을 달성하기 위해 브라질 영토의 통합을 이루고 분리주의 세력을 배격할 필요가 있었다. 단일 섭정 훼이쥬 신부는 '무정부 주의의 화산이 브라질 제국을 삼켜버릴 듯 위협하고 있다.'라고 말하며, '확고한 신념으로 지배계층은 이 화산의 불길을 꺼버릴 것이다.'라고 공언했다.

황제의 성년(Maioridade)

아라우죠 리마의 섭정에 반대하면서 자유주의 세력들은 제국의 영토통합을 유지하기 위해 가장 능률적이고 합리적인 방법을 생각하게 되었다. 그들은 중앙 정부의 상실된 권위를 회복하기 위해서는 권력을 어린 황제 뻬드루 지 알깐따라에게 조기에 이양하는 것이 최상의 방법이라고 여겼다. 그러나 황제는 아직 성년인 18세가 되지 못했다. 이에 대한 법률적인 해결책을 구하기 위해 성년 클럽(Clube da Maioridade)이 결성되었다. 이 조직의 목적은 성년을 앞당기기 위해 의회와 투쟁하는 것이었다. 이들의 적극적인 활동으로 15세였던 어린 동 뻬드루는 브라질의 정식 황제로 등극하게 되었다. 반대세력의 저항도 컸지만 아라우죠 리마는 대표단을 이끌고 싸웅 끄리스또방 궁전으로 향했다. 대표로 나선 리마는 동 뻬드루에게 질문했다. '전하께서는 만 15세가 되는 시점인 12월 2일에 정권을 떠맡으시겠습니까? 아니면 지금 당장 맡으시겠습니까?' 이에 황제는 '지금 당장'이라고 대답했다.

이리하여 동 뻬드루는 1840년 7월23일 동 뻬드루 2세라는 칭호로 브라질 제2제국기를 통치하는 황제에 올랐다.

5. 제2왕정

동 뻬드루 2세의 집권 50년은 3단계로 분류할 수 있다. 제1기는 1840-1850년으로 평온한 시기였으며 의회제도가 창건되었다. 제2기는 1850-1870년으로 물질적, 지적 그리고 예술적으로 최고의 전성기였으며, 영국을 비롯한 쁘라따 강 주변국들과의 외교문제가 해결되었던 시기였고, 1870-1899년은 종교적, 군사적, 그리고 사회적인 문제들로 국가가 쇠퇴의 국면에 처했던 시기였다. 또한, 이 시기는 군주제가 사양화되고 공화정이 출현하는 정치적 과도기였다.

제2제국기의 정치적 안정은 두 개의 상반된 매개변수에 초점이 맞추어질 수 있다. 즉 안정은 정치적, 사회적 질서를 혼란시키는 논쟁 없이, 황제의 군주정체를 전반적으로 수용하는 분위기 속에서 이루어졌고, 이로 인해 진보와 평온도 가능해졌다. 또 다른 면에서 안정은 대중의 참여가 없는 체제의 특색인 사회적 허약성으로 인해 이루어졌다.

동 뻬드루 2세의 첫 번째 과제는 새로운 내각구성이었다. 그의 성년을 앞당기는데 기여한 안드라다 형제와 까발깐찌(Cavalcanti)형제를 비롯한 많은 자유당 인사들이 대거 내각에 기용되었다. 1847년부터 내각의 수반에 해당하는 각료회의 의장직이 설립되었다. 황제는 모든 각료들을 임명하는 대신 의장만을 선출했고, 의장이 나머지 각료들을 선출했다. 각료회의 의장 즉, 수상직의 설립은 브라질 제국에 의회주의 도입의 시작을 알리는 신호였다. 선거를 실시하고 황제는 승리한 정당의 탁월한 리더를 수상에 임명했다. 임명된 수상은 하원의회에서 신임투표를 거친 후 직분을 수행했다. 내각과 하원 간의 정치적 대립을 가정해서 황제는 내각을 해임하거나 의회를 해산할 수 있는 조정권을 지니고 있었다.

유럽 의회주의 체제에서는 대부분의 입법부가 국정운영에 있어 가장 큰 힘을 지니고 있었다. 하지만 브라질에서는 동 뻬드루 2세가 조절권 덕분에 모든 권력의 위에서 군림했다. 그런 이유로 브라질의 권력분립은 '역행하는 의회주의'라고 비판을 받았다. 제2제국기에 중심 정당은 자유당과 보수당이었다. 그러나 알려진 바처럼 두 정당은 이념적으로 전혀 차이가 없었다. 그 이유는 두 정당 모두가 대토지 소유자들과 노예 노동력을 이용하는 대농장주들을 중심으로 이루어졌기 때문이었다. 따라서 브라질의 사회-경제적 구조를 변화시킬 중요한 문제의 해결에서 그들은 항상 동일한 목소리를 냈다. 양대 정당은 국민대다수가 원하는 것과 동떨어진 소수의 이익을 대변했고, 단지 서로의 견해 차이가 있다면 브라질 엘리트들의 목적에 이르는 수단과 연관된 면에서였다.

동빼드루 2세

동 뻬드루 2세의 통치

브라질 제국은 동 뻬드루 2세의 능숙한 지휘 하에 정치적으로 성숙해 갔다. 그는 용감하고 낭만적인 천성을 지닌 부친과는 매우 대조적이었다. 황제는 침착하고 사려 깊었으며 항상 진지한 모습을 보였다. 그는 어두운 색깔의 군복을 외면했고, 독서를 즐겼으며 활동적이었다. 또한, 공과 사에 있어서도 도덕성을 중시하는 인물이었다.

황후인 양 시칠리아(Two Sicilies) 왕국의 마리아(Tereza Cristian Maria,1822-1889)는 품위 있는 가정주부의 전형적인 모델이었다. 그들 부부는 왕실과 정부에서 빅토리아 시대의 도덕성을 각인시켰다.

황제의 초상화나 많은 사진들을 통해 알 수 있듯이 황제는 위압적이고, 준수했으며 소탈한 매너의 소유자였다. 그와 만난 사람들은 그의 태도에 금방 공감했고, 특히 외국의 귀빈들은 그의 태도에 대해 칭찬을 아끼지 않았다.

어린 나이에 등극했을 때 그는 조신들의 손안에 든 꼭두각시나 다를 바 없었다. 1847년 그는 정치적으로 성숙된 모습을 보이며 브라질의 모든 정치 세력을 장악하고 영향력을 행사했다. 헌법의 규정에 따라 모든 정치 분파의 위에서 권력을 행사했던 그는 모든 정부조직의 조정자 역할을 확고하게 수행했다. 그러나 그는 국민들이 생각했던 것보다 훨씬 능력 있는 황제였다. 통치기간이 장기화 되었을 때 그는 간접적으로 권력을 행사했다. 그러나 국민들은 국가의 모든 정책에서 그의 존재감을 항상 느끼고 있었다. 황제는 만일 권력이 너무 많은 사람에게 분산되면 그 누구도 그것을 효과적으로 행사하지 못한다고 생각했다.

히우 그란지 두 술의 한 독일 이주민 지도자는 그의 통치를 경험하고 1885년 '동 뻬드루 2세는 군림하고, 다스리고 관리한다.'라고 말하면서, 그가 당대의 어떤 통치자들보다 큰 힘을 지닌 군주였다고 평가한다.

브라질이 신봉건과 신자본주의의 양립하는 상황에서 보다 완벽한 자본주의 체제로 향하고 있을 때, 황제는 다양한 지역들, 특히 농촌 지역들을 위한 번영과 질서의 상징적이고 효과적인 보증인이 되었다. 그는 설탕, 카카오, 그리고 커피 계급이 그들의 충성에 대한 보답으로 많은 이익과 특혜를 누리도록 허용했다. 황제는 대농장 소유자들이 사유재산의 지배권을 위협받거나 지역자치권의 박탈로 피해받는 일이 없도록 조치했다. 결국 브라질은 단연 농촌우위의 사회가 되었고, 황제는 브라질이 평화롭게 유지되려면 농촌 지배계층의 충성심과 지원이 필요하다고 인식하고 있었다.

일부 비평가들은 그를 현대세계로 브라질을 진입시키려는 의지가 없는 평범한 군주라고 비하하기도 한다. 그러나 그것은 그 일부만을 바라본 지엽적인 판단이고 실제로는 모든 일에 국민 여론을 중시한 인물이었다. 그는 단지 브라질 제국의 최고의 이익과 일치하지 않는 여론에 대해서만 엘리트들의 견해에 의존했다.

국내정치

발라이우스의 폭동(Revolta dos Balaios)

이 폭동의 무대는 마라냐웅이었다. 아라우죠 리마 섭정기인 1836년 시작된 폭동이 진압된 것은 제2제국기였다. 발라이우(Balaio)라는 명칭은 폭동의 주모자인 안쥬스(Manuel Francisco dos Anjos)가 광주리 제조자였던 데서 연유한다. 폭동은 권력을 장악하고 자신들의 이익만을 위해 행동하는 부유층에 대한 서민 대중들의 반감에서 비롯되었다. 폭동은 중산 자유주의 계층들에 의해 방향이 제시되었다. 다른 폭동들처럼 참여자들이 더욱 과격해졌기 때문에 중산층은 정부와 협약을 맺고 물러섰다.

1840년 루이스 알베스 지 리마 이 실바가 마라냐웅의 통치자로 부임했다. 그는 폭도들 간의 이견과 불화를 이용하여 카시아스(Caxias) 를 장악했다. 발라이우가 죽고 약화된 폭도들은 산산이 흩어졌다. 이때 오지인들이 집단을 형성하였고, 인류 자유의 수호자, 후견인이자 황제라는 칭호를 지닌 흑인 꼬스미(Cosme)가 거의 3천명에 이르는 낄롬보 세력을 이끌고 폭동을 일으켰지만 뚜렷한 활동을 보이지 못하고 소멸되었다.

1842년의 자유주의 폭동(Levante Liberais de 1842)

동 뻬드루 2세는 즉위 직후 보수당 세력으로 자유주의파 내각을 대체하고 국가 자문위원회를 재건하는 한편, 섭정기에 주 정부에 양여했던 권한들의 일부를 제한함으로써 자유주의파와의 갈등을 빚게 되었다.

자유주의 세력은 하원을 장악하고 있었다. 황제가 불법을 이유로 선거를 무효선언하자 상 파울루와 미나스 제라이스에서 지지자들의 폭동이 일어났다. 이 두 지역에서 폭동은 진압되었고 주모자들은 체포되었지만, 황제는 2년 후 그들을 사면했다.

파하푸스의 폭동(Revolta dos Farrapos)

이 폭동은 1835-1845년의 10년 동안 히우 그란지 두 술에서 진행되었다. 이 폭동은 사회적, 정치적으로 당시 가장 중요한 의미를 지닌 항거였다. 즉, 과다한 세금에 대한 불만, 지방에 대한 중앙정부의 제한된 자유 그리고 강건파(exaltados)와 중도파(moderados) 간의 대립관계에서 비롯되었다.

입법의회의 선거에서 중도파가 승리를 거두자 강건파의 폭동이 일어났다. 주모자인 벤뚜 곤살베스는 권력을 장악하고, 소수의 자파 의원들로 구성된 의회를 지배하였다. 훼이쥬 섭정은 새로운 의장을 보내서 지방 토후세력을 결속시키고 폭도들을 진압했다. 벤뚜 곤살베스는 체포되어 바이아로 유배되었다. 삐라찌니 파하푸스 공화국(República de Piratini Farrapos)세력은 삐라찌니에 들어가서 히우 그란지 두 술 공화국을 선포했다. 새로운 공화국의 대통령에는 벤뚜 곤살베스가 선출되었다. 그는 구금되어 있었던 바이아를 탈주하여 이곳에 돌아왔다.

1836년 까니바후(Davi Canabarro)와 후일 이탈리아 통일에 참여했던 이탈리아인 이주민 가리발디(Jose Garibaldi)가 산따 까따리나(Santa Catarina)를 장악했다. 1840년 동 뻬드루가 정권을 장악했을 때, 폭동을 진압하기 위해 모든 반란군에게 사면령을 내렸다. 그러나 그들은 이를 거절했다.

당시 카시아스는 남부로 향해 떠나, 폭도들과 대면하고 아르헨티나의 독재자 로사스에게 위협받고 있는 조국을 수호하기 위해서는 모두가 단결해야할 필요가 있다고 설득했다. 아르헨티나는 혁명세력에게 원조를 제공하려 했지만 거절당했다. 벤뚜 곤살베스의 계승자 다비 까나바후는 1845년 정부와의 협약문에 서명했다. 파하푸스들은 브라질 군대에 폭도측에 가담한 간부들을 편입시켜달라는 요청, 폭동에 참여한 노예들에게 자유를 허용하고 그들의 주인들에게도 보상을 해달라는 요청과 빚의 일부를 탕감해달라는 요청을 하였다.

쁘라이에이라의 혁명(Revolução Praieira)

이 혁명의 명칭은 주모자들의 신문 디아리우 노부(Diário Novo)가 발간되었던 헤시피의 쁘라이아(Praia) 거리에서 연유되었다. 1842-1849년까지 전개된 폭동은 부자, 대토지소유자와 상인들에 대한 불만에서 시작되었다. 당시 이곳은 대부분의 토지가 부유층 소수에게 집중되어 있었고, 상업은 일부 포르투갈 상인들이 독점하고 있었다.

폭도들은 이 지역을 장악하는 과정에서 포르투갈인들에 대한 심한 폭력을 행사했다. 이 사건을 신속히 진압하지 못한 이유로 자유당 내각이 물러나고, 보수당이 들어서서 폭동을 진압할 때, 쁘라이에이루스들은 브라질 국민들에게 자유선거, 출판의 자유 그리고 황제의 조절권 소멸 등을 호소했다.

비록 다른 폭동에 비해 조직력이 뛰어났지만 쁘라이에이루스들은 국민들의 지지를 큰 폭으로 확산시키지 못했다. 결국 주모자들은 투쟁 중 죽거나, 체포되었고, 폭동은 진압되었다.

의회주의

동 뻬드루 2세가 자문위원회 의장직을 만들었던 1847년 브라질에는 의회주의가 유입되었다. 브라질 제국이 이 제도를 채택하게 된 것은 군주국 체제를 유지하기 위해서는 지주계급을 옹호할 필요가 있었고, 영국의 강한 영향력 행사가 수반되었기 때문이었다.

체제의 기능

황제는 일반적으로 선거에서 승리한 정당에서 각료회의 의장을 선출한다. 각료회의 의장 또는 수상은 조각을 하고, 하원에서 신임투표를 했다. 의회제도하에서는 법률을 제정하는 입법부가 행정부보다 권력의 우위에 있었지만, 당시 브라질은 황제의 조절권이 가장 큰 권력을 지녔다.

정당

독립 시대에는 브라질에 정당의 개념이 없었다. 국가의 중대한 문제들은 로자스 마쏘니까스(Lojas Maçónicas)에서 논의되었다. 그러나 하원의회에서 의견충돌이 빈번해지자 브라질 출신 의원들은 독립을 옹호했고, 외국출신들은 본국과의 관계를 중시했다.

1831년 황제의 퇴위 시 국내파가 승리했지만, 곧 그들 사이에도 이견이 생겼고, 섭정기에는 3개의 정치적 흐름이 나타났다. 즉, 헌법 개정을 수용하고, 군주체제 유지를 옹호했던 온건 자유주의 세력, 보다 민주적이고, 지방정부에 큰 폭의 자치권 부여를 요구하며 상업의 국가화에 앞장섰던 급진 자유주의 세력 그리고 동 뻬드루 1세의 귀환을 염원했던 안드라다 형제가 이끄는 왕정복고파가 그들이었다.

동 뻬드루 2세 통치기의 정당들

온건파와 급진파가 주류를 이룬 자유주의 세력(Liberais)은 연방 군주국, 국가자문위원회의 폐지, 황제의 조절권 폐지 등을 정치강령으로 내세웠고, 온건파 자유주의자들의 일부와 왕정 복고파가 세력을 규합한 보수세력(Conservador)은 정치의 중앙집권화, 국가자문위원회의 재건, 개혁에 대한 저항과 헌법준수를 주장했다.

자유주의자들은 보수세력의 방어수단을 국가자문위원회라고 여겼다. 그것은 1834년 급진파의 전성기에 폐지되었으나 1841년 보수파 세력의 확장과 더불어 복구되었다. 12인의 상임위원과 12인의 특별위원으로 구성된 자문위원회는 총회에서 국가의 중대사를 논의하는 것이 의무였지만, 황제의 조절권 행사에 협조하는 것에 더 큰 비중을 두고 있었다.

1842-1889년 동 뻬드루 2세는 72인의 자문위원을 임명하였다. 그들 중 17인이 히우 출신이었고, 바이아는 14인 그리고 미나스 제라이스는 13인이었다. 히우, 미나스 그리고 상 파울루는 이른바 3두 정치의 원상이었다. 그들은 33인의 자문위원을 배출함으로써 뻬르낭부꾸-바이아 축의 24인을 누르

고 황제의 측근으로 자리 잡았다.

정치적으로뿐만 아니라 경제적으로도 힘은 점차 남동부로 옮겨갔다. 이로써 북동부는 강한 불만을 드러내기 시작했다. 황제는 정직하고 능력 있고, 국가에 대한 충성도가 높은 정치가들에 의존하는 경향이 컸다. 그들 중 미나스제라이스 출신 까르네이루(Honorio Hermento Carneiro), 뻬르낭부꾸의 리마, 바이아의 까르발류와 히우 출신 또헤스(Joaquim Jose Rodrigues Torres)가 대표적인 인물들이었다. 이들 4인은 모두가 보수당원으로써 오랫동안 지주계급의 대변인 역할을 해왔고, 황제가 직접 귀족작위를 수여한 인물들이었다. 이들의 정치적 경험은 매우 탁월했다. 4인 모두가 제1제국기와 섭정기에 정치활동을 했다. 특히 아라우죠 리마 같은 인물은 궁정의회 시절부터 의원으로 활약했고 단일 섭정직도 맡았다. 까르발류 역시 3인 섭정기의 섭정이었다. 또한, 이들 모두 국가 자문위원직을 수행했고, 한 번 이상 각료로서도 발탁되었다.

자유주의 정객인 링뽀 지 아브리우(Antonio Paulino Limpo de Abreu)는 1798년 포르투갈에서 태어나 왕실의 천도 시 1808년 브라질에 왔다. 그는 섭정기에 각료로서도 일했고, 1858-1860년 각료회의 의장직과 국가자문위원회 위원으로도 활동했다. 또한, 1860년에는 상원의장이 되었고, 1833년 사망할 때까지 그 직위를 유지했다. 이처럼 상당수의 정치인이 독립 이전부터 브라질 정치를 주도하였고, 동 뻬드루 2세 통치 초기 10년 동안에도 그들의 경험을 살려 일했다. 그러나 아브리우의 죽음은 상징적으로 과거와의 단절을 의미했다.

이후 새로운 정치세대가 등장했다. 1850년대 이후 젊은 세대는 질서, 번영, 진보만을 꿈꿔왔던 정치가들의 빈자리를 메웠다. 그들은 현대에 대한 새로운 인식과 미래를 위한 새로운 노정을 설계해 나갔다.

황제는 강력한 권한인 조절권과 국민 여론에 의존하면서 제2제국기에 보수세력과 진보세력을 번갈아 기용했다. 브라질에서 양대 세력의 교체과정은 1840년 이후 1899년까지 계속되었다.

조각승인은 국회의 권한이었다. 1881년까지 하원은 선거인단에 의해 간접선거로 선출되었다. 동년에는 소득조건(Income Requirements)으로 남성들이 하원의원을 직접선거로 선출하는 개혁이 일어났다.

황제는 필요 시 조절권을 발동하여 의회를 해산하고, 11차례의 조각을 단행했다. 브라질 역사상 49년 동안 자유당과 보수당이 36차례 내각을 새로 구성했다. 이들 중 가장 장수한 내각은 실바 파란뉴(Jose Maria da Silva Paranho) 내각으로써 1871년부터 1875년까지 집권하였고, 최단기 내각은 1862년 5월에 단 6일 천하로 끝났던 쟈까리아스(Zacarias) 내각이었다.

1847년 각료회의 의장직이 생긴 이래 자유당은 16차례 내각 구성으로 17년 이상 정권을 장악했고, 보수당은 20년 이상 12차례의 정권을 장악했다. 1853-1857년 화해기간은 빠라나가 비정당정부를 구성했고, 이 기간에는 양당 지도자들 간에 진정한 협력이 이루어졌다.

각료회의 30인 의장 중 11인은 바이아 출신, 뻬르낭부꾸 출신 5인, 히우는 4인, 상 파울루는 단지 2인을 배출했다. 화해기를 제외한 양당 대립기에는 서로가 가차 없이 상대방을 공격했다. 당시에는 모든 형태의 표현의 자유가 보장되고 있었다. 1850년 이후 폭력으로 문제를 해결하려는 시도는 자제되었지만 논쟁을 통한 질서 있는 정치풍토가 조성되었다. 19세기 후반의 39년은 이처럼 토론이 폭력을 대신했다.

두 거대 정당은 정강이나 정책 결정에 있어 만장일치로 의견을 모으지는 못했다. 사실상, 양당 사이에서 보다 각 당 내부에 더 많은 의견 차이가 있었을지 모른다. 강력한 지방 엘리트들은 도시엘리트와 마찬가지로 두 정당 사이에 고루 분포되어 있었다. 일반적으로 보수당은 주로 경제적 사양지역인 북동부의 바이아, 히우 등지의 토지 소유자와 도시의 관료들을 당원으로 끌어들였고, 자유당은 미나스, 상 파울루, 히우 그란지 두 술 그리고 전문직 종사자들과 같은 경제성장지역의 엘리트층이나 토지소유자들을 규합했다.

양당을 구분하는 가장 중요한 이슈는 권력 집중화에 대한 견해 차이였다. 자유당은 권력을 고루 확산시키는데 주력하였고, 지방에 보다 큰 힘을 제공해야한다고 주장했다. 반면, 보수당은 이에 반대되는 견해를 표명했다. 그러나 제2제국기 동안 중앙권력의 감소세는 전혀 발견되지 않았다. 브라질 왕실은 관리의 임명을 통해 지방을 통제했다. 예로써 황제는 상원의원과 지방의회장을 임명했다. 동 뻬드루 2세 통치기에 보수당은 히우에서 가장 꾸준한 지원을 얻었다. 미나스 제라이스, 상 파울루와 히우 그란지 두 술에서는 자유당 지지자들이 많았다. 또한, 바이아와 뻬르낭부꾸에서는 두 정당의 지지세력이 대등했다.

두 정당은 정책적으로 차이점보다는 유사점이 더 많았기 때문에 한 편이 권력을 장악하더라도 정책적으로는 큰 변화를 기대할 수 없었다. 한 당이 정권을 장악 했을 때, 그들은 상대방이 크게 반발할 만한 파격적인 정책의 시행은 삼갔다. 예로써 보수당은 1850년 노예교역을 끝내고, 1871년 공표 당일부터 태어난 노예의 자식들에게 자유를 주는 벤뜨리 리브리(Ventre Livre) 법을 통과시켰다. 그리고 마지막으로 1888년 노예제도를 완전히 폐지했다. 이 모든 정책은 자유당이 원래부터 제안했던 것들이었다.

극작가 프랑까 쥬니오르(Joaquim Jose de Franca Junior)는 그의 유머러스한 작품 '하원의원이 되는 방법'에서 양대 정당의 유사성을 풍자적으로 표현했다. 이 연극에서 한 배역은 이와 같이 말한다. '친구여 나는 보수당과 자유당이 이처럼 유사하다는 것을 몰랐어. 그들은 한 어머니의 자식들이야.'

두 정당의 주축은 토지 소유 과두체제에 있었다. 결국 브라질은 19세기 동안 농업국가로 밖에 존속할 수 없었다. 양대 정당의 정치인들이 기본적으로 유사함으로 인해 그 어느 당도 다른 당과 정책으로 맞서지 못했다. 또한, 어떤 사회적, 경제적 이슈로도 대결하려 하지 않았다. 예로써 토지개혁은 절대적 금기사항이었다. 그러나 이와 같은 정치적 양상에 변화가 온 것은 제2제국 마지막 10년대였다.

강력한 가부장제와 관습에 얽매였던 농업국가 브라질 내부에서도 차츰 유럽화의 추구가 태동되었다. 농촌 엘리트의 이익과 교감하면서도 도시사회의 이익에 관계된 정책이 강화되었다. 북동부의 경제가 붕괴되면서 동남부가 부상하자 양 지역은 정부의 지지를 얻기 위해 경쟁관계를 이루었다. 이리하여 보다 근본적인 정치적 갈등이 번져나갔다.

의회제도의 약점은 많았다. 의원들은 제한된 대표성을 지녔고, 의식화되거나 과장된 행동이나 배타주의도 난무했다. 정당들은 더 젊은 정치가들의 출현을 기대했고, 이것은 권위주의적 식민통치 3세기 이후 자주국(Self-Government)을 향한 새로운 단계로의 진입이었다. 브라질 제국주의 정치체제의 이점은 스페인령 식민국가들이 독립 이후 세운 공화국들과 비교할 때 보다 분명해진다. 브라질에서는 동 뻬드루 2세 통치기에 의회제도하에서 정당과 공직자들의 평화로운 순환이 이루어졌다. 브라질은 그들 국가에서 실천되었던 계약이론보다 정치적 질서가 더욱 잘 확립되었다.

1868년 쟈까리아스 자유내각의 몰락은 제2 제국 정치사에서 일종의 분기점이었다. 그는 철저하게 의회를 통제했다. 그리고 상원에 공석이 생겼을 때, 히우 그란지 두 노르찌의 자유당 당수를 관례에 따라 3배수 후보에서 지명하기 원한다고 황제에게 보고했다. 황제는 최종적 선출권자였다. 황제는 작가이며 웅변가인 오멩(Sales Torres Homem)을 의원으로 선출했고, 쟈까리아스는 사임했다.

관례에 따라 수상이 사임하면 전 각료가 뒤를 따랐다. 황제는 보수당이 이따보리에게 새로운 내각구성을 위임했다. 당시에는 보수당이 다수당이 아니었기 때문에 황제는 의회를 해산하고 새로운 선거를 지시했다. 예상대로 이따보리의 보수당이 총선에서 승리를 거두었다. 권력의 상실로 자유당은 분노했다. 그들은 이 사건을 황제가 꾸민 친위 쿠데타로 간주했다. 그들의 분노는 자유당을 더욱 강하게 결속시켰고, 향후 정치 노정에 개혁을 결심하게 만들었다. 그 결과로 1869년 자유당은 조절권, 국가 자문위원회, 국가수비대와 노예제도 폐지를 요구하는 개혁성명(Reform Manifesto)을 발표하였다. 이 성명서에서는 투표권의 확장, 임기가 제한된 상원의원의 정기선거, 지방의회 구성을 위한 일반선거 실시, 독립된 사법제도, 교육기관의 증설을 비롯한 많은 개혁안이 포함되어 있었다.

만일 자유당의 개혁안이 법제화된다면 동 뻬드루 2세는 정치적으로 엄청난 타격을 입게 되어 있었다. 자유당은 실제로 지방분권과 함께 연방제를 구축하는 프로그램을 가지고 있었다. 이 계획은 1830년 초를 회상하게 했다. 브라질 역사에서 혼란과 무정부 시대의 경험이 도래하는 듯 했다. 사실 1860-1870년대 초까지는 많은 정치가들은 누가 완벽하게 황제에게 충성하는가 하는 것이 주요관심사였다.

이 혁신주의적 자유당 정객들 중 알라고아스 출신 하원의원 따바레스 바스토스(Aureliano Candido Tavares Bastos,1839-1875)는 열정적으로 그의 신념을 밝히며 의회에서 열심히 투쟁했다. 처음에는 보수당원으로 시작했지만 자유당으로 전환한 그는 발전을 적극 옹호했다. 그는 영국과 미국의 경험으로부터 제한 없는 진보를 이룰 수 있다는 확신을 가졌다. '나는 열정적인 영국 광신자이다. 그러나 나는 영국인들이 북아메리카에 건설한 공화국을 생각할 때만 그들의 위대함을 이해한다. 우리는 영국을 공부하는 것만으로는 충분하지 않다. 미국을 알 필요가 있다. 우리의 농업과 경제를 개선하기 위해 실질적인 교훈을 얻을 수 있는 것은 바로 이 두 번째 국가로부터이다.' 그는 이처럼 미국과 더 많은 관계를 발전시켜 나가기 원했다.

바스토스는 간략하게 브라질이 가장 필요로 하는 것을 '교육, 해방 그리고 교통'으로 요약했다. 그는 또한 브라질은 다른 나라들이 따라올 수 없는 최고 산물인 커피의 생산을 최대화하고, 다른 나라들은 브라질이 필요로 하는 상품을 공급해야한다고 주장했다. 바스토스는 사유재산은 인정되어야 한다고 생각했다. 따라서 커피재배자들이 수출증대에 기여하는 만큼 정부는 이에 필요한 기반을 조성해 주어야 한다고 강조했다.

그는 발전이란 해외교역에 의해 측정된다고 믿었기 때문에 커피 수출의 증가가 발전을 의미했다. 그러나 시대적 흐름에 역행하는 노예제도가 변수로써 브라질 농업발전의 운명을 경정할 것이라고 말했다. 그런 이유로 바스토스는 교육입국을 지향하고 점차적인 노예해방으로 종전의 노예를 자유임금 노동자로 흡수해야 한다고 역설했다. 또한, 1862년에는 교통문제 해결을 위해서는 자유연안항해와 국제교역을 위해 아마존 강을 개방해야만 한다고 주장했고, 실제로 정부는 5년 후 이 정책을 시행하였으며 교역 증가에 크게 기여하였다. 그는 불균형적인 적자예산에 대해 크게 우려하며 화폐의 유통과 부채감소의 필요성을 역설했다. 교육은 실질적이고 유용한 방향으로 전환되어야 하고 미국과 유럽으로부터 이민의 적극적인 장려가 요구된다고 강조하였다. 아울러 그는 '독일과 영국 이민 없이는 브라질은 결코 발전을 기할 수 없다.'라고 말했다. 그 이유는 유럽인종의 순수한 피가 브라질의 혼혈로 변질되는 피를 바꿀 수 있다고 믿었기 때문이었다. 알라고아스 출신의 바스토스는 농업입국으로 활발하게 국제교역에 전념하는 것이 브라질 발전의 첩경이라고 생각했다. 그러나 농업은 노예해방, 교육강화 그리고 유럽이민의 유입으로 보완되고 정제되어야 한다고 주장했다. 다른 많은 정치가들도 그의 생각에 동조했다.

외부정책

영국과의 문제

브라질은 오랫동안 영국과 우호관계를 유지했다. 브라질에서 영국의 영향력은 1808년 포르투갈 왕실이 브라질로 천도할 때부터 본격화되었다. 1810년 항해와 교역에 관한 협정이 양국 사이에 체결되자, 영국은 관세상의 특혜를 누리며 브라질 경제를 지배했다.

경제적인 면 외에도 제2제국기에 브라질의 주요 인사들이 대부분 영국에서 수학하였기 때문에 문화적으로나 정치적인 면에서도 그들의 영향력은 매우 컸다. 19세기 중반 양국 사이에 두 가지 문제가 발생했다.

노예교역문제

브라질 정부는 영국과 체결한 협정에도 불구하고, 노예교역을 제한하는 약속을 이행하지 않았다. 앞서 1845년 영국 정부는 빌 에버딘(Bill Aberdeen) 포고령을 발하여 자국 수역에 있다 할지라도 모든 노예 교역선들을 나포하겠다고 공언하였다.

크리스찌(Christie) 문제

크리스찌는 브라질 주재 영국 공사였다. 당시 일어난 크게 중요하지 않았던 두 사건이 양국 간의 외교관계 단절로 비화되었다. 첫 번째 사건은 브라질 남부에서 좌초된 영국선박 프린스 오브 웨일즈(Prince of Wales)에 실렸던 물건들이 분실되면서 발생했다. 크리스찌 공사는 이 상품들을 브라질인들이 약탈해갔다고 주장하며 보상을 요구했다. 브라질 정부는 사건을 무마시키기 위해 보상에 응했다.

두 번째 사건은 술에 취한 영국 해군 장교 3인이 히우에서 행패를 부리다가 투옥되면서 발생했다. 신분이 확인되자 경찰은 그들을 석방시켰지만 크리스찌 공사는 보복으로 상선 5척을 나포했다. 분노한 브라질 당국은 공사의 소환을 요구했다. 결국 이 사건에 대한 판단은 영국 빅토리아 여왕의 삼촌인 벨기에의 레오폴두 1세(Leopoldo I)의 중재 하에 넘겨졌다. 그의 결정이 브라질에 유리하게 내려졌지만 영국은 사죄하지 않았다. 그런 이유로 브라질은 1863년 영국과의 외교관계를 단절했다. 그러나 파라과이 전쟁 시 동 뻬드루 2세가 우루과이에 있을 때, 영국의 톤튼(Thornton) 공사의 방문을 받았다. 그는 영국 정부의 공식적인 사과를 표명했고, 양국관계는 다시 화해의 길을 걷게 되었다. 이 사건의 결과는 브라질인들을 크게 만족시키지는 못했고, 영국은 여전히 브라질에서 상업적, 금융적 헤게모니를 장악하고 있었다.

당시 미국은 영국의 카리브 해 정책에 도전하고 있었지만 남미 지역에서는 영국의 위치에 맞서지 못했다. 성장과정에 있는 미국과 브라질은 서로의 중요성을 인식하면서 1842년 히우와 워싱턴 간의 외교대표를 전권대사급으로 승격시켰다. 미국시민전쟁이 발발했던 1860년대에 양국관계는 순탄치 못했다. 그러나 1870년대에 다시 호전되었다. 미국은 이미 브라질 커피와 열대작물의 최대수입국으로 급부상 했고, 이러한 양국의 교역은 외교관계를 조화롭게 이끄는데 크게 기여했다. 그로 인해 1876년 동 뻬드루 2세의 미국방문이 실현되었다. 이를 계기로 국제사회에서 유럽에 의존하는 바가 컸던 브라질이 미국과 새로운 협력관계를 맺음으로써 향후 브라질의 대외정책은 새로운 전환기를 맞게 되었다.

제3장 브라질 독립 이후의 국경문제

독립된 브라질에서 최초의 영유권 분쟁은 시스쁠라띠나 지방에서 발생했다. 브라질은 리우 다 쁘라따 왼편에 위치한 이 지역에 지대한 관심을 지니고 있었다. 이곳은 원래 쁘라따 부왕청(Vice-Reino do Prata)에 소속되어 있었지만 동 쥬앙 6세가 브라질에 천도한 이후 포르투갈 군대에 의해 점유되었다. 1824년 브라질 장군 레꼬르(Carlos Frederico Lecor)는 몬테 비데우에 입성하여 그곳 시의회 까빌도(cabildo)에게 제국헌법 앞에서 선서하게 하고, 공식적으로 시스쁠라띠나의 브라질 합병을 선언했다. 그러나 이 점유는 오래 지속되지 못했다. 시스쁠라띠나를 합병하고자 했던 Provincias Unidas do Rio da Prata의 지원을 받은 시스쁠라띠나 지역 주민들은 저항했고, 수시로 브라질군을 기습공격하며 괴롭혔다. 이처럼 갈등이 계속되는 상황에서 1828년 평화예비협정(Convenção Preliminar de Paz)을 통해서 영국의 중재로 양측은 이 지역을 포기하였고, 우루과이 동부 공화국(República Oriental do Uruguai)이 창건되었다.

파라과이와의 국경은 1872년 파라과이와 평화조약 체결 시인 3국 동맹전쟁(Guerra da Triplice Aliança) 직후 확정되었다. 비아나(Hélio Viana)에 의하면 식민시대의 협정사항이 준수되었고, 브라질은 포르투갈인들과 브라질인들이 점유하고 개척했던 땅들만을 반환받았다.

일반적으로 브라질의 이 지역에 대한 간섭의 동기는 쁘라따 국가들 간의 갈등이나 이들 국가 내부에서의 정치적 문제가 브라질 남부의 주들의 이해관계에 손실을 끼친 때문이었다.

이 지역에서의 갈등은 무엇보다도 쁘라따 강의 국제적 중요성에서 비롯되었다. 국제적 교역의 중심지였던 쁘라따 강 유역은 다른 어떤 교통수단보다 강을 통한 해상운송의 중요성이 19세기 중반부터 더욱 커졌다. 지정학적으로 이곳은 아르헨티나, 우루과이 그리고 히우 그란지 두 술의 교두보였고, 파라과이와 마뚜 그로쑤로 향하는 관문이었다.

이처럼 국제 내륙교역의 주요거점이기 때문에 이곳이 당시 최대의 해양교역국 영국의 관심을 끈 것은 당연한 일이었다. 이 교역의 중요성 때문에 영국은 브라질에게 했던 것처럼 스페인령 국가들의 독립 운동에도 지원을 아끼지 않았다.

쁘라따 지역 국가들에서 영국의 활동은 주로 부에노스 아이레스와 몬테비데우의 상인 부르주아 계층에 대한 지원으로 행해졌다. 그 이유는 부르주아 계층의 활동 강화는 이들의 정치세력을 확장하게하고, 아울러 영국의 교역 통제도 용이하게 하기 때문이었다. 뿐만 아니라 영국이 이 지역의 교역권을 장악하게 되면 영국의 공업제품들이 브라질 오지 빤따날(Pantanal)에까지 공급될 수 있는 이점이 있었다. 브라질도 이와 같은 영국의 이익을 대변하는 입장에서 활동했다. 그러나 이 지역에서의 국경확정, 적대정치세력의 갈등 그리고 서로간의 영토 침공 등 수많은 사건들 속에서 모든 이해 당사자들의 원활한 국제 교역을 위해 쁘라따 강 분지의 독립 문제가 주요한 이슈로 등장했다.

1811년 독립 이후 파라과이는 모든 정치, 경제 그리고 사회조직을 국가의 내부적 이익을 위해 운용했다. 파라과이의 지배자들은 항구적인 독재체제를 구축하였다. 지리적인 위치는 그들의 고립정책을 용이하게 했다.

이러한 정책은 초대 대통령 로드리게스 데 프란시아(Rodrigues de Francia)에 의해 처음으로 시도되었다. 쉬아베네또(Chiavenetto)에 의하면 '1840년에 파라과이는 문맹자가 없는 국가였다. 그 당시 불과 40만 명의 적은 인구였지만 432개의 학교에서 2만 4천명의 학생이 공부했다. 파라과이에는 외채도 전무했다. 국가는 발전을 위한 준비가 갖추어져 있었다.'

프란시아의 계승자 안또니오 카를로스 로페스(Antonio Carlos Lopez)와 그의 아들 프란시스코 솔라노 로페스(Francisco Solano Lopez)는 국가 내부에서 필요로 하는 것들을 완벽하게 준비하는 정책을 진행해 나갔다. 그런 이유로 1864년 전쟁 초기에 파라과이는 라틴 아메리카에서 예외적으로 전체 인구를 먹여 살릴 수 있는 식량생산을 위한 농업개혁을 실행했다. 또한, 무기나 철강제품과 각종 용구를 제조할 수 있는 공업을 발전시켜 나갔다.

이처럼 파라과이는 영국 의존도가 높은 대부분의 주변국가들에게 향후 하나의 대안으로 떠올랐다. 그러나 파라과이가 이러한 목적을 실현하는 데는 두 가지 문제가 있었다. 첫째는, 부에노스 아이레스와 몬테비데우가 통제하고 있는 쁘라따 강 하구에서 파라과이 선박들이 자유롭게 항해할 수 있도록 항해권을 장악하는 것이었고, 둘째는 영국 수출기업들과 아르헨티나와 브라질 상사회사들이 파라과이에서 생산된 상품 구매를 금지하지 않고, 파라과이가 수입하는 기계류나 공업제품 구매 시 이 상품들을 교역 대상물로 인정하는 것이었다.

19세기 중엽 카를로스 로페스 집권기에 영국은 아메리카의 최남단에서 그들의 경제적 지배력이 제한받는 것을 허용하지 않았다. 영국은 엄청난 차관을 통해 브라질, 아르헨티나와 우루과이가 1864년 당시 6만4천명이었던 잘 훈련된 파라과이 군대에 대처하도록 지원했다.

1864년 브라질은 파라과이의 지원을 받고 있었던 아기레(Aguirre)를 권좌에서 내쫓으며 우루과이에 군사적으로 개입했다. 이것이 사실상의 브라질과 파라과이 전쟁의 시발점이었다.

1864년 11월 파라과이 정부는 브라질 선박 마르께스 지 올린다(Marques de Olinda)호를 나포하고, 마뚜 그로쑤 주지사 까르네이루 깜뿌스(Carneiro Campos)를 체포했다. 이로써 양국 간의 외교관계가 단절되었고, 동년 12월에는 또 다시 파라과이 군대가 마뚜 그로쑤에 침범하여 많은 도시들을 점유했다. 또한, 1865년 3월에는 히우 그란지 두 술을 침공하기 위해 아르헨티나의 꼬리엔떼스(Corrientes)에 군대를 파견했다.

이리하여 1865년 5월 1일 브라질, 아르헨티나와 우루과이는 3국 동맹 협약(Tratado da Triplice Aliança)을 체결하고 파라과이에 대항할 것을 결의했다.

파라과이 전쟁은 1864-1870년까지 5년 동안 계속되었다. 마침내 파라과이는 참패를 당했지만, 동맹군도 많은 빚을 졌다.

이 전쟁에 참여했던 한 브라질 군인은 다음과 같이 술회했다. '부서진 대포, 녹슨 소총, 무뎌진 창, 화염에 그을린 깃발... 이 모든 것들이 승리의 월계관의 대가였다. 값비싼 승리!'

전쟁이 끝난 후 승자인 아르헨티나와 브라질의 상충된 이해관계로 갈등이 빚어지고 있었다. 남미의 강국들은 쁘라따 지역에서의 주도권을 다투고 있었다. 그들은 반다 오리엔딸 두 우루과이(Banda Oriental do Uruguai)처럼 파라과이도 관심의 대상이었다. 승전국들은 즉각 파라과이를 분할 통치하고 싶었지만 1870년 라틴 아메리카 대부분의 국가들이 참여한 콜롬비아 의회(Congresso da Colombia)에서 결정된 바처럼 로페스 정권 시 망명객이된 엘리트 세력과의 우호적인 협상을 통해 문제를 해결하는 방법을 택했다. 아르헨티나의 사르미엔또(Sarmiento)가 이끄는 과두체제는 파라과이의 챠코(Chaco) 지방을 합병하기 위한 협상을 진행했다. 아르헨티나의 이와 같은 요구에 놀란 브라질은 히우 브랑꼬의 자작(Visconde do Rio Branco)인 실바 파란뇨스를 대표로 외교협상단을 구성하고 아르헨티나의 요구에 반대하며 아쑨시온 정부측을 지원했다.

1872년 오랜 협상 끝에 브라질은 파라과이와 단독 협상을 맺었다. 이 협상으로 브라질은 아빠(Apa)강까지 새로운 국경을 확장했고, 파라과이에게 전쟁비용을 부담시켰다. 아르헨티나와 우루과이와의 평화협상은 1876년 이리고이엔-마챠인 협약(Tratado Irigoyen_Machain)으로 결말을 맺었다. 이 협상으로 아르헨티나는 필코마이오(Pilcomayo) 강에 이르는 챠코 지방의 일부를 차지하게 되었다.

이 전쟁 후 브라질은 내부 조직을 새롭게 구축했다. 즉, 이제까지 영토의 방어를 위한 종전의 민간의존에서 벗어나 군대조직을 적극 활용하게 되었다.

제4장 쁘라따(Prata)지역의 세력균형

스페인 식민 통치기에 설치된 쁘라따 부왕청(Vice-Reinado do Rio Prata)은 식민 말기인 19세기 초반에는 본국을 위한 정치적 통합체로 생존하지 못했다. 이 지역에서는 오랜 투쟁 끝에 아르헨티나, 우루과이, 파라과이와 볼리비아가 탄생했다. 이들 중 아르헨티나 공화국은 옛 부왕청의 수도 부에노스 아이레스를 중심으로 중앙집권화된 국가의 모델을 옹호하는 단일정부 주의자들과 연방주의자들의 권력투쟁이 끊기지 않고 계속되었다.

쁘라따 강은 모든 주변국들의 관심이 집중된 곳이었다. 브라질 입장에서는 내륙 깊숙한 곳에 위치한 마뚜 그로쑤를 비롯한 중부지역의 해상운송과 상업활동을 위해 매우 중요한 요지였고, 파라과이로써는 자국 산물의 출구 역할을 할 수 있는 필요불가결한 존재였다. 또한, 우루과이는 이 강 주변에 모든 주요 도시들이 집결해 있었으며, 아르헨티나 역시 파라과이와 우루과이 간의 교역에서 중재자가 되기 위한 전략적 기지였다.

쁘라따 국가들 간의 적대관계는 포르투갈인들이 또르데질랴스 조약을 무시하고 남쪽의 스페인 식민영토를 침공하여 싸끄라멘뚜 식민지(Colonia do Sacramento)를 건설하였던 시대부터 시작되었다. 1821년 동 쥬앙 6세가 몬테 비데우를 점령하고 시스쁠라띠나 지방(Provincia Cisplatina)이라는 이름으로 우루과이를 합병했다. 1828년 영국의 개입으로 우루과이는 독립을 쟁취하였지만, 동 뻬드루 2세 통치기에 남부의 브라질인들과 우루과이인들

간에 끊임없는 충돌이 빚어지고 있었다.

당시 이 지역을 지배하는 가장 중요한 산업은 목축업이었고, 국경의 개념 없이 오랫동안 살아온 이 지역 사람들은 다양한 국적의 친족관계를 형성했고, 자국 아닌 타국 영토에 땅을 소유하는 경우도 허다했다.

1. 위기에 처한 우루과이

우루과이는 아르헨티나인, 브라질인 그리고 독립을 염원하는 주민들 간에 3년 간의 투쟁이 있은 후인 1828년 탄생했다. 영국은 새로운 국가의 설립을 긍정적으로 평가했다. 쁘라따 강 유역의 평화를 위해 신생국이 크게 기여할 것이라 생각했고, 특히 자국의 금융과 교역 분야의 이익에 도움이 되리라 믿었다. 그러나 19세기 우루과이의 역사는 평화롭지도 순탄하지도 않았다. 이념을 달리하는 양대 세력 블랑꼬 당(blancos)과 꼴로라도 당(colorados)의 권력투쟁이 끊임없이 전개되었기 때문이었다. 꼴로라도 당은 유럽 열강들과 상인계급의 지원을 받는 자유주의 사상에 공감하는 세력이었고, 블랑꼬 당은 주로 농촌 지주계급이 주도하였으며, 낡은 스페인 권위주의의 전통을 유산으로 상속받았다. 그들은 유럽 열강들의 간섭과 영향력을 의심스럽게 바라보고 있었다.

당시 우루과이에서 브라질의 영향력은 결코 무시할 수 없었다. 1679-1777년까지 포르투갈의 식민지였고, 1817-1828년까지 브라질의 한 지방이었던 우루과이에서 브라질인들은 인구의 33.3%를 점유하고 있었다. 가우쇼들은 우루과이 땅에서 목장을 운영하며 많은 수익을 얻고 있었다. 그들은 자신들의 국경을 넘나드는 일종의 밀매행위를 엄금하는 우루과이 당국의 정책에 불만을 품고 있었다. 브라질은 그런 이유로 정책노선이 유사한 꼴로라도당을 적극적으로 지지했다. 브라질 제국은 비밀리에 로사스의 적대세력인 꼴로라도 당과 협약을 맺고, 매월 정치자금을 지원했다. 목장주이며 우루과이에 은행도 소유했던 마우아(Barão de Mauá)가 중재자 역할을 했다.

10년 이상의 내전을 겪은 후 1850년대의 우루과이는 블랑꼬 당의 베로

(Bernardo Berro) 통치기에 경제적 황폐에서 벗어나고 있었다. 대통령은 1851년 항해와 교역에 관한 조약을 철회하고 우루과이 가축들의 브라질 이동에 대해 세금을 징수하면서 재정적 안정을 얻었다. 이것은 우루과이 영토 내의 노예이용을 막으려는 정부의 노력과 더불어, 국경의 양쪽에 목장을 소유한 브라질 목장주들의 이익에 큰 상처를 입혔다. 베로는 우루과이와 브라질 목축업자들의 건육 생산 경쟁에서 자국의 불리한 입장을 해소시키려 노력했다. 가축의 자유로운 이동과 노예 노동력의 이용이 우루과이에 거주하는 브라질 목축업자들에게 매우 값싼 생산을 가능하게 했기 때문이었다. 이러한 상황은 브라질인들에 대한 우루과이인들의 불만을 고조시켰다. 우루과이 목장주들은 즉각 1862년 4월 의회에 불만을 제기했다. 정치인들 또한 우루과이 영토의 반을 소유한 브라질 목장주들의 불합리한 행동을 강하게 비난했다.

우루과이의 경제적 위기 시 급진적 브라질인들과 꼴로라도 당은 긴밀한 협조관계를 이루었다. 그들은 베로 대통령의 국수주의적 보호정책에 불만을 가졌다. 플로레스(Venancio Flores)가 영도하는 이들은 정부에 대항하여 무장 봉기를 일으켰다. 베로는 저항하지 않고, 사임했으나 그를 대신하여 역시 블랑꼬 당 출신 상원의장 아기레(Atanacio Aguirre)가 대통령직을 떠맡았다.

브라질의 뻬드루 2세는 우루과이 내전 시 우루과이 내의 자국민 보호와 재산피해 보상을 요구하였다. 아기레 정부가 이를 거부하자 1864년 브라질은 플로레스 세력과 협력하여 우루과이 정부군을 물리치고 1865년 2월 몬테비데우에 입성하였다. 이로써 친브라질계인 플로레스의 재집권이 실현되었다.

2. 재통일된 아르헨티나

1828년 이래 아르헨티나 공화국에서는 연방주의자들과 중앙집권주의자들 간에 정권장악을 위한 투쟁이 전개되고 있었다. 중앙집권주의자들은 주로 부에노스 아이레스의 사업가들이 중심이 되어 옛 부왕청의 체제로 되돌아가기를 원했다. 그들은 부에노스 아이레스 항구에서 아르헨티나의 외국교역을 통제하고, 수입관세로부터 수익을 얻고자 했다.

반면 연방주의자들은 지역 엘리트, 대토지 소유자, 소상공인과 지방 사업가들이 중심이 되어, 부에노스 아이레스의 상업관료주의를 타파하고, 지방분권을 통한 수익보호정책을 추구했다. 23년간 독재체제를 구축했던 로사스가 호세 데 우르키사(Jose de Urquiza)에게 패배했던1852년 몬떼 까세로스(Monte Caseros) 전투 후 산 니콜라스(San Nicolas) 협정이 체결되었다. 이로써 지방분권화가 이룩되고, 지방정부의 자치권이 대폭 확장되었다. 많은 지방에 대한 영향력과 지배력을 상실하게 될 수 있었기 때문에 부에노스 아이레스는 이 협정에 반대하는 운동을 전개했고, 연맹에서 탈퇴를 선언했다. 이리하여 1854-1862년 아르헨티나는 두 개의 국가로 나뉘어서 서로가 격렬하게 주도권 싸움을 벌였다. 한편은 우르키사가 영도하는 아르헨티나 연맹의 연방주의 세력이었고, 또 한편은 미뜨레(Bartolomeu Mitre)의 부에노스 아이레스 단일정부 세력이었다. 양측 간의 무력 투쟁에서 미뜨레가 이끄는 부에노스 아이레스가 승리를 거두었고, 1861년 10월 각주 대표들로 구성된 선거인단은 새로운 공화국 대통령으로 미뜨레를 선출했다.

재통합된 국가에서 미뜨레의 위치는 확고하지 못했고, 실제적으로 부에노스 아이레스에서 만 실권을 장악하고 있는 형편이었다. 따라서 중앙 정부의 확고한 통치력을 보이기 위해서 부에노스 아이레스는 많은 지방의 산물들의 수출을 어렵게 했다. 그것은 수도에 의존하지 않고는 교역을 불가능하게 하려는 의도였다. 쁘라따 부왕청을 재건하려는 오랜 욕망은 완전히 사라지지 않았다. 부에노스 아이레스는 파라과이 산물들에도 어려움을 주었는데, 인접국을 약화시키고 그들의 주도권을 받아들이게 하기 위한 조처였다. 쁘라따 강에서 항해의 자유를 통제함으로써 질식상태에 놓인 연방주의자들과 파라과이 정부는 수출길을 열기 위해 노력을 기울였고, 블랑꼬 당이 장악한 우루과이의 수도 몬테비데우의 항구를 통해 수출 창구를 찾았다.

통합된 국가체제를 유지하고, 연방주의자들이 일으키는 내란이나 혁명을 막기 위해 미뜨레는 우루과이 정부의 반대세력인 꼴로라도 당을 지원했다. 블랑꼬 세력을 약화시키고, 꼴로라도로 권력을 대체하면서 미뜨레는 아르헨티나의 모든 지방뿐만 아니라 파라과이와 우루과이의 통제까지도 가능했다. 이러한 상황에서 쁘라따 주변에서는 아르헨티나 단일정부주의자들과 우루과이의 꼴로라도가 한 세력권을 형성하고, 아르헨티나 연방주의자들, 파라과이 그리고 우루과이 블랑꼬 당이 한 편을 이루는 대결 국면이 전개되었다.

미뜨레는 파라과이의 군사화를 예의 주시했다. 이 나라와 우르키사가 지배하는 꼬리엔띠스(Corrientes)와 엔뜨레 리오스(Entre Rios) 간의 군사동맹이 이루어지면 부에노스 아이레스를 직접 공격할 수 있을 것이고, 결과적으로 군사력이 부족한 단일정부주의 세력의 패배가 예상되기 때문이었다. 부에노스 아이레스에서는 파라과이와 브라질 사이에 전쟁이 발생하기를 기대하는 기류가 형성되고 있었다. 그 이유는 브라질 제국이 아르헨티나에 의해 파라과이와 우루과이가 합병되는 것을 항상 방해하였고, 포르투갈과 스페인 식민 본국들에서 유산으로 물려받은 라이벌 관계가 존속해 왔기 때문이었다. 그러나 그와 같은 갈등이 현실화되더라도 결과는 예측하기 힘들었다. 1863년 시작된 우루과이 내전은 브라질과 파라과이 간의 무시무시한 정쟁의 원인이 되었다. 미뜨레는 이 내전이 빨리 종식될 필요가 있다고 생각했다. 그런 이유로 인접국에 대한 브라질의 개입을 환영했다.

마침내 1864년 브라질이 우루과이를 침공했을 때, 파라과이는 브라질의 히우 그란지 두 술을 침공하기 위해 아르헨티나의 꼬리엔찌스 주를 통과하게 해달라는 요청을 했다. 미뜨레 대통령을 이를 거부했고, 파라과이는 즉각 아르헨티나에도 선전포고를 감행했다.

3. 파라과이의 전쟁준비

파라과이는 1811년 독립을 성취했다. 정권은 독재자 프란시아(Jose Gaspar Rodrigues de Francia)가 장악했다. 1813년 프란시아는 다른 아르헨티나 지방 지도자들의 경우처럼 부에노스 아이레스의 보호 감독에서 벗어나려고 노력했다. 파라과이를 다른 남미 국가들로부터 분리시키는 것이 그의 목표였다. 처음에는 부에노스 아이레스 정부와 투쟁을 위해 지방 지도자들과 동맹을 추구했으나 그들에 대한 불신으로 프란시아가 택한 것은 외부로부터 굳게 문을 닫는 고립정책이었다.

그의 집권기에 파라과이 국민들은 강한 애국주의와 깊은 민족주의 의식으로 무장했다. 유년기부터 파라과이인들은 조국은 세계에서 가장 숭고한 존재가 되어야하고, 그들을 대표하는 정부에 시민들은 복종해야한다는 믿음을 확고히 했다. 그러나 그들은 단순히 조국을 민족주의적 신비주의로 이끌어가지만은 않았다. 주변국들의 경제가 영국을 비롯한 열강들에 의존하여 세계시장에 통합되는 반면 이 과라니인들은 경제적 자치주의를 실현해 나갔다.

파라과이 초대정부는 강에서 바다로의 자유항해, 자유 교역과 식민주의 유산의 종식을 위한 담배교역 독점의 폐지를 우선과제로 삼았다. 하지만 부에노스 아이레스의 독점상인들은 아순시온에서 들어오는 상선들에 적대감을 나타내며 담배교역에 대한 과중한 세금을 부과했다.

프란시아는 외부와의 고립이 풍요로운 삶을 제공치 못한다면 교회나 부유층에서 착출한 자금으로 경제적 기반을 구축해야 한다고 강조했다. 그는 안전하고 확고한 경제의 기틀이 서야 정치적 독립도 확립된다고 생각했다. 프란시아나 그를 뒤이은 로페스 역시 교역을 국가독점사업으로 운영해 나갔다. 주된 독점 수출품은 마떼 차를 비롯해서 목재, 담배와 설탕이었다. 국가가 운영하는 농장(Estancias da la patria)이 설립되면서 경제에 대한 국가의 간섭은 더욱 강화되었다. 생산, 분배와 소비가 규제되고 국가의 부를 위해 개인의 재산축적은 금지되었다. 파라과이는 주변국들과는 달리 면화, 밀, 옥수수, 담배, 설탕, 과일과 채소 등의 작물 생산을 다양화하면서 자급자족 경제를 가능하게 했다. 한편 가내 수공업에도 동일한 기준이 채택되어 의복과 주거 그리고 생활필수품도 모두 수입에 의존하지 않고 자국상품으로 대체했다.

프란시아는 지극히 고압적인 인물이었다. 그는 대부분 부유한 끄리요오(Criollos)들인 지식인들을 혐오했다. 그는 전제적 독재체제를 구축하기 위해 외국신문의 유입금지, 자유주의 사상의 배척, 단체나 기구 설립 금지와 함께 고등교육기관의 설립까지도 불허했다. 그러나 의무교육과 무상교육을 통해 문맹퇴치에는 큰 관심을 보였다. 그런 이유로 1840년 그가 죽었을 때, 모든 라틴 아메리카 국가를 통틀어서 문맹이 한 명도 존재하지 않는 나라는 파라과이뿐이었다. 또한, 프란시아는 파라과이로 들어오는 모든 노예들은 즉시 자유민으로 인정된다고 선언하면서 노예제도를 배척했다.

엘 수프레모(El Supremo)로 불렸던 프란시아가 홀로 지배하고, 끊임없이 일하며, 사소한 지방의 문제까지도 모든 결정을 단독으로 내린 것은 잘 알려진 사실이다. 그가 죽었을 때 그가 남긴 재산은 한 푼도 없었다. 오직 권력의 커다란 공백만이 남았을 뿐이었다.

프란시아 사후 군부 지도자들과 끄리요요 귀족세력들이 권좌를 쟁취하기 위해 투쟁을 벌였다. 결국 권력투쟁 끝에 변호사 출신 안또니오 로페스(Carlos Antonio Lopez)가 국가 수반직에 올라 농촌인구를 지원하는 프란시아의 정책을 이어 나갔다. 로페스는 끄리요요로부터 지지 기반을 확충했으며 그들을 중용했다. 또한, 고등교육기관을 설립하고, 자유주의 형태의 행정통치를 시행해 나갔다. 로페스는 프란시아의 외교적 고립주의를 포기하고 리오 다 쁘라따(Rio da Prata) 연합주와 조약을 체결하고 독립을 인정받았다.

1852년 아르헨티나의 독재자 로사스의 패배 이후, 브라질과 파라과이의 관계는 더욱 더 복잡해졌고, 긴장감마저 감돌았다. 그 주된 이유는 국경 확정과 파라나와 파라과이 강의 자유항해에 관한 협정이 성사되지 못했기 때문이었다. 파라과이 공화국은 브랑꼬(Branco) 강 유역의 국경을 포르투갈과 스페인이 1777년 체결한 산뜨 일데퐁수 조약(Tratado de Santo Ildefonso)에 따라 반환 요청했다. 그러나 브라질은 1801년 포르투갈과 스페인 간에 체결한 바다호스 조약(Tratado de Badajos)이 1777년 협정을 무효화 했을 뿐만 아니라 브랑꼬 강 남쪽의 아빠(Apa) 강에 국경이 확정됐던 사실을 상기시켰다. 파라과이는 이 주장을 결코 인정하지 않았다. 양국 간의 협상은 결렬되었고, 로페스 대통령은 1853년 브라질 사절단의 뻬레이라 레알(Felipe Jose Pereira Leal)을 추방하였다. 그리고 이듬해에는 브라질과 파라과이 사이 모든 국경지대에 경계가 확정되지 않는 동안 모든 강에서 어떤 선박의 운항도 금지했다.

브라질 제국은 긴장하지 않을 수 없었다. 이렇게 되면 마뚜 그로쑤 지방이 사실상 세계와 단절되기 때문이었다. 육로 통로가 없는 이 지역은 교역과 운송이 정지되면 상 파울루에서 꾸이아바(Cuiaba)까지 약 6개월이 걸리는 육로를 이용해야 했기 때문이었다. 부에노스 아이레스가 파라과이에 대해 외부세계와의 교류를 어렵게 하는데 이용했던 이 방법을 파라과이는 브라질과의 관계에서 사용했다. 몇 달 후 브라질 정부는 강제협상을 성사시키기 위해 20척의 전함, 130여문의 대포 2천명의 군대를 파견하였다. 그러나 함대 사령관은 파라과이를 공격하지는 말라는 명령을 받았다. 어려운 상황에서 몇 달이 지난 후 양국은 1856년 평화, 우애, 교역과 해운 조약을 체결하였다. 이로써 파라나와 파라과이 강에서 브라질 선박들의 항해가 허용되었다. 국경에 관해서는 1862년까지 협상이 지연되었고, 마뚜 그로쑤는 완전히 고립된 채 2년 이상을 보냈다. 로페스는 국경에 관한 상황이 평화적으로 해결될 수 없을 것이라고 판단했다.

파라과이는 브라질과의 경계선 확정 문제뿐만 아니라 차코 지역에서 볼리비아와 아르헨티나와의 문제도 안고 있었다. 쁘라따 부왕청 소속이었던 3국이 19세기 초에 스페인으로부터 독립을 쟁취한 후 국경문제로 인해 겪은 어려움은 브라질의 경우 보다 훨씬 컸다. 참고가 될만한 국경조약이 전무했기 때문이었다. 여전히 예전의 쁘라따 부왕청 재건계획을 포기하지 않는 부에노스 아이레스는 파라과이와 외부와의 교역을 어렵게 했고, 아르헨티나 항구 이용을 막았으며 파라과이를 그들의 후원 하에 종속시키려고 했다. 세계로부터의 고립과 아르헨티나에 편입되는 것이 두려운 파라과이는 피치 못하게 우루과이의 블랑꼬 그리고 아르헨티나 연방주의 세력과 접촉하여 동맹관계를 추구했다.

전제적인 일인 체제의 특징을 지닌 파라과이에서는 로페스가 장남인 솔라노(Solano)에게 그의 권좌를 계승할 것이 확실했다. 로페스는 27세의 솔라노를 유럽에 보내 견문을 넓히도록 했다.

1862년 카를로스 로페스가 죽고 그의 아들 솔라노 로페스가 새로운 독재자로 등극하면서 외국의 신기술을 도입하여 국가를 발전시키려는 부친의 정책을 이어받았다. 그는 주변국들에 대한 공격적이고 야심 가득한 정책을 추구했고, 국력을 부흥하며 전쟁준비에 열중했다. 당시 파라과이는 농업생산과 대외의존경제로 고질적인 적자에 시달리는 남미국가들과 반대로 국가수지균형에서 엄청난 흑자를 기록하고 있었다. 1860년 파라과이의 수출은 이미 수입의 두 배를 초과했다. 축적된 부의 최대 수혜자는 국가였다. 그러나 프란시아와는 달리 교역에 종사하는 일부 특수층들에게 부의 축적이 허용되었다. 전임자들의 평등주의 정책을 고수하기는 했지만 그 유지는 형식에 지나지 않았다. 로페스는 본인 자신의 부 축적과 친인척들에 대한 특권 양여에 주저하지 않았다.

파라과이의 경제 성장은 외국인들의 부러움의 대상이 되었다. 미국영사 홉킨스(Hopkins)는 파라과이가 미주 국가들 중 미국 다음가는 강국이라고 평가했다. 브라질의 까마라(Correira da Camara) 역시 남미에서 브라질을 제외한 최강국은 파라과이라고 주장했다.

솔라노는 1864년 우루과이에서 브라질의 개입이 시작되자 브라질의 다음 목표가 파라과이일 것으로 추측하고 마뚜 그로쑤를 선재 공격했다.

1864년 9월 전쟁직전 대영제국의 아순시온 주재 특명전권대사 톤튼(Edward Thornton)은 외무성에 보낸 비밀문서에서 솔라노의 독재정치를 강하게 비판하였고, 과라니 국민 절대적 공포정치 체제하에서 살고 있다고 보고했다. 그는 국민이 재산을 소유할 수 없는 데 대해 강한 불평의 징후가 엿보인다 고 기록하고 있다. 그러나 톤튼의 보고서에 나타난 진정한 불만의 이유는 파라과이 정부가 부과하는 엄청나게 높은 수입세에 있었다.

보고서의 말미에서 톤튼은 파라과이는 지식인의 눈에는 '야만인들의 땅'으로 간주되고, 이는 빠른 시일 내에 바로잡혀야 하며, 이들을 계도할 임무는 주변국에 있다고 했다. 이 보고서가 작성된 3개월 후 톤튼은 브라질과 아르헨티나 간의 동맹조약을 성사시켰다. 이 조약은 우루과이의 브랑꼬 정부를 추방하는 것이 목적이었지만, 파라과이와의 전쟁으로 이끌어가는 하나의 과정이었다. 1864년 7월 18일 협정 서명 시 브라질 대표 사라이바(Saraiva) 대사는 톤튼의 외교활동이 우루과이 침공의 동기가 되었고, 그것이 파라과이의 반발을 야기했다고 술회했다. 대영제국은 파라과이의 자치주의 정책을 파괴하는데 속내를 드러내지 않았지만, 인접국들의 쁘라따 지역 이해관계에서 자신에게 이익이 되는 방향을 찾았다.

솔라노 로페스

프랑스 정치가 티에르(Thiers)는 '부상당한 한 선원 때문에 교역상의 이익을 챙길 수 있고, 약소국에게 주저 없이 전쟁의 위협을 가할 수 있는 영국처럼 행동하자'라며 영국의 비신사적인 외교정책을 비난했다. 실제로 영국은 19세기에 사소한 핑계를 대고 그것을 빌미로 침략을 일삼는 제국주의적 특성을 지녔다. 이와 같은 행동은 1859년 파라과이에서도 시도되었다. 영국은 안또니오 로페스를 암살하려는 음모를 꾸미고 있었다. 칸스타트(Santiago Canstatt)라는 우루과이 출생 영국인의 아들이 모종의 임무를 띠고 부모의 여권으로 과라니 땅에 입국했다. 영국 영사관은 그를 상인으로 등록했다. 사건이 드러나고 그가 체포되었을 때 영국영사는 영국시민 Mr. James Canstatt의 석방을 요청했다.

영국 여왕에 대한 존경심이 결여되었다는 이유로 영국 전함들이 집결하여 행동에 들어갔다. 솔라노 로페스가 승선한 타쿠아리(Tacuary)호가 부에노스 아이레스 앞 바다에서 나포되었고, 영국함대의 파라과이 공격이 선포되었다. 파라과이 정부는 국제여론에 호소하였고, 많은 국제법 전문가들이 공개적으로 파라과이의 입장에 동조하자 러셀(Russel) 정부는 반파라과이 전략에서 한걸음 물러서서 또 다른 기회를 모색했다.

이후 톤튼이 새로운 외교대표로 아순시온에 파견되었고, 칸스타트 사건은 모두의 뇌리 속에서 잊혀졌다. 그러나 이 사건은 파라과이 인들에게 독립과 자치주의에 대한 열망을 더욱 강하게 했다.

4. 3국 동맹과 파라과이 전쟁

1864년 11월 11일 우루과이에 개입한 데 대한 보복으로 솔라노는 브라질 선박 올린다(Marques de Olinda)호를 나포하도록 지시했다. 올린다 호는 파라과이 강을 거슬러 올라가 마뚜 그로쑤로 향하고 있었다. 배 안에는 신임 주지사 깜뿌스(Frederico Carneiro de Campos) 와 의사인 루스(Antonio Antunes da Luz)가 승선해 있었다. 선원들과 승객들은 파라과이 해군에 의해 체포되었고, 모두가 예외 없이 굶주림과 부당한 대우를 받았다.

이 사건으로 인해 브라질과의 관계는 단절되었고, 12월에는 브라질에 대한 선전포고도 없이 파라과이군이 마뚜 그로쑤 남부를 침공했다. 공식적인 선전포고는 12월 13일 행해졌다. 3개월 후인 1865년 3월 18일 로페스는 아르헨티나에도 선전포고를 강행했다. 전쟁에서 중립을 지켜줄 것을 요구하였고, 브라질 남부를 침공하고 우루과이에서 전투를 하기 위해 자국영토를 통과하게 해달라는 파라과이의 요청이 묵살되었기 때문이었다. 이 사건에 대한 소식이 동 뻬드루 2세와 히우의 각료들에게 전해졌을 때, 1865년 3월 솔라노 로페스의 군대는 아르헨티나의 꼬리엔떼스(Corrientes)에 침투해 들어갔다. 목표는 히우 그란지 두 술과 우루과이였다. 파라과이군은 그곳에서 우루과이의 블랑꼬 세력의 지원이 있으리라 기대하고 있었다. 그러나 우루과이는 브라질 제국의 지원을 받아 정권을 장악한 플로레스가 브라질과 아르헨티나와 돈독한 관계를 유지하고 있었다.

3국 동맹조약의 체결

1865년 5월 1일 브라질 아르헨티나 그리고 우루과이는 부에노스 아이레스에서 파라과이를 응징하기 위해 3국 동맹을 체결하였다. 동맹군 총사령관직은 아르헨티나의 미뜨레 대통령이 맡았다. 조약에서는 전쟁이 아르헨티나나 파라과이 영토에서 발발하면 육군통수권은 미뜨레가, 우루과이 영토에서 발생하면 플로레스 대통령이, 그리고 브라질에서는 제국의 장군들 중 한 명이 맡도록 했고, 해군력은 전적으로 브라질의 지휘 하에서 운용되도록 규정했다.

3국의 군사력은 전쟁 초기에 6만의 병력, 28척으로 구성된 함대 그리고 400문의 대포로 무장한 파라과이군보다 열세였다. 3국의 군대는 파라과이군의 1/3에 불과했다. 아르헨티나는 8천의 군사력과 4척의 증기선을 소유했고, 우루과이는 3천 미만의 초라한 군대를 보유하고 있었다. 브라질의 1만 8천 군대에서 8천 명은 이미 남부 국경지대에 배치되고 있었다. 그러나 브라질의 이점은 해군력이었다. 42척의 전함이 239문의 대포를 장착하고 있었고, 잘 훈련된 4천여 명의 군사력을 보유하고 있었다.

사실상 브라질의 전쟁에 대한 준비는 매우 부족한 상황이었다. 거대한 영토와 많은 인구에도 불구하고, 브라질은 군대 조직을 제대로 갖추고 있지 못했다. 책임감 있고, 기율을 준수하며 애국주의 정신으로 무장된 군대를 갖추는 것은 쉬운 일이 아니었다. 브라질인들에게 병역의무는 마치 하나의 징벌처럼 여겨졌고, 모병은 전횡적이고 강제성을 띄고 있었다. 쁘라따에서 일어난 군사적 갈등에 이용된 군대는 주로 목축업 종사자들과 민병대(Guarda Nacional)의 인력이었다. 파라과이 전쟁에서 전투에 참여한 브라질 보병은 직업 군인들이 아닌 시민들 중 자원입대한 병력이었다. 많은 사병들이 농장주가 파견한 노예이거나 자유를 찾은 흑인들이었다. 기병대는 히우 그란지 두 술의 민병대로 구성되었다.

파라과이 전쟁

전쟁 초기(1864-1865) 파라과이는 주도권을 장악했다. 로페스의 군대는 1864년 12월 마뚜 그로쑤 침공을 시작으로 이듬해에는 히우 그란지 두 술과 아르헨티나의 꼬리엔떼스를 침공함으로써 3개의 전선을 형성했다.

마뚜 그로쑤 침공은 순조롭게 진행되었지만 꼬리엔떼스와 히우 그란지 두 술은 여의치 않았다. 1865년 로페스는 우루과이의 블랑꼬 세력를 돕기 위해 영토를 통과하게 해달라는 요청을 아르헨티나 정부에 행했다. 우루과이에 대한 개입에서 브라질과 행동을 같이한 미뜨레 대통령은 파라과이의 요청을 받아들이지 않았고, 이로써 1865년 3월 18일 파라과이는 선전포고를 감행하였다.

파라나 강을 거슬러 올라간 파라과이 함대는 꼬리엔떼스 항구에서 수많은 아르헨티나 선박들을 나포했고, 이어서 이 도시도 탈환했다. 로페스는 이때 꼬리엔떼스와 엔뜨레 리오스 의 주지사이고 미뜨레의 정적인 연방주의자 우르끼사의 지원이 있으리라 생각했다. 그러나 우르끼사의 애매모호한 태도로 파라과이는 더 이상의 공격력을 취하지 못했다.

브라질은 처음으로 1865년 4월 마뚜 그로쑤의 침입자들을 공격하기 위해 군대를 파견했다. 제국의 4개 주를 가로질러 2천㎞ 이상의 행군 끝에 꼬씽(Coxim)에 도착한 브라질군은 이미 파라과이 군대가 철수한 것을 알고 파라과이 남부의 공략에 나섰다.

브라질은 전쟁 첫해에 우세한 해군력을 앞세우고 리아추엘로 전투에서 파라과이군을 격퇴했다. 쁘라따 강 유역에서 교통과 통신은 강들에서 이루어졌다. 도로망이 없는 이 지역에서 강을 통제할 수 있는 자가 전쟁을 승리로 이끌 수 있었다.

동맹군이 빠라나 강을 장악하게 되자, 아르헨티나의 엔뜨레 리오스 지방 침입이 저지되고, 파라과이 해군력이 와해되었으며, 로페스의 기세등등한 행보도 한풀 꺽였다. 파라과이 입구까지 쁘라따 지역의 모든 강이 그때부터 동맹군의 통제 하에 들어왔다. 그로 인해 전쟁이 종료되는 날까지 파라과이는 방어에만 치중할 수밖에 없었다.

1865-1866년에 동맹국의 역공이 시작되었다. 1865년 7월 15일 브라질 군대는 히우 그란지 두 술에 도착하자마자 우루과이아나(Uruguaiana)를 포위했다. 전세가 불리함을 깨달은 로페스는 파라과이군을 우마이따(Humaitá) 요새로 철수시켰다. 미뜨레가 이끄는 동맹군은 아르헨티나에 잔류한 파라과이군을 물리치고 적극적인 공세작전을 펼쳐 나갔다. 동맹군은 5만 명의 군대로 본격적인 파라과이 침투를 준비했다.

파라과이 침공은 파라과이 강을 거슬러 올라가면서 시작되었다. 오소리우(Manuel Luis Osório)제독이 이끄는 브라질 함대는 파라과이의 주요한 요새가 집결된 파라과이 강과 파라나 강의 합류지점에 도착하여 2년 이상의 기간 동안 적과 대치하였다.

전쟁 중반(1866-1869)에 파라과이 인들의 박해를 반대하는 아르헨티나 대통령과 브라질군 사령관 오소리우 간의 상충된 이해관계로 브라질 정부는 사령관을 교체하였다. 1866년 10월 후일 까시아스의 공작(Duque de Caxias)이 된 리마 이 실바(Luis Alves de Lima e Silva) 원수가 오랜 대치 국면에서 와해된 브라질군의 사령관직을 맡았다. 당시 아르헨티나와 우루과이 군대의 일부는 전염병으로 동맹군에서 철수한 상태였다. 더욱이 우루과이의 플로레스와 아르헨티나의 미뜨레 간의 불화로 양국군이 철수하면서 동맹군에는 사실상 브라질만 남게 되었다.

까시아스의 노력에도 불구하고 동맹군이 공세를 재개한 것은 1867년 7월이었다. 그해 8월 미뜨레가 사령관에 복귀하고 동맹군 함대는 서서히 공격을 재개했다. 미뜨레는 제국함대에게 파라과이군의 강력한 요새 쿠루빠이띠(Curupaiti)와 우마이따를 공격하도록 명령했다. 함대는 바로 쿠루빠이띠를 무너뜨리고 진격했지만, 우마이따의 철통같은 방어막은 뚫을 수 없었다. 여기서 또 다시 동맹국 간의 의견충돌이 있었다. 미뜨레는 함대가 계속 진격해 나가기를 원했고, 브라질군은 그러한 무분별하고 무익한 공격보다는 우회전략을 사용하자고 주장했다.

마침내 동맹군은 파라과이 강어귀의 많은 도시들을 공격하여 우마이따와 아순시온 간의 해상 통로와 육로를 완전 차단하였다.

로페스는 결사적으로 동맹군의 시도를 막으려고 공격을 감행했으나 증원된 동맹군의 방어로 작전은 실패했다.

1868년 1월 미뜨레 대통령이 물러나자 까시아스가 동맹군 사령관직을 맡았다. 그의 탁월한 지휘력과 뛰어난 작전으로 마침내 1868년 7월 25일 우마이따가 동맹군에 의해 함락되었다. 그리고 1869년 1월 1일 아순시온이 동맹군의 수중에 들어왔다. 그러나 파란뇨스 원수가 브라질군 사령관직을 인계했다.

전쟁 말기(1869-1870)에 동 뻬드루 2세의 사위 꼰지 데우(Conde d´Eu)는 파라과이 군사작전의 최종 국면을 관장하도록 임명되었다. 이는 파라과이의 완전한 패전을 확인하고 브라질 제국의 강화를 위한 조처였다. 이사벨 공주의 남편인 백작은 1850년 모로코 전쟁에서 스페인 부사관으로 참전한 경험이 있었다. 제국왕가의 일원의 지명은 오랜 전쟁으로 지친 브라질군에 불만을 해소하기 위한 의도였다. 1869년 8월 3국동맹은 파라과이인 리바롤라(Cirilo Antonio Rivarola)가 영도하는 임시정부를 아순시온에 설립했다.

솔라노는 아스쿠라(Ascurra) 지역에 피신하여 저항세력을 이끌며 항거했다. 꼰지 데우는 1년 이상의 전투를 벌이며 그들을 추격했다. 마침 1870년 3월 1일 파라과이 북부의 숲 속에서 벌어진 전투에서 솔라노는 부상을 입은 후 항복을 거부하고 저항하다가 총격을 당해 전사했다. 그의 마지막 한마디는 '나는 내 조국과 함께 죽노라(Morro com minha pátria)'였다.

1870년 7월 20일 브라질과 파라과이는 평화조약을 체결하고 아메리카에서 발생한 가장 처절한 전쟁을 매듭지었다. 공동 협정은 없었다. 파라과이 전쟁은 1870년 3월 종전되었지만 평화협정은 조속히 타결되지 못했다. 협상은 아르헨티나가 파라과이의 독립을 인정하지 않았기 때문에 장애에 부딪혔다. 브라질은 께브라쵸가 풍요로운 파라과이의 그란데 차코(Grande Chaco)지방 대부분을 욕심내는 아르헨티나의 야욕을 인정하지 않았다. 파라과이와 아르헨티나 간의 국경문제는 쌍방 간의 오랜 협상 끝에 해결되었다. 유일하게 타협을 보지 못한 지역은 베르데(Verde) 강과 필코마요(Pilcomayo) 강 지류로써 미합중국 대통령 헤이즈(Hayes)의 중재에 의해 파라과이 땅으로 선언되었다. 브라질은 1872년 1월 9일 파라과이와 별도로 평화조약을 체결하고, 파라과이 강에서 자유항해권을 획득하였다. 그리고 전쟁 전 반환 요청한 국경지대의 일부가 브라질의 소유로 확정되었다. 또한, 브라질에 대한 천문학적 숫자의 전쟁보상비는 1943년 바르가스(Vargas) 대통령에 의해 사면되었다. 아르헨티나의 파라과이 독립 인정은 1876년 부에노스 아이레스 회의에서 실현되었고, 양국 간의 평화협정도 성사되었다. 1975년 12월 브라질의 가이젤(Geizel) 대통령과 파라과이의 스트로스네르(Alfredo Strossner)는 아순시온에서 우애와 협력을 위한 조약을 체결하였다.

5년 동안의 기나긴 전쟁은 파라과이를 인간 불모지로 변화시켰다. 파라과이는 엄청난 인구의 감소로 고통을 겪었다. 전쟁은 남녀 인구 비율의 심각한 불균형을 초래했다. 어떤 자료는 파라과이 인구의 90%가 전쟁으로 사라졌다고 한다. 그러나 최근의 조사에 의하면 인구의 15-29%가 사망한 것으로 알려진다.

브라질은 전투에 참여한 16만 명 중 약 5만여 명이 사망한 것으로 추정된다. 또 다른 자료에서는 40만 명이 참전하여 6만 명이 전사 또는 질병으로 사망했다고 추정한다.

우루과이군은 5천6백 명이었고, 이들 중 3천1백 명이 전투와 질병으로 사망했다. 또한, 아르헨티나는 3만 명이 참전하여 1만 8천 명이 전사했고, 1만 2천 명의 민간인이 질병으로 사망한 것으로 알려진다.

께브라쵸 나무

파라과이 전쟁은 19세기에 발생한 다른 전쟁과 크게 다를 바 없었다. 높은 사망률은 전투 중 사망뿐만 아니라 최악의 영양 상태로 인한 사망과 불결한 위생 상태로 인한 사망도 주요한 원인이었다. 브라질인들 중 사망의 주요 원인은 콜레라였다.

전쟁은 인구의 감소뿐만 아니라 도시도 마을도, 농촌도 완전히 파괴해버렸다. 최소한의 사회조직마저도 말살된 파라과이는 저주받은 나라로 회생의 가능성은 추호도 엿보이지 않았다. 전쟁으로 파괴된 파라과이의 마을들은 방치되었고, 생존한 농민들은 중부 지역으로 몰려가서 생계농업에 종사했다. 많은 땅들이 아르헨티나인을 비롯한 외국인들에게 팔렸고, 그곳에는 또다시 대농장이 형성되었다. 산업은 황폐화되었다. 파라과이 시장은 영국 상품으로 넘쳐났으며 경제존립을 위해 외국자본의 유입은 불가피했다. 전쟁의 최대의 수혜자 영국은 백만 파운드의 차관을 제공했다. 파라과이와의 전쟁에 연루된 국가들에서도 전쟁은 내외적으로 수많은 변화를 가져다주었다.

전후 파라과이 영토는 승전국들의 각축장이 되었다. 실제로 브라질과 아르헨티나는 쁘라따 지역의 최강자로 부상했다. 반다 오리엔딸 두 우루과이(Banda Oriental do Uruguai)처럼 파라과이도 아르헨티나와 브라질 사이에서 완충국이 되었다. 양국은 파라과이 영토를 양분하여 나눠 갖기가 불가능했다. 윤리적인 문제도 있었지만 1870년 콜롬비아 회의에서 대부분의 라틴아메리카 국가들이 파라과이의 패전에 애도를 표하고 있었기 때문이었다. 결국 최선책은 파라과이의 엘리트 계층과 좋은 관계를 유지하는 것이 급선무였다. 로페스의 정적들로 망명객 신세에 있었던 이들은 급기야 부에노스 아이레스에서 귀국하여 아순시온에 임시 정부를 수립하였다.

아르헨티나에게 파라과이 전쟁은 부에노스 아이레스 정권에 반대하는 대부분의 지방 정부들을 배제하거나 합체시켜 연합정부를 형성하는 결정적인 계기가 되었다. 부에노스 아이레스 정부는 3국동맹을 통해 파라과이의 차코지역이 그들 소유가 되리라는 기대에 차 있었다.

한편 그 지역에 대한 영토 확장의 기대가 없었던 브라질 제국은 부에노스 아이레스의 야심을 결코 간과하지 않았다. 히우 브랑꾸(Visconde do Rio Branco)의 절묘한 외교수완으로 브라질은 친브라질 세력을 구축하여 아순시온 임시정부를 조정해 나갔다. 양국 간에 갈등과 논쟁으로 2년이 지난 후 1872년 1월부터 꼬르떼지삐(Barao de Cortegipe)가 아순시온의 띠떼레(Titere) 정부와 별도로 협약을 체결하였을 때 사태는 더욱 심각해졌다. 부에노스 아이레스 정부는 브라질과 전쟁도 불사하겠다는 의지를 전달했다. 파라과이인들에게 관대한 이웃으로 여겨진 브라질은 전쟁 전 반환이 요청된 국경지역 영토의 확정과 과라니 영토에서 장기간 군대의 주둔을 보장받은 상태였다.

따라서 부에노스 아이레스 정부는 브라질의 외교정책을 와해시키기 위해 온갖 방법을 동원했고, 결국 1876년 2월 3일 아순시온과 Irigoyen -Machain 조약을 체결하였다. 이 조약으로 아르헨티나는 필코마요 강까지의 차코 땅 일부를 얻었고, 파라과이에 주둔한 브라질군이 철수했다.

제4장 브라질 제국의 변화(1870-1889)

'오노리우(Honório) 씨, 우리나라의 정당들은 어디 있나요?' 빠라나(Paraná) 후작에게 동 뻬드루 2세가 한 질문은 1850년대 브라질 정치의 불안한 국면을 잘 대변해주고 있다. 브라질 제국은 커피 수출로 경제가 호황을 맞고, 철도와 항만 시설이 확충되며 도시가 성장하는 현대화의 국면에 들어섰지만, 엘리트 지도자들은 헌정 질서 유지만을 고집하고, 보수성향의 중앙집권체제 유지에 매달려 있었다. 이러한 상황에서 진정한 대표적 정당은 찾아볼 수 없었다.

전쟁이 끝난 1870년경 브라질 사회는 정치 개혁의 급박한 필요성을 인식하고 있었다. 동 뻬드루 황제도 히우 브랑꾸 자작인 파란뇨스 중심의 보수 세력을 규합하여 새로운 내각을 구성하고 모든 분야에서의 개혁을 구상했다. 그러나 반대 세력의 행보도 빨랐다. 1868년 쟈까리아스 내각 붕괴 이후 진보파 자유주의 세력은 개혁클럽(Clube da Reforma)을 구성하고 연방주의 채택, 총선거 실시 그리고 점진적인 노예제도 폐지 운동을 전개했다.

1870년 히우에서 공화성명서(Manifesto Republicano)가 공표되었다. 그리고 3년 후 상 파울루에서 공식적으로 공화당이 창당되었다. 그러나 진보주의의 확산은 순조롭지 못했다. 히우 브랑꾸 내각의 성공적인 5년 집권이 국민들 사이에서는 아직은 군주제가 나쁘지는 않다는 생각을 갖게 했다.

하지만 군주제 문제가 완전히 사라진 것은 아니었다. 노예제도 폐지 외에도 브라질 제국이 직면한 어려움은 많았지만, 교회와 국가와의 관계가 가장 심각한 문제로 대두되었다.

분명히 교회문제는 군주제를 전복시킬 만큼 강한 영향력은 없었다. 그러나 1824년 헌법으로 성문화되었던, 정신적 권력이 정치적 권력에 예속된다는 교황을 대신한 포르투갈 국왕의 성직수여권 빠드로아두(Padroado)의 모순됨을 밝히는데 크게 기여했다. 국가는 교회에 대해서 과잉된 권위주의를 과시하며, 올린다와 벨렝의 주교에게 내린 황제의 강제노역 선고로, 교회와 국가 간의 분리를 옹호하는 여론의 확산을 자초했다. 그리고 결과적으로 공화당의 캠페인에 중요한 이슈로 교회문제가 등장했다.

이미 군부 문제는 브라질 제국의 정치적 퇴보에 큰 영향력을 미쳤다. 파라과이 전쟁 후 정부의 부당한 처우는 군부의 강한 불만을 야기했다. 그들의 권위는 인정되지 않았고, 오히려 많은 농장주가 전쟁에서 귀환한 노예병사들의 반환을 요청했다. 쁘라따 지역 국가들의 공화주의 사상에 흠뻑 고취된 군부의 장교들은 군사학교에서 인재를 양성하며 군주제 종식을 위한 준비를 진행했다.

이와 같이 전후 1870년부터 브라질 제2왕정기의 위기를 암시하는 일련의 징후가 나타나기 시작했다. 그들 중 공화주의자들의 움직임 그리고 교회와 군부의 제국정부와의 마찰은 군주제 몰락의 가장 큰 원인이 되었고, 노예제도의 향방 또한 사회제도 변화의 변수로 작용했다.

1. 군부 문제

정부에 군부 장교들의 참여는 동 뻬드루 1세 퇴위까지 상당한 수준에 있었다. 그 시기를 정점으로 그들의 참여는 점차 줄어들었다. 독립 이후 민중폭동에 군인들의 참여는 의심을 사기에 충분했다. 자유당은 섭정기에 직업군인의 수를 대폭 줄이고 민병대를 창건했다. 그들은 아르헨티나와 멕시코에서처럼 많은 군사력을 보유하게 되면 작은 나폴레옹을 수없이 만들어낼 수 있다고 생각했다. 반면에, 해군력에는 관대했다. 그들에게 해군은 고귀한 조직으로 보였다. 아마도 독립 이후 수년간 영국 해군 장교들의 활동에서 그러한 면모가 느껴졌던 것 같다.

부당한 대우에도 불구하고, 1850년까지 군인은 엘리트적 특성을 발휘했다. 그러나 몇 년 후부터는 큰 변화가 있었다. 낮은 임금, 초라한 생활과 늦은 승진으로 명문가의 군 진출 비율이 낮아졌다. 반면 군인가문과 관료들의 자손들은 장교가 되기를 꿈꿨다. 지역적으로 볼 때, 신임장교들 대다수가 북동부와 히우 그란지 두 술 출신들이었다. 북동부의 전통적 가문들의 가세가 기울고, 학교 진학이 어렵게 되자 부모들은 군 장교를 선호했고, 남부의 군부대가 집결된 국경에 접한 지역에서는 직업군인이 비교적 안정된 직업으로 생각되었다. 더욱이 1853년 정부가 보병과 기병 장교를 양성하기 위해 군사학교를 설립하자 이와 같은 성향이 커졌다.

자연히 군부의 장교들과 제국의 정치적 엘리트들 사이에는 대립관계가 형성되었다. 특히 법률학교를 졸업한 법률가(Legistas)들은 군인들의 눈에는 쓸모없는 문화에 빠져 있는 선거부패의 원흉으로 보였다.

1850년대 정부는 군을 개혁하기 위한 일련의 조치를 취했다. 1850년 9월의 법은 장교단을 개혁했다. 군사학교 졸업장을 취득한 장교들에게 특권을 부여했고, 학위가 없는 장교들을 차별했다. 이것은 기술 분야에서는 더욱 엄격했다. 1810년 히우에서 시작된 군사학교는 엄격한 군 커리큘럼으로 일반 이공계 학문을 가르쳤다.

파라과이 전쟁 전에, 이미 군 장교들 사이에서 제국정부에 대한 비판이 일어나고 있었다. 비판의 주된 내용은 승진의 기준이나 국방 장관의 허락 없이 결혼할 수 있는 권리 등과 같이 군 문제와 연관된 특별한 것들이었다.

군사학교가 재건되고 전쟁이 끝난 후 브라질 군대는 더욱 강해졌다. 그들 중에는 정치가에서 군인이 되었거나, 군인에서 정치가로 변신한 경우가 있었다. 양자의 대표적인 예로써 까시아스와 플로리아누 페이쇼뚜(Floriano Feixoto)가 있다. 까시아스는 군부에서 의심의 여지없이 최고로 꼽는 인물이었다. 그는 보수당 지도자 중 한 명이었고, 파라과이 전쟁 직전에는 각료회의 의장에 올랐지만, 전쟁에 참여했다. 반면, 페이쇼뚜는 군 장교에서 자유당 정치가로 변신한 인물로서, 정계에서도 군인처럼 행동한 인물이었다.

뻐라이아 베르멜랴(Praia Vermelha) 군사학교는 군사학 교육을 위한 곳이었지만 실제로는 수학, 철학 그리고 문학 교육의 중심이 되었다. 군부의 정부에 대한 불신이 군주제 문제에 초점을 맞추기 시작한 곳도 바로 이곳이었다. 브라질 공화주의 사상이 확고한 기반을 다진 곳도 이곳이었다. 특히 1872년 이후 벤쟈민 꼰스딴뜨(Benjamin Constant)가 군사학교 교수로 부임했을 때, 실증주의는 많은 사람의 관심을 불러 일으켰다.

아우구스뚜 꽁트의 실증주의은 멕시코, 칠레, 아르헨티나, 브라질과 같은 라틴 아메리카에서 크게 세력을 확산했다. 그것은 과두 자유주의(oligarchical liberalism)가 야기했던 정치적이고 사회적인 난국을 헤쳐 나갈 정돈된, 과학적 해결책으로 여겨졌다. 기술혁신과 산업에 대한 존경은 법률학교 졸업자들의 형식주의를 비판하는 군부 엘리트들을 매료시켰다.

꽁트는 '실증주의 서설'에서 프랑스 혁명으로 변화된 사회를 보면서 사회통합과 인간통합을 통한 질서와 조화의 필요성을 강조했다. 그는 구체제의 모순을 극복하는 길은 진보를 통해 혁명으로 나아가는 것이라고 생각했다. 그래서 브라질의 경우, 군부에서 이와 같은 실증주의 원리가 공감대를 형성했다. 일반적으로 군부의 장교들은 브라질의 미래가 군주제를 타파하고 새로운 정부의 형태를 갖추는 데 있다고 믿었다. 이를 위해서는 공화주의 사상이 실증주의를 기반으로 하는 새로운 사회 조직 구축에 가장 이상적이라고 생각했다.

일반적으로 브라질에서 군부 문제는 다음과 같은 원인 때문에 발생했다고 요약될 수 있다. 첫째로, 파라과이 전쟁 후 군부가 확고한 조직을 갖추게 되었고, 둘째로, 제국정부가 군부에 무관심했고, 셋째로, 국가 정책에 군부가 개입하기 시작했고, 넷째로, 정당에 대한 군부의 지원이 있었고, 다섯째로, 군사학교에서 실기 교육보다 이론교육이 더욱 강조되면서, 새로운 철학 사상의 확산이 가능했었고, 공화독재 체제를 옹호하는 꽁트의 실증주의가 군부 내에서 많은 지지 세력을 구축하였으며 마지막으로, 파라과이 전쟁 시 쁘라따 공화국 정치지도자들과 브라질 장교들의 긴밀한 협조 관계 속에서 공화주의에 대한 군부의 열망이 싹트게 된 점을 들 수 있다.

전쟁 후 군부 문제는 민간인과 군인들 간에 다양한 사건으로 나타났다.

이 모든 경우에 있어서, 개인적인 문제는 집단으로 이전되었고, 나아가서 그것은 사회계급의 문제로 비화되었다.

1882년 당시 많은 사람의 이목을 끈 신문 꼬르사리우(Corsário)지의 편집인 까스뜨루(Apulcro de Castro)가 군부의 장교들에게 살해당했다. 1883년에는 군부의 몬떼삐우(Montepio) 계획이 공표되었다. 이것은 군복무의 의무제를 제안하고 있었다. 세나 마두레이라(Sena Madureira) 중령은 이 제안을 언론에 발표하고, 군부의 입장을 밝힌 일로 처벌당했다. 당시 군부는 국방장관의 명령 없이는 정치적 문제로 신문에 기고하는 행위가 금지되어 있었다.

벤쟈민 꼰스딴뜨

1884년에는 노예제도 문제로 정부와 군부 간에 처음으로 심각한 갈등이 발생했다. 쎄아라 출신으로 해룡(Dragão do Mar)이라는 별명으로 잘 알려진 선주 나씨멘뚜(Francisco do Nascimento)가 노예 매매를 위해 많은 지방으로 노예를 운송하는 일을 거부했다. 노예제도 폐지의 상징적 인물로 변모한 그는 히우에서도 따뜻한 환영을 받았다. 나씨멘뚜는 마두레이라 중령이 사령관으로 재직한 군사학교 Escola de Tiro de Campo Grande에서 그에게 경의를 표하기 위해 마련한 행사에 참여했다. 이 사실이 알려지자 마두레이라는 국방성으로부터 심한 문책을 당했고, 히우 그란지 두 술로 좌천당했다. 마두레이라 중령은 군 내부에서도 매우 명성 있는 인물이었고, 황제의 친구이기도 했다. 공화주의 선전지인 페데라싸웅(Federação)에서 그는 이 사건에 관한 자신의 소견을 기고했다.

이와 같은 일련의 사건 발생 시 국방성이 장교들에 내린 처벌은 군부 내에서 폭동의 움직임을 야기했다. 히우 그란지 두 술의 군 장교들은 뽀르뚜 알레그리(Porto Alegre)에서 기자회견을 열고, 군인들의 정치 참여를 금하는 국방장관의 지시에 강력하게 항의했다. 지역사령관 데오도루 다 폰세까(Deodoro da Fonseca)는 연루된 장교들에 대한 지지 입장을 확고히 표명했다. 그가 히우에 소환되었을 때, 군사학교는 열렬히 그를 환영했다. 데오도루는 군부회의를 소집하고, 공개적으로 정부와 군부 간의 갈등 이유를 밝혔다. 내각은 군부의 강경한 태도를 완화하려는 의도로 성명을 발표하여, 군인들도 언론매체에서 토론에 참여할 수 있는 권리를 허용했지만, 의회의 비난을 면치 못했다.

1887년 6월 장교단은 그들의 권리를 보호하기 위한 항구적인 협의회로 군사클럽(Clube Militar)을 설립했다. 데오도루는 초대 의장에 선출되었다. 그는 즉각 국방장관에게 군부가 더 이상 도주노예 사냥에 참여하지 말도록 허용해달라고 요청했다. 장관은 이 요청을 수락하지 않았지만, 군부 또한 정부의 명령에 따르지 않았다.

군부의 불만과 공화주의 선전공세가 절정에 달했을 때, 1889년 황제는 자유주의파의 오우루 지 뻐레뚜(Visconde de Ouro Preto)에게 새로운 내각 구성을 맡겼다. 뻐레뚜는 일련의 개혁을 구상했지만, 히우 그란지 두 술 사령관에 데오도루의 적대자를 임명함으로써 문제를 더욱 악화시켰다. 또한, 뻐레뚜 내각이 이사벨 공주의 섭정직 보장을 위해 세금의 증가와 민병대 복구 계획을 발표했을 때, 정부와 군부의 갈등은 더욱 심화되었다.

1887년 이후 상 파울루와 히우 그란지 두 술 공화주의 지도자들과 군부 대표들이 군주제 전복을 목적으로 접촉을 가졌다. 1889년 11월 11일 바르보사(Ruy Barbosa), 벤자민 꼰스딴뜨 그리고 보까이우바(Quintino Bocaiuva)와 같은 신망이 두터운 민간과 군부의 대표들이 데오도루 원수에게 찾아가 군주제 종식투쟁의 지휘를 맡아달라고 요청했다. 젊은 장교들 사이에는 데오도루와 벤자민 꼰스딴뜨의 체포설, 군 장교 인원 삭감과 심지어는 군대의 폐지 소문이 퍼져 나갔다. 실제로 이것은 혁명을 서두르기 위한 작전이었다. 데오도루 원수는 공화주의 운동의 선두에 설 것을 결심했고, 오우루 지 뻐레뚜 내각을 추방하기 위해 앞장섰다.

황제 동 뻬드루 2세와 우정이 돈독했던 데오도루는 황제보다 앞서 쁘레뚜 내각을 해산시키는 것이 급선무였다. 1889년 11월 15일 이른 아침, 데오도루는 자신의 군대를 인솔하고 깜뿌 지 산따나(Campo de Santana)로 행진했다. 그는 내각 사퇴 요청서를 황제에게 제출했다.

정국의 변동을 이해하지 못한 황제는 사라이바에게 내각의 구성을 지시했지만, 이미 새로운 체제가 효력을 발휘하고 있었다. 공화정의 첫 번째 결정은 황제의 하야와 브라간싸 왕가의 국외추방이었다. 1889년 11월 17일 추방된 브라질 마지막 황제는 2년 후 파리에서 서거했다.

2. 종교문제

제1 왕정기인 1824년 헌법은 로마 가톨릭 교회를 국교로 선언하고 있었다. 이것은 교회 내부 문제에 대한 국가의 개입을 유리하게 했다. 정부는 빠드로아두와 베니쁠라시뚜(Beneplácito)의 권리를 지녔다. 전자를 통해 국가는 성직을 새롭게 만들거나 직위를 임명하는 권한을 지녔고, 후자를 통해서는 교황청이 발표하는 칙령과 그 밖의 행위에 대해 승인 여부를 결정하는 권한이 부여되었다.

섭정기(1831-1840)에 브라질 교회는 매우 어려운 국면에 처해 있었다. 당시 가장 중요한 정계의 거물 중 한 명은 공제와 우애를 목적으로 한 비밀결사 마쏘나리아(Maçonaria)에서 적극적 활동을 보였던 훼이쥬(Padre Diogo Antonio Feijo)였다. 그는 1835년 섭정직을 맡았을 때, 로마와 관계를 단절하고, 성직자의 독신주의에 반대하며 국가교회에 유리한 행동으로 일관했다.

제2왕정기의 동 뻬드루 2세는 부친인 동 뻬드루 1세보다 훨씬 더 강력한 왕권의 옹호자였다. 그가 집착했던 제왕지상주의는 성직 위에 속세의 권력이 우월함을 옹호하는 주장이었다. 그런 이유로 브라질에서는 주교의 직분이 정부의 관료와 같은 역할을 수행했다. 국가에 대한 교회의 예속은 주교들의 활동에서 명백히 나타나고 있었다. 성직자들은 정치활동에도 적극적으로 참여했다. 또한, 그들은 신문사에서도 직책을 맡았고, 행정부서에서 공무를 수행하기도 했다. 그들 대부분은 유럽에서 전파되어 식민시대부터 브라질 전역에 확산된 비밀단체 마쏘나리아에 소속되어 있었다. 그러나 이 단체는 교회와 자주 마찰을 빚었다. 그 이유는 마쏘나리아가 진보주의적 성향과 사고의 자유를 옹호하였기 때문이었다.

브라질에서 하급 직분의 성직자들은 출신성분이 낮았다. 신학교 교육이 무상이었기 때문에 빈자들의 성직 진출이 많았다. 이와 같은 사실이 독립 이후 박애주의적 성격으로 변한 마쏘나리아 단체에 많은 성직자를 끌어들인 것이다.

파라과이 전쟁 후 1870년대에는 국가와 교회 간의 관계에서 긴장감이 감돌았다. 1824년 헌법에 규정된 '재단과 왕좌'의 통합, 즉 정교일체 사상은 처음부터 그 자체로써도 충분히 갈등의 소지를 지니고 있었다. 마침내 교황청과 마쏘나리아 간에 불협화음이 일어났다. 교황 삐우 9세(Pio IX)가 성직자들에게 보내는 회람에서 마쏘나리아를 비난한 것이다. 이 회람은 브라질 정부의 배포 허가를 받지 못했다. 교황은 리베르다지스 모데르나스(Liberdades Modernas)를 선언했고, 교회의 정신적 지배권을 확인했다. 1870년 바티칸 공의회에서 절대확실의 교리(Dogma de Infalibilidade)가 발표되면서 교황권은 한층 강화되었다. 바티칸의 정책은, 브라질 내에서 신부들의 보다 엄격한 기강확립과 종교적 기율 준수 그리고 종교적 자치권의 반환요구로 쟁점화되었다.

브라질 정부와 교회의 첫 번째 충돌은 마르찡스(Almeida Martins) 신부가 한 마쏘나리아 행사에서 연설했을 때 발생했다. 그는 히우의 주교인 알메이다(D.Pedro de Almeida)에게 문책을 당했고, 자격이 정지되었다. 마르찡스 신부는 주교에게 불복하며 한 마쏘나리아 단체의 요청을 받아 그곳에서 미사를 집전했다.

빠라와 뻬르낭부꾸에서도 히우의 주교와 같은 행동이 되풀이되었다. 그곳 주교들도 성직자들의 마쏘나리아 활동 참여를 금지했다. 주교단이 뜻을 굽히지 않는 성직자들의 성직을 정지하면서, 양 세력 간에 화해의 가능성은 사라졌다. 정부는 권위를 잃지 않으려 했고, 주교단은 복종하기를 원치 않았다.

뻬르낭부꾸와 빠라 주 주교들은 마쏘나리아에 참여하는 성직자들이 있는 성당의 모든 의식을 중지시키고 교회 기능을 정지시켰다. 정부는 주교들의 행위에 반격을 가했다. 마쏘나리아 단체의 대부 히우 브랑꾸(Visconde do Rio Branco) 내각은 주교들을 재판정에 세워, 강제노역을 포함한 4년 형을 선고했다. 그러나 1년 후인 1875년 까시아스 내각 때 그들은 사면되었다. 그 해 9월 동 뻬드루 2세는 미국 여행에 앞서 황제의 사면장에 서명하였다.

이러한 사건들로 교회와 브라질 제국 사이에는 회복할 수 없는 갈등 관계가 형성되었다. 국가의 지원을 얻지 못한 고위 성직자들은 군주제 종식을 위해 싸울 것을 결심했다. 그들은 브라질 중산층과 더불어 공화주의로의 전환을 위한 투쟁에 나섰다.

3. 노예제도의 폐지

브라질에서 노예제도 폐지는 여러 단계의 과정을 거치며 진행되다가 1888년 완전히 성취되었다. 브라질에서는 이미 동 쥬앙 6세 통치기에 영국의 압력에 못 이겨 노예교역 금지 협약이 체결되었다. 영국의회는 1845년 빌 에버딘 법을 승인하였다. 이 법안은 특히 브라질을 겨냥하고 있었고, 공해상에서 노예교역선이 발견되면 즉각 나포하여 영국 법정에서 재판을 받도록 조처하고 있었다.

빌 에버딘 법 공표 후 영국과 브라질 간에는 긴장감이 고조되었다. 영국 해군은 공해상에서 뿐만 아니라, 브라질 영해에서 지역 간의 노예교역도 철저히 단속했다. 이것은 명백한 주권 침해 행위였다. 그러나 인도주의와 박애주의 정신을 앞세운 대중여론에 이끌려 1850년 에우제비우 지 께이로스(Eusébio de Queiros)법이 의회를 통과하자, 브라질의 노예교역은 폐지되었다. 이 법안이 통과된 것은 께이로스와 같은 위대한 정치가의 노력의 결과였지만, 오랜 기간 영국의 집요하고 강력한 압력과 농장주들이 노예 구입 대금의 지급보다 이주민 노동자들에 대한 임금 지급 제도가 더 유리하다는 판단을 했기 때문이었다.

파라과이 전쟁 기간에 브라질 왕실은 노예해방에 대한 행동을 취하는 것이 현명치 못하다고 생각했지만, 여론의 판단은 달랐다. 1868년 보수당이 정권을 장악하면서 정부의 직접적인 개혁안이 추진되었다. 이미 1870년 스페인 정부가 Moret Law를 공표하면서, 1868년 9월 이후 태어난 쿠바의 모든 노예 어린이들의 자유가 선언되었다. 브라질도 이러한 외부의 압력에 저항할 수 없었다. 노예제도 폐지에 대한 구체적인 입법안으로 1871년 벤뜨리 리브리 법이 공표되었다. 이 법안 발효 이후 출생한 노예의 자식들은 자유를 얻는다는 규정이 선포되었다. 이 어린이들은 8세가 될 때까지 그들 어머니의 주인이 관리했다. 그리고 그 나이부터 주인들은 국가로부터 배상금을 받거나 21세까지 노역을 이용할 수 있는 권한들 중에서 선택할 수 있었다. 또한, 이 법과는 별도로 노예 가족을 분리해서 팔고 사는 것도 금지시켰다.

이 계획은 히우 브랑꾸 보수당 내각이 제안으로써, 자유주의자들이 주장했던 노예제도 폐지안을 곤경에 처하게 했다. 이것은 황제와 그의 자문위원들로부터 나온 생각이었다. 1867년 황제의 한 연설에서 밝혀진 것처럼 노예해방은 유럽 이민 유입과 병행해서 진행되었다. 노예해방과 이민 문제는 서로 얽혀있었다. 분명 노예제도가 유지되는 한 유럽인들의 브라질 유입은 불가능했다. 유럽인들은 대부분이 노예들과의 경쟁을 두려워했다.

비록 파라과이 전쟁 후 노예들의 반란 사태는 발생하지 않았지만 지배자들 사이에서는 브라질 정부의 허약성 때문에 그러한 상황이 발생하지 않을까 두려워하고 있었다. 또한, 정부는 시민 대부분의 국가에 대한 충성심을 기대할 수 없었다. 이와는 반대로 사회의 지배계급은 이 노예제 폐지 계획에서 질서 붕괴의 심각한 위험을 느꼈다. 주인의 관대한 행위가 노예들에게 일시적으로 감사와 순종의 마음을 갖게 하겠지만, 훗날 브라질 내에서 인종간의 투쟁으로 비화될 수 있을 것이라는 두려움 때문이었다.

실제로 1871년 법은 영향력이 크지 못했다. 국가로 이양된 어린이는 소수에 불과했고, 노예 주인들은 어린 노예들을 계속 노역에 종사하게 했다. 보수당은 1871년 이후 여전히 점진적인 노예제도 폐지 정책을 고수해 나갔다. 그러나 자유당은 이 문제의 조속한 처리를 원했고, 실제로 1878년 정권을 장악하자 브라질 노예 문제는 새로운 국면에 접어들었다. 당시 실증주의자들은 인류의 진보와 결코 함께 할 수 없는 것이 노예제도라고 비판했다. 자유주의자들과 실증주의 세력의 노력으로 중산층에서도 폐지에 공감하는 지지가 확산되었다.

1880년대부터 노예제도 폐지운동은 단체, 신문 그리고 선전 등으로 힘을 얻었다. 사회 각계각층의 인사들이 폐지 캠페인에 참여했다. 다양한 폐지주의자 중에는 정치가와 대농장주 가문 출생의 작가이며 의회주의자였던 나부꾸(Joaquim Nabuco)가 있었고, 그 밖에도 흑백 혼혈출신으로 가제따 지 따르지(Gazeta da Tarde)지 소유자인 빠뜨로씨니우(Patrocínio)와 흑인 노예생활을 전전하다가 군인이 되었고, 후일 시인, 변호사 그리고 신문기자로 성공한 루이스 가마(Luís Gama) 등이 적극적인 활동을 보였다.

노예제도 폐지운동이 확산됨에 따라 북부지역은 노예제도 자체에 대한 흥미를 상실했다. 쎄아라와 아마존 지방에서는 1884년 노예제가 종식되었다. 노예제도의 본거지 히우 지 쟈네이루 지역에서도 1873-1885년에 대략 1만 5천 명의 노예가 자유를 얻었다. 1887년 히우의 가장 규모가 큰 농장주들인 Condes de São Clemente와 Nova Friburgo는 1,909명의 노예를 해방시켰다. 많은 주민이 노예들의 도주를 돕고 편의를 제공하는 일도 빈번해졌다. 이러한 시점에서 1885년 정권을 되찾은 보수당은 1871년의 단계적 폐지안을 보완하는 사라이바 꼬떼지뻬(Saraiva-Cotegipe)법으로 알려진 60세법(Lei dos Sexagenário)을 통과시켰다. 사라이바 내각이 제출하고 꼬떼지뻬 내각이 통과시킨 이 법안은 60세 이상의 노예에게 자유를 준다는 내용이었다. 국민은 다시 한번 배신감을 느꼈다. 인생의 황혼기에 더는 일할 기력이 없는 노예들을 해방이라는 허울로 죽도록 방치한다는 비난이 일어났다. 이에 맞서 농촌지역에서는 농장주들이 노예들은 대부분의 유럽 이주 노동자들보다 더 잘살고 있다고 주장하며 폐지론자들을 비난했다. 또한, 1866년 발표된 말레이루(Agostinho Malheiro)는 저서 '브라질 노예제도'에서 노예를 'a domestic enemy' 또는 'a public enemy'로 묘사하고 있다. 그는 경고하기를 '노예들은 끊임없이 사회를 위협하는, 조그마한 불꽃에도 폭발하는, 화산과 같다.'라고 했다.

그러나 비인간적인 대우에 반발한 노예폭동과 도처에 산재한 낄롬부

(Quilombo)의 존재는 그들의 주장을 합리화하지 못했다. 노예폐지론자들은 경제적 논리로 맞섰다. 그들은 결국에는 임금 노동이 천정부지로 치솟는 노예구매 비용보다 훨씬 경제적이라는 주장이었다.

1885-1888년 노예제도 폐지 캠페인은 더욱 큰 탄력을 받았다. 상 파울루 주변 농장의 노예 노동력이 집단 이탈로 크게 혼란을 겪고 있었기 때문이었다. 벤뚜(António Bento)가 이끄는 행동주의자들은 농장을 돌며 폭동을 자극하는 행동을 서슴지 않았다. 얼마 후 산뚜스(Santos)시는 도망 노예들의 피난처로 변했다. 그러는 동안 상 파울루의 엘리트 커피 경작자들은 이민노동자들의 수급계획을 세웠다. 그들은 노예제도가 급속히 와해되리라 판단했다. 1880년대 이 지역의 새로운 커피농장들은 자유, 임금 노동자들에 의존했고, 일부 현대화된 농장들은 기계가 노동력을 대신했다. 주로 커피 경작자들로 구성된 상 파울루 공화당은 1887년 모든 노예해방을 촉구하는 정책을 제안했다. 그리고 당원들 소유 농장의 노예들을 2년 이내에 해방하는데 동의했다. 동년 군부도 Military Club을 통해 도망 노예 추적의 수치스럽고 진력나는 임무를 철회해달라고 왕실에 요청했다. 3국 동맹에 참여한 아르헨티나와 우루과이에는 노예제도가 없었기 때문에 브라질군은 노예제도의 존재에 대해 큰 수치심을 느꼈다. 파라과이 전쟁 후 공화주의 운동과 더불어 노예제도 폐지 운동이 활발하게 진행되었다. 군 복무에 지원한 노예들은 자유를 보장받았고, 대략 6천 명이 그 수혜 대상자였다. 군부는 이후 노예해방의 주요한 사회적 역할을 수행했다.

결국 1888년 5월 13일 보수당의 알프레두(João Alfredo)는 제한 없는 노예제도의 전면폐지를 결정했다. 황금법(Lei Aurea)로 불린 이 법안은 의회에서 승인되었고, 당시 섭정직을 맡고 있었던 이사벨 공주(Princesa Isabel)에 의해 서명되었다. 이 안에 반대한 9명의 하원의원 중 8명이 히우 출신들이었다. 상원에서는 꼬떼지삐가 반대의사를 밝히면서 '조만간에 노예들은 그들이 살아갈 수 있도록 땅을 나눠달라고 할 것이고, 국가는 배상금 없이 토지 소유자들의 땅을 빼앗아 갈 것이다.'라고 우려했다.

황금법 공표 이후 노예들의 운명은 지역에 따라 다양했다. 일반적으로 북동부에서는 여전히 대농장주들에 의존하고 있었다. 단지 마라냐웅 주에서는 예외적으로 자유노예들이 대농장을 떠나 무개간지에 정착했다.

노예박해

빠라이바 계곡에서는 커피농장의 소작인으로 변신하거나 후일에는 소농 혹은 목동으로 탈바꿈했다. 오에스찌 빠울리스따(Oeste Paulista)에서는 노예제도 폐지 몇 년 전에 노예들의 집단 탈주가 있었다. 그들은 상 파울루나 히우와 같은 대도시에 들어갔고, 상황은 다양했다. 상 파울루에서는 유럽 이민들에게 안정적인 직업이 보장되었지만 흑인들은 떠돌이 노동자 생활을 면치 못했다. 반면 히우에서는 전통적으로 가내 수공업 분야나 장인들의 공장에서 일할 수 있는 기회가 보장되었다. 1891년 히우 산업인력의 30%가 흑인 자유노예였다. 이것은 1893년 상 파울루 산업 인력의 84%를 이주민이 점유한 것과 매우 비교가 된다. 히우 그란지 두 술도 상 파울루나 마찬가지로 외국이주민들이 안정된 일자리를 독점했고 자유노예들은 배제되었다.

지역에 따른 차이에도 불구하고, 노예제도 폐지는 흑인 문제를 종식시키지 못했다. 대부분의 역동적인 경제활동 지역에서 산업가들은 이주노동자들을 선호했고, 기회를 얻지 못한 흑인 노동자들은 엄청난 불이익에 시달렸다.

4. 체제의 변화

파라과이 전쟁이 끝난 1870년대 초 브라질 제국에는 공화주의 운동, 제국정부에 대한 군부의 불만, 교회와 국가 간의 알력 등과 같은 일련의 위기 징후가 나타났다. 이것보다 더욱 심각한 상황은 노예제도 문제 해결책을 두고 보수와 진보세력들이 투쟁하면서 국가 지지 기반이 약화되었던 점이었다.

파라과이 전쟁이 브라질 정부에 초래한 재정적 어려움은 매우 컸다. 실제로 혼자 전쟁을 치른 것이나 다름없었던 브라질은 승리에 대한 대가를 매우 비싸게 치렀다. 전쟁비용의 대부분은 런던 은행을 비롯한 외국은행의 차관으로 이루어졌다. 5년의 전쟁 기간 브라질 제국의 총 전쟁경비는 국가수입의 두 배에 달했다. 이로써 금융위기가 초래되었다. 노예제도 역시 위기를 맞았다. 흑인 노예들이 브라질 군대의 주축이었기 때문이다. 전쟁이 종료된 이듬해 교역과 재정상의 회복 징후가 약간 보였지만 1865-1869년은 브라질 역사상 재앙에 가까운 시기였다. 전비 충당을 위해 사용된 외채는 대부분 영국에 의존하고 있었다. 1824-1865년 브라질 외채 총액은 18,138,120 파운드였지만 1871-1889년에는 45,504,100파운드로 증가했다.

정치적 측면에서 더욱 어려움이 가중되었다. 군부의 까시아스의 도전으로 쟈까리아스 내각이 몰락하였다. 실제로 브라질에서 군부는 파라과이 전쟁 초기에는 존재하지도 않았고, 정치적이나 사회적으로 그 중요성도 없어 보였다. 그러나 1870년 전후의 군부세력은 크게 부상해 있었다. 월계관을 쓰고 파라과이에서 돌아온 중산층 출신의 장교들은 브라질 사회에서 가장 존경받고, 관심이 집중된 사회계층으로 부각했다. 또한, 전국 각지에서 강제로 징집되고, 조국의 수호자로 살육의 처절한 투쟁에서 생존한 사병들 대다수는 노예출신 흑인병사들이었다.

브라질 제국 정치 체제에서는 뚜렷한 반 귀족주의적 성향으로 국민의 신뢰를 받는 이 대집단을 받아들일 준비가 갖추어지지 않았다. 5년의 파라과이 전쟁 기간에 쁘라따 국가들의 정치 지도자들과 접촉해온 군부 장교들은 공화정 체제의 우수성에 대해 알게 되었다. 또한, 그들은 군주제도 하의 브라질에서 자신들이 얼마나 미약한 존재인가를 인식하기 시작했다. 그들은 병영에서 공화주의 제도의 평등사상을 선전하는 역할을 포기하지 않았다. 또한, 그들은 참호 안에서 생사를 함께한 흑인 병사들이 노예제도 하에서 고통을 당하고 있다는 사실에 분개하고 있었다. 그러나 브라질 사회에서 새로운 강자로 부상한 군부는 전쟁을 경험하며 국내에서 확고한 전통과 결속력을 얻게 되었고, 더욱 굳건한 조직으로 성장했다. 그리고 브라질 역사에서 국가 발전의 중요한 역할을 수행하였다. 1870년대에는 국가와 교회 간의 알력으로 교권회복 운동이 전개되었다. 교회도 군주제 종식을 위해 군부와 함께 공화주의의 노정에 동참했다. 이러한 상황들이 공화주의 캠페인과 노예제도 폐지 운동의 계기를 마련하였고, 브라질 군주제도 몰락의 중요한 원인이 된 것이다.

노예제도 폐지는 브라질 정치, 경제 그리고 사회적 측면에서 많은 변화를 야기했다. 정치적으로, 자신들의 이익을 방어하기 위해 대토지 소유자들이 적극적으로 지지했던 군주제도가 몰락하게 되었고, 경제적으로는 북동부 지역이 노예 노동력 상실로 가장 큰 피해를 입었다. 남부에서는 이민의 유입으로 노동력 문제가 해결되었다. 사회적으로는 해방된 노예들이 브라질 사회의 일원으로 편입되지 못하는 문제점이 있었다. 도시에서 그들은 낮은 보수의 노동자 계급이나 극빈 생활자로 전락했고, 농촌에서도 최저 생활자 신세를 면치 못했다.

나부꾸의 말처럼 노예제도 폐지는 새로운 브라질의 탄생을 의미하는 것이었다. 저명한 역사가 올란다(Sergio Buarque de Holanda) 역시 'The year 1888, the most decisive year in the evolution of the Brazilian People, divides two epochs.'라고 말했다.

1870년 채택된 공화주의 성명은 대부분 군주제의 보수주의 성향에 대한 불만과 새로운 경제적 이해와 연관된 신흥사회계급의 정치적 열망이 담겨 있었다. 공화주의자들은 전국적 규모의 정당 조직에 나섰다. 마니페스토의 가장 중요한 핵심은 역시 연방주의(Federalismo)와 공화정(República)에 있었다. 연방주의는 브라질 모든 지방의 이익을 보호하기 위해 필요한 해결책이었고, 공화정은 19세기 자유주의의 정치적 원리를 실현할 수 있는 유일한 체제로 판단했다. 히우의 공화주의자들은 시민의 대표성이 더욱 커지고 노예제도가 폐지되며 개인의 권리가 보장되는 연방체제를 염원했다.

마침내 1889년 11월 쿠데타가 발발했을 때, 국가는 변화를 잠자코 받아들였다. 일반 대중은 이 격변에 무관심하는 듯했다. 마라냐웅과 바이아 지방의 일부 농장주들과 군주제 지지 세력이 항의의 소리를 높였지만 큰 호응은 얻지 못했다. 일반적으로 조용한 분위기 속에서 모두가 새로운 정체를 주시했다. 이러한 분위기는 사실상, 군주제 체제가 구조적으로 허약성을 드러내고, 19세기 말에는 그 생명력도 쇠잔해 있음을 증명하는 것이었다. 군주제는 시대적으로 낙후되고, 그 자체의 질적 결점 때문에 종말에 이른 것이었다. 이 상황에서 군부는 큰 저항 없이 시대가 요구하는 쿠데타를 일으킨 것이다.

오랫동안 공화정 체제에 대해 논의해왔음에도 불구하고 브라질은 공화주의 이론을 실천에 옮길 준비가 미약했다. 쿠데타 이후 사람들의 관심사는 공화국이 설립되느냐 아니면 무정부 주의가 지배하느냐에 쏠려 있었다. 브라질 국민들은 새로운 체제가 질서를 유지하고, 국가 통합을 책임지고, 앞선 군주제가 거의 반세기 동안 보장해준 것과 동일한 안정과 자유를 제공해줄 것인가 알고 싶었다.

데오도루는 막강한 군부의 힘을 배경으로 국가수반의 지위에 올랐다. 쿠데타가 있은 두 달 후 군사행진에서 그는 전군 총사령관직을 수락했다. 군주제의 잔해 위에 공화국 창건의 임무는 도전이었다. 그러나 다시 한번 브라질인들은 최소한의 분쟁만으로 엄청난 변화를 창조해내는 능력을 입증했다. 브라질은 19세기 스페인령 아메리카 국가들 대부분이 경험한 것과는 반대로, 투쟁도, 유혈극도, 적대자에 대한 박해도 없이 순탄하게 정부 체제를 변경했다.

브라질인들은 역사가 로드리게스(Jose Honorio Rodrigues)가 그토록 확신했던 화해와 개혁(Conciliation and Reform)을 구현하였다. 1889년 11월 포고령으로 데오도루는 연방공화국을 창건하였다. 국가 최고 권력자이자 군부 최고 지도자로서 그의 위치는 체제 강화에 큰 힘이 되었고, 질서 유지와 통합의 밑거름이 되었다.

제5장 커피 수출 붐(Boom)과 물질적 변화

제국 통치기의 대부분 동안 브라질은 경제적으로 위기를 경험하고 있었다. 브라질의 경제는 설탕, 면화, 커피, 담배 그리고 카카오 같은 열대성 원자재의 수출에 의존했다.

설탕은 17세기에 식민경제의 기반을 이룬 산물이었다. 화란인들이 안틸랴스 제도로 기술과 자본을 이전해 감으로써 생산이 급격히 쇠퇴하였지만, 17세기 후반기에 산업혁명으로 면화와 더불어 설탕산업도 부활하였다. 하지만 그 번영은 오래 유지되지 못했다. 나폴레옹의 대륙봉쇄령 발효 기간에 유럽에서 사탕무로 설탕생산이 활성화되었고 영국과 미국에 공급되었던 쿠바의 설탕이 강력한 경쟁력을 갖췄기 때문이다.

19세기 중반 이후 커피 경작이 활성화되었을 때, 북부지역의 노예들이 남부에서 매매되었다. 설탕산업의 사양화로 북동부 주민들도 아마존의라고무채취와 남부의 커피 농장의 이익에 이끌려 고향을 떠났다.

고무산업은 제국 말기 수출시장에서 매우 중요한 비중을 차지했고, 공화정 이후에는 자동차 산업의 발전으로 최고의 전성기를 맞이했다. 고무의 가격은 영국인들에 의해 통제되었다. 수마트라에 거대한 고무나무 재배단지를 보유한 그들은 터무니없이 비싼 가격으로 많은 이익을 취했다. 이에 맞서기 위해 미국의 헨리 포드가 브라질 정부와 협약을 맺고 대규모의 재배지를 아마존 지역에 조성했다.

카카우 열매

면화는 산업혁명 시대에 마라냐옹 주민들을 부유하게 해준 귀중한 작물이었다. 독립 이후 미국은 최첨단 경작기술을 동원하여 대규모로 생산을 시작했다. 자연히 가격이 폭락했고, 브라질의 면화는 시장을 잃었다. 미국이 제2차 세계대전에 참전했을 때, 브라질 면화는 잠시 호황기를 맞이했지만 이후 다시 쇠퇴하였다.

카카오는 아마존 지역에서 소규모로 재배가 시작되었다. 18세기 중엽 바이아의 남부지역으로 재배가 확산되었다. 미국과 유럽에서 초콜릿 소비가 증가하자, 외부 시장에서 인기가 치솟았다. 이 작물로 인해 다시 바이아 지역에는 노동력이 집중되었고, 새로운 발전의 계기를 얻게 되었다.

다시 한 번 브라질은 영국 식민지들과의 경쟁관계에 직면하였다. 영국인들이 브라질의 산물들과 같은 작물들을 아프리카 식민지에서 생산하면서 브라질은 세계시장에서 우위권을 상실 하게 되었다.

그러나 1830년대 이후 브라질은 커피로 엄청난 발전의 기반을 이룩할 수 있었다. 커피는 브라질을 자본주의 경제에서 신자본주의 시대로 이끌었다. 1530-1560년대에 설탕산업으로 브라질 경제의 특색이 되었던 단일 경작제도(Monoculture), 대토지소유제도(Latifúndido) 그리고 수출지향의 종속경제가 커피로 인해 한층 강화된 것이다. 커피는 설탕처럼 명백하게 농촌에 근거를 두고 있었지만 현대화, 도시화 그리고 산업화의 촉매제가 되었다.

1. 커피의 전래와 수출 붐

커피의 전래

커피는 원산지가 아비시니아(Abissinia)로 알려진다. 그곳에서 아라비아를 통해서 서구에 전해졌다. 브라질에서는 1727년 프랑스령 가이아나에서 멜루 빨레따(Francisco de Melo Palheta)에 의해 빠라 주에 유입되었다. 1770년경에는 바이아를 거쳐 히우를 향해 남쪽으로 빠른 확산이 이루어졌다. 그 이유는 히우 인근 광산지대의 잉여 노동력이 풍부했고, 인접한 항구가 운송을 원활하게 했기 때문이었다.

브라질에서 커피의 경작은 매우 유리한 이점들이 있었다. 예로써, 광활한 토지가 필요했는데 브라질은 이 조건을 충족할 수 있었다. 또한, 커피 경작은 대규모의 자본이 요구되지 않았고, 특별한 설비를 필요로 하지도 않았다.

커피나무는 처음에는 빠라이바 강 계곡 남쪽의 고산지대나 산의 경사면에서 집중적으로 재배되었다. 이 지역의 기후나 지형조건은 변덕스러운 커피나무가 자라기에는 완벽한 곳이었다. 상 파울루 동북부에서 발원한 이 강은 히우 지 쟈네이루 주를 질러서 굽이쳐 흐르며 에스삐리뚜 싼뚜 남쪽 20마일 지점에서 강 주변에 거대한 커피 경작지를 조성하였고, 19세기 최대의 생산지로 부상했다.

커피의 수출까지 과정

커피재배를 위해서는 무엇보다도 땅의 개간이 중요했다. 농장 소유주들은 원주민들로부터 터득한 전통적인 베어 넘기고 태우는 방식(slash and burn method)을 이용했다. 노동자들은 개간지의 모든 나무를 베어 건축용 목재를 골라낸 다음 9월 우기가 시작되기 전에 개간지에 불을 놓아 태웠다. 그리고 산허리 경사면을 따라 수직으로 열을 맞춰 오르면서 씨앗을 파종했다. 2년 주기로 제초작업이 행해지는 개간지는 3년이 경과할 무렵 거의 6피트까지 자란 어린 커피나무에서 첫 열매가 맺혔다. 한 그루 당 3-4파운드의 수확을 얻는 나무들은 토양과 기후 조건에 따라 15-30년 동안 꾸준히 열매를 생산했다. 덩굴 월귤보다 약간 큰 붉은빛을 띤 열매는 5월이 수확기였고, 나뭇가지는 무게를 견디지 못해

커피 열매

키피원두

아래로 축 처졌다. 수확자는 나뭇가지를 엄지와 검지로 감싸고 열매를 아래로 훑어냈다. 노동자들은 나뭇잎과 잔가지 부스러기에 섞인 열매가 가득한 대광주리를 쏟아 열매를 한 곳에 모았다. 이어서 불순물을 분리하는 작업이 진행되고, 열매는 광주리에 담아 건조장으로 향했다. 노동자들은 일 평균 3부셸(bushel, 약 36리터)의 열매를 수확했는데 이것은 말린 원두로 약 50파운드에 해당했다. 1에이커의 재배지에서 평균 4-5백 파운드가 수확되었다.

이 원두는 거친 껍질과 과육에 감싸인 두 개의 씨앗으로, 외피와 정막 속에 싸여 있었다. 이어지는 작업은 원두를 덮고 있는 모든 물질을 제거하는 것이었다. 강한 물줄기를 이용해서 과육와 외피가 제거되었다. 이렇게 제 모습이 드러난 원두는 약 60일 간 떼헤이루(Terreiro)라 부르는 마당에서 건조과정에 들어갔다. 일부 진일보된 재배농장에서는 단기간에 건조를 마치기 위해 증기작업장(steam sheds)을 이용하기도 했다. 이후 껍질이 말라 오그라들어 단단하고 검게 변했을 때, 원두는 나무절구, 수력 또는 증기를 이용해 빻았다. 바람을 이용해 껍질과 속 알맹이가 분리되었을 때, 전반적인 공정이 마무리되고 원두는 크기와 질에 따라 분류된 다음 자루에 담겼다. 이처럼 수확기에 커피농장의 생산 공정은 길고도 험난한 노동의 연속이었다. 커피나무로부터 커피 잔에 이르기까지의 여행은 이처럼 수확(colheita), 세척(lavagem), 건조(secagem), 과육과 외피제거(despolpamento, tiragem) 그리고 자루에 담기(ensacamento)의 복잡하고 힘든 과정을 거쳐 이루어졌다. 하지만 많은 사람이 이 원두로 엄청난 치부를 했다. 브라질 정부 또한 이 비즈니스에서 징수된 세금으로 막대한 이득을 취했다.

수출을 위한 과정도 어려움의 연속이었다. 원두 자루는 노새와 철도편으로 가까운 항구에 운반되었다. 빠라이바 계곡의 전성기에 히우 항은 브라질 커피 수출의 88%를 전담했다. 산뚜스 항은 10%, 바이아 1% 그리고 나머지 1%는 다른 항구에서 선적이 이루어졌다. 커피 자루 두 개를 등에 매단 노새들은 철도가 있는 곳까지 계곡 사이의 작은 길을 따라 일렬종대로 행군해 갔다. 커피로 인해 1860-1870년대에 히우 주에는 최초로 철로가 건설되었다. 철도역에서 하역된 원두 자루는 플랫폼이나 인근의 창고에 산더미처럼 쌓여서 기차에 선적을 기다렸다.

히우의 위탁인 또는 재배자들의 대리인들은 커피를 받아서 도매업자에게 약간의 커미션을 받고 팔아 넘겼다. 도매업자는 구입한 원두를 거대한 창고로 운반하여 130파운드씩 자루에 옮겨 재포장했다. 그들은 통상적으로 영국인 수출상에게 원두를 넘겼고, 영국인들은 시장 가격이 유리할 때를 기다려 해외로 수출했다.

커피수출은 매년 증가했다. 최초의 수출은 1731년 마라냐옹을 떠나 리스본으로 행해졌다. 독립 이후에도 커피 수출은 전체 수출의 1/5를 점유했고, 1889년 브라질 왕정 붕괴 후에는 2/3에 도달했다. 1822년 독립 이후 공화정 성립기까지 67년 동안 세계시장을 향해 선적된 커피의 양은 190,060자루에서 5,586,000자루로 증가했다. 이 기간에 팔린 커피의 값어치는 식민전체 기간의 수출 총액과 동일했다.

〈표 1〉 브라질의 커피수출

기 간	60킬로 자루(기본단위 1,000)
1821-1830	3,187
1831-1840	10,430
1841-1850	18,367
1851-1860	27,339
1861-1870	29,103
1871-1880	32,509
1881-1890	51,631

자료: in Caio Prado jr., História do Brasil, Ed. Brasilense, S. Paulo, 1963, p.164

2. 커피 수출 붐

동 뻬드루 2세 통치 중반기인 1850년 이후 커피 산업은 외국자본을 끌어들였다. 그리고 산업화에 가장 절실히 요구되는 국내자본을 형성하기 시작했다. 커피 생산에 필요한 기술이 유입되고, 생산지와 항구를 연결하는 철도와 도로확장도 활발하게 추진되었다. 브라질 내륙으로 향한 서진정책으로 인구가 희박했던 지역에 많은 사람이 유입되었다. 커피산업은 노예제도에서 임금 노동자로 향하는 전환기였다. 노예제도가 사양화되고 임금노동자의 필요성이 요구되자 수많은 유럽이민들이 몰려들었다.

커피 생산은 매우 역동적이고 현대적인 부르주아 계층의 형성에도 크게 기여했다. 커피시장의 활성화에 부응하여 브라질은 북대서양의 거대한 자본시장과 경제적 교류를 강화해야만 했다. 또한, 미국에서 커피 판매의 증가로 브라질은 미국과의 외교정책을 강화해 나갔다.

이처럼 커피산업은 브라질 경제 발전에서 가장 중요한 역할을 수행했다. 커피는 동 빼드루 2세의 제2왕정기의 정치질서를 안정시켰고, 이를 계기로 경제적 번영이 시작되었으며, 1889-1930년의 구 공화제 하에서도 새로운 정치질서의 기틀을 세웠다.

식민경제의 주역인 설탕시대는 19세기에 들어서면서 급속히 사양화되었다. 독립 이후 10 여 년간은 설탕이 여전히 수출의 30%를 차지하며 단일 수출 상품으로는 1위였다. 그러나 1830년대부터는 커피에 이어 2위로 하락하였으며, 그 이후 사양화를 면치 못했다. 그리고 19세기 후반기에는 전체 수출의 6%에 불과했고, 단지 국내 소비를 위해 존재했다. 자료에 의하면 19세기 중반에 브라질에는 대략 1,651개의 제분소가 있었고, 이들 중 144개가 증기 동력을 이용했다. 나머지는 253개가 수력으로, 그리고 1,275개는 가축의 힘으로 가동되었다. 그러나 15년이 지난 후 브라질에는 511개의 설탕제분소가 가동되고 있었다. 설탕 산업의 급격한 쇠퇴에는 많은 이유가 있었다. 공격적이고 능률적인 외국의 경쟁세력이 세계 설탕시장에서 브라질의 위치를 뒤흔들어 놓았다. 강력한 경쟁세력은 서인도 제도에서 기계화 영농과 기반시설확충으로 생산을 배가시켰다. 또한, 예전의 설탕 수입국들이 사탕무 경작으로 자급자족하면서 브라질은 국제시장에서 점차 잊혀 가는 존재가 되었다. 브라질 일부 지역에서는 토양의 무력화와 산림황폐의 원인으로 사탕수수 재배를 피하는 경우도 발생했다.

비록 설탕 수출 총량이 19세기 후반기부터는 33%로 상승했지만 가격은 11% 하락했다. 1833년-1889년에는 무역 총량이 6-7배 상승했다. 이 중 커피가 차지하는 비율은 엄청났다. 커피는 분명히 브라질 경제에 환영받는 새로운 산업으로 부각됐지만, 식민시대의 낡은 경제적 특색을 답습하고 있었다. 대농장 소유자에 의한 경작, 주로 수출만을 겨냥한 단일 수확, 외국시장 의존과 무엇보다도 노예 노동력의 투입이 문제였다. 또한, 커피 생산은 사탕수수 시절의 가부장제 사회제도 하에서처럼 동일한 생산양식을 유지하고 있었다.

〈표 2〉 브라질의 수출(1830-1890)

	1830-1840	1850-1860	1880-1890
커피	43.8%	48.8%	61.5%
설탕	24.0%	21.2%	9.9%
면화	10.8%	7.5%	4.2%
담배	1.9%	2.6%	-
피혁	7.9%	7.2%	3.2%

자료: in Caio Prado jr., História do Brasil, Ed. Brasilense, S. Paulo, 1963, p.164

커피 농장의 규모나 작업 과정도 사탕수수 농장과 유사했다. 한 가운데 위치한 농장주의 대저택을 에워싸고 예배당, 노예막사, 창고, 마구간과 헛간 그리고 기계 시설이 갖추어져 있었다. 커피 농장은 그 재배와 공정에서 사탕수수의 경우 보다 더 큰 액수의 투자자금이 요구되었다. 따라서 중·소규모의 농장은 유지가 매우 힘들었다. 사탕수수와 커피나무 재배에서 생산자 간의 차이는 있었다. 설탕생산자는 브라질 왕실과 매우 친밀한 관계를 유지했고, 보수당의 옹호자였으며 보호관세에 의존하였다. 그들은 커피 생산자들보다 변화에 더 민감했다. 그들에게서 생산성 또는 효율성을 기대하기란 힘들었다. 그들은 노예제도가 항상 존재하리라는 가정 하에서 행동하였다. 또한, 설탕 귀족은 자신들이 브라질 사회에서 중추적인 역할을 수행해왔기 때문에 정부가 항상 그들을 후원하리라고 생각했다.

과거의 유산과 덜 결부되었던 커피 재배자들은 보다 적절한 경제관과 사회적 현상을 파악할 줄 아는 사람들이었다. 그들은 날로 증가하는 외국무역 의존 경제에서 자유무역이론의 중요성을 전적으로 인정하는 사람들이었다. 그들은 새로운 기술과 기계 설비의 필요성과 노동력의 중요성을 절대

간과하지 않았다.

대부분의 브라질 커피 재배가 노예교역 금지 이후 시작되었기 때문에 설탕 산업보다 노예제도에 덜 의존하고 있었던 것은 사실이다. 실제로 커피 경작은 낮은 임금으로 고용된 이민노동자들에 보다 의존하고 있었다. 커피 계급은 이 때문에 이민의 가속화를 지지했다. 이 또한 설탕 계급과는 다른 현상이었다.

커피재배 확산 초기에 투자된 자본은 국내에서 조성되었다. 외국자본은 경제적으로 불안정한 국가로 오는 위험을 원치 않았다. 상황은 설탕 주기와 같지 않았다. 설탕 시대는 화란의 거대한 자본이 금융을 지원했다. 커피농장은 초기 자본이 그다지 크지 않았다. 하지만, 그런 이유로 영세업자들이 재배에 뛰어들 수는 없었다. 초기 개척자들은 자본을 지닌 상인들이었다. 그들 대부분이 농산물을 사고파는 중간상인들이었기에 자신의 상품을 교역하고 획득한 수익 대부분을 차지했다.

브라질 경제의 일반적인 상황은 커피 경작에 유리했다. 광산업의 피폐로 일손을 놓은 노예 노동력이 많았다. 더욱이 재배에 알맞은 토지는 낮은 가격으로 구입이 가능했다. 이처럼 제반 생산여건이 수월한 점이 투자가들에게 용기를 북돋아 주었다. 또한, 당시 세계의 전반적인 유행 풍조는 커피 마시는 습관이 확산되고 있었던 것이었다. 자연히 세계 시장에서 상품의 수요는 극에 달했다. 다만 커피는 활력을 강화시키는 영양제는 아니어서 가격이 높아지면 당장 소비가 줄어들 수 있었다. 그러나 커피가 세계인의 기호식품으로서 확고히 자리 잡자 가격은 비교적 꾸준한 안정세를 유지했다.

19세기의 브라질 수출 품목들 중 커피만이 국제적 경쟁상대를 만나지 못했다. 1860년 이후 브라질은 처음으로 1,750만 파운드 이상의 무역수지 흑자를 기록했다. 이와 같은 현상은 이후 수십 년간 지속되었다. 1890년에는 2,800만 파운드까지 흑자를 나타냈다. 기계류, 철도설비, 통신설비, 항만시설 등의 수입량이 증가함에도 국제수지의 흑자가 나타나는 현상은 브라질로서는 매우 고무적이었다. 특히 상 파울루의 커피 경제는 브라질 경제의 원동력이 되었다. 브라질은 커피의 세계 공급량 대부분을 장악하고 있었기 때문에 높은 이득을 취하면서도 국제 시장에서 가격을 통제할 수 있었다.

그러나 경제학자 셀수 푸르따두(Celso Furtado)는 커피경제의 최대의 난제는, 브라질이 농업에 적합한 방대한 땅을 가진 나라이고, 불완전고용 노동력에 의존하고 있었기 때문에, 얻어지는 이익이 이 단일 품목에 다시 전환되어 투입되었고 지속적으로 수출량을 늘려간 점이라고 지적한다. 반면에 세계시장의 수요는 소비자의 소득과 가격에 비해 신축성이 없었다. 그런 이유로 이런 부류의 경제 성장은 소비국가의 인구 증가에 의존할 수밖에 없었다.

황제는 새로운 부의 원천을 생산하는 사람들에게 경의를 표했다. 처음으로 커피 경작자들에게 신분상승의 표징인 귀족작위를 내렸다. 대표적인 예로 모라이스(José Gonçalves de Morais)는 삐라이의 남작(Barão de Piraí)이 되었다. 커피 계급은 다른 귀족들보다 월등히 많은 수익을 창출함으로써 브라질 제국에서 가장 부유한 계급이었다. 소우자 브레비스(Joaquim José de Sousa Breves)는 광활하고 비옥한 농장에서 1860년 브라질 전체 커피 수확량의 1.5%를 생산하였고, 삔뚜(Antonio Clemente Pinto) 는 노바 푸리부르구의 남작(Barão de Nova Friburgo)작위를 받았다. 히우에 있었던 그의 저택은 왕궁보다 더 화려하고 웅장했다. 이 저택은 후일 공화정 선포 이후 대통령궁으로 사용되었다.

지배 계층은 구매력을 증가시켰고, 커피에서 얻어지는 소득의 상당 부분을 외국에서 소모했다. 외국부채 상환과 이민들의 모국 송금 액수 또한 그 규모가 매우 컸다. 따라서 수지균형의 흑자에도 불구하고 재정 적자현상이 나타났다. 브라질 국내에 남는 자본보다 외부로 유출되는 자본이 더 많았던 것이다.

식민시대 동안 설탕과 담배 등의 작물을 재배하는 대농장주들이 권력의 고삐를 쥐고 있었다. 그들의 관심은 싼 가격으로 노예 노동력을 수입하고, 세계시장에 생산품을 수출하는데 용이하게 통치체제를 확립하는 데 있었다. 이 두 가지 목적은 대농장주들이 생산에 최적의 땅을 소유하고 역동적인 활동을 펼쳐가는 한 가능한 일이었다. 이와 같이 노예제도를 추구하는 농촌 귀족들의 정치참여는 지방의회(Camara Municipal)를 장악함으로써 실현되었다. 19세기 브라질의 독립도 실제로는 그들이 자신과 영국의 이익을 위해 연합한 결과였다. 이처럼 브라질 제국은 상류 특권층을 보호하기 위해 태어났다고 해도 과언이 아닐 것이다. 커피 경작지가 중남부를 중심으로 확산되자 제2제국기에 북동부의 정치적 헤게모니가 점차 소멸되었다. 물론 국가 경제의 축은 광산업의 발전과 더불어 중부로 이동하고 있었고, 수도 역시 중남부의 히우에 위치했다. 1930년대에 제국의 수도 히우는 커피 경작자들의 아성이었다. 왕실의 실권자들은 상 파울루,히우와 미나스 제라이스의 커피농장주들이었다. 커피귀족들은 국가의 관료제도를 장악했다. 그들은 자신의 이익과 연관된 행정기구를 만들어 나갔다.

열강들 간에 전 세계적으로 무역전쟁이 일기 시작했다. 19세기 말의 국제적 갈등의 악화는 또 다시 보호무역주의의 낡은 관행을 소생시켰다. 그것은 신중상주의로서 독점자본주의에 기원한 것이었다. 커피재배자들은 현대적, 유럽적 그리고 더욱 부르주아적인 관념을 브라질 사회에 심었다.

19세기 중반에 브라질에서는 도시의 발전이 진행되었다. 도시 중심화는 식민시대 농촌중심 사회를 탈피하여 선진화로 향하는 의미 깊은 노정이었다. 도시의 새로운 활동, 상업 발전, 외국이주민의 유입과 행정조직의 개편은 도시를 한층 역동성 있게 만들었다. 브라질의 도시들은 유럽의 대도시를 모방하고 있었다. 이 모든 것은 커피산업의 발전으로 야기되었다고 해도 과언이 아니다. 수출업자들의 회사, 커피 수출조합과 주식인취소가 있는 도시 중심에는 중개대리인, 중매상인, 창고업자와 운송업자 그리고 은행원 등이 모여들었다. 대농장주들 역시 항상 농장에 상주하지 않았다. 그들은 도시에 안락한 저택을 소유하고 있었다. 그곳에서 그들은 문명의 이기와 유럽문화를 즐겼다. 그들은 정치현황에 귀를 기울이고, 사회제반 현상에도 관심을 보였다. 농장에는 그들 신분을 상징하는 영주의 대저택을 유지할 뿐 상주하지는 않았다. 그들은 지배인이나 관리인을 두어 모든 생산과정을 돌보게 했다. 커피농장주들의 구매력은 브라질 수입에서 잘 반영되고 있다. 1839-1875년 신발과 의복류의 수입은 국가 전체수입의 51.1%였다. 동기간 식량수입은 20.3%였고 기계와 석탄류는 단지 3.8%에 불과했다. 도시는 한 나라의 진보를 보여준다. 전신을 통해 통신은 거리를 단축시켰고, 항구는 철도와 항만설비의 개선으로 눈부시게 변했다. 경제력의 향상과 발전으로 관료, 자유인, 공예가, 지식인과 공무원의 일자리가 늘어났다. 역사가 에이또르

페헤이라(Heitor Ferreira)에 의하면 일인당 국민소득도 19세기 중반부터 상승하기 시작했다고 한다.

1860년대에는 커피 외에 국제시장에서 새롭게 각광받는 품목이 있었다. 미국의 시민전쟁으로 국제 면화시장에는 엄청난 타격이 있었다. 유럽의 면직물 제조업자들은 다른 면화생산국을 찾았다. 브라질도 새로운 수요에 부응하여 면화생산을 증가시켰다. 이리하여 1860년대에는 면화가 전체 수출의 18.3%를 차지했다. 이것은 1850년대에 비해 3배 증가한 양이었다. 뿐만 아니라 브라질은 유럽과 북미에 종전보다 많은 원자재를 공급했다. 고무는 1840년대에 수출 총액의 5%미만이었지만 1890년대에는 15%까지 상승했다.

영국은 브라질 국제무역에서 최대의 수혜자였다. 그들은 브라질 수입의 최대의 몫을 공급했고 브라질 차관자금이나 투자 대부분을 책임졌다. 그러나 1870년 이후 미국이 브라질 수출의 최대의 고객으로 등장했다. 그들은 커피와 고무의 50%이상을 구입했고 그 밖에도 많은 열대작물들을 수입해 갔다. 이로써 거대한 두 나라의 경제적 접근이 외교적 관계로 발전하였다. 동 뻬드루 2세가 1876년 필라델피아에서 개최된 독립 100주년 기념식에 참가했을 때 호기심 많은 미국인은 열대지방에서 온 철학자와 황제를 따뜻하게 맞이했고, 황제 역시 활기찬 거인 미국을 자세히 살피고 돌아왔다. 황제의 방문으로 양국 관계는 매우 돈독해졌다.

커피 판매의 증가로 야기된 번영은 바깥 세계와 브라질의 관계 증진에 큰 영향을 끼쳤다. 국가도 내부적으로 새롭게 탈바꿈하는 데 큰 도움이 되었다. 그 결과로 다양한 물질적 변화가 브라질을 새로운 모습으로 변모시켰다.

3. 물질적 변화

1844년 알베스 브랑꾸 관세제도(Tarifa Alves Branco, 1844년 당시 재무장관 브랑꾸는 국가수익 증대와 산업 장려를 위해 관세율을 대폭 올렸고, 이 보호주의 정책은 국제 수지균형의 안정에 기여했다)를 비롯한 1846년 면세로 기계류 수입 허용, 1849년 상사회사 설립 법 제정, 1850년 상법 공포 및 노예교역 금지와

1851년 브라질 제2은행 설립은 국가 경제 발전을 위한 강력한 정책이었다.

1850년 쁘라이에이라(Praieira) 폭동이 발생했다. 1842-1849년까지 지속된 이 폭동은 헤시피에서 토지의 대부분을 소유하고 있었던 소수의 부유층과 상업을 독점하고 있었던 포르투갈인들에 대한 불만으로 야기되었지만, 진압되었다. 1848년 시작된 보수세력 주도의 길고도 평온했던 정부 그리고 젊은 황제가 브라질에 불어 넣은 힘과 확신은 발전의 촉진제였다. 이와 같은 안정되고 질서가 확립된 강한 정부의 정책과 수출정책으로 인한 번영은 브라질 제국의 물질적 변화에 커다란 충격을 가했다.

1850년대는 제국 정부의 가장 눈부신 활동기였다. 아브레우(João Capistrno de Abreu)는 이 시대를 일컬어 '제국의 가장 찬란한 시기(the most brillant of the Empire)'라고 한다. 브라질의 새로운 신용기구설립, 자본순환의 원활과 적절한 투자, 화폐발행의 증가 그리고 은행의 설립은 변화를 가능하게 하는 주요한 요인이었다. 1845년 브라질에는 히우 상업은행 하나 만이 존재했다. 동년 바이아의 상업은행 설립으로 은행 설립이 급속히 확산되었다.

마우아(Irineu Evangelista de Sousa,Visconde de Mauá)가 1851년에 브라질 은행을 설립하여 1853년 히우 상업은행과 합병하면서 수년 동안 지폐발행권을 독점했다. 1857년 세계금융위기가 브라질 경제를 위기로 몰아가기도 했지만, 안정을 되찾은 후 정부는 다른 은행에도 화폐발행의 특권을 제공했다. 새로운 특권의 남용으로 브라질에 화폐가 범람하자 1866년 정부는 화폐발행에 관한 모든 특권을 철회하였다.

한편 외국은행들의 브라질 진출도 활발했다. 1862년 최초로 영국이 The London and Brazil Bank를 설립했고 5개의 지점을 개설했다. The Brazilian and Portuguese Bank는 1863년 설립인가를 받았다.

전보통신은 1852년 브라질에서 통신혁명을 일으켰다. 첫 번째 라인은 싸웅 끄리스또방(São Cristovão) 의 궁전에서 히우의 깜뿌 싼타 아나(Campo Santa Ana) 군사령부를 연결했다. 1857년에는 하계 수도인 뻬뜨로뽈리스(Petropolis)와 히우를 연결하는 라인도 생겼다. 파라과이 전쟁에서도 전신은 매우 중요한 통신수단으로 확인되었다. 왕실과 남부지역이 연결되었고, 1886년에는 북부지역의 벨렝(Belém)과도 통신이 가능하게 되었다. 전신국의 숫자도 날로 증가하여 1861년 10개 전신국에서 233개 메시지를 전달하는 40마일의 라인이 있었으나 1885년에는 171개 전신국에서 60만 개의 메시지 전달 능력을 지닌 6,560마일로 확장되었다.

진보주의자 마우아 자작(Visconde de Maúa)은 유럽과 브라질 사이를 해저 케이블로 연결하기 위한 회사를 영국과 합자로 설립하려했다. 이 기막힌 아이디어와 상상력은 브라질인들을 흥분시켰다. 성대한 축하행사가 열렸고, 1874년 6월 23일 국립도서관에서 동 뻬드루 2세는 유럽으로 발신되는 최초의 메시지를 보냈다.

통신의 경우처럼 운송에도 혁명이 일어났다. 수로를 통한 운송은 브라질에서 가장 중요한 수단이었다. 1819년 바이아의 또두스 우스 산또스(Todos os Santos)와 살바도르를 연결하는 증기선이 운항을 시작했다. 그리고 1839년부터는 수도와 북부 연안의 항구를 연결하는 많은 증기선 항로가 개설되었다. 운송의 대혁신을 일으킨 증기선은 1843년 아마존 강에서도 과삐아쑤(Guapiassu)호가 요란한 기관 소리를 내며 운항했다. 이 증기선은 벨렝에서 마나우스를 연결했다. 9백 마일의 항로를 9일 동안 항해했다가 4-5일 만에 회항했다. 이것은 수로운송의 대혁신으로서 예전에는 정기여객선이 2-3개월 올라갔다가 1개월 정도 항해하여내려 왔었다.

수년 동안 정부는 기업가들이 철도건설을 감행해 주기를 간절히 바랐다. 따라서 신법은 지원자에게 많은 유리한 조건을 제시했다. 마우아가 이 제안에 동참하면서 1854년 과나바라 만에서 뻬뜨로뽈리스에 이르는 약 10마일의 철로가 건설되었다. 1858년에는 연이어서 뻬르낭부꾸의 헤시피에서 까부에 이르는 20 마일의 철로가 건설되면서 사탕수수 경작지에 큰 도움을 주었다. 또한, 히우에서 께마두스(Quemados)를 연결하는 30마일의 철로가 건설되고 이후에 상 파울루까지 이어졌다. 1874년 브라질은 약 8백마일의 철로를 보유했다. 마우아가 최초의 철로를 건설한 이래 20년 동안에 매년 약 40마일씩 증가한 것이다. 1875년 이후 철도망은 더욱 빠른 속도로 증가했다. 1875-1879년 1,023마일, 1880-1884 2,200마일 그리고 1889년에는 대략 6천 마일의 철도가 건설되었다. 이들 철도망은 대부분이 동남부에 집중되었지만 20개 주 중 14개 주가 철로를 보유했다.

대규모 경작이 내륙 지역으로 급속하게 확산됨에 따라 커피는 항구까지 이동하는데 빠르고 능률적인 운송수단이 필요했다. 정부나 주 정부는 이들의 요구를 충족시켜주기 위해 노력했다. 그런 이유로 철로 운송망의 확충은 국가통합이나 국내 경제 인프라 구축보다는 해외시장을 향한 수출에 박차를 가하기 위하는데 목적이 있었다. 브라질 경제에 미치는 잉여이익이 어느 정도인지는 모르지만 철도는 브라질을 세계시장과 연결해주고 해외수출 의존도를 높이는데 이바지했다. 철로 역 주변에는 인구가 집중되고 마을과 도시가 탄생하여 토지가격을 상승시켰고, 생활에도 새로운 변화가 생겼다.

운송체제의 확충은 브라질 경제성장과도 밀접한 관계가 있었다. 새로운 시장이 열리고, 새로운 자원과의 접촉도 가능해졌다. 커피, 면화 그리고 다른 열대산물들의 높은 판매가격은 브라질 경제를 활성화시켰고, 수요의 증가에 따라 투자도 증가했다. 1860년 이후 무역수지 흑자는 경제에 새로운 변화를 가져다주었다. 은행들도 앞 다투어 투자와 대부를 제공했다. 그러나 1865-1870년 파라과이와의 기나긴 투쟁은 브라질 경제의 고질적인 문제점을 드러냈다. 1875년 세계금융위기의 영향도 브라질에 커다란 충격이었다. 1880-1886년 커피가격의 하락은 지식인들로 하여금 브라질 경제의 병폐를 치유할 방법은 산업화를 통한 다양화와 한층 강화된 경제 시스템뿐이라고 믿게 했다.

증기선, 철도, 전신, 은행 그리고 계몽주의 사상, 안정된 정부 그리고 커피의 수익으로 브라질에서 산업화의 가능성과 희망이 싹트기 시작했다.

1850년대 이미 산업화의 조짐이 보였고, 이에 따른 성장세도 관찰되었다. 이때 62개의 공장이 설립되었고, 14개의 은행과 20개의 증기선 회사가 나타났다. 그 밖에도 23개의 보험사, 4개의 식민회사, 8개의 광산회사, 3개의 운송회사 2개의 가스사와 8개의 철도회사가 설립되었다. 이와 같은 증가추세로 브라질에는 1889년에는 636개의 회사가 있었다. 이들 중 섬유산업은 1865년 9개에서 제국 말기에는 100개로 증가하며 그 중요성을 입증했다. 그 밖의 주요 산업으로는 식품가공, 의류, 목재, 화학과 금속공업이 있었다. 이 산업화의 추세에 이미 사양화되고 있었던 설탕산업도 증기기관의 유입으로 빈사상태에서 벗어나려고 노력했다. 1878년 많은 재래식 공정들이 증기 동력을 이용한 기계화로 대체되었고, 노예교역 이후 북동부의 헤시피에서 섬유, 담배, 초, 비스킷과 다른 공장들이 산업화를 촉진시켰다.

보수주의 정권은 국가산업 장려를 이유로 1885년 보호관세 제도를 실시했다. 정부는 브라질 제조업자들이 필요로 하는 원자재에 대한 관세를 감면해주고, 이들과 경쟁관계에 있는 제품에는 평균 48%로 관세를 올렸다.

브라질 산업화의 선구자는 마우아였다. 그의 전기를 쓴 호라찌우 알제르(Horatio Alger)에 의하면 마우아는 파란만장한 인생을 살았던 인물로 묘사된다. 그는 항상 큰 계획을 세울 때 협동 정신(The Spirit of Association)을 강조했다. 어떤 나라의 번영에 있어서도 그것은 가장 중요한 요소이다. 말하자면 그것은 발전의 영혼이라 할 수 있었다. 그의 뛰어난 능력뿐만 아니라 열정 때문에 브라질에는 많은 외국투자가 유입되었다. 그는 '신용은 자본 형성의 기반이다. 그리고 새로운 부의 원천이다.'라고 선언했다.

1850년대와 1860년대 초에 히우는 가장 활기가 넘치는 수도였다. 1868년 60만 명의 인구를 수용한 이 도시는 주요 거리가 잘 포장되었고 상하수도 시설도 갖추어졌다. 넓은 거리의 양면에는 아름다운 건물들이 들어섰다. 시장과 상점들에는 다양한 물건들이 넘쳐났다. 가스등으로 화려한 야경이 아름다운 히우 거리는 많은 교통수단들이 등장했다.

이처럼 히우는 개혁의 선두주자로서 뿐만 아니라 또 다른 변화를 향한 상서로운 출발을 했다. 변화를 위한 경비는 세금의 징수로 충당되었다. 수익은 인지, 우표, 공무원들의 소득세, 수도, 전기, 가스, 건물, 복권, 교통수단, 주식, 어음, 수출, 수입세, 노예, 가축, 양도세, 광산, 창고업, 부두, 정박세, 주류 그리고 우편, 통신에서 얻어졌다. 국가 수익은 그 신장세가 매우 컸다. 1838년에 2만 꼰뚜(Conto), 1858년에는 10만 꼰뚜를 넘어섰다. 이 기간에 수입관세도 3배 증가했다. 정부는 정기적으로 영국은행에서 특별사업에 필요한 차관을 도입했다.

브라질 제국은 성장을 위해 필요한 인재양성에도 노력을 기울였다. 1860년 농업, 상업 그리고 공공사업을 관장할 부서가 설립되고, 1878년에는 이공계 대학인 종합기술전문학교(Polytechnical Institute)가 세워졌고, 미나스에는 광산학교, 싸웅 벤뚜에는 농업학교가 등장했다. 이 모든 물질적 변화들이 커피 경제의 활성화로 실현 가능했던 브라질 현대화의 면모들이라고 할 수 있다.

제국사회

제국시대 브라질의 사회적 특성은 가부장제도에서 찾을 수 있다. 한 집안의 가장은 가정에서 절대적 권위를 지니고 있으며, 아내, 자식들 그리고 하인들 위에서 군림했다. 부유층들은 농촌에 거주하지 않았다. 대토지 소유자들의 꿈은 수도나 대도시에 살면서 정계에 입문하는 것이었다.

제국사회의 지배계층

당시의 지배 계층은 사탕수수 농장과 제분소의 주인, 커피 농장주들을 비롯한 대토지 소유자들이었다. 그들은 이른바 토지소유 엘리트들로서, 독립 이후부터 정당의 책임자, 종신 상원의원 그리고 군주제정부의 관리들이었다. 그러나 19세기 중엽 설탕산업의 사양화와 커피 경작의 발전은 이 귀족계급의 분열을 일으켰다. 커피 농장주들은 쇠퇴기의 제분소 주인들을 누르고 브라질의 정치와 경제를 주도해 나갔다.

제국사회의 중산층

이 계층은 도시, 상업, 공업 그리고 문화의 발전과 함께 나타났다. 상인계급은 포르투갈, 영국, 프랑스인들이 대부분으로 정치에는 관심이 없었고, 도시를 지배하는 그룹이었다. 또한, 공무원들이나 문화, 종교계 인사 그리고 군인들과 자유업종 종사자와 농촌의 소생산자들도 이 계층에 속했다. 중산층은 19세기 후반부터 중요한 역할을 수행해 나갔다.

제국사회의 소시민계층

장인, 노동자, 노예, 하인 그리고 임금을 받고 일하는 식민들이 이 계층에 속했다.

제6장 진보와 새로운 질서

1. 지적 사고의 형성

1822년 독립 당시 브라질 인구는 대략 3백만이었다. 이것은 포르투갈과 미국보다 많은 숫자였고, 영국의 절반이었으며 유럽에서 인구가 가장 많았던 프랑스의 1/6에 해당했다. 브라질 인구는 특이한 구성을 가졌다. 전체 인구의 1/3이 노예, 1/4는 원주민 그리고 나머지는 대부분이 물라뚜(mulato), 마멜루꾸(mameluco) 또는 까푸수(Cafuzo)였다. 물라뚜는 백인과 흑인 사이에 태어난 혼혈, 마멜루꾸는 백인과 원주민 사이에 태어난 혼혈 그리고 까푸수는 흑인과 원주민 사이에 태어난 혼혈을 말한다. 백인들은 포르투갈인들이 대다수였고 상황에 따라 포르투갈 시민으로 전환될 수 있는 사람들이었다.

대부분 유럽의 백인 가계에서 출발한 브라질 엘리트들은 자신이 유럽인 후예임을 자랑스럽게 생각했다. 그들은 유럽에서 발생하는 여러 가지 일들과 소식에 귀 기울였고, 구세계로부터 접한 새로운 사상들을 받아들였다. 이러한 사상은 그들의 지적 원동력은 되었지만 사상의 홍수로 혼란도 초래됐다.

브라질에서는 일반적으로 3가지 주요한 유럽철학이 19세기에 엘리트층의 지적 사고력 형성에 영향을 미쳤다. 개몽사상, 찰스 다윈과 허버트 스펜서의 진화론 그리고 꽁트의 공리주의(Positivism)가 그들이었다.

브라질에서 진보의 개념은 아마도 19세기 브라질 역사를 이해하는데 이 세 가지 사상과 연관된 키워드이다. 무지의 극복을 강조하는 계몽주의 철학자들은 만일 국민이 진리를 터득하기 위한 기회를 갖는다면 그들은 야만주의를 극복하고 문명화의 길로 인도될 것이라고 단언했다. 계몽주의의 신봉자들은 이 사상이 문명화를 판단하는 기준이라고 생각했다. 그러한 판단의 기준은 유럽인들의 발전관에 기반을 두었다.

스펜서는 특히 브라질 엘리트들의 관심을 집중시켰다. 스펜서는 발전을 가장 큰 완벽과 가장 완전한 행복을 만들기 위한 전진이라고 했다. 그러나 이를 위해서는 엄청나게 큰 경제적 변화와 새로운 변화에 대한 순응이 필요하다고 했다. 그는 현대사회의 인프라의 가장 중요한 부분으로 철도를 옹호했다. 그런 이유로 발전의 가장 확실한 표현은 산업화라고 강조했다. 브라질 엘리트들은 스펜서로부터 사회적 진화를 통해 미래의 영광을 얻기 위한 발전에 대한 사상을 습득했다. 대부분의 유럽 사상가들처럼 스펜서도 브라질의 인종차별은 브라질을 저주받게 하는 행위라고 단정했다. 그러나 브라질 엘리트들은 이에 대해서는 외면한 채 그의 발전관에 대해서만 관심을 표명했다.

꽁트의 실증주의도 브라질에서 지난 4반세기 동안 다윈과 스펜서, 계몽주의 학자들의 사상과 더불어 많은 영향력을 끼쳤다. 실증주의는 사회진화와 발전의 필연성을 확신했다. 꽁트에게 발전이란 실증주의로 성문화된 과학법의 수용을 통해 얻어질 수 있었다. 실증주의에서는 철도나 산업화와 같은 외부 지향적인 표현이 엄청난 중요성을 지녔다.

이처럼 다양한 지적 조언자들의 사상은 유럽 문명화를 복제하고자 하는 브라질 엘리트들에게 강한 논쟁거리를 제공했다. 문학과 과학을 다룬 잡지 Minerva Brasilense(1843.11)에서는 가장 주요한 이슈로 19세기의 발전을 다루었다. 오멩(Sales Torres Homem)은 인사말에서 '정치, 도덕적 성숙뿐만 아니라 과학의 발전은 매우 경이롭다. 브라질은 유럽으로부터 발산된 발전에 참여하고 있다. 미래는 밝다. 이에 대한 믿음을 확신한다. 이 믿음은 유럽인들의 진보관이 반영된 철학적 개념을 우리의 엘리트들이 유입한 결과이다.

정치적으로 그들은 그것을 실행하기 위해 질서를 요구했고, 경제적으로는 자본주의를 택했다.'라고 강조했다.

19세기 후반기에 엘리트들은 물질적 진보의 중요성을 더욱 깨달았다. 그들 대부분은 제2외국어로 프랑스어를 구사했다. 또 일부는 영어나 독일어를 습득했다. 유럽의 발전된 면모를 문학과 정보를 통해 수용하기 위해서였다. 신문은 서구세계에서 일어나는 뉴스를 상세히 소개했고, 산업국가들의 과학 기술에 대해 진지하게 토론했다. 많은 엘리트들이 해외여행을 했다. 그들은 유럽, 특히 파리에 대한 향수를 간직한 채 귀국했다. 그들은 그곳에서 보고 들은 것들을 모방하는데 주저하지 않았다.

시간이 흐름에 따라 엘리트층들은 미국의 경험이 신세계에서 유럽사상 실험의 성공적 결과라고 인식했다. 미국의 발전은 시민전쟁 이후에 더욱 명백해졌다. 대륙횡단 철도가 건설되고 산업화의 속도는 더욱 가속화되었다. 브라질 엘리트는 미국의 성공을 두 가지 이유에서 찾았다. 즉, 인종구성에 있어 유럽출신의 우세와 정치, 경제적으로 유럽사상의 채택, 말하자면 미국은 그들의 눈으로 직접 진보주의의 승리를 확인했고 더 나아가서는 그것을 성취하는 방법을 입증한 것이다.

진보에 대한 브라질 엘리트들의 인식은 복합적이고 난해한 사회과학적 전문용어의 이해보다 예증에 의해 더욱 쉽게 파악되었다. 후세의 학자들은 진보를 현대화의 개념으로 해석하려 했지만 19세기 브라질의 제반 문제들을 명확하게 밝혀내지는 못했다. 이후부터 상호 교환적으로 사용된 진보와 현대화라는 용어에는 포르투갈, 브라질인들과 연관된 가치관, 관습, 유럽과 미국의 양상, 관념, 기술에 대한 인식 그리고 그것들을 채택하려는 의지 등이 내포되어 있었다. 결과적으로 브라질에서 진보란 유럽과 미국 모델에 가능한 밀접하게 접근하여 국가를 재창건하는 것을 의미했다. 그런 이유로 엘리트들은 교육을 확산시키고, 기술 수준을 향상시키며, 산업화와 도시화를 촉진했다.

브라질인들이 추구한 진보는 피상적인 것이었다. 그들은 토지구조(the land structures)를 신식민제도의 근간으로 하는 위험을 범했다. 그 선택은 진보를 위한 하나의 방식이 될 수는 있지만, 엘리트의 특권을 위협할지도 몰랐다. 엘리트들은 모노컬처에 의지했고, 그들이 추구하는 진보 대부분은 커피수출에서 얻어졌다. 이처럼 신식민주의는 구태의연한 것이었고, 이를 애써 현대화와 결부시켰던 것이다. 따라서 19세기 브라질에서 진보는 주로 양적인 면에서 측정되었다. 철도의 길이, 통신선의 길이와 같은 숫자가 중요했고, 항구시설의 확장과 개조는 진보와 동일하다고 생각했다. 이를 위해 그들은 유럽에 의존하고 단일 수출품목의 수출을 강화해 나갔다. 대도시들은 파리와 같은 유럽의 도시들을 놀라울 정도로 모방하였다. 브라질이 유럽의 모든 것을 모방하는 한, 엘리트들은 그들 자신, 도시 또는 지방들을 문화,문명화 그리고 진보라는 표현으로 평가했다. 19세기 후반 들어 유럽이민들이 급속히 증가한 것을 엘리트층은 진보가 가속될 좋은 징조라고 생각했다. 그들이 유럽의 선진화된 기술과 능력을 제공하리라 믿었기 때문이었다.

실제로 1850년 이후 브라질은 평화와 안정이 수립되고 커피수출로 얻은 막대한 이익으로 현대화가 가속화되었다. 이와 같은 브라질의 진보는 다른 라틴 국가들에서도 유사한 형태를 찾을 수 있었다. 칠레는 1833년 보수세력의 주도에 의한 헌법 선포, 아르헨티나는 1862년 부에노스 아이레스와 타지방들과의 통합 이후, 멕시코는 1867년 맥시밀리언 황제의 처형 후 브라질과 유사한 발전의 형태를 취하게 되었다.

커피수출은 19세기에 더욱 성장세에 있었지만 얻어진 부는 주로 남동부지역 소수집단의 수중에 있었다. 그러한 단일 품목 수출을 통한 성장이 브라질의 복리를 손상시켰다는 논란이 있을 수 있다. 발전은 국민 대다수에게 가장 큰 혜택을 제공하기 위한 국가의 잠재력을 최대한 사용해서 얻어진 결과이다. 따라서 발전은 그 안에 성장을 포함하고 있는 것이다.

아이젠버그(Peter L. Eisenberg)의 연구 빼르낭부꾸의 설탕산업(The Sugar Industry in Pernambuco,1840-1910)은 기본적 제도의 변화 없는 현대화의 면모를 잘 설명해준다. 설탕산업에서 현대화는 노예 노동의 폐지와 최신기술의 사용을 의미한다. 정부의 자금지원은 제분소 소유자들이 현대화로 전환할 수 있는 좋은 기회였다. 이리하여 그들은 어느 범위까지는 번영을 구가할 수 있었다. 그러나 그들은 수출시장에서 입은 손실을 낮은 임금과 열악한 노동 조건 하의 노동자들에게 전가시켰다. 그는 1870년 이후 생계비가 증가

추세임에도 불구하고 비숙련 농촌 노동자들의 임금이 하락하고 있음을 발견했다. 그는 결론적으로 '19세기 후반 자유 농촌 임금노동자가 노예보다 물질적 이득을 얻지 못하고 있다.'라고 주장했다.

따라서 19세기에 브라질이 발전적이었다는데 대한 증거는 충분치 않다. 단지 진보의 한 형태가 수출 분야에서 두드러지게 나타났고, 그와 연관된 엘리트층에 많은 이득을 주었던 것이다. 오히려 진보의 과시와 사치풍조로 인하여 축적된 자본의 소비, 외국차관자금에 대한 이자 지급, 외국은행으로 국내 자금이 유출되어 엘리트들은 대다수 브라질인들을 더욱 빈곤하게 하였다. 이처럼 브라질에서 진보는 이미 대다수 시민에 대한 사회, 경제적 정의를 실현하는데 부적절함을 분명히 증명했던 구제도가 지닌 모순된 특징으로 사회적 불평등을 도왔다. 이리하여 진보는 19세기 브라질의 경험이 발전을 더디게 하고 다수를 빈곤하게 하며 종속을 가속화 시키는 원인으로 이해되었다.

2. 새로운 질서

강력한 가부장제와 관습에 얽매였던 농업국가 브라질 내부에서도 차츰 유럽화의 추구가 태동하였다. 농촌 엘리트의 이익과 교감하면서도 도시사회의 이익에 관계된 정책이 강화되었다. 북동부의 경제가 붕괴되면서 동남부가 부상하자 양 지역은 정부의 지지를 얻기 위해 경쟁하였고, 도시는 커피계급을 지지했다. 보다 근본적인 정치적 갈등이 번져나갔다.

당시 브라질의 의회제도는 약점이 많았다. 의원들은 제한된 대표성을 지녔고, 의식화되거나 과장된 행동과 배타주의도 난무했다. 정당은 더 젊은 정치가들의 출현을 기대했다. 이것은 권위주의적 식민통치 3세기 이후 자치정부를 향한 새로운 단계로의 진입이었다.

새로운 시대의 정치가들은 외견상으로는 모두가 개혁주의자들로 여겨졌다. 새로운 분위기가 조성되어 나갔다. 정치적 견해 차이를 넘어서 자유당의 개혁 성명서에 동참하는 정치가들이 많아졌다. 1868년 자유주의 세력의 개혁안은 공화정에 대한 관심을 크게 부추겼다. 다소 약하기는 했지만 1789-1798년의 광산촌의 불신, 1817- 1824년의 폭동들과 섭정기를 통해 공화정에 대한 열망은 이미 표면화되고 있었다. 1870년 공화클럽은 군주국을 폐지하고 연방공화국을 설립하자는 취지의 선언문을 공표하였다. 초기 브라질의 공화주의자들은 사상적 배경을 계몽주의에서 상속받았다. 그들은 미국의 연방제도에 심취되었고, 꽁트의 실증주의적 관념에 보다 유착되었다.

공화주의자들은 자신들 스스로 엘리트라고 여겼다. 그러나 그들의 문제점은 대중을 끌어들이지 못하는 데 있었다. 거의 절대적으로 도시 지향적이었던 그들은 주로 히우, 미나스, 상 파울루와 히우 그란지 두 술에서 세력을 규합했다. 이들 중 상 파울루는 공화당파의 가장 강력하고 최상의 조직력이 갖추어진 곳이었다.

1870년부터 동 뻬드루 2세의 제국은 쇠퇴기에 접어들었다. 실제로 낡은 구체제는 모든 사회 계급의 기대에 부응하기 힘들었다. 커피 경제의 호조로 국가 자체는 경제적 그리고 사회적으로 발전의 국면에 있었지만, 정치체제는 존속이 불투명했다. 군주제를 무너트린 결정적인 사건들은 종교문제, 파라과이 전쟁으로 야기된 군대문제 그리고 영국과의 외교적 마찰로 빚어진 문제 등이 있었다.

첫째로, 종교 문제는 국가와 종교 간의 갈등에서 비롯되었다. 교황권 지상주의가 브라질의 황제 교권주의에 도전하게 된 것이다. 첨예한 대립이 교회와 국가 사이의 우호관계를 덜컹거리게 했다. 이와 같은 현상은 19세기에 스페인령 아메리카 국가들의 특징으로 여겨지는 교회와 국가의 습관적인 암투와 비교될 수 있다.

둘째로, 군대 문제는 파라과이 전쟁때부터 발생했다. 비교적 용이하게 독립을 성취한 브라질 제국은 인접국가와의 우호관계에 큰 관심을 쏟았다. 무엇보다도 칠레를 제외한 거의 모든 스페인령 독립국들과 접경한 브라질은 광활한 국경경계를 보다 유리하게 확정짓기 위해 노력했다. 그들의 가장 큰 관심사는 아마존 강 상류와 쁘라따 강 유역에 집중되었다. 이곳에서 주변국들 간에 극적이고 강력한 힘의 투쟁이 전개되었다. 아르헨티나와 브라질은 쁘라따 강의 통제권뿐만 아니라, 파라과이, 우루과이 그리고 볼리비아의 지배권까지 이해관계가 얽혀 있었다.

1860년대 초 쁘라따 지역의 힘의 균형이 깨졌다. 아직 주변국가들로부터 국경을 인정받지 못한 파라과이는 1811년 독립 이후 프란시아 대통령이 주변국가로부터 고립정책을 추구하며 독재체제를 구축하고 있었다. 인접한 아르헨티나는 합병 위협과 끈질긴 집념으로 파라과이를 공포로 몰아넣었다. 아울러 브라질의 우루과이에 대한 지나친 간섭도 파라과이의 고민과 걱정을 극에 달하게 했다. 두 거대한 강국 사이에 낀 파라과이는 심한 불안감을 느꼈다. 그러나 2대 대통령 로페스는 브라질 제국을 두려워 했지만, 처한 상황의 희생자가 되기보다는 주인이 되겠다는 생각을 가진 인물이었다. 파라과이는 자신 운명의 통제자가 되기를 결심하고 은밀하게 남미 최대의 군사력을 키워나갔다. 1862년 카를로스 로페스가 죽자 아들인 프란시스코 로페스는 주변국의 간섭에서 벗어나 더 큰 파라과이 구축을 꿈꾸며 전쟁을 감행했다.

브라질도 우루과이와 아르헨티나와 함께 1865년 5월 1일 3자동맹을 맺고 파라과이의 공격에 맞섰다. 파라과이 방어의 핵심은 확고부동한 요새 우마이따(Humaita)였다. 이곳은 파라과이 강 유역을 보호하고 아순시온으로 들어가는 길목으로서 난공불락의 암벽요새였다. 우마이따의 포위는 1867년 7월 시작되었다. 동맹군의 끈질기고 강력한 공격에도 이 요새는 결코 함락되지 않았고, 전쟁이 길어지자 동맹군 사이에는 회의적인 분위기가 감돌았다. 조국을 방어해야 한다는 파라과이인들의 샘솟는 용기는 놀라운 것이었다.

전쟁이 지리멸렬해지자 브라질 내에서도 반대의견이 일어나기 시작했다. 군사력 보강, 군수물자와 자금 등에 대한 문제로 정파 간에 책임공방이 일어났다. 브라질 왕국의 급속한 발전이 전쟁으로 타격을 받고 있었다. 정부는 외국차관을 도입해서 천문학적 액수의 전쟁비용을 충당했다. 3만 3천-5만 명에 이르는 사상자도 여론을 악화시켰다. 이와 같은 국내의 불평에도 불구하고 동맹군은 파라과이의 무조건 항복 없이는 전쟁을 끝내지 않겠다고 결심했다.

지치고 소모된 브라질은 관심사를 다시 내부로 돌렸고, 경제발전을 위한 새로운 정책을 세워나갔다. 1880-1890년대에는 미래를 위한 가장 중요한 의미를 지닌 국가기구가 전쟁의 결과로 나타났다. 군부가 탄생한 것이다. 브라질 군부는 허약하고 대수롭지 않은 조직이었다. 황제는 우루과이를 둘러싼 1825-1828년 아르헨티나와이 전쟁에서 외국용병에 의존하는 바가 컸다. 사실상 1839년 포고령이 있을 때까지 브라질 군부는 제도적으로 운영되지 않았다. 그러나 파라과이와 5년 간의 전쟁이 모든 것을 바꾸어 놓았다. 잘 조직되고 강력하며 무엇보다도 전문화된 군대가 전쟁을 계기로 나타났다. 더욱이 중요한 것은 이 새로운 조직이 브라질을 이제까지 통제해왔던 지방 귀족세력을 대변하지 않았다는 것이다. 장교 그룹은 새로운 도시 중산층으로 구성되었다. 그들의 애국심, 충성심, 가치관과 야망은 토지 과두체제와 확연히 달랐다. 전쟁에 몰두하는 한, 장교들은 국가의 정치적 문제에 전혀 개입하지 않았다. 하지만 전쟁이 종료된 1870년 이후 오랜 평화기에는 군부가 정치문제에 깊게 관여하면서 공화주의와 실용주의 노정에 적지 않은 영향력을 행사했다. 시민들 가운데는 군부에 대한 존경심이 일어나기도 했다. 조국의 방어를 위한 애국적 투쟁의 수행자 군부에 대한 찬사가 브라질 전역에 확산되었다.

브라질 지식인들의 여론을 형성하는데 크게 영향력을 미친 엘리트 그룹의 조직인 Brazilian Historical and Geographical Institute의 변화를 관찰하는 것은 매우 흥미로운 일이다. 전쟁 전에 이 기구의 구성원들은 레비스따(Revista)지에서 오늘날 브라질을 있게 한 이 땅의 원주인인 원주민들의 과거를 영광스럽게 미화하는데 많은 정력을 쏟았다. 그러나 전쟁은 이 조직에 큰 변화를 야기했다. 그들은 군부의 영웅들에게 관심을 돌렸다. 군대의 승전기와 장교들의 활약상으로 잡지는 채워졌다. 한때 외면당했던 군부는 레비스따의 담화나 강론의 주제가 되었다. 정부 역시 파라과이 전쟁의 생생한 기록을 위해서 예술가들을 동원했다. 비또르 메릴레스(Vitor Meirelles, 1832-1903)의 웅장한 해전도와 뻬드루 아메리꾸(Pedro Americo, 1843-1903)의 거대한 육상전투도는 대표적인 작품으로 남아있다. 종군화는 애국주의와 민족주의 정신을 고양시키는데 크게 기여했다. 이처럼 전쟁으로 인하여 잘 정비된 군부가 탄생했을 뿐만 아니라 군부에 대한 존경심이 나타나게 된 것이다.

셋째로, 영국과의 외교적 마찰로 야기된 문제도 향후 브라질의 외교정책에 새로운 변화를 가져왔다. 양국 간의 첫 번째 충돌은 메투엔 조약으로 수입관세 특혜를 향유하던 영국에 대한 반발로 일어났다. 브라질의 강력한 항의에 1844년 새로운 개선책이 제시되었고 수입관세가 인상되었다. 둘째는 이른바 크리스찌 문제(Christe Question)로서 사건의 진위는 다음과 같다.

파라과이 전쟁도

1861년 영국의 화물선 한 척이 히우 그란지 두 술 해안에 좌초하였고 많은 화물이 약탈당했다. 이듬해 사복차림의 술취한 영국선원 세 사람이 브라질 장교에게 욕을 하다가 체포되었다. 그들의 신분을 확인한 당국은 영국인들을 석방했다. 그러나 문제는 당시 영국공사의 고압적인 태도로 인하여 발생했다. 윌리암 크리스찌 공사는 약탈당한 화물선의 물건들에 대한 철저한 보상과 선원들을 체포한 책임자를 처벌하고 피해자들에게 보상하라는 요구를 했다. 그는 마침 브라질 해역에 있었던 영국 전함들에 히우 항구를 봉쇄하게 했고, 전함들은 6일 동안 무력시위를 펼쳤다.

위협을 받은 브라질 정부는 약탈행위에 대한 보상을 했지만 정부차원의 사죄는 하지 않았고, 이때. 영국 해군이 나포한 브라질 선박에 대한 보상과 사과를 요구하며 맞섰다. 영국은 이를 단호히 거절했다. 분노한 브라질인들은 크리스찌 공사의 소환을 요구했고, the Court of St. James(영국궁정의 공식명칭)와의 외교관계를 단절했다. 3인 선원의 문제는 벨지움 국왕의 중재 하에 제시되었다. 그의 결정이 브라질에 유리하게 내려지자 영국은 이 문제에 대해 사과했고, 새로운 외교관계를 요구했다. 이 사건의 결과는 브라질인들에게 다소 간의 만족감을 주었을 뿐, 영국은 여전히 브라질에서 상업적, 금융적 헤게모니를 장악하고 있었다.

3. 현대화로의 노정

브라질의 현대화는 1807년 동 쥬앙 6세의 브라질 천도와 더불어 시작되었다고 해도 과언은 아니다. 브라질은 이때 경제적, 정치적 그리고 사회적으로 종전과는 다른 커다란 변화를 경험했다. 미국의 독립에 크게 고무된 식민들은 프랑스의 계몽주의와 자유주의 사상에 심취했다. 자유와 해방을 염원하는 저항세력은 섭정왕자 동 뻬드루를 도와 독립을 실현할 수 있었다. 스페인령 중남미 국가들의 공화정으로의 독립과는 달리 군주국 체제를 선택한 브라질은 수많은 정파의 갈등 속에서 민주정체의 경험을 쌓아 나갔다.

그러나 브라질 제국이 현대화를 위한 확고한 기반을 닦은 것은 동 뻬드루 2세 통치기인 1850-1870년대였다. 역행하는 의회주의라는 비판도 받았지만 이 시기는 발전과 진보의 기틀을 다진 중요한 시점이었다.

당시 수출 지향의 특정 열대 산물 생산에 한정되었던 브라질 경제는 설탕 산업의 위기로 침체에 빠져 있었다. 이때 강한 경쟁력을 지닌 커피의 등장으로 브라질은 현대화, 도시화 그리고 산업화의 결정적 계기를 맞게 된다.

커피 경제의 활성화로 새로운 시대가 열렸다. 노예 노동력의 소멸과 지주 계급의 급격한 정치적 부상은 브라질 사회에 나타난 가장 중요한 변화였다. 브라질의 정치적 독립을 실현시켰던 세력은 토지 과두체제의 주역들인 식민 귀족 계급이었다. 그들은 브라질 정치를 주도한 엘리트 계층으로써, 독립된 브라질의 사회경제 질서 확립에 적합한 정치·제도적 모델을 선진 유럽제국으로부터 유입했다. 19세기의 자본주의 체제에서 국가를 조직하고 관리 운영하는 사명을 떠맡은 것은 바로 이 커피 귀족들이었다. 왕실 실권자들의 대부분은 중부지역의 커피농장주들이었다. 이들은 국가의 관료제도를 완전 장악했고, 자신의 이익과 연관된 행정조직을 갖추어 나갔다.

브라질의 산업화는 커피에서 얻어진 소득으로 실현되었다. 커피귀족들은 브라질 사회에 현대적이고 부르주아적인 관념을 심어주었다. 이로써 19세기 중반부터는 도시의 발전이 진행되었고, 국가 경제발전을 위한 강력한 정책이 시행되면서 물질적인 변화가 일어났다. 안정되고 질서가 확립된 강한 정부의 정책과 수출정책으로 1850년대를 'the most brillant of the Empire' 라고 표현하기까지 했다.

19세기 브라질 엘리트층의 지적사고는 계몽주의, 스펜서의 진화론과 꽁트의 실증주의에 의해 형성되었다. 그들은 브라질에서 진보(Progress)는 유럽과 미국의 성공 모델에 접근하여 국가를 재창건하는 것이라고 생각했다. 당시 브라질의 정치세력은 보수와 자유주의 두 정당이 주도하고 있었다. 두 거대 정당의 핵심세력은 토지소유 과두제의 지방 엘리트나 도시 엘리트들이었다. 그들은 차이점보다 유사점이 더 컸기 때문에 개혁적이지 못했다. 그러나 이러한 양상에 큰 변화가 온 것은 동 뻬드루 2세 통치 마지막 10년대였다.

개혁적이고 젊은 새로운 정치세대의 등장은 군주제를 폐지하고 연방제 공화국을 설립하자는 취지의 성명서를 발표하였다. 그들은 사상적 배경을 계몽주의에서 찾는 공화주의자들로서 스스로를 엘리트라고 생각했다. 제2제국기의 정치적 안정을 깨트린 수많은 이슈가 발생했다. 교황권 지상주의와 황제 교권주의가 빚은 갈등인 종교문제, 주변국들과의 영토분쟁으로 야기된 파라과이 전쟁 이후 군부의 부상 그리고 영국과의 외교적 마찰을 야기한 크리스찌 문제 등이었다. 이로써 1870년부터 동 뻬드루 2세의 통치력은 급격히 약화되었다.

브라질을 신자본주의 시대로 이끈 커피 붐은 1830-1950년대까지 경제적 발전을 꾸준히 주도해 나갔다. 그러나 산업의 발전, 물질적 변화와 지적사고의 성숙으로 브라질에는 새로운 도시 중산층이 부상했고, 그들의 애국심과 가치관은 구태의연한 구체제에서 탈피하여 새롭고 진취적인 공화정의 노정에 들어서게 된다.

III

브라질의 공화정

제1장 공화정 선포와 임시정부

브라질에서 제국주의체제는 더 이상 그 존속의 의미를 상실하고 있었다. 새로운 공화주의 사상이 대중 속에 파고들었다. 중산층을 중심으로 한 공화사상 지지자들은 수많은 캠페인을 통해 구체제의 모순을 폭로하고 개혁을 요구했다.

그들은 황제의 고유권한인 조절권의 철폐, 상원의원의 종신직 철폐, 개인소득에 근거한 선거제도 폐지, 귀족의 특권말살, 지방분권주의확산과 관세와 외환 정책 변경 등을 주장했다. 1870년 마니페스토 공표 이후 공화주의자들은 공화당의 조직에 나섰다. 그러나 활동에 적극 참여하는 숫자는 지극히 제한적이었다.

1. 공화정 선포

1889년 7월8일 군주제 체제를 고수하기 위한 마지막 방법으로 오우루 쁘레뚜(Visconde de Ouro Preto) 내각이 구성되었다. 이 내각은 정부와 군부 사이에 존재해온 긴장을 완화하기 위해 개혁을 시도했다. 그러나 그는 공화주의자들의 많은 요구에 제동을 걸었다. 하원의회가 오우루 쁘레뚜 내각의 개혁안을 거부하였기 때문에 정부는 의회를 해산하고 새로운 의회를 소집했다. 이와 같은 조처는 일반적인 여론을 들끓게 했다. 오우루 쁘레뚜 내각은 공화주의자들의 텃밭인 군부에 거슬리는 다른 조처를 취했다.

민간인들과 군부가 힘을 합쳤다. 그들은 Clube Militar에서 회의를 열고 폭동을 계획했다.

11월11일 데오도루 다 폰세까 원수의 저택에서 비밀스런 회의가 개최되었다. 이 회의에는 바르보사, 꼰스딴뜨, 보까이우바, 로보, 프란시스꼬 글리세리우(Francisco Glicerio)와 솔론(Colonel Solon) 등이 참여하였다. 그들은 오우루 쁘레뚜 내각을 무너뜨릴 거사일을 결정했다. 이와 더불어 11월 14일 내각이 폰세까와 꼰스딴뜨에게 구금령을 내렸다는 소문이 퍼졌다. 그러나 11월 15일 내각은 붕괴되었고, 군주체제마저 무너졌다. 상황을 잘 모르고 있었던 동 뻬드루 2세는 사라이바에게 새로운 각료들의 선출을 하도록 요청했다. 그러나 이미 새로운 체제는 황제와 가족들의 유배를 결정하였고, 11월 17일 왕가는 브라질을 떠나야 했다. 그리고 2년 후 브라질의 마지막 황제는 파리에서 서거했다. 이 항쟁은 군부와 다양한 민간단체의 힘이 합체된 결과로 나타났다. 커피농장주인들, 대학학사들, 신문기자들과 군인들이 주된 세력들이었다. 그러나 이들은 공화정의 새로운 노정을 잘 이끌지 못했다. 그들은 자가당착과 과도적인 특색에서 벗어나지 못했다.

2. 임시정부

1889년 11월 15일 저녁 공화정의 출범을 기념하는 한 기념식에는 주요 인사들이 모여 임시정부의 구성을 결정하였다. 데오도루 다 폰세까가 대통령직을 맡았고, 재무장관직은 루이 바르보사,국방장관에는 벤쟈민 꼰스딴뜨가 임명되었다.

새로운 체제의 선언과 임시정부 수립 이후 브라질의 정치조직은 많은 변화를 경험하였다.

즉, 대통령은 그가 신뢰하는 사람들로 각료를 임명하였고, 내무, 법무, 재무, 외무, 국방, 해운 그리고 농무성이 설립되었다. 정부의 포고령 1호는 헌정의회가 구성될 때까지 임시로 연방 공화정체제를 채택한다는 것이었다. 그리고 각지방들은 연방 주로 변했다.

임시정부 상황에서도 공화주의자들은 지체 없이 정치, 행정상의 개혁을 시도했다. 대표적인 개혁은 첫째로, 교회와 국가의 분리, 둘째로, 국가정치 조직과 형법의 개혁, 셋째로, 장차 구성될 제헌 의회에 제시하게 될 헌법초안을 연구하는 위원회 구성 등이었다.

1890년 9월 제헌의원의 선거가 행해지고, 동년 11월15일에 공화국 제헌 의회가 정식으로 출범했다. 이 의회는 각 주에서 3인의 상원의원, 연방관할구에서 3인의 상원의원 그리고 각주의 인구에 비례한 하원의원의 선출로 구성되었다.

제출된 헌법안은 대부분 수용되었지만 의원들과 각 주와 연반관할구의 대표 1인이 참여한 21인 위원회를 통해 다소간 수정되기도 했다.

새로운 헌법에서는 연방정부, 주 그리고 자치시들의 수입을 분배하는 내용이 명확하지 않았고, 공화국 대통령의 정책에 대한 개입의 수위가 밝혀지지 않았다. 또한, 국토의 분할 문제도 불명료했다. 다만 아마존과 빠라 주가 새롭게 설립된다는 내용이 명시되었다. 1891년 2월 24일 새로운 Magna Carta가 공표되었고, 1891년 2월 24일까지 효력을 발하였다. 그 주 내용은 첫째로, 브라질은 연방주의를 정치체제로 확립하고, 국가와 교회를 분리하며 21세 이상의 성인에게 투표권을 부여한다. 단, 여자, 문맹자, 병사 그리고 수도원의 성직자들을 제외한다. 둘째로, 종신직이 아닌 임기직 상원의원을 선출하며, 대통령제를 유지하며 대통령이 각료를 자유롭게 선출한다. 셋째로, 권력은 삼권분립을 지키며 입법, 사법, 행정으로 구분된다. 넷째로, 계엄령과 출정영장(Habeas Corpus)제도도 규정했다.

헌법에서 가장 논란이 많았던 부분은 대통령제와 연방제도에 관한 것이었다. 브라질은 40년 이상 유지해온 의회주의를 버리고 헌법은 일부 주들의 대표들이 염원했던 연방주의의 중앙권력이 강화된 노정을 밟게 된 것이다.

의회는 연방상원과 하원의회로 구성되었다. 의원들은 국민에 의해 직접 선거로 선출되었다. 각 주들은 3인의 상원의원을 선출하는데 9년 임기에 3년 마다 1/3을 바꾸는 형식을 취했다. 인구 비례로 선출하는 하원의원은 3

년 임기였다. 그들은 상원의원처럼 선거에 의하지 않고, 성직자, 경찰간부, 지사, 군사령관, 행정관리, 사법관 등에서 선출되었다.

3. 공화국의 대통령들

데오도루 다 폰세까 대통령

데오도루 다 폰세까 –1891

폰세까 원수는 1891년 2월25일 선출된 브라질 공화국의 초대 대통령이었다. 부통령에는 플로리아누 페이쇼뚜가 선출되었다. 임기 초 데오도루는 옛 헌정의회의 강력한 저항에 부딪쳤다. 군의 지원을 받은 그는 11월 3일 의회를 해산했다. 그 결과 전국 각지에서 폭동이 일어났다. 특히 해군제독 멜로스(Custodio José de Melos)는 11월 23일 함대를 동원한 봉기를 주도했다. 결국 데오도루는 견디지 못하고 플로리아누 부통령에게 정권을 이양하고 사퇴하였다.

플로리아누 페이쇼뚜–1891–1894

그의 집권기인 1892년 1월 18일 산따 끄루스 이 라제스(Santa Cruz e Lajes) 요새에서 폭동이 일어났으나 곧 진압되었다. 그러나 히우 그란지 두 술에서는 전 지사였던 까스찔류스(Júlio de Castilhos)가 재집권하면서 군부의 반란이 일어났다. 이 폭동에는 실베이라 마르찡스(Silveira Martins)의 군주제 사상과 해군제독 멜로스의 좌파세력이 가담하면서 2년 이상 지속되었다. 폭동이 발생하게 된 주된 이유는 공화주의를 추종하는 육군이 권력을 차지하고 있었고, 철의 원수(Marechal de Ferro)로 불린 페이쇼뚜에 대해 유감을 지닌 해군이 군주제에 대한 미련을 버리지 못했기 때문이었다.

플로리아누는 재임기에 통치력을 충분히 발휘하지 못했다. 군주제 추종세력과 끊임없이 투쟁해야 했기 때문이었다. 그러나 이 폭동을 진압하고 난

후 그에게는 공화국의 수호자라는 별칭이 붙었다.

푸루덴찌 지 모라이스(Prudente de Morais-1894-1898)

페이쇼뚜에 이어서 PRP당의 리더 모라이스가 1894년 11월 15일 선거에서 대통령에 선출되었다. 부통령에는 뻬레이라(Manuel Vitorino Pereira)가 임명되었다. 모라이스는 브라질 역사에서 평정자(Pacificador)로 불린다. 그 이유는 그가 남부에서의 폭동을 진압하고 평화를 회복시켰기 때문이었다.

모라이스는 국가 재정상태를 개선하기 위해 노력을 기울였다. 그러나 남부의 폭동 후 뒤이어 일어난 많은 국내문제로 어려움에 봉착했다.

까누두스(Canudos)의 난

싸웅 프란시스꼬 강(Rio São Francisco)과 바이아의 수도를 연결하는 철도 사이에 위치한 내륙지역에는 몇 년 동안 까누두(Canudo)들의 작은 마을이 형성되었다. 그곳의 거주자들은 북동부의 오지인들이었다. 그들은 문명과는 완전히 동떨어진 산촌 사람들이었다.

브라질에서 사제의 부족은 일반적인 현상이었기 때문에 오지인들은 교회와의 접촉이 힘들었고, 일 년에 한두 번 정도 성직자들과의 접촉이 가능했다. 더욱이 성직자들은 오지 생활의 가혹함과 혹독한 가뭄을 신의 분노로 돌리고 인류의 죄에 대한 하나님의 징벌로 여겼다. 여기서는 다양한 이단의 종교의식이 삶을 개선할 수 있다는 믿음이 확고했다.

특히 메시아의 출현이라는 포르투갈의 대중신앙은 브라질 오지인들을 자극하기에 충분했다. 죽은 포르투갈 국왕 동 세바스띠앙이 어느날 다시 환생하여 그를 믿는 사람들에게 보상할 것이라는 와전된 이야기는 그들을 사로잡았다.

1863년 정신이상의 한 예언자가 빼르낭부꾸의 한 내지에서 한 쌍의 기념주를 세웠다. 그 지주들 중 하나 위에서 그는 추종자들을 선동하였고, 세바스띠앙 왕이 그를 믿는 자들에게 보답하기 위해 곧 도래한다고 설교했다. 그는 그 지주들 중 하나가 피로 씻기면 응답이 있을 거라고 말했다. 사흘 동안 광신도들이 모여 들었고 수많은 신도들이 희생되었다.

안또니우 꼰셀레이루

마씨엘(Antonio Vicente Mendes Maciel)은 바이아 주의 오지 출신으로 어머니는 그가 6세 때 돌아가셨고, 아버지는 주벽이 심한 사람이었다. 따라서 그의 유년기는 매우 불행했고, 어릴 때부터 아버지의 가게일을 돌봐야 했다. 마씨엘은 온갖 뜨네기일을 하다가 15세의 사촌 누이와 결혼하여 두 아이의 아버지가 되었다. 그러나 젊은 아내가 가정을 버리고 도망한 뒤 그는 오지를 배회하며 15년을 보냈다. 그리고 결국 고해자가 되었다. 그는 기도하고 정진하며 모든 육체적 고통을 경험했다. 그동안 북동부 오지인들은 그를 성인으로 생각하고 추종하였다. 그들은 그에게 조언자라는 뜻의 꼰셀레이루를 붙여 안또니우 꼰셀레이루(Antônio Conselheiro)라 불렀다.

안또니우는 북동부 오지를 방랑하는 광적인 가톨릭 교도였다. 그는 교구의 사제를 도왔고, 성직을 받지는 않았지만 조언자의 신분으로 활동하였고, 그의 충고와 간언은 결코 가톨릭 교리에 어긋나지 않았다. 그러나 그의 추종자들과 그를 모반으로 몰고 간 것은 새로운 브라질 공화국이 국가와 교회를 분리하였을 때 이를 수락하지 않았기 때문이었다. 교회는 새로운 정치적 기류에 적응하려고 노력했고, 새로운 정부를 존중하도록 신자들을 교육시켰다. 또한, 안또니우에게서 많은 노동력을 빼앗긴 농장주들은 생산력 감소를 우려했다. 그래서 그들은 정부가 안또니우와 추종자들을 일컫는 까누두스들에게 군사적 조처를 취하기를 원했고, 그 결과 1897년 그들은 완전히 섬멸되었다.

바이아 주지사는 그의 권위를 과시하기로 결심하고 폭도 진압을 위해 소규모의 군병력을 파견하였다. 그러나 광신적인 안또니우의 추종자들은 결사적으로 항쟁하였다. 그들은 성인 들의 상, 호신패 그리고 묵주를 들고 용감히 맞섰다.

이 첫 번째 진압전쟁에서 무참히도 패한 소식이 알려지자, 루이스 비아나 지사는 연방정부에 도움을 요청했다. 연방정부의 군대와 경찰병력이 파견되었으나 쟈군쑤(Jagunço)들의 공격으로 그들마저 퇴각하지 않을 수 없었다. 모라이스 대통령은 특단의 조처를 취하였다. 4개의 대부대가 편성되고 폭동진압에 투입되었다. 그러나 3개 부대가 붕괴되고, 안드다지 기마랑이스 장군이 지휘하는 6개 연대로 편성된 마지막 부대는 6개월 이상의 전쟁을 치르고 마침내 까누두들의 요새를 함락시켰다. 이 전쟁에서는 5천 명 이상이 목숨을 잃었다. 이 참상은 작가 꾼냐(Euclides da Cunha)의 소설 '오지인들(os Sertões)'에서 생생하게 묘사되고 있다.

대통령의 살해기도

모라이스 대통령의 집권 4년은 격동기였다. 까누두스의 폭동에서 그가 취한 불확실한 태도로 인해 그의 명성은 심하게 흔들렸다. 1897년 11월 5일 모라이스 대통령이 국방상 비뗀꼬우르트(Carlos Machado Bittencourt) 등과 바이아에서 귀환하는 군대를 맞이하는 환영식장에 있을 때 비스뿌(Marcelino Bispo)가 대통령을 공격했다. 그러나 정작 죽음을 당한 사람은 중간에 끼어든 비뗀꼬우르뜨 장관이었다. 이 사건으로 반군세력은 신랄한 비난을 면치 못했고, 대통령의 권위를 다시 회복시켜주는 계기가 되었다.

모라이스 대통령 통치기에는 영국 빅토리아 여왕의 중재로 포르투갈과 다시 관계를 회복하였다. 1898년 대통령의 임기가 만료되자 새로운 대통령으로 전 재무상이었던 깜뿌스 살레스(Manuel Ferraz de Campos Sales)가 선출되었다.

깜뿌스 살레스(Campos Sales–1898–1902)

깜뿌스 살레스 정부의 주된 정책은 국가 재정의 균형에 있었다. 당시 경제적 상황이 매우 심각했기 때문이었다. 재무장관에는 무르찐뉴(Joaquim Murtinho)가 임명되었다. 살레스 대통령은 악화된 경제 상태를 회복하기 위해 많은 조처를 취했다. 수입인지세의 부과, 국가경비를 줄이고 절약 정책의 추구 그리고 3년 후 상환 조건으로 유럽차관금의 활용 등이 주된 정책이었다. 그 외의 조처로는 남부의 커피 경작 활성화, 카카오 경작지 개간과 아마존의 고무수출을 위해 적극적인 재정 지원을 행했다.

이러한 정책의 추진으로 살레스 정부는 국제시장에서 브라질의 신용도를 높였고, 외국자본을 유치했으며 주변국들과의 관계를 한층 돈독히 했다. 그 일환으로 1899년 아르헨티나 공화국의 훌리오 로카 대통령이 브라질을 방문하였고, 살레스도 1900년 답방의 예우를 갖추었다.

살레스 정부는 또한 몇 년 전부터 국경문제로 심각한 어려움을 겪고 있었던 아마빠 지역의 경계를 자국에 유리하게 해결하였다. 1902년 살레스에 뒤이어 알베스가 새로운 대통령으로 선출되었다.

로드리게스 알베스(Rodrigues Alves−1902−1906)

신임 대통령 알베스는 제국시대부터 활동한 정치가였다. 그는 탁월한 경험을 바탕으로 재임 중 많은 업적을 남겼다. 1903년 뻬뜨로뽈리스에서 협정을 맺고, 볼리비아와 아끄리(Acre)영토분쟁을 해결하였다. 브라질은 그의 통치기에 브라질 최초의 추기경 까발깐찌(D.Joaquim Arcoverde de Albuquerque Cavalcanti)의 서임으로 라틴아메리카 최초의 추기경 직분을 획득했다. 또한, 이 시기에 공업의 눈부신 발전과 새로운 철도의 개설이 이루어졌으며, 시장인 빠쏘스(Pereira Passos)와 보건의 끄루스(Oswalde Cruz)가 계획한 연방수도의 환경개선과 미화사업으로 황열병을 박멸하고 아름답고 쾌적하게 히우 지 쟈네이루의 모습을 변모시켰다.

1906년 11월 알베스는 미나스 제라이스 출신 뻬나(Pena)에게 정권을 이양했다.

아퐁수 뻬나(Afonso Pena− 1906−1909)

뻬나 정부는 환율안정을 위해 많은 노력을 기울이는 한편 태환소(Caixas de Conversão)를 설립하여 보유한 금을 기반으로 통화가치를 안정시켜 나갔다. 뻬나 정부의 업적은 매우 다양했다. 농업의 발전, 새로운 철도와 도로 개설, 도시미화와 환경개선산업, 항구시설의 현대화, 계속확장 중인 커피 경작에 필요한 노동력을 위한 이민정책, 그 당시로써는 가장 현대적인 전함 '미나스 제라이스 호'와 '상 파울루 호'의 구입, 공업에 인센티브 제공 그리고 항구 개방 기념으로 1908년 대규모 국가주최 박람회 개최 등이 있었다.

그의 외교정책으로는 히우 브랑꾸의 활발한 외교활동 지원과 Haia 평화회의에 후이 바르보사(Rui Barbosa)의 파견 등이 있었다.

1909년 급작스런 병으로 뻬나는 임기를 채우지 못한 채 서거했다. 후임으로는 그와 함께 부통령으로 일했던 닐루 뻬산냐가 선출되었다.

닐루 뻬산냐(Nilo Peçanha-1909-1910)

뻬산냐 집권기부터 정당정치에 대한 관심이 한층 고조되기 시작했다. 또한, 원주민 보호에 대한 업무를 담당하는 부서와 농무성이 창건되었다. 그의 집권 말기에는 대통령직 계승문제로 많은 정치적 소요가 있었다. 공화정 선포자의 친척인 폰세까 원수와 시빌리스따(Civilista)로 불렀던 세력과 상 파울루와 바이아의 지원을 받은 루이 바르보사가 강력한 경쟁자로 나섰다. 혼란과 무질서 속에서 치러진 선거의 결과는 폰세까의 승리로 끝났다.

에르메스 다 폰세까(Hermes da Fonseca-1910-1914)

재임 4년 동안 폰세까는 수많은 어려움에 직면했다. 국가 정책은 사사건건 상원의원인 가우쇼 출신 마샤두(Pinheiro Machado)의 간섭으로 고통을 당했다. 그러나 마샤두가 암살되고 이와 같은 정치적 갈등은 종식되었다. 그의 재임기에는 많은 사건이 발생했다. 그들 중 주요한 것은 다음과 같다. 첫째로, 꼬브라스 섬(Ilha das Cobras)에 주둔한 해군 대대병력의 폭동이 있었다. 낡은 훈련 방법이 큰 원인이었는데, 이 폭동의 주요 세력은 미나스 제라이스 호와 상 파울루 호 탑승원들이었다. 둘째로, 국제시장에서 브라질 신용도의 하락으로 국가경제가 크게 위축되자 많은 국가들로부터 차관을 끌어들이면서 발생한 경제적 혼란이 있었다.

폰세까 임기 말에 1차 세계대전이 일어났고, 브라질의 상황은 더욱 악화되었다.

웬세스라우 브라스(Wenceslau Bras-1914-1918)

폰세까에 뒤이어 부통령이었던 브라스가 대통령으로 취임하였다. 취임 초기부터 그는 경제적 안정과 수많은 소요사태 진압의 임무를 부여받았다. 브라스 대통령은 국가경제와 재정의 복구를 이룰 수 있는 정책을 실현시키고자 노력했다.

그의 재임기에 일어난 가장 큰 사건으로는 산따 까따리나와 빠라나 주 사이에 주 경계선 논쟁으로 발단이 된 꼰떼스따두의 문제(Questão do Contestado)가 있었다. 경찰력의 부재로 인하여 광적인 과격세력이 수도승 쥬제 마리아의 지휘 하에 모여들었다. 이 문제해결을 위해 강력한 경찰력이 투입되었다. 또한, 브라스 집권기인 1916년 법률학자 베빌아쿠아(Clovis Bevilaqua)의 민법이 공표되었다.

당시는 제1차 세계대전으로 인하여 브라질 공업이 매우 침체되어 있었다. 아울러 해상봉쇄로 인해 유럽 항구들과의 상품 유출입이 불가능했다. 그 결과로 유럽상품의 수입이 차단되었기 때문에 브라질 공업은 괄목할만한 성장세에 있었다. 브라질은 전쟁 중 중립을 유지하고 있었지만 독일이 브라질 함정 빠리나호와 랄라(Lala)호에 수뢰공격을 가함으로써 선전포고를 감행했다. 브라질 정부의 강력한 항의에도 불구하고 3척의 전함들이 독일 잠수함으로부터 공격을 받았다. 브라질은 연합군에 의료단과 6척의 선박을 파견했다.

브라스의 임기가 끝나가면서 대통령 선출을 위한 새로운 선거가 실시되었다. 이 선거에서는 전임 대통령 로드리게스 알베스가 선출되었지만 건강이 좋지 않았던 그가 취임 2개월 후 서거하자 또 다시 새로운 선거가 있었고 뻬쏘아(Epitácio Pessoa)가 선출되었다.

에뻬따시우 뻬쏘아-1918-1922

뻬쏘아 대통령 재임기에도 많은 중요한 일들이 있었다. 브라질의 국제연맹 참여, 1920년 벨기에 국왕의 브라질 방문과 1922년 포르투갈 대통령 방문, 브라질 독립 100주년 기념의 일환으로 국제박람회 개최, 국경문제의 우호적인 해결, 브라질 황제 가족의 추방 법 철회, 가뭄에 대한 대비 기구 설립으로 북동부 가뭄극복을 위한 노력, 북동부에 도로망 확충과 저수지 건설 그리고 브라질 인구조사 등이 시행되었다.

그러나 브라질에는 여전히 꼬빠까바나 요새의 폭동을 비롯한 수많은 소요사태와 폭동이 있었다. 차기 대통령 선거에는 베르나르지스와 뻬산냐가 치열한 경합을 벌였었으나 베르나르지스가 선출되었다.

아르뚜르 베르나르지스(Arthur Bernardes-1922-1926)

베르나르지스 집권기는 브라질 역사상 가장 무질서와 폭동이 난무하는 시기였다. 집권 초기부터 많은 장교들이 중심이 되어 그의 정권에 반대하는 소요사태를 일으켰다. 그런 이유로 베르나르지스는 아무런 정책도 추구할 수 없었다. 그의 계획들 중 하나였던 재정 확충과 안정정책은 실현되지 못했다.

이 시기의 가장 중요한 사건은 상 파울루에서 7월 5일 발발한 1924년 폭동이었다. 로페스(Isidoro Dias Lopes) 장군이 주도한 이 폭동으로 많은 공권력이 폭도들에게 장악되었지만 정부군의 반격으로 진압되었다.

워싱턴 루이스(Washington Luís-1926-1930)

신임 대통령 루이스는 브라질 재정 복구를 목표로 삼았다. 그는 '통치는 길을 여는 것이다.(governar é abrir estradas)'라고 주창하며 생산지와 소비자를 연결하고 연안항해의 원활화를 위한 항구설비 확충과 국제통신 발전을 위해 노력했다.

그 역시 악화된 금융을 원상복구 하기 위해 노력했지만 결과는 고무적이지 못했다.

그의 재임기에 가장 심각한 위기는 커피의 과잉생산이었다. 브라질의 항구마다 창고에는 엄청난 양의 커피가 쌓였고, 이로 인해 1929년 세계공황기에는 경제가 심각한 위기에 처했다.

이와 같은 위기는 새로운 대통령 선거 캠페인 시 정점에 달했다. 루이스 대통령은 알부께르끼(Júlio Prestes de Albuquerque)를 지원했고, 반대파는 재무관광직에 있었던 바르가스(Getúlio Vargas)를 내세웠다. 선거의 결과는 쥴리우 쁘레스찌스의 승리로 나타났다. 바르가스는 히우 그란지 두 술의 지사직을 맡기 위해 떠나 있었다. 이때 히우 그란지 두 술, 미나스 제라이스와 빠라이바를 비롯한 몇몇 지역에서 혁명이 발생했다. 루이스 대통령은 임기만료 한 달을 남긴 1930년 10월 24일 정권을 이양하도록 강요당했다.

제2장 공화정 초기의 주변정세와 국경문제

아마빠(Amapá)에 관한 문제

이 지역은 프랑스와 사이에 갈등을 빚었다. 오이아뽀끼(Oiapoque)에서 아라구아리(Araguari)에 이르는 지역은 1862년부터 중립지역으로 간주되고 있었다. 그러나 1895년 5월 한 사건이 발생했다. 프랑스 해군이 별다른 이유 없이 이 지역을 점령한 것이다. 주지사 까브랄(Veiga Cabral)과 프랑스 군사령관 루니에르(Lunier)가 교전을 벌였고, 프랑스 선장이 전사했다. 이 사건은 스위스의 중재에 부쳐졌다. 또 다시 브라질은 히우 브랑꾸를 내세웠고, 괄목할만한 외교전을 통해 약 26만㎢의 영토가 브라질 소유로 인정되었다.

브라질 공화정초기의 외부정책은 크게 3가지 기조로 대변된다. 첫 번째는 주변국가들이 11월 15일 구성된 새로운 체제를 인정하는 문제였고, 둘째는 영토와 국경문제로써, 뜨린다드(Trindade) 섬, 미쏭이스 지역 영토영유권 그리고 기이아나(Guianas)와의 국경 확정이 쟁점이되었다. 셋째는, 아끄리(Acre) 문제로써, 이 역시 국경문제였지만 단순히 외교적 협상과 조약으로 해결될 문제가 아니었고, 가우쇼 출신 쁠라시도 지 까스뜨루(Plácido de Castro)가 이끄는 반제국주의적 게릴라 활동으로 사태의 심각성이 컸기 때문에 하나의 주요한 이슈로 부각되었다.

시대에 역행하는 군주국체제의 경험과 불과 얼마 전까지 노예제도가 실시되었던 브라질이 공화정체제로 전환되자 많은 주변 국가들은 제국주의의 몰락을 환영했다. 예로써 우루과이는 브라질의 변화를 환영하는 축하행사를 개최하며, 1889년 11월 20일 데오도루 다 폰세까 원수가 이끄는 임시정부를 승인했다.

1889년에는 아르헨티나와 칠레가 새로운 체제를 인정했고, 이듬해 1월에는 베네수엘라,멕시코와 미국의 승인이 있었고, 2월과 3월에는 구아테말라, 콜롬비아, 온두라스, 니카라구아, 꼬스따 리까와 엘 살바도르가 동조했다.

유럽의 열강들은 브라질의 체제변화를 쉽게 인정하지 않았다. 이와 같은 지연에는 많은 이유가 있었다. 브라질의 공화정 체제를 인정하는 경우, 여전히 군주국 체제를 유지하고 있었던 제정 러시아나 독일 등과의 마찰 가능성이 있었기 때문이기도 하지만, 프랑스의 경우 브라질과 사이에 가이아나 국경분쟁이 걸림돌이었다. 그러나 이따쥬바의 남작(Barão de Itajubá)의 적극적인 외교활동으로 프랑스는 포르투갈, 올란다, 이탈리아, 독일, 스위스, 노르웨이, 바티칸, 스페인과 아우스트루-웅가로(Austro-Hungaro)에 뒤이어 1890년 6월 체제를 인정했다. 대영제국은 1891년에야 브라질 공화국을 승인했다.

미쏭이스 지역 영유권 문제

아르헨티나와의 국경분쟁은 미쏭이스 지역 영토(territorio das Missões)에서 일어났다. 이미 식민시대부터 포르투갈과 스페인은 이 지역에서 그들 제국의 영토를 한뼘 한뼘 늘려가면서 불확실한 국경을 형성하고 있었다. 마드리드 조약, 엘 빠르도 조약, 산뚜 일데퐁수 조약 등 많은 국경 협약이 있었지만 정밀한 경계를 확정짓지 못한 채 오랜 세월이 흘렀다.

제2왕정기에도 이 문제가 거론되었고, 1857년 아르헨티나와 사이에 국경협약이 체결되었다. 즉, 우루과이(Uruguai) 강, 뻬뻬리-구아쑤(Pepiri-Guaçu) 강과 산뚜 안또니우(Santo António)강을 양국 국경으로 확정한 것이다. 그러나 아르헨티나 정부는 국내의 정치적 내분으로 이 조약의 내용을 비준하지 못했고, 여전히 현안 문제로 잔존하고 있었던 것이다.

브라질이 공화정을 수립하였을 때, 양국은 이 문제 해결을 위해 공동 위원회를 구성하였고, 결국 미국의 중재를 요청하게 되었다. 그러나 측근 각료들 외에는 누구와도 논의하는 법이 없었던 임시정부 대통령 폰세까는 쟁점 지역의 영토를 양분하여 양국이 소유하는 방안을 제시하였고, 이로써 1890년 1월 25일 몬테비데우 협정(Tratado de Montevideu)이 체결되었다.

뒤늦게 협상안을 알게 된 브라질 국민은 분노했다. 언론은 신랄하게 정부의 경솔한 행동을 비난했고, 조약의 원문이 동년 8월 10일 의회의 동의를 얻기 위해 상정되었으나 142 : 5로 거부되었다.

상황이 이렇게 변하자 폰세까 정부는 미국의 중재를 기대할 수밖에 없었다. 1893년 이 문제의 해결을 위해 리우 브랑꼬의 남작이 브라질 대표로 임명되었다. 그는 정보를 수집하고, 분쟁지의 브라질 소유권을 입증할만한 고지도들과 각종 문서도 확보했다. 진퇴를 거듭한 끝에 수많은 서류와 입증 자료를 검토한 클리브랜드 대통령은 1895년 2월 브라질의 손을 들어주었다.

뜨린다드 섬 문제

1895년 1월 에스삐리뚜 산뚜(Espírito Santo) 해안에서 멀리 떨어진 뜨린다드 섬이 영국군에게 점유되었다는 소식은 6개월 후에야 Rio News지를 통해 브라질 전역에 알려졌다.

뿌루덴찌 지 모라이스 정부의 외무장관 카를로스 아우구스뚜 지 까르발류(Carlos Augusto de Carvalho)는 영국주재 대사 소우자 꼬헤아(Souza Correa)에게 사건에 대한 정보를 요청하는 동시에 뜨린다드에 대한 브라질의 소유권을 입증할 서류를 제출했다.

1895년 8월 수많은 회담 후 브라질은 영국인들의 즉각적이고 무조건적인 철수를 요구하는 항의문서를 당시 영국 수상이었던 살리스버리 경(Lord Salisbury)에게 보냈다. 이에 대해 영국 수상은 점유의 목적이 Western Telegraph사의 아르헨티나 해저 캐이블 설치를 위한 것이라고 밝히면서 제3국의 중재를 요청했다. 중재국으로 선정된 포르투갈은 1896년 7월 브라질의 소유권을 인정하였고, 동년 8월 영국인들의 철수를 지시했다.

가이아나와의 국경

프랑스령과 영령 가이아나는 영국과 프랑스의 아마존 유역 점유 시도를 위해 매우 중요한 지역이었다. 고무를 비롯한 천연자원의 보고 아마존은 유럽 열강들의 초미의 관심을 끌고 있었다. 히우 브랑꾸의 전기작가 알바루 린스(Álvaro Lins)는 말한다. '비록 다른 길을 택했지만, 영국과 프랑스가 아메리카에서 겨냥하고 있는 것은 동일했다. 양국은 아마존 하구에서 자신들의 존재를 각인시키고자 노력했다. 서로의 상반되는 욕망 속에서, 후일 마우와 따까뚜를 통해 침투를 강행했던 영국은 수세기 동안 포르투갈을 도와서 아마존 유역으로부터 프랑스를 격퇴했고, 유트리히트 조약을 통해 프랑스를 저지했다. 그런 이유로 히우 브랑꾸 남작은 양국의 논쟁에 현명하고 유리하게 대처하는 동시에, 두 나라 간에 일어날지도 모르는 알력에서 브라질이 혜택을 입게 되리라 이해했다.'

프랑스령 가이아나와의 국경 문제가 더욱 복잡했기 때문에 히우 브랑꾸는 우선 영국과 협상을 시작했다. 영국과 프랑스의 갈등관계를 이용하여 영국의 지원을 얻은 다음 프랑스와 국경협상을 시도하려는 계획이었다. 처음에 그의 계획은 뜨린다드 섬 문제로 좌절되었지만, 이 문제가 해결된 후 협상이 시작되었다. 양국 간의 주요 관심사는 삐라라(Pirara) 의 영토에 집중되었다. 영국은 런던의 왕실지리협회(Royal Geographical Society)에서 일하는 독일인 지리학자 숌부르크(Schomburgk)의 경계설정에 기반을 두고 소유권을 주장했다.

양국은 이 문제를 두고 오랫동안 논쟁을 벌이다가 결국 이탈리아의 비토르 엠마누엘(Vítor Emmanuel) 왕에게 중재를 요청하였다. 그는 1904년 7월 두 소송당사자가 권리를 주장하던 땅을 나누도록 판결하였다. 그러나 이 결정은 브라질보다 영국에 유리한 내용이었다. 엠마누엘왕은 영국이 처음 제안했던 마우 강과 따까뚜 강을 국경으로 하는 안을 선택했다.

프랑스령 가이아나와의 국경문제는 훨씬 더 복잡했다. 이 지역은 이미 17세기부터 양국 간에 분쟁이 치열했던 곳이었다. 포르투갈과 프랑스는 노르찌(Norte) 갑에서 오이아뽀끼에 이르는 대서양 연안을 두고 1667년부터 소유권 다툼을 벌였다. 그러나 1713년 유트리히트 조약으로 프랑스가 아마존 강

양변에서 그들의 주장을 철회하고 브라질과 가이아나의 국경을 Japoc(브라질의 오이아뽀끼)강으로 받아들였다.

그러나 프랑스는 이후 유트리히트 조약의 규정을 준수하지 않았고, 끈질기게 이 지역에서 국경 분쟁을 일으켰다.

1895년 브라질 정부는 이 문제가 국제 중재에 들어가기 전에 히우 브랑꾸와 가브리엘 데 똘레도 삐사(Gabriel de Toledo Piza)에게 전권을 위임하여 프랑스와 협상을 재개했다. 협상은 순조롭지 못했고, 때로는 쌍방 간에 군사적 위협의 긴장감도 있었다.

결국 이 문제는 스위스(Confederação Helvética) 정부의 중재로 넘어갔고, 결정적인 판결이 있기까지 1년이 걸렸다. 연방위원회의 판결은 전적으로 브라질에게 유리했다. 이로써 25만㎢의 아마존 지역이 브라질에 합병된 것이다.

제국주의에 대항한 아끄리 주에서의 투쟁

아끄리 주의 문제는 저개발국의 경제를 지배하려는 국제 제국주의 활동의 전형적인 예이다. 공식적인 역사편찬에서는 이 사건을 숨기고, 거짓 증언하고 삭제하는 행동을 서슴지 않았으며 이 문제를 단순한 브라질과 볼리비아 간의 국경 분쟁으로 축소시켰다. 볼리비아 정부는 아마존 정글에서 라텍스를 개발하는데 관심을 가진 이른바 볼리비아 신디케이트(Bolivian Syndicate)를 구성한 미국 중심의 국제적 기업들의 꼭두각시였다.

1839년 천연고무의 무진장한 보고가 발견된 이래 공업에 이용가치가 더욱 높아지자 이 지역에는 수많은 브라질 고무채취업자 세링게이루(seringueiro)가 몰려들었다. 그들은 주로 쎄아라 주에서 가뭄을 피해 이주해 온 사람들로써 당시까지만 해도 미지의 땅으로 지도 상에 표기조차 안된 이곳의 울창한 숲을 파괴했다. 까시아누 리카르두(Cassiano Ricardo)는 그의 저서 'O Tratado de Petrópolis'에서 다음과 같이 말한다. '브라질인들에 의한 아끄리의 식민, 쎄아라인들에 의한 초록 불모지의 정복 그리고...아마존 인구의 60%가 있고, 1901년에만 북미와 유럽 시장에 4만 7천 톤을 수출하며 경이로움으로 등장했던 풍요로운 고무가 있는 곳.'

이런 이유로 미국의 이 지역에 대한 관심은 매우 컸다. 당시 브라질과 볼리비아 양국의 경계가 불확실했고, 브라질 세링게이루들의 출현이 커다란 장애물이었기 때문에 미국인들은 볼리비아 정부를 이용하려는 계획을 세웠다. 비밀리에 미국과 볼리비아 간에 체결된 한 협정은 아끄리, 뿌루스(Purus)와 이아꼬(Iaco) 지방의 소유권이 볼리비아에 있다는 내용이었다. 미국은 이 문제로 전쟁이 발생할 경우에 대비해 볼리비아에 무기와 탄약을 공급하기로 약속했다. 그 대가로 미국은 향후 10년간 고무에 관계된 각종 세금 면제 혜택과 특혜를 제공하는 것이었다. 이것은 영국과 독일 자본을 참여시킨 미국 주도의 국제자본이 아끄리를 임차하는 것과 같았다.

이에 대해 아끄리를 하나의 독립국으로 선언하려는 시도가 있었다. 브라질에 거주하였던 스페인인 아리아스(Dom Luís Galvez Rodrigues de Árias)가 이끄는 모험가들과 몽상가들의 그룹이 이 계획을 주도했다. 그러나 이 세력은 무기력했고, 볼리비아는 20세기 초까지 이 지역을 지배했다.

이와 같은 상황에서 브라질 마나우스에서는 주지사로부터 길거리의 빈자들에 이르기까지 아끄리의 주권을 되찾아야한다는 여론이 고조되기 시작했다. 가우쇼 출신 로페스(Orlando Correia Lopez)와 아마존 주지사 네리(Silvério Nery)는 여론의 향방을 주시하며 아끄리 지역의 지배권 확보 운동을 전개했다. 그러나 연방정부는 이와 관련하여 아무런 조처도 취하지 않았다.

꼬헤이아 로페스는 아끄리 소유권 쟁취를 위해 많은 애국주의자들의 도움으로 마련된 무기와 탄약을 이용할 줄 아는 용감하고 결단력 있는 지도자를 필요로 했다. 그는 까스뜨루(José Placido de Castro)가 적임자라고 판단했다. 그처럼 가우쇼 출신인 까스뜨루는 뽀르뚜 알레그리에서 군사학교를 졸업했고, 후일 연방 혁명(Revolução Federalista)에 참여하여 반군을 진압하는 데 혁혁한 공훈을 세운 인물이었다. 1902년 지휘권을 맡은 쁠라시두는 다음과 같이 말했다. '6월 23일 그들은 나에게 아끄리 영토의 임대를 결정적으로 통보하고, 볼리비아와 볼리비아 신디케이트 간에 체결된 계약의 전문이 명기된 몇장의 신문을 가져왔다. 그것은 아끄리인들에게 행한 완전한 약탈행위였다. 브라질 내 조국이 갈기갈기 찢기는 것 같은 심정이었다. 왜냐하면 내가 보기에는 그것은 미국이 아끄리를 포함하여 우리나라의 강에서 자유롭게 항해할 수 있도록 강요하고, 그들의 미래의 계획을 위해 열어놓은 길에 불과했기 때문이었다. 나는 서둘러서 내가 사용했던 나침반을 간직하고, 경계표와 그 밖의 용구들을 버려둔 채로, 분연히 바로 그날 아끄리의 변경을 향해 떠났다.'

혁명은 볼리비아의 샤푸리(Xapuri) 정복으로 시작되었다. 그곳은 비록 적은 인구가 거주하고 있었지만, 많은 양의 천연고무가 생산되는 곳이었다. 이렇게 국지적으로 전개된 전투는 아끄리 전역으로 확산되었다. 그때까지 무관심했던 브라질 정부는 이 지역의 중요성을 깨닫고 히우 브랑꾸를 파견하여 새로운 협상을 추진했다. 아울러 올림삐오 다 실베이라(Olímpio da Silveira) 장군이 지휘하는 연방군을 보내 분쟁지역을 점령하도록 했다.

브라질 군당국은 까스뜨루가 이끄는 혁명군의 활동을 우려하여, 그의 지휘권을 박탈하고 부대를 해산시키려 했지만, 그들의 거센 저항을 통제할 수 없었다. 또한, 그 지역의 지리를 완벽하게 꿰뚫고 있는 까스뜨루 혁명군이 없이는 볼리비아군을 물리치기가 어렵다는 사실을 간파했다.

게릴라 전에서 승리하기 힘들다고 판단한 볼리비아의 La Paz 정부는 히우 브랑꾸의 협상제안을 수락했다. 1903년 11월 마침내 뻬뜨로뽈리스 조약(Tratado de Petropolis)이 체결되고 양국의 경계가 확고하게 결정되었다. 분쟁지의 영토는 브라질 소유가 인정되었고, 대가로 볼리비아 측은 2백만 파운드의 배상금과 볼리비아인들의 교역에 중대한 역할을 한 마데이라-마르모레(Madeira-Marmoré)철도의 건설을 약속받았다.

발견의 시대를 주도한 포르투갈과 스페인은 절대왕정이 중상주의 정책의 일환으로 식민제국주의적 침탈을 행한 대표적 예가 된다.

오늘날까지 해결되지 않은 세계의 영토분쟁은 60-70개에 이른다고 한다. 이들 중 가장 많은 숫자는 아프리카와 아메리카 대륙에서 발생하고 있다.

1494년 체결된 또르데질랴스 조약으로 남미대륙은 포르투갈령 브라질과 스페인령 식민지들로 양분되었다. 그러나 남미대륙은 이들 외에도, 16세기부터는 서구 열강들의 관심이 집중된 아마존 강 유역과 내륙의 풍요로운 자원을 확보하기 위한 경쟁으로 많은 갈등이 빚어지고 있었다.

오늘날 남미대륙의 47.7%를 차지하고 있는 브라질은 스페인 식민지에서 독립한 칠레와 에쿠아도르를 제외한 거의 모든 국가들과 국경을 접하고 있다.

국가 간의 국경분쟁은 대부분 역사적 근원이 그 중요한 쟁점으로써, 남미의 경우에 있어서도 또르데질랴스 조약에 의거한 경계선의 불확실성이 항상 논쟁의 대상이었다. 당시 이와 같은 분쟁 발생 시 최상의 해결책은 교황청의 칙령에 의한 중재와 국가 간의 협상 등이었고, 협상의 기본 원칙은 로마의 사유재산법에서 연유한 실효적 점유(effective possesion)만이 유효성을 지닌다는 Uti Possidetis 이론이었다.

이 이론은 식민상태에서 벗어난 독립된 신생국들이 국경을 확립하는데 있어 가장 중요한 원칙으로 활용되었다. Uti 이론의 도움을 받은 신생국들은 무주지(terra nullius)는 존재하지 않는다는 확신으로 국경분쟁의 합리적인 해결책을 모색했다. 실제로 포르투갈도 남미대륙에서 이 이론에 입각하여 스페인과의 국경분쟁을 해결해 나갔다.

또르데질랴스 조약에 의하면 브라질은 오늘날 면적의 1/3을 약간 상회하는 크기에 불과했다. 그러나 1580년 스페인이 포르투갈을 합병하여 펠리페 국왕이 포르투갈 왕위를 겸하는 이원왕정체제(Dual Monarch)가 성립되자, 브라질과 스페인령의 국경 역할을 했던 이 자오선은 그 의미를 상실하게 되었다. 그런 이유로 양국 합병기에는 국경으로 인해 야기된 분쟁은 존재할 수 없었다. 오히려 땅에 대한 소유욕이 강했던 펠리페 왕들은 서진정책을 통해 많은 브라질인들이 자오선을 넘어 귀금속이 풍요로운 페루나 칠레 등지의 광산지대로 이주해 가는 것을 장려했다. 하지만 펠리페 왕조가 붕괴되고 포르투갈의 왕정복고(Restauração)가 실현되면서 남미 대륙에서는 이미 예견된 바, 수많은 영유권 분쟁이 발생했다.

1640년 포르투갈에 브라간싸 왕조가 설립되었을 때, 브라질은 북으로, 아마존 유역, 서로는, 반데이란찌스의 활약으로 또르데질랴스 선 넘어 마뚜그로쑤 지역 그리고 남으로는 쁘라따 강 하구에 이르기까지 영토가 확장되어 있었다. 스페인 지배 60년 동안에 자오선이 와해되고, 엄청난 크기의 스페인령이 잠식되면서 브라질은 예전의 두 배에 가까운 영토를 소유하게 되었다.

그런 이유로 양국 간에는 많은 지역에서 새로운 영유권 분쟁이 발생했고, 1750년 마드리드 조약을 시작으로 1801년 바다호스 조약에 이르기까지 다양한 형태의 국경 조약이 체결되었다. 이후에도 남미의 많은 스페인령 식민지들이 공화정 체제로 독립을 이루고, 1822년 브라질이 입헌군주국 체제로 독립을 쟁취하자, 브라질은 인접 신생 독립국들과 또다른 국경 분쟁과 영유권 문제로 갈등을 빚기 시작했다. 이들 분쟁이 식민시대와 다른 점이 있다면 그것은 신생 독립국들을 위협하는 서구 열강들의 개입이 있었다는 것이다. 브라질 입헌 군주국 시대에 시스쁠라띠나 지역 분쟁, 공화정 초기에 아르헨띠나와 미쏭이스 국경분쟁, 북부해안의 뜨린다드 섬 분쟁, 볼리비아와의 아끄리 주 문제 등의 쟁점은 자원 확보, 해상 운송망 확보, 불확실한 무주지 소유권 확보와 아마존 유역 지배권 확보로써 이들의 이면에는 프랑스, 영국 그리고 미국의 제국주의적 침탈행위가 있었다.

이와 같이 브라질에서도 영유권 분쟁은 제국주의의 침탈사와 무관하지 않았다. 남미의 한 역사가는 많은 협상에서 스페인이 큰 손실을 입은 것을 스페인 외교의 치욕이라고 표현하였다. 포르투갈이 스페인과의 국경협상에서 성공할 수 있었던 이면에는 구스마웅 같은 유능한 협상가가 있었다. 그는 협상에 임할 때 가장 정밀한 남미의 지도와 역사적 고증 자료를 확보했고 가장 합리적인 Uti Possidetis 이론을 제시했다. 또한, 제국기와 공화정 시대에도 뛰어난 협상가 히우 브랑꾸 자작과 이따쥬바 남작의 주도면밀한 자료수집과 적극적인 외교활동이 브라질을 성공으로 이끌었다.

최근 일본이 독도를 겨냥하여 영유권 문제를 제기하고 있다. 우리도 독도문제에 접근할 때 그들의 주장하는 근거에 반론을 제기할 수 있는 자료 확보와 논리적 대응방안을 찾아야 할 것이다. 이를 위해서는 다른 나라에서 일어났던 영토분쟁의 사례와 그 결과를 분석하여 냉철하게 대처하는 것이 바람직하리라 본다.

제3장 구 공화국의 정치적 현황과 과두체제 분석

브라질에서는 공화정이 선포된 1889년부터 1930년 혁명까지의 기간을 구 공화국 또는 제 일 공화국(Velha ou Primeira República)이라 부른다. 데오도루와 플로리아누 정부로 대표되는 공화정의 초창기는 검의 공화국(República da Espada)을 이루었다. 1894년부터 과두체제는 모라이스와 함께 권력을 점유했으며, 제뚤리우 바르가스가 워싱턴 루이스를 물리치고 집권했던 1930년까지 계속해서 권력을 유지해 나갔다.

구 공화국의 역대 대통령들에게는 일련의 중요한 정치, 경제 그리고 사회적 특징이 있었다. 데오도루 정부에서는 민간인과 군부 사이의 동맹이 파괴되었다. 군부는 실용주의에서 착안한 국가구원의 목표를 강조했고, 국가의 진보와 질서라는 교훈을 구현하기 위한 강한 정부를 갈망했다. 반면, 민간인들은 상 파울루 출신들을 주축으로 막강한 커피 과두체제를 구축하고, 각 주들의 자치권을 옹호하고 있었다.

1. 정치적 현황

까페 꽁 레이찌(Café com Leite) 정치

브라질 정치사에서 상 파울루 주와 미나스제라이스 주의 압도적 우월성은 일반적으로 까페 꽁 레이찌 정치라고 알려진다. 중남부에 위치한 두 거대한 주들은 19세기 중반에 급격한 경제적 발전으로 정치적으로 최고의 위치로 부상했다.

임금 노동자들의 유입과 노예제도의 폐지는 사탕수수 경작 시대부터 브라질 정치를 주도했고 독립의 전과정을 후원했던 농촌의 귀족계급을 크게 위축시켰다. 그리고 그들을 대신한 새로운 커피 귀족이 부상했다.

상 파울루와 미나스가 경제적으로 브라질 내에서 가장 막강한 것은 의심의 여지가 없다. 엄청난 양의 커피를 수출하면서 국가경제를 이끈 이 두 축은 당연히 정치적 주도권도 장악했다. 이 두 주들은 인구밀도도 가장 높은 지역이었기 때문에 1891년 헌법으로 비례대표에서도 매우 유리한 조건을 보장받았다.

의회에서 하원의원의 수는 인구에 비례하여 선출되었다. 이론적으로 미네이루와 빠울리스따들의 의석은 절대적 우위에 있었고, 구 공화국 체제에서 대통령은 이 두 주가 교대로 차지하는 결과를 초래했다.

1894년 푸루덴찌 지 모라이스가 이 세력에 힘입어 대통령이 된 후 36년이 지나 워싱턴 루이스가 대통령직에서 물러날 때까지 까페 꽁 레이찌 정치는 유지되었다. 커피 과두체제는 커피 가격 조절 정책에 대한 주도권을 유지하는데 성공했다. 그들은 국가의 정치적인 지배뿐만 아니라 많은 소득을 보장해 주는 경제 정책을 통제했다.

안정된 정권의 구성으로 이 2개의 주는 선거에서 반대세력에 비해 월등한 승리를 거두었다. 깜뿌스 살레스 통치기에는 반대파를 와해시키는데 필요한 조처가 취해졌다. 위정자들의 정책은 연방정부와 주 정부 간의 특전 주기 방식으로 이뤄졌다. 정치적 지원의 대가로 연방정부는 선출된 반대당 의원들의 자격을 인정하지 않았다. 정부는 선거에서 부정행위가 있었다는 핑계로 야당 후보들의 선출을 막았는데 이것은 목 자르기(degola) 방법이었다.

이리하여 야당이 선거에 이긴다는 것은 거의 불가능한 일이었다. 많은 반대파 세력은 결국 정부를 지지하는 세력으로 변모했다. 이른바 목 자르기를 확고히 하기 위한 기구도 설립되었으니 CVP가 그 실체로써 후보의 자격 여부를 따져 등록을 결정하고 선거에 관계된 청원을 해결하는 기능을 담당했다. 이 제도는 1930년까지 지속되었고, 각 주에서 반대파를 완전히 제거하기 위해 기존 기구를 강화시킨 새로운 제도가 확립되었다.

정당

공화정의 출현으로 브라질에서 자유주의 세력과 보수주의 세력으로 양분되었던 군주제 정당은 자취를 감췄다. 단지 하나의 통합체를 유지하면서 작은 규모의 공화 클럽으로 빠울리스따 공화당이 남아 있었다.

꼬빠까바나 요새 주둔군 송덕비

이후에는 각 주마다 지역적 특성을 지닌 공화당이 창건되었다. 그들의 창당 이념은 대토지 소유자들의 이익을 위해 투쟁하는 데 있었다. 그들은 소수의 정치적 지도자들을 중심으로 결집하여 단체를 이루었으며 브라질의 통합에 대한 비전은 제시하지 못했다. 그런 이유로 국가적인 관점에서 제시된 정강은 부재했고, 결과적으로 예정된 계획이나 통치상의 지속성도 없었다.

상 파울루에서 공화당은 군주제의 몰락 이후 동일한 정치적 관습을 유지하기 원했다. 이 정당이 적극적인 행동을 취한 것은 오직 공화국의 선포였다. 공화국 정체와 함께 많은 통치 기능의 변화가 있었다.

빠울리스따들의 주도로 연방 공화당이 소집되었다. 협의회에서 모라이스가 후보로 선출되었다.

떼넨찌스무(Tenentismo)

떼넨찌스무는 중산층의 문제와 직접적인 관계가 있는 현상이었다. 군부의 장교들 대다수는 중산층 출신이었다. 이들은 정치 외적인 활동을 위한 교육을 받았음에도 불구하고 국가가 처한 상황을 변화시키고자 노력하였다. 개혁은 군부 자체로부터 시작되었다.

까로니(Edgard Carone) 가 말한 바처럼 '제1차 세계대전의 고통스러운 문제들과 정치, 경제, 사회적 구조의 극복을 반영하는 초기의 군부에서는 권력 교체의 필요성을 인식하기 시작했다. 그것은 권력에 대한 기대로 나타났다.' 이리하여 일정한 계획이나 계급의식이 없이 불확실한 상태의 위관급 장교들은 그들의 모든 활동을 정치 쪽으로 전환했고, 그들의 사상을 현실화시키기 위해 혁명을 일으켰다.

꼬로넬리스무(Coronelismo)

많은 주들에서는 농촌의 다른 계급들과 통합된 커피 농장주들이 선거기구 덕택에 그들의 이익을 취하며 국가를 통치했다. 꼬로넬은 관할 지역 농민들에게 자신이 지원하는 후보에게 투표하도록 강요하는 보또 지 까브레스또(Voto de Cabresto)방법을 이용하여 농촌 선거구를 관장했다. 이 선거구는 그들에게 큰 정치적 특권을 제공했다. 그들의 기능은 치안, 행정통치와 사법집행 등으로 다양했다. 꼬로넬의 명성은 땅을 소유하고 있다는 사실로도 충분히 짐작된다. 그들은 일반적으로 부유한 계층이었고, 신용대부의 능력을 지녔기 때문에 경제적인 필요의 경우에 농민들은 그들을 찾아 도움을 요청했다. 그런 고로 그들은 'benefeitor', 즉 보호자 또는 은혜를 베푸는 사람이었다. 그 외에도 그들은 선거에 필요한 모든 경비를 부담했다.

그 결과 그들이 지시하는 모든 것들에 농민들은 성실히 복종했다. 또한, 브라질에는 명령하는 버릇(Mandonismo), 편애주의 그리고 투표의 부정 등이 일반화되었다. 친구의 이익을 위해 불법적인 일도 주저 없이 행하는 풍조도 만연했다. 꼬로넬리스무는 결과적으로 연방이나 주 선거에서 주민들이 꼬로넬의 지시에 따라 무조건적으로 행동하는 병폐를 초래하였다.

2. 브라질의 과두체제 분석

과두체제의 정치, 사회적 구조

1889년 11월 15일 군부는 동 뻬드루 2세를 권좌에서 무너뜨리고 데오도루 폰세까 원수를 수반으로 하는 임시 정부를 수립했다. 임시정부는 브라질 최초의 공화헌법인 1891 헌법이 공포된 1891년 2월 24일 그 사명을 다했지만, 그동안 국가와 교회의 분리, 브라질 거주 이주민들의 국적 허용과 주 지사 임명에 관한 많은 책무를 완수하였다.

의회는 신임 대통령으로 폰세까를 선출하였다. 그는 군부의 지원을 받아 민간인 후보였던 뿌루덴찌 지 모라이스를 물리치고 대통령에 선출되어 1891년 11월 15일까지 대통령으로서의 직무를 수행했다. 1891년 플로리아누 페이쇼뚜의 사임과 더불어 빠울리스따, 미네이루와 가우슈 과두 지도자들이 지배하는 과두제 공화정이 확고하게 브라질 정권을 장악했다. 미나스 제라이스는 상 파울루에 이어 브라질에서 가장 인구가 많은 주였고, 히우 그란지 두 술은 1916년 서거한 상원의원 삥에이루 마샤두(Pinheiro Machado)의 탁월한 정치력 때문에 연방 정부에서 큰 영향력을 행사하고 있었다.

이른바 과두제 공화정(1898-1930)은 연방정부의 정치권력이 커피 과두체제의 수중에 있었던 브라질 정치사의 한 시대였다. 실제로 연방정부는 이 당시 상 파울루와 미나스 제라이스의 과두 지도자들이 통제했으며, 이를 사람들은 Café com Leite 정치라 일컫는다. 즉, 카페는 최대의 커피 생산지이며 수출지인 상 파울루를 의미하고, 국내 최대의 우유 생산지는 아니지만, 제2의 커피 생산지인 미나스 제라이스를 상징한다.

공화정 선포 시 주역이었던 군부는 1895년 페이쇼뚜가 죽고, 까누두 전투(Campanha de Canudos)로 군부의 힘이 약화되고, 브라질 3대 대통령 모라이스 내각의 국방장관 비뗀꼬우르뜨가 암살당한 후 급격히 정치로부터 격리되기 시작했다. 그런 이유로 과두체제 공화정은 1898년 모라이스에 이어 당선된 민간인 대통령 깜뿌스 살레스의 취임과 더불어 한층 더 공고해졌다고 할 수 있다. 통치 기간 중 살레스는 주지사들의 정치(Política dos Governadores)로 알려진 주들의 정치(Política dos Estados)로 연방권력이 주의 정치에 개입하지 못하도록 했고, 각 주들 역시 지방 자치권을 침해하지 못하게 함으로써 정치적 자치주의와 국가 안정을 도모했다. 대통령선거는 4년마다 3월 1일에 실시되었고, 당선자의 업무개시는 11월 15일이었다. 공화국 대통령 후보는 각 주의 지사들 간에 국가적 합의를 통해 선출되었다.

브라질 구 공화정 체제는 크게 권력의 3분화로 이해된다. 권력구조 피라미드의 기저는 지방 권력가인 꼬로넬로써 자신의 영역에 속한 농촌 주민들을 통제했다. 피라미드의 중반은 꼬로넬 연맹의 상층부인 주 과두체제 지도자들이 속해 있었다. 그들의 기능은 꼬로넬과 달랐다. 마지막으로 권력구조의 정점은 연방정부로써, 이는 가장 세력 있는 주들의 과두지도자들 간 동맹의 산물이라 할 수 있었고, 이런 이유 때문에 과두지도자들의 연맹(Federation of Oligarchies)라는 표현이 등장한 것이다.

과두정치제도는 인구 전체의 정치 참여도가 낮은 수준에 머무르는 특징을 지닌다. 이때 사회 각 계층들은 계급신분에 따라 수직적인 피보호(Clientelistic)관계로 함축된다.

기본적으로 꼬로넬들은 주 과두지도자들을 위해 투표권을 공급하고, 그 대가로 관직이나 재정적 지원 등을 포함한 특혜를 수혜받았다. 주과두 지도자들과 중앙정부와의 관계는 대등했다. 그들 사이에도 주 당국의 지배자들은 공화국 대통령 선출에서 큰 영향력을 행사했고, 연방정부는 이에 대한 보상으로 그들의 지상권을 보장해 주었다.

이러한 체제의 특성을 감안할 때, 과두체제에는 많은 부작용이 수반됨을 알 수 있다. 꼬로넬들과 그들이 통제하는 주민들과의 관계, 꼬로넬들과 주 과두지도자들 그리고 연방정부와의 관계는 지역에 따라 매우 다양했다. 브라질 사회의 경제적 특색은 모든 곳이 동일하지 않았다. 예로써, 상 파울루는 광활한 면적에 비해 인구가 희박한 북부와 북동부 지역과 비교할 때 모든 면에서 현격한 차이가 있었다. 상 파울루가 이민 유입으로 강력한 자본주의적 경제 발전의 양상을 보일 때, 북부와 북동부 지역은 초기 자본주의 상태의 낮은 경제 수준에서 벗어나지 못하고 있었다.

제1공화국은 사회적으로나 정치적으로 피보호관계에 의해 지배되고 있었다. 이 같은 현상은 지배자와 피지배자의 관계에서 출발한 농촌지역에서 강하게 나타났지만, 상 파울루와 히우 같은 대도시에서도 일반화된 현상이었다. 당시 생산자원은 소수 세력이 장악하고 있었다. 자연히 일반 평민들은 가장 강한 자의 보호에 따르지 않을 수 없었다. 보호는 토지 제공, 재정적 지원, 고용 등으로 행해졌고, 그 대가는 충성 서약이었다. 즉, 농민들은 육체적으로 꼬로넬을 보호했고, 투표함 앞에서 그가 원하는 바에 따를 뿐이었다. 꼬로넬이스무는 각 지역의 사회, 정치적 현실에 따라 각기 다른 특색을 지닌다. 가장 극단적인 예로, 싸웅 프란시스꼬 강을 따라 펼쳐지는 북동부 오지에서는 사병조직을 갖춘 꼬로넬들이 국가나 다름없는 세력을 구축하고 있었다.

꼬로넬의 힘을 가장 잘 표현하는 것은 빠렌뗄라(Parentela)로 알려진 혈족관계의 조직이었다. 북동부의 전형적인 특색인 혈족관계는 혼인이나 대부모, 대자녀 의식을 포함한 광범위한 가족단위를 형성했고, 수직구조의 정점에는 가부장이 있었다.

제도적으로 구 공화국은 꼬로넬의 힘을 강화했다. 지방분권화에서 자치도시 무니시삐우(Município)는 더 큰 자치권을 얻었고, 더 큰 재정적 수입을 관리할 수 있었다. 1868-1869년에 제국정부는 국가재정수입의 80.8%를 차지했고, 지방은 16.7% 그리고 자치도시들은 2.5%를 할당받았다. 그러나 1910년에 이르면 중앙정부가 59.9%, 주 정부가 21.5% 그리고 자치도시들은 18.6%로 크게 성장했다. 아울러 1891년 헌법에서는 참정권을 대폭 확대함으로써 꼬로넬들이 더욱 큰 영향력을 행사할 수 있게 되었다. 그러나 주 정부 역시 더욱 강화된 힘으로 꼬로넬들의 활동을 제한함으로써 주 과두 지도자들과 꼬로넬들 간의 긴장을 촉발시켰다.

북부와 북동부에서는 두 가지 양상의 정치적 특성이 배양되었다. 일부 가족단위 과두 지도자들이 주 정부 권력을 장악함으로써 지역 단위 꼬로넬들과 주 과두 지도자들 간의 권력의 차이를 최소화시켰다. 또한, 자치도시의 이해관계를 대표하는 그룹이나 수출과 연관된 세력의 힘도 커졌다. 이처럼 내륙의 꼬로넬들은 상당 수준의 자치권을 확보하게 된 것이다. 이들은 자신이 소유한 사병조직의 힘을 이용해서 지배영역에서 군벌의 지위를 누리기까지 했다.

바이아, 고이아스(Góias), 뻬르낭부꾸, 삐아우이(Piaui)와 마라냐웅에서는 주 경계를 넘어 꼬로넬들 간의 동맹관계도 형성되었다. 그들은 자신의 영역에서 최대한의 자치권을 유지하는 것이 궁극적인 목적이었기 때문에 수도나 해안 지역이 주 재정수입의 가장 큰 몫을 차지하는데 크게 이의를 제기하지는 않았다.

상 파울루, 미나스 제라이스와 히우 그란지 두 술에 비해 이들 주에서는 연방정부의 역할이 훨씬 컸다. 이 주들에서는 정부가 주 과두 지도자들에게나 꼬로넬들에게 직접 지원을 하거나 그들과 협상을 했다.

바이아의 경우 내륙의 꼬로넬들은 강력한 자치권을 행사했고, 반면 과두지도자들이나 정당의 역할은 미미했다. 폰세까의 집권기에 연방정부 세력권에서 밀려났던 군부는 1912년 바이아 주지사 선거에서 쎄아브라(J.J. Seabra)를 지원했고, 일연의 정치적 개혁을 시도한 쎄아브라는 꼬로넬들의 힘을 통제했다. 1920년 이후 내륙의 꼬로넬들은 주 정부에 반기를 들었고, 살바도르(Salvador)시를 공격하며 위협을 가했다. 연방정부는 바이아 군사령관을 통해 이 갈등을 중재했지만, 중재안은 꼬로넬들의 힘을 입증하는 하나의 좋은 예가 되었다.

꼬로넬들 중 마뚜스(Horácio de Matos)는 12개 자치도시들을 장악했던 인물로써 연방정부도 그의 조직을 승인하였다. 바이아에서 1920년대에 주지사가 꼬로넬들과 공화국 대통령 사이에서 중재자 역할을 했던 특이한 상황은 단 한 차례로 끝났다. 이후 바이아 내륙의 꼬로넬들은 주 정부를 상대로 강력한 자치권을 얻어냈고, 이로써 바이아는 한 주 내에 수많은 주가 존재하는 것 같은 양상을 띠었다.

이에 반하여, 발전된 주들에서는 꼬로넬의 자치권이 위축되었고, 꼬로넬들은 지배정당과 주 정치조직들과 관계를 긴밀하게 이루어 나갔다. 주 정부는 피보호 관계의 정점에서 꼬로넬들을 도왔다. 주 정부는 꼬로넬들의 토지제공, 차관 공여 그리고 공직을 분배해주었다. 이런 이유로 주 정부는 표면적으로는 큰 조직을 책임진 꼬로넬과 같았다.

주와 사회와의 관계는 근본적으로 피보호관계를 유지해 나가고 있었지만, 계층들의 이익을 대변하는 주는 때로 민감한 분야에서 지방 권력의 감축을 시도했다. 예로써 1906년 상 파울루 주지사 죠르지 띠비리까(Jorge Tibirica)는 주 민병대에 엄청난 권한을 위임했을 뿐 아니라 시민경찰 조직도 설립했다. 이것은 상 파울루 주가 대토지 소유자의 부속물이나 다름없었던 경찰력을 변화시키려는 시도였다. 1921년 주지사 워싱턴 루이스도 사법권의 전문화를 추진하며 지방 권력의 의존도를 줄여 나갔다.

미나스 제라이스는 경제 구조에 있어 바이아와 유사한 면이 있었지만, 두 주의 발전도에 있어서나, 주 정부의 권력에 있어서는 차이가 있었다. 미나스에서는 공직이 후견인들을 위한 효과적인 도구로 이용되었다. 주정부는 차관, 이권사업이나 특히 운송 분야의 공공사업을 제공했다.

바이아 내륙의 꼬로넬들이 1930년까지도 수도와 상업적으로 고립되어 있었지만, 미나스에서는 북부 고립지역과 남부의 시장을 연결하는 교통수단을 발전시켜 나갔다. 1897년 미나스 공화당(Minas Republican Party, PRM)이 창립되면서부터 꼬로넬들은 정치적으로 주지사와 주 정치조직에 예속되어 있었다. 그런 이유로 구 공화정 시기에 미나스의 꼬로넬들은 '미나스 공화당 없는 구원(Salvation)은 없다.'라는 슬로건을 내세우고 있었다.

히우 그란지 두 술에서 관료 꼬로넬들은 주 정부당국과 주 공화당(PRR)이 보다 큰 권력의 소유자임을 입증하는 것이었다. 만일 관료 꼬로넬이 특정 지역에서 그의 경제적 힘과 사회적 명성을 유지하려면, 그도 역시 보다 높은 위치로부터 명령을 받을 준비가 되어있어야 했다. 꼬로넬들이 주로 맡았던 공직인 감독관(Intendente)은 주 정부가 임시적으로 지명하는 직책이었다.

1891년 헌법은 가장 강력한 주와 가장 약한 주 간의 힘을 구별하는 연방제도를 규격화했다. 모든 주들의 동등한 대표성을 원했던 군부의 의견에 반대하며 하원의회는 1890년 인구조사에 근거하여 각주의 거주자 수에 의한 대표 선출을 제도화했다.

대규모 주들은 큰 혜택을 입었고, 주는 자치권 확보로 재정수입 증대와 군사력의 증강도 이룰 수 있었다. 이로써 제국시대의 가장 중요한 수입원이었던 수출세를 비롯한 각종 세수입이 중앙정부의 통제에서 벗어나게 되었다.

상 파울루는 최대의 수혜자였다. 중앙 정부의 재정규모를 앞지르는 이 주는 외국 차관계약까지 자치적으로 체결하며 커피경제의 확산을 위한 금융지원과 도시 서비스 개선에 크게 기여했다. 이에 반해, 작은 군소 주들은 권력을 지닌 대농장주들에 대한 세금징수가 불가능해졌고, 수출의 결핍으로 중앙정부에 의존하는 바가 컸다.

각 주들은 자체적으로 군사력을 운용할 권리가 부여되어 있었다. 재원이 풍요로운 주들은 이 권리를 십분 활용했다. 특히 상 파울루 민병대의 경우 군장비가 잘 갖추어져 있었고, 연방 주둔군보다 병력 수도 더 많았다. 예로써, 1925-1926년 주 방위군은 프랑스군 고문관들의 지도로 잘 훈련된 1만 4천 명의 병력을 보유했다. 이로써 강력한 주들은 연방정부의 지나친 간섭과 압력에서 벗어날 수 있었다.

공화국 대통령 선거에서는 가장 큰 주들 간의 협의가 중요한 변수였다. 이것은 잘 알려진 것처럼 미나스 제라이스와 상 파울루의 까페 꽁 레이찌 정치에서 확인된다. 그러나 1910년 이후 정치 무대에는 제3의 주 히우 그란지 두 술이 등장하면서 갈등의 소지를 낳았다. 1920년대 말 상 파울루와 미나스 제라이스의 과두 지도자들의 협약이 파기되고 1930년 혁명으로 신 공화국이 등장하게 되지만, 이 양대 주의 힘은 여전히 막강했다. 즉, 11차례의 대통령 선거에서 9인의 대통령이 두 개 주에서 배출되었다. 즉, 상 파울루에서 6인, 미나스 제라이스에서 3인이 배출된 것이다.

각 지역 단위의 정치권력은 주로 자체의 경제력에 의존하는 편이었다. 주에서는 지배계급과 지역 정당의 연결 정도가 매우 중요한 역할을 했다. 이와 같은 상황은 상 파울루, 미나스 제라이스와 히우 그란지 두 술의 정치구조를 분석함으로써 잘 밝혀진다. 1920년 이 3 주는 국가 전체 농업과 산업생산의 반 이상을 책임졌다. 상 파울루에서 커피 부르주아는 1870년대부터 공화주의와 연방주의를 옹호하기 위한 오랜 투쟁의 결과로 생겨난 PRP에 정치적 지원을 해왔다. 그 어떤 정당도 계급의 이해관계를 상 파울루 만큼 명백히 표명하지 못했을 것이다.

상 파울루의 급속한 경제성장과 그 결과로 파생된 사회계급의 분화에도 불구하고, PRP는 1926년까지 지배계급의 유일 정당으로써 그 위치를 유지해 나갔다. 1926년 상 파울루에서 경제 성장의 기반은 커피 관계 산업이었다. 주의 행정조직이나 다른 모든 경제활동은 커피와 직간접으로 연결되어 있었다. 초기 산업화는 커피 기업가들에게 반대되는 계급으로 부상하지 못했다. 공업발전을 위한 기계구매와 자본투입은 커피연관 산업에 대한 투자와 커피경제의 제반 조건들에 맞추어 조정되었다. 따라서 토지소유자들과 산업가는 분리되어 있다기보다는 한 삶 또는 한 가족 단위로 이루어졌다. 시몬센(Roberto Simonsen) 역시 상 파울루의 산업화는 주로 대토지 경작자에 주도권이 있었음에 이의를 제기하지 않았다.

미나스 제라이스에서 지배계급의 경제활동은 커피, 목축업과 지역에 따른 소규모 공업이 주축을 이루었다. 이 주 내부에서의 정치적 갈등은 공화정 초기에 상당히 컸다. 그럼에도 불구하고 미나스 제라이스의 PRM은 힘을 규합하고 단합된 모습을 보였다. 상 파울루에서 도시 중산층의 팽창으로 사회계급의 분화가 일어나면서 PD가 창당되었지만, 미나스에서는 1920년대에 공화당에 대적할만한 야당은 세력화되지 못했다. 미나스에서는 오로지 PRM을 통해서 계급 간의 이해관계가 조정되었고, 개인 역시 이 조직을 통해서 자신의 역량을 펼쳐야 했다.

이에 반하여, 히우 그란지 두 술에서는 한 정당 내에서의 분파 싸움보다 경쟁 당들 간의 파벌주의 논쟁으로 문제가 발생했다. 공화정 초기에 PRR은 적대 정당들의 견제를 받았지만, 권력은 장악하고 있었다. 1893-1895년 PRR은 연방정당(Federal Party)과 치열한 시민전쟁에 연루되었다. 연방정당은 PRR의 반대자들과 브라질 제국의 구자유주의자들이 창건한 당이었다. 이 같은 히우 그란지 두 술의 정치적 분열은 오랫동안 지속되었지만, 1929-1930년 대통령 선거와 연이어 일어난 혁명에서 가우샤 단일 전선(Frente Única Gaúcha)의 형성으로 단합된 힘을 과시했다.

북동부 주들 역시 연방정치에서 상당한 비중을 차지했다. 하원에서 바이아는 22석, 뻬르낭부꾸는 17석을 확보했다. 또한, 1896-1911년에는 뻬르낭부꾸의 호사 이 실바(Francisco Rosa e Silva)를 통해서 연방정부에서 커다란 영향력을 행사하고 있었다. 그러나 1906년 미나스, 히우 지 쟈네이루, 상 파울루가 제기한 커피가격 안정안의 의회승인을 막기 위해 북동부 주들의 단합된 힘을 이끄는 데는 실패했다. 실제로 북동부의 과두지도자들은 단합된 모습을 보이지 못했다. 그들은 연방정부로부터 특혜를 얻기 위해 치열하게 경쟁했고, 주들 간의 세수 징수권을 놓고 다투고 있었다.

구 공화국 시절 잠재했던 불안한 요인은 과두정치체제가 군(The Army)을 통합하는데 실패한 점이었다. 1880년대까지 군은 국가정책 결정에 있어 역할이 미미했다. 19세기 중엽 지방의 폭도들을 제압한 후 군의 역할은 현격히 감소되었다. 이후 군은 국경이나 변경지대의 보호를 위한 역할에만 충실했다. 1870년대 초까지 민간질서를 유지하기 위한 국가수비대(National Guard)의 역할이 컸다. 국가수비대는 실제로 자유로운 브라질 시민들 사이에서 선발되었고, 장교들은 주로 지방의 토지소유자들이었다. 1865-1870년 파라과이(Paraguai)전쟁 이후 군은 그들의 잠재력을 더욱더 크게 인식하였고, 아울러 자신들의 종속적 역할을 의식하게 되었다.

전후 그들은 정부관리들의 부패에 대한 비판, 정실과 정치적 당리를 위한 선거구 개편 등에 대한 부정적 시각을 드러냈다. 그들 중 일부 장교들은 국가갱생을 위해 군이 기꺼이 희생할 수 있음을 표명했다. 그들은 군부가 입은 차별대우에 불만을 나타냈고, 공개적으로 정부의 정책에 반대의사를 표출했다. 아울러 그들은 노예제도 폐지, 공업발전과 교육의 중요성을 강조했다. 그러나 장교들은 두 개의 분파로 나뉘었다. 히우의 쁘라이아 벨랴(Praia Velha) 군사학교 출신인 소장파 장교들은 수학, 철학과 군사학 등을 수강하고, 꽁트의 실증주의에 깊은 영향을 받은 그룹이었고, 따링베이루스(Tarimbeiros)라고 부르는 중견 장교그룹은 거의 대다수가 파라과이 전쟁 참전자들로써 사회 개혁문제에는 별다른 관심이 없었다. 그렇지만 그들은 군의 명예에 대한 깊은 인식을 지니고 있었다.

1880년대 이 두 분파는 제국정부에 대항하며 단합했다. 군부문제에서 따링베이루스들은 군의 청렴성이 모독된데 항의하여 군부의 주도권을 장악했다. 그러나 1889년 11월 15일 쿠데타는 전적으로 군사학교 졸업생들이 주도한 계획이었다. 그들은 폰세까를 포함한 따링베이루스들을 이 거사에 끌어들였다.

이처럼 사회출신 성분이 다양함에도 불구하고 그들은 힘을 합쳤다. 역사가들은 종종 군부를 토지소유 과두지도자들에 대항하는 중산층의 대변인이라고 말한다. 많은 장교들이 중산층 출신이지만, 제국 마지막 시기와 구 공화국 전 기간을 통해 북동부와 북부에서 경제적으로 사양화에 처해 있었던 과두지도자들은 자식들을 위한 가장 가능한 길로 군부를 선택했다. 그러나 브라질 사회 진화과정에서 특별한 가치를 지니고, 상대적으로 다른 분야에 비해 독립된 기구였던 군부의 장교들은 히우 그란지 두 술과 같은 주들의 군인가문에서 배출되었다.

구 공화국 첫 의회의 구성원들 중 52인의 장교출신들이 있었다. 이들 중 24인은 북동부, 9인은 히우 그란지 두 술과 연방관할 구역 그리고 상 파울루와 미나스는 단지 1인이 있었다. 히우 그란지 두 술이 1895년 군 최고사령관직 30개 중 8개를 차지한 것은 국경지대에 위치해 있었기 때문이고, 상 파울루와 미나스는 군부세력이 약했기에 정치세력과의 관계가 긴밀하지 못했다.

군대의 장교들은 사회적으로 특별한 신분에 속했다. 군 출신들의 배경을 살펴보면, 많은 장교들은 도시배경의 학식 있는 사람들로써 정치세력과 직접적으로 연관되었다. 과두체제 지도자들과 연관된 그들의 가족관계와 군의 전통으로 볼 때, 정치세계는 그들에게 결코 낯설지 않았다. 장교들은 민간 과두지도자들과 함께 행동하지는 않았지만, 자신을 국가의 수호자, 진보주의자 그리고 정치적 권모술수에서 자유로운 사람들로 자부했다. 군부가 과두제 공화국을 불안정으로 이끈 요인이라고 할 수는 없지만, 세력이 큰 주의 과두지도자들과 군부 사이에는 기본적으로 양립할 수 없는 기류가 흐르고 있었다. 양대 세력이 직접적으로 대립되는 경우는 많지 않았지만, 제1공화국의 몰락은 오랜 기간 고조된 중견 장교들의 불만과 군 최고사령관의 직접적 개입에 기인했다.

제1공화국 정치체제는 일반 대중의 참여 정도가 미약했던 특징을 지닌다. 1891년 공화국 헌법은 형식상으로 정치적 표현의 기반을 확장하고 있었다. 즉, 재산과 수입에 기초한 참정권 대신에 21세 이상의 교육받은 젊은 남성에게 투표권을 부여하는 제도를 확립했다. 제국기부터 공화정에 이르기까지 유권자의 확대는 매우 의미 있는 결과를 가져왔다. 1886년 제국의 마지막 의회선거와 1898년 모든 주의 투표권자가 참여한 초대 대통령 선거를 비교해 보면 투표자 수는 거의 400%가 증가했음을 보여준다. 즉, 1886년

1,320만 인구 중 111,700인이 투표권자였는데 이는 전체인구의 0.89%에 해당되었다. 그러나 1898년 일천 7백 10만 인구 중 46만 2천 명의 투표권자로 이는 2.7%에 해당했다. 그리고 1910년, 1922년과 1930년 공화국 대통령 선거에서 전체인구의 2.8%, 1.8%, 5.7%가 선거에 참여했다.

선거 참여율의 낮은 수치보다 더 중요한 것은 지방 과두 지도자들에게 유권자가 종속되었던 사실이었다. 이는 공개투표제도로 인해 용이했다. 따라서 도시의 야당세력이 선거 기간 동안 비밀투표 캠페인을 전개한 것은 결코 놀라운 사실이 아니었다. 비록 이론적으로는 민주적 표현의 사상에 기초한 연방공화국이었지만, 실제로는 지역 과두지도자들의 힘에 의해 움직이는 조직에 불과했던 것이다.

인구의 대부분이 대농장주에 의존하는 농촌지역에서는 농민들은 정착조건에 따라 수평적 개념으로 이해되지만, 대농장주와 그의 가족에 대한 충성도에 따라 수직적으로 계급 서열이 정해졌다. 대부분이 외국 이민출신인 히우 그란지 두 술에 정착한 소·중농들은 정치적 견해에는 무관했다. 그들은 꼬로넬의 지배에는 적게 예속되었다.

상 파울루의 대규모 커피농장에서 노동자들은 그들의 공동 이익을 위한 집단행동이 불가능했다. 낯선 땅에 이주해 온 그들은 각각 독립된 농장으로 분산되었다. 한 농장에서, 토지 소유자는 온정적 간섭주의에 기초하여 막강한 힘을 발휘하고 있었다. 그들은 주택제공과 곡물 경작을 위한 토지제공 등으로 농민을 위에 군림하였고, 치안판사 같은 주 정부가 제공하는 직위를 맡은 경우 농촌지역에서 확고한 지배적 위치를 확보할 수 있었다. 그러나 상 파울루에서는 집단 이민 초기에 토지 소유자들과 식민들 사이에 끊임없는 충돌이 빚어졌다. 특히 수확기인 4월말-5월 초에는 토지소유주가 식민들을 강하게 압박했기 때문에 갈등의 빈도수가 높아졌다. 식민들은 파업으로 맞섰고, 1913년 히베이루 쁘레뚜(Ribeiro Preto) 지역에서 발생한 파업에는 수천 명의 식민들이 참여했다. 또 다른 지역에서는 농촌인구의 불만이 종교적 형태의 폭동으로 표현되기도 했다. 이와 같은 부류의 폭동에는 까누두스 와 꼰떼스따두 폭동이 잘 알려진다.

까누두스는 바이아주 북부의 한 버림받은 농장이었다. 그곳에서 안또니우 꼰셀레이루로 더 잘 알려진 마씨엘과 그의 추종자들이 1893년 정착했다. 이 깊숙한 오지에 2-3만 명의 사람들이 모여들었다. 그들은 힘의 불균형에도 불구하고 군과 대치하며 저항했고, 결국 1897년 10월 섬멸되었다. 이 폭동의 마지막 순간에 5천 명의 추종자들은 모두가 죽거나 체포되어 사형에 처해졌다.

꼰떼스따두 폭동은 빠라나와 싼따 까따리나 주에서 발생했다. 이 폭동은 1911년 쥬세 마리아(José Maria)의 지휘 하에 시작되었는데, 그는 첫 충돌에 사망했지만, 추종자들에 의해 성인으로 간주되었다. 까누두스와는 달리 이 폭동은 한 지역에 국한되지 않았고, 군대의 압박을 받으며 여러 곳으로 이동하며 진행되었다. 폭동은 1915년 진압되었고, 폭동의 근거지가 군과 경찰의 공격으로 완전 섬멸되었다.

구 공화정 시대에 브라질 내륙에서 사회적 폭동 중 쎄아라 주 남부 도시 쥬아제이루(Joazeiro)는 시쎄루 호메루 바띠스따(Cícero Romão Batista)가 1872-1924년 활동의 중심지로 삼았다. 쥬아제이루는 Canudos와 Contestado 폭동과 많은 공통점을 발견할 수 있다.

브라질에서 가톨릭교 변천사의 측면에서, 까누두스와 쥬아제이루 폭동은 매우 유사한 특징을 지닌다. 그렇지만 사회 운동의 견지에서 쥬아제이루는 다른 두 폭동과 공통점이 적다. 비록 시쎄루 신부는 종교당국과 과두체제 지도자들과 빈번하게 충돌을 빚었고, 정치적 투쟁에 연루되었지만 까누두스와 꼰떼스따두 폭동은 일종의 삶의 방식을 변화시키려는 시도였다. 까누두스와 꼰떼스따두 폭동은 전적으로 꼬로넬의 세력구조에 반대하진 않았지만, 군에 의해 잔인하게 박멸될 위험의 소지를 안고 있었다. 그러나 쥬아제이루는 사제 꼬로넬(Priest-Coronel)에 의해 통제되었다.

까누두스에 정착하기 전에 꼰셀레이루는 가톨릭 교회의 실천적인 신앙인으로 많은 사람과 함께 교회를 재건하기 위해 노력했다. 까누두스 폭동의 사주자들은 빈자의 친구였고, 야당 세력과 규합한 꼬로넬들의 추종자들이었다. 다양한 계층의 사람들이 이 세력에 가담했다. 그들 중에는 농촌 노동자가 많았다. 그들은 도시와 농촌지역에서 현대화 과정의 희생자들이었다. 꼰떼스따두 폭동에 가담한 사람들은 사회적 가치관과 충돌했고, 명백히 메시아 적 특성을 지니고 있었다. 꼰떼스따두의 가담자들은 군주제도에 대한 충성심이 아직 남아 있었고, 그들의 모임은 정치적이기보다는 종말론적 왕국을 상징하고 있었다. 이에 반하여 꼰쎌레이루는 공화정을 공격하며 민간 결혼의 유입과 교회가 통제하는 장례 등에 비판을 가했다. 이로써 도시에서는 까누두스에 대한 강한 반발이 있었다.

까누두스, 꼰떼스따두와 쥬아제이루는 전혀 의미 없는 역사적 에피소드가 아니었다. 또한, 도시가 발달한 해안지대 문명화의 중심지에 반대하는 농촌의 무지한 인간들의 고립된 의지 표명도 아니었다. 이 폭동들은 정도의 차이는 있지만, 가톨릭교회의 변화, 그들 지역의 사회 · 경제적 변화 그리고 국가 자체의 정치적 발전과 연관되어 있었다. 대중의 종교적 신념의 입증으로써, 그들의 힘의 규합은 무시될 수 없었다. 그럼에도, 농촌에서 발생한 이 운동들은 독립된 조직으로써의 세력확산에서 그 한계를 드러냈다.

이와 같은 구세주적 사회운동과 함께, 산적 행위도 때로 농촌지역과 내륙의 작은 도시들에서 감행되었다. 19세기 후반 북동부의 무장 강도단 깡가쑤(Cangaço)가 그 대표적인 예이다. 그들의 역사는 1930년대 말까지 지속되었다. 깡가쑤의 발단은 친족관계로 결속된 작은 지역에서 시작되었다. 그들의 조직은 점차 영역을 확대하며 전문적인 도적단의 규모로 성장했다. 대표적인 것은 랑삐앙(Lampião)으로 알려진 비르굴리누 훼레이라(Virgulino Ferreira)가 이끈 조직이었다. 랑삐앙과 그의 추종자들은 1920-28년까지 세력을 펼쳐나갔고, 그가 죽을 때까지 북동부 7개 주를 무대로 활동했다.

깡가쎄이루스(Cangaceiros)는 자격조건이 백인이어야 했고, 소농지 소유가문 출신으로 토지 소유권, 교역 또는 지방 정치권력 투쟁에서 실패한 엘리트 계층이 주축을 이루었다. 이 같은 일반적 배경 외에도 나름대로의 사정으로 도적떼에 가입한 사람들도 있었다. 그들은 경찰과 사법권을 신뢰하지 않았고, 자신의 힘으로 가문의 명예를 지키고자 하는 신념을 지녔다. 랑삐앙과 더불어 또 다른 깡가세이루로 안또니우 실비누(Antônio Silvino)가 있었다. 1897-1914년에 활동한 그는 빈자와 유색인종을 단원으로 모집했고, 대부분이 농촌인구 집단이었다. 그들은 정치적 부패와 사회 부조리가 팽배했던 시대에 북동부 지역 빈자들의 신화로 등장했고, 1960년대 영화와 노래에서 의적(Social Bandit) 또는 로빈 후드(Robin Hood)에 비견되기도 했다.

깡가쎄이루는 그들 활동의 본질에서 뿐만 아니라, 국가 공권력의 불인정으로 사회 질서를 무너뜨렸다. 이들의 행위는 마을이나 도시의 약탈, 농장 침입을 포함하여 지배계급의 재산이나 특정 집단에 막대한 피해를 입혔고, 소외받은 계층과의 협력 관계가 수반되었다. 예로써, 안또니우 실비누는 많은 돈과 약탈품을 빈자들에게 분배해주면서 대중적 인기를 끌었다.

깡가쎄이루 상

깡가쑤와 꼬로넬의 권력 조직 사이에 항상 상호 의존관계가 존재했음은 매우 중요한 사실이다. 사실상 깡가세이루는 꼬로넬들의 힘을 깨트릴 가능성은 없었다. 그것은 그들에게 큰 도움이 되지 못했다. 무장반도들은 강자가 제공하는 안식처와 군수품에 의존했다. 지방 엘리트 꼬로넬들의 입장에서 깡가쑤는 정치적 갈등에서 적대그룹과의 투쟁을 위한 주요한 예비병력이나 다름없었다.

깡가쑤가 분열되고, 결국 소멸에 이르게 된 것은 주 정부의 개입 때문이었다. 이로써 지방 엘리트 계층의 불안은 감소되었고, 깡가세이루는 단순한 도적떼로 변모했다. 그들은 더 이상 예전의 보호세력에게 이용가치가 없어졌다.

공화정 초기에 도시의 중요성은 매우 커졌다. 여론을 형성하는 사회그룹과 계급들이 모여 사는 곳이 도시였다. 지배계층, 중산층 그리고 연방관할 구역의 경우 군부의 가장 계몽된 청년장교 그룹이 집중되었고, 낮은 봉급 수준의 백인 샐러리맨들과 실업자군 같은 잠재된 위험요소의 소유자들도 모여 있었다.

히우와 상 파울루에서도 도시의 꼬로넬들이 농촌지역에 비해 활동영역은 제한되었지만, 번영을 구가하고 있었다. 연방관할 구역의 시장은 공화국 대통령이 지명했다. 1928년 PRP는 상 파울루 주 헌법을 수정하여 주지사가 수도의 시장을 선출할 권리를 갖도록 했다.

구 공화정 기에 도시 중산층의 정치적 역할은 모호했다. 이들은 수입, 사회적 유동성, 인종 그리고 지역 지배계급에 대한 의존도에 따라 이질적 형태를 취했다. 따라서 이주민들이 주축을 이룬 산업가들과 상인들은 정치에서 크게 두드러진 역할을 수행하지 못했다. 그러나 경제력은 없지만 가족관계로 지배계층과 연결된 브라질 태생 백인 중산층은 달랐다. 그들은 과두지배자들의 천덕꾸러기들이었다. 그들의 생존은 일반적으로 경제적 활동이 아니었고, 주의 행정조직에서 공무원직으로 실현되었다.

한편 이들 외에도 기자나 자유 직종에 종사하는 지식인층들은 여론 형성에 주된 세력이었다. 그들은 일반적으로 과두지도자들과 갈등 관계에 있었다. 그들은 비밀투표나 선거 부정을 막기 위한 위원회 설립 등을 통해 자유민주주의를 확립하려는 투쟁의 선봉에 섰다. 그러나 자유민주주의 캠페인에 참여한 중산층은 지역적 특색이나 이해관계에 연루된 분파의 다양성으로 복잡했다.

자유주의 사상은 일반적으로 중산층의 가장 상위 계층을 끌어들였다. 은행원, 회사원 그리고 하급 공무원 등은 보다 높은 임금이나 개량된 주택을 원하는 임금 노동자 집단에 비해 정치사상에 큰 관심을 표명했다.

히우와 상 파울루 부르주아들은 서비스 분야의 성장으로 크게 증가했다. 1890년 히우는 사회구조의 다양화 추세로 고용인구의 8.6%가 공무원, 자유업 그리고 성직계급이었고, 상 파울루는 1893년 이 비율이 4.6%였다. 1919년 경제활동인구의 38.4%가 생산 분야에 연루되어 있었고, 이 중 61.6%가 서비스 분야였다.

히우에서 중산층은 농촌 부르주아와는 달리 전문적이고 관료적인 특성을 지녔다. 이는 농촌의 커피 부르주아와 쁘라이아 베르멜랴 군사학교 출신 장교들로 대비될 수 있다. 이들은 19세기 말 히우에서 발생한 쟈코빈 운동(Jacobinist Movement)과 같은 사회주의 폭동에서 노동자 계급과 연계를 시도했다. 프랑스 혁명에 기원을 둔 쟈코빈 운동은 급진적 사회정치 사상으로써, 농촌인구와 빈민들과 연관되었다. 브라질의 쟈코빈 사상은 급진적 공화주의자들이 주축을 이루었고, 실증주의자들과 군부 계층도 끌어들였다. 강한 정부를 추구한 그들은 플로리아누 정권 말기에 세력을 상실하였다. 쟈코비니슴(Jacobinism)은 히우 주민들 사이에 팽배한 불만에서 비롯되었다. 그들은 인플레, 열악한 생활조건을 애국주의 사상과 연계시켰다. 그들은 여전히 상업이 포르투갈인들에 의해 통제되고, 1894년 모라이스가 대통령직을 맡게 된데 반대하며, 빠울리스따 커피 과두체제의 세력부상을 막기 위한 투쟁에 앞장섰다.

상 파울루에서 중산층과 하층계급의 연계시도는 히우에서보다 훨씬 빈도수가 적었다. 대규모 이민 집단인 그들은 사회적 세력화의 이유도 결핍되어 있었고, 조건 또한 부적합했다. 상 파울루의 전통적 중산층은 경제적으로나, 문화적으로 커피 부르주아에 의존하고 있었다. 또한, 히우처럼 반대세력을 구축할 군사학교 생도나 장교 집단이 없었던 상 파울루에서는 사회적 저항에 나설 수 있는 세력은 오로지 노동자 계층(Working Class)으로 한정되어 있음을 의미했다.

1926년 자유민주당(PD)은 공화체제를 보다 정화시킬 목적으로 설립되었다. 그들은 도시 중산층에서 지지 세력을 모았다. 그러나 1930년 혁명 1년 후 PD는 바르가스 정부에 반대하는 PRP와 연합했다. 노동자층은 연방관할 구역과 상 파울루 등의 대도시에 주로 집결되어있었다. 당시의 산업구조는 한정된 자본과 기술을 운용하는 소기업들이 주축을 이루었다. 섬유 산업만이 많은 노동인구를 확보하고 있었다. 1919년 500인 이상의 노동자를 보유한 회사는 상 파울루 인구의 36.4%였고, 연방관할 구역에서는 35.7%였다. 따라서 노동인구의 출현을 위한 필요조건을 지닌 곳은 이 도시들뿐이었다. 이곳에서의 사회적 관계는 피보호적이고 가부장적인 특성이 농촌 지역에 비해 훨씬 적었다. 보다 쉬운 접촉과 통신으로 집단의식이 쉽게 조성될 수 있는 곳이 도시였다. 혁명 이념가들이나 폭동 주모자들은 이런 이유로 도시 환경 속에 깊숙이 침투해 들어왔다.

상 파울루에서 커피 관련 산업은 도시 노동력 공급의 중요한 부분이었다. 이 분야의 확장 과정에서 커피는 필요 노동력을 훨씬 넘어서는 이민 수요를 유발시켰다. 결국 이와 같은 현상은 도시 노동력의 과잉을 초래했다. 농촌의 위기 시, 커피 경작지 노동자들은 도리 없이 그곳을 떠나 도시로 이주해 가거나 본국으로 되돌아갔다. 다른 농업수출 분야가 그들 잉여 노동력을 흡수할 여력을 지니지 못했기 때문이었다.

히우의 경우 브라질 내의 가장 큰 도시로의 집단이주는 노동력 성장의 주요 요인이었다. 이곳에서는 브라질인과 외국인, 포르투갈인과 이탈리아인 사이에 심지어는 이탈리아의 각기 다른 지역 출신 이민들 간에도 인종적 마찰이 빈번했다. 아울러 공업성장이 규칙적이지 못했기 때문에 제조업 분야의 고용은 항구적이지 못했다. 따라서 노동자들의 결속을 위한 조건이 성숙되지 못했고, 무정부주의(Anarchism)사상이 사회체제의 구조적 특징을 키워나갔다.

비록 공업은 경제에서 두 번째 위치에 있었지만, 선구적 산업가들은 권력의 중심부에서 괄목할만한 영향력을 행사했다. 그들은 노동조합의 반합법성, 파업에 대한 무자비한 폭력과 외국인 노동지도자들의 추방으로 노동자계급의 분열에 기여하였다.

파업은 19세기 말부터 브라질의 도시에서 나타나기 시작한 현상이었지만, 노동운동이 본격적으로 성장한 것은 1917-1920년이었다. 이것은 주로 제1차 세계대전 말의 불안정한 노동시장과 전쟁 인플레의 영향 때문이었다. 1917년 상 파울루의 총파업에는 5만 명의 노동자가 참여했다. 1918년 말 히우의 섬유 노조는 여성과 미성년이 노동력의 큰 부분을 차지하고 있었다.

1920년대까지 상 파울루에서는 투쟁적 노동조합 운동이 작은 산업 분야들 사이에서 빈번히 발생했지만, 히우에서는 노동조합 지상운동이 더 적은 영향력을 미쳤다. 이곳에서는 노동조건과 임금 개선을 주장하는 정치와 무관한 노동운동이 특징으로 나타났다. 이 경향은 특히 철로와 항만 노동자들 사이에서 강하게 나타났다. 사회주의자들에게는 브라질 대도시에서 정치적 참여를 통해 이룩되는 사회 변화가 단지 유토피아적 꿈처럼 여겨졌다.

1917-1920년의 대규모 파업들은 브라질 노동자들의 노동조건을 개선하지 못했다. 이로써 1920년대는 노동운동이 정체상태에 빠져 있었다. 파업의 실패, 러시아 혁명의 일깨움에 뒤이어 무정부주의가 위기의 시대를 이어갔

다. 이전의 무정부주의자들은 매우 밀접하게 노동자들의 투쟁에 연루되어 있었다. 그들은 일부 사회주의자들과 더불어 1922년 브라질 공산당(Brazilian Communist Party, PCB)을 창건했다. 실제로 PCB의 특색 중 하나는 그 주된 사상이 사회주의가 아닌 무정부주의적 노동조합운동(Anarcha-Syndicalism)이었다는 점이다. PBC는 노동조합, 당, 계급동맹, 반제국주의 운동과 농업혁명을 위해 고군분투했지만 1920년대에 그 세력을 확산시키지는 못했다. 그들의 적극적인 조직원은 1922년 73인, 1929년 1천 명에 불과했다.

과두체제의 변천

구 공화국 과두체제의 가장 큰 문제점은 당시 정치 참여를 시도하는 도시 중산층의 위협과 군부의 간섭 속에서 각기 다른 지역 과두 체제 지도자들 간의 조정의 어려움에 있었다. 과두지배는 사회적 관계에서 피보호주의의 영향을 받았다. 이것은 도시 성장, 계층 간의 격차와 공업 성장의 결과였다.

1889년 11월 15일 군주제의 몰락은 히우의 젊은 장교 그룹이 계획한 군사 쿠데타의 결과였다. 사실상 상 파울루의 커피 부르주아로 대표되는 가장 잘 조직된 민간 공화그룹은 군부와의 접촉이 많지 않았다. 그들은 공화 캠페인에 군부가 연루되는 것을 탐탁지 않게 생각했다. 그러나 군부는 권력을 장악했고, 데오도루(1889.11-1891.11)와 플로리아누(1891.11-1894.11) 두 명의 대통령을 배출했다.

공화정 초기에 브라질 전체 주들의 절반이 군부 세력의 지배하에 있었다. 그러나 큰 과두지도자들은 사회적 권력가들이었다. 1891년 헌법은 상 파울루처럼 큰 주들의 이익을 보호하고 있었다. 군부는 PRP에 소속된 민간사회 그룹을 규제하지 못했다. 군부에서는 육군과 해군 간의 라이벌 의식이 형성되어 있었다. 데오도루와 플루리아누의 지지세력들 간에도 갈등이 유발되고 있었다. 전자는 따링베이루스의 이익을 대변했고, 후자는 히우의 쟈코빈파의 폭동에서 활동했던 쁘라이아 베르멜랴 군사학교 출신들의 지지를 얻고 있었다.

공화체제의 공고화를 위해서는 커피 부르주아와 군부 간의 화해가 시급했다. 결국 플로리아누도 연방주의자 혁명과 해군 폭동에서 상 파울루의 부유한 금융인들과 강력한 주 민병대의 지원을 받았다. 플로리아누는 공화체제의 결속을 위해 그의 의지에 반하여 새로운 지배계급을 위한 문호를 개방해야 했다. 그는 재무장관으로 상 파울루 주의 정치적 이익을 대변하고 있었던 로드리게스 알베스(Rodrigues Alves)를 기용했고, 상하원 의장직은 PRP의 지도세력에서 선출했다.

군은 과두체제에 대한 반대 의사와 공화체제의 공고화 사이에서 많은 갈등을 겪고 있었다. 여기에서 상 파울루 주를 비롯한 주요 주들의 과두 지도자들은 많은 반사이익을 얻었다.

1894년 11월 15일 공화국 초대 민간 대통령으로 빠울리스따인 뿌루덴찌지 모라이스가 선출되었다. 이때 반대세력은 젊은 장교들과 히우의 쁘라이아 베르멜랴 군사학교 생도들에 국한되고 있었다.

10년 후인 1904년 황열병 치료를 위한 강제 예방접종을 시행하려는 정부의 결정에 반대하는 데모가 일어났다. 서민들은 생활비의 인상과 비위생적 도시 환경에 강력히 항의했고, 군 장교들과 사관생들도 예방접종에 항의하면서 토지 소유자들의 공화국(Republic of Landowners)를 대상으로 삼았지만, 군부 지도층들은 점차 국가 정치활동에서 물러났고, 이들을 이끌었던 군부 클럽도 활동을 폐쇄하기에 이르렀다.

군부로부터 어떤 위협도 없었기 때문에 과두체제의 제도화가 큰 관심사로 대두되었다. 빠울리스따 출신 민간대통령 깜뿌스 살레스는 세 가지 책무를 주요 목적으로 삼았다. 즉, 행정부와 입법부의 적대관계를 종식시키고, 주들 내부의 이견을 가능한 축소시키며 중앙정부와 주 정부 간의 기본적 동질성을 확보하는 이른바 주지사들의 정책을 통해 과두체제의 전국적 기반 정립을 도모하려는 의도였다. 깜뿌스는 원칙적으로 상호협정을 지향하며 중앙정부가 주의 지배세력을 지원하고, 반면 주 지배자들은 공화국 대통령의 정책을 지원하도록 유도했다. 이러한 방법으로 지역들 간의 반대 세력을 중립화 시켜나갔다.

상 파울루의 과두 지도자들과 PRP는 공화정 초기에 브라질 정국을 지배하였지만, 1891년 헌법에 의거한 투표와 1894년 모라이스의 대통령 선출 같은 중요한 상황에서 미나스 제라이스의 지원을 기대하기란 힘들었다. 브라질 최초의 3인 민간 대통령은 모두가 빠울리스따였다.

PRM이 창건된 1897년까지 미나스의 과두 지도자들은 커피, 곡물, 가축 등의 여러 분파를 이끄는 세력으로 나뉘어 있었다. 이로 인해 그들은 연방 수준의 권력 경쟁에서 영향력이 감소되었다. 그러나 미나스는 1898년부터 깜뿌스 살레스를 지지하였고, 그의 재정과 통화정책을 지원하며 연방정책에 적극 호응했다. 로드리게스 알베스에 이어 네 번째 민간대통령으로 선출된 아퐁수 뻬나는 미네이루로 집무 중 사망한 최초의 대통령이었다.

내전의 상처가 치유되고, PRR이 결속력을 공고히 한 히우 그란지 두 술은 과두지도세력 경쟁에서 세 번째로 막강한 주로 부상했다. 연방수준에서 상원의원 삥에이루 마샤두는 강력한 세력을 구축했다. 그는 상 파울루 출신 대통령을 끈질기게 옹호했고, 커피경제를 돕기 위한 외국차관 도입 건에서도 상 파울루가 발의한 제안에 적극 협조하여 정부의 승인을 얻어내는데 일조했다. 그러나 그의 행동은 단순히 상 파울루의 후원자에 국한되지 않았다. 상원에서 전략적 지위를 확보하자, 그는 새로운 동맹을 구축했다. 그는 상원의 자격 심사위원회를 통제하고, 상원에서 막강한 힘을 발휘하면서 약한 주의 대표들 위에 군림하려 했다. 이 결과로 히우 그란지 두 술과 북동부의 일부 주들은 동맹을 맺고, 1910년 11월 보수공화당(Conservative Republican Party,PRC)을 설립하였다. 이는 과두지도자들의 국민당 창당을 위한 하나의 시도였다.

히우 그란지 두 술이 대통령 계승에서 영향력을 행사하게 된 첫 번째 기회는 1909년에 찾아왔다. 미나스 제라이스의 에르메스 다 폰세까 가 후보에 올랐다. 에르메스는 데오도루의 조카였고, 1906-1910년 국방장관을 역임한 인물이었다. 미나스와 히우 그란지 두 술 양 대 주는 그를 지지하는데 합의했다. 바이아의 지원을 얻은 상 파울루가 내세운 후보는 루이 바르보사(Rui Barbosa)였다. 그의 정치적 생애는 제국기부터 시작되었고, 당대의 개몽 엘리트 그룹의 수장이었다. 이를 계기로 처음으로 까페 꽁 레이찌 정치가 어려움에 처하게 되었다.

마침내 가우슈들이 연방정치에서 새로운 힘으로 부상하기 시작했다. 이는 가우슈 과두지도자들과 군부의 협력관계가 크게 작용했기 때문이었다.

가우슈들은 히우 그란지 두 술에 주둔한 수비대와 1919년 창건된 3군관구(Third Military Region)의 영향으로 군과 깊은 관계를 맺게 되었다. 젊고 유능한 많은 가우슈들이 군으로 진출했다. 이 지역에서의 간헐적인 전투로 군 장교와 정당 지도자들의 접촉이 빈번해졌다.

군 장교들과 PRR의 연계가 한층 강화된 것은 히우 그란지 두 술에서 발생한 연방주의 혁명(Federalist Revolution)의 결과였다. 혁명은 공화정 선포 이후 브라질 남부에서 발생하였다. 당시 히우 그란지 두 술의 지사 까스찔류스의 폭정에서 벗어나 이 주를 독립시키려는 의도로 연방주의자들이 일으킨 혁명은 주지사의 추종세력 삐까 빠우스(Pica-Paus)에 의해 진압되었다. 일부 이념적 특성과 정치적 특수성도 이들의 합체를 돕는 요인이었다. 주 지사 쥴리우 까스찔류스와 보르제스 지 메데이루스(Borges de Medeiros)의 영도 하에 있었던 히우 그란지 두 술은 군 장교들을 통해 확산된 실증주의 세력이 가장 강한 곳이었다.

이와는 별도로 경제와 금융정책에서도 군부와 가우슈들의 공통점을 발견할 수 있었다. 필연적으로 내수시장을 지향했던 히우 그란지 두 술의 경제는 농업수출에 반대하는 정책의 중심지로써 군부도 이와 동일한 생각을 지니고 있었다. 가우슈들은 보수적 재정정책을 견지하며 가격안정을 옹호했다. 인플레로 인해 육포가 문제를 야기했기 때문이다. 육포는 북동부와 연방관할 구역 소시민들의 주된 소비 품목이었다. 이들의 구매력 감소로 수요가 격감했다.

보수적 금융정책 역시 군부의 공감을 얻었다. 1920년대 떼넨찌스따의 폭동은 지역 불균형, 인플레와 예산 불균형에 대한 군의 불만으로 발생했다. 그들이 에르메스를 후보로 지지한 것은 공화정 선포에 이어진 수많은 투쟁들에서 군이 보인 태도와는 다른 것이었다. 군부는 과두 지도자들의 엇갈린 이견으로 야기된 곤경을 종식시키려고 정치적 파트너로써 받아들여졌다.

1909-1910년 선거전 동안 군의 정치개입을 비판한 인물은 루이 바르보사였다. 그는 군 장교단을 맹렬히 비난했고, 군에 맞서 주 방위군을 끌어들였다. 비록 바르보사의 정치적 기반은 상 파울루 과두 지도세력이었지만, 그의 이념적 기반은 무지한 과두지도체제와 권위주의적인 정권에 대항하여

서민들의 자유, 문화 그리고 자유주의 전통을 수호하려는 지식인계급을 위한 투쟁에 있었다.

바르보사는 도시 투표권자들을 끌어들이기 위해 노력했다. 민주주의의 원리와 비밀투표를 적극적으로 지지했던 그는 사법권의 통합을 이룰 수 있는 강력한 중앙집권 정책의 필요성을 강조했다. 그는 연방헌법을 위반하는 주들을 응징하고, 주 내부의 경제적, 재정적 갈등을 중앙정부의 개입으로 해결하며, 외국차관 계약 체결에서 주 당국의 권리를 통제하는 제도나 커피 경제에 대한 연방보호책을 강구하자고 주장했다. 그러나 그의 정책은 최고의 자치권을 향유하고 있었던 국가의 지배세력인 상 파울루의 관심을 크게 끌지 못했다.

반면 에르메스의 정책은 예산균형, 헌법의 불가침성, 주 자치권의 확대와 히우 그란지 두 술의 이해관계에 초점이 맞추어져 있었다. 선거전에서 제기된 자치주의에 대한 이슈는 히우 그란지 두 술 정치인들에게는 특별한 관심을 끌었지만, 군부는 크게 관심을 두지 않았다. 당시 군은 권력이 중앙집중되는 정책을 지지하는 성향이 있었다.

에르메스는 노동자들의 권리와 그들의 불만에 대해 큰 관심을 표명했고, 후일 집권기 동안에도 국가 노동자회의를 지원했다. 에르메스 정부(1910-1914)는 정책 결정과정의 세분화를 실현시켰다. 즉, 미나스 제라이스와 히우 그란지 두 술의 민간 과두지도자들, 대통령 자신 그리고 주 내부의 권력 통제에 변화를 실현하고자 했던 꼬로넬들과 군 장교들이 주축을 이루었다.

당시 군 장교들은 대통령 주변에서 압력단체를 형성했다. 그들은 브라질 공화국 체제의 정화를 실현하고자 구세운동(Salvationist Movement)을 주도했다. 1930년 이후 북동부에서 떼넨찌스들이 앞장서서 시도했던 구세주의자들(Salvationists)은 뻬르낭부꾸, 알라고아스, 바이아와 쎄아라에서 PRC의 지원을 기대했던 과두지도자들을 제거하는데 적극적으로 개입했다. 이와 같은 군의 개입에는 개인적인 야심도 많았지만, 군부 내부의 복잡한 갈등 구조도 영향을 미쳤다. 중앙정부 안에서 기반을 확고히 한 Salvationist들은 과두지도자들의 정치적 세력화를 막기 위해 노력했다. 그들은 사회적 불균형 감소를 위한 노력도 소홀히 하지 않았다.

북동부 지역에서 군부는 지방 엘리트 세력을 약화시키는 성공적 활동도 실현했지만, 히우 그란지 두 술 주지사 후보로 군 출신을 내세우고, 상 파울루에서도 선거전에 개입하려던 시도는 실패로 돌아갔다.

에르메스 정부에서 발생한 위험한 변화는 상 파울루와 미나스 제라이스 정치 엘리트들에게는 하나의 경고와도 같았다. 이 거대 주들의 엘리트들은 1914년 까페 꽁 레이찌 정치를 다시 회복시키고, 대통령직에 미나스 제라이스의 벤세스라우 브라스를 선출하는데 큰 역할을 수행했다. 군 장교들의 구세 운동으로 심한 타격을 입은 PRC는 위기에 처했고, 1915년 삥에이루 마샤두의 암살로 그 정도는 극에 달했다.

제1차 세계대전의 발발은 과두지배체제가 향유했던 좋은 시대(Bell Epoque)의 마지막 순간이었다. 국제적 상황에서 야기된 경제적 어려움은 1917-1920년에 노동자 폭동의 시작을 예고했다. 파업은 비교적 빨리 안정되었지만, 다른 사회적 세력이 구 공화국의 안정을 위협했다. 즉, 도시 중산층의 압박과 중견 장교들의 공격은 정치구조를 변화시키기에 충분했다. 이들은 지역 과두 지도자들 간의 분열을 더욱 심화시켰다.

1919년 대통령 선거 시 도시 중산층의 정치적 참여는 더욱 크게 확산되었다. 대통령으로 선출된 로드리게스 알베스의 죽음은 예외적인 상황으로 번져나갔다. 빠울리스따였던 그는 1902-1906년에도 대통령직을 수행했고, 1918년 대통령에 재선되었던 인물이었다. 이어진 선거에서 제1공화국 기간 중 유일하게 북동부 출신인 빠라이바의 에삐따씨우 뻬쏘아가 당선되었다. 이 선거전에는 1910년과 1914년 선거에서 패배한바 있었던 루이 바르보사가 노동법을 포함한 중도 개혁주의 정책을 앞세우고 출마하여 1/3의 투표권을 얻었지만, 연방관할 구역에서만 높은 지지율을 보였을 뿐이었다.

1922년 선거는 지배계급 간의 갈등을 더욱 강화시켰다. 아울러 이 선거는 두 거대 주의 분열을 재촉한 선거였고, 중간 세력의 주들도 혼란으로 이끌었다.

군부는 반대편에 섰다. 상 파울루와 미나스의 동맹은 1921년 첫 몇 달 동안은 미나스의 아르뚜르 베르나르지스를 공동 후보로 추대했다. 히우 그란지 두 술은 그들의 후보를 내세우며 커피 가격 안정책을 추구하는 연합 후보를 비난했다. 히우 그란지 두 술의 정치인들은 주 자치권을 제한하려는 의도로 헌법이 개정될지 모른다는 우려를 안고 있었다. 이는 실제로 1926년 베르나르지스에 의해 실행에 옮겨졌다. 히우 그란지 두 술은 선거구의 중요도에서 4-6번째 순위에 속한 바이아, 뻬르낭부꾸 그리고 히우 지 쟈네이루와 연합전선을 구축했다. 그와 더불어 공화주의 반동(Republican Reaction)의 기치하에 닐루 뻬싼냐를 새로운 후보로 내세웠다.

닐루는 1909년 직무 수행 중 사망한 아퐁소 뻬나에 이어 대통령직을 계승했고, 에르메스 다 폰세까가 차기 대통령으로 선출되는데 가교 역할을 수행했던 인물이었다. 정치적 배경이 약했던 그는 플로리아누 페이쇼뚜의 지원자였고, 고향인 히우 그란지 두 술 과두지도체제에서 정치적 기반을 닦았다. 히우 그란지 두 술 정치가들에 의해 영향을 받은 공화주의 반동 프로그램은 인플레 방지책, 예산 안정과 통화 태환성 지지에 집중되어있었다. 닐루는 커피 가격 안정을 위한 통화정책에 반대하지 않았지만, 많은 주의 경우처럼 커피에만 주어지는 우대조처에 비판적이었다. 이런 이유로 히우 그란지 두 술 정치세력에게 그가 각별한 지원을 받았던 것이다. 그러나 1922년 3월 베르나르지스가 닐로를 누르고 선거에서 승리를 거두었다. 선거전 중 야당 기관지 Correio da Manhã는 베르나르지스가 에르메스와 군부를 공격하는 내용의 서한을 공개했다. 그러나 이것이 조작된 편지(cartas falsas)라는 사실이 밝혀졌고, 야당이 군부와 그를 갈라놓으려고 했던 음모였음이 밝혀졌다.

떼넨찌스 운동과 과두체제의 몰락

1922년 제12대 대통령으로 당선된 베르나르지스와 전임 대통령 에삐따시우 뻬쏘아 정부에 대한 불만은 청년 장교들의 힘을 규합했다. 이것은 최초의 떼넨찌스 폭동으로 알려진 꼬빠까바나의 폭동(Levante de Copacabana)의 원인이 되기도 하였다. 베르나르지스는 쁘레스찌 추종자들의 대장정(Coluna Prestes)으로 곤경에 빠졌다. 또한, 그의 집권기에는 하급 장교들의 폭동 외에도, 히우 그란지 두 술에서도 메데이루가 이끄는 과두지도체제에 반대하는 시민폭동이 전개되었다. 1923년과 1924년에 새로운 떼넨찌스따 폭동이 히우 그란지 두 술과 상 파울루에서 일어났고, 이를 계기로 베르나르지스는 계엄령을 선포했다.

또 다른 과두 체제의 위기는 상 파울루에서 PRP의 정치적 독점 파기로 드러났다. 1926년 PD가 창당되었다. PD의 창건은 상 파울루에서 사회적 차별, 이념 불일치와 새로운 세대로부터 생성된 압력 등에 기인했다. 이 변화의 주요 세력은 커피 경작자와 전통 브라질 가정의 자제들, 산업가들과 변호사, 교수, 신문기자 등과 같은 중산층이었다. PD는 정치 무대에서 자유민주당으로 등장했다. 그들의 목적은 비밀투표, 소수대표 허용, 삼권 분립과 사법부의 감시 하에 선거관리 실시로 공화제도를 정비하자는 것이었다. 그들은 사회개혁의 방향에서는 모호한 태도를 취했고, 경제와 금융정책은 PRP와 큰 차이가 없었다.

PD의 공식 기관지는 1920년대에 전통적 도시 중산층의 열망에 관한 메시지를 전달하였다. 그들이 즐겨 쓰는 공격 대상은 인위적 산업화(Artificial Industrialization)였다. 이는 외국의 막강한 기업가들, PRP가 통제하는 이민 집단과 상 파울루 서비스 산업의 외국인 회사들과 연관된 것이었다. 또한, 1920년대 말 PD의 활동은 상 파울루 과두체제의 정치적 힘을 약화시키는 데 있었다. 1930년 혁명 이후의 많은 사건들은 PD가 다른 반대 그룹과 제휴하기 위해 그들의 이해관계를 희생하지 않았다는 사실을 보여준다.

떼넨찌스따 운동은 쁘레스찌스 대장정을 통해 위대한 신화를 창조했다. 상 파울루와 히우 그란지 두 술로부터 혁명 가담자들이 뜻을 함께했다. 후일 브라질 공산당 지도자로 변신한 루이스 까를로쓰 쁘레스찌스(Luis Carlos Preste)가 이끈 대장정은 1925년 4월-1927년 2월까지 브라질 내륙을 24,000km 행군하는 길고도 험한 행군이었고, 최후의 잔류자들은 볼리비아 국경을 넘어갔다.

1920년대의 떼넨찌스 폭동은 군과 과두체제 사이에 지속된 오랜 대립 관계와 정치체제 변화의 결과였다. 군부는 1911년 레알렝구 군사학교(Military School at Realengo)의 창건과 더불어 변화를 시작했다. 이 군사학교는 1904년 폐교된 쁘라이아 베르멜랴를 대신했다.

새로운 군사학교가 지향하는 사상은 그 전의 것과 달랐다. 새로운 학교는 군사교육과 훈련을 더욱 강화하고, 정치 편향에서 벗어나서 군 고유의 목적을 위한 직업군인 배출에 초점을 맞췄다. 비록 레알렝구가 배출한 떼넨찌스는 군인 시민의 원리에 입각해서 군인의 정치 개입 권리를 택했지만, 이는 군 상층부와 민간 사회의 염원에 반하는 행동이었다.

까를로스 쁘레스찌스

그러나 쁘라이아 베르멜랴의 실증주의 이론가들은 군인들의 행동에 반대하는 시민들에게 스트레스를 주는 경향이 있었다. 벤쟈민 꼰스딴뜨는 산업체제가 궁극적으로 군을 무익한 것으로 만들 것이라는 실증주의 이론을 제시했다. 또한, 실증주의 추종자들은 '지금까지 파괴의 도구로 사용되어 왔던 군은 역사의 박물관에 가두어지게 될 것이다.'라고 생각했다.

떼넨찌스들의 이데올로기는 민간인과 군의 상호 의존에 기반을 두지 않았다. 그들은 시민의 보호자로써의 일반적 기능을 강조했다. 종전의 따링베이루스와 같이 떼넨찌스는 그들이 지닌 특별한 가치를 의식하고 행동했다. 떼넨찌스따 운동은 군 내부에서 중간 계급장교들과 그들의 지휘 사령관들 사이에 분열을 초래했다. 청년장교들은 항상 고위장교들의 힘을 빌려 폭동의 권위를 높이려 했지만 그들을 끌어들이는 것은 결코 쉽지 않았다.

잊혀진 혁명(Revolução Esquecida)으로 알려진 1924년 빠울리스따 폭동에서 혁명지도자의 일원이었던 쥬아레스 따보라(Juarez Tavora)는 국방장관을 보잘 것 없는 비열한 인간이라고 공개적으로 비난하였다. 이와 같은 청년장교단과 군 고위 계층 간의 갈등은 많은 요인들에 기인한다. 장교단의 응집력은 군 내부에서 조차 결코 강하지 못했다. 이 같은 갈등은 과두체제에 대한 고위 장교들의 신중한 태도에서 비롯되었다. 군 조직 자체에서도 느린 승진 제도가 문제 거리였다. 고위장교로의 길은 험난했다. 고위계급은 특권은 누렸지만, 군 조직을 완벽하게 통제하지 못하는 실정에 있었다. 육군은 해군과 비교해서 매우 달랐다. 제국시대 이래 해군은 귀족 가문의 본거지였고, 군 내부에서의 갈등은 장교단과 수병들 간에 발생했다.

제1공화국 에르메스 대통령 통치기에 해군 수병들이 체형제도에 항거해서 1910년 일으킨 쉬바타 폭동(Revolta da Chibata)이 있었다. 에르메스 대통령은 그들이 요구한 일부 사항을 수락하였다. 이후 또 한 번의 수병 폭동이 있었으나 연방군에 의해 진압되었다. 그들은 히우를 폭격하겠다고 위협했지만, 그들의 요구를 일부 수락하는 조건으로 폭동은 평온을 되찾았다. 해군은 상대적으로 떼넨찌스따 폭동과는 거리를 두고 있었다. 그들의 유일한 반란은 1924년 상 파울루에서 발생했다. 떼넨찌스따 폭동은 사회적, 정치적 목적과 관련해서 1930년 10월 혁명과 함께 방향을 전환했다. 그들의 상당수가 정부 활동에 참여한 것이다. 1920년대 떼넨찌스들은 정부 조직의 외곽에 머물렀고, 권력 조직에 대항한 투쟁에 연루되어 있었다. 당시 그들은 군사적 행동으로 그들의 존재를 부각시키려 했다.

이와 같은 떼넨찌스무 운동 내부에는 두 가지 경향이 있었다. 하나는, 쁘레스찌스, 시께이라 깜뿌스(Siqueira Campos)와 미구엘 꼬스따(Miguel Costa)가 형성한 세력으로 막연하게 대중 민족주의 프로그램(Popular Nationalistic Programme)으로 과두 체제를 전복하려는 의도였고, 또 다른 경향은 쥬아레스 따보라 세력처럼 대중 선동과는 달리 군의 개입을 과두 체제의 파괴 수단으로 본 것이다.

떼넨찌스무는 주의 조직에 민감한 반응을 보였던 운동이었다. 그것은 과두체제의 위기를 조성했고, 조합주의 형태의 조직을 배양했다. 떼넨찌스가 옹호한 정치개혁의 형태는 중앙정부의 강화에 기반을 두고 있었고, 당시 성행하였던 반자유주의 사상이 내포되어 있었다. 이는 1920년대의 군부 폭동이 지닌 필수적인 성격이었다. 그들은 사회계급의 이익에 직접 영향을 미치는 목적 성취보다 애국주의적 감정 고취에 관심을 집중했다.

그들은 산업화를 포함한 경제적 이슈들을 충분하게 고려하지 않았고, 국가 권력 강화로 제도의 단일화, 교육확장, 정부 정책의 공고화를 이루는 것이 더욱 중요했다. 또한, 그들의 사심 없는 관념은 노동자 계급을 포함하여 지배계급에 속하지 않은 사회 분야의 동정을 충분히 기대할 만한 것이었다.

1920년대 말 떼넨찌스는 사회 진보세력에서 무시되고 있었다. 당시 과두

체제 역시 위기가 심화되고, 주들 간의 갈등이 빈번해지면서 과두 협약의 조정문제가 심각한 수준에 이르렀다. 1926년 상 파울루의 워싱턴 루이스는 미나스와 히우 그란지 두 술의 지원을 받아 순탄하게 대통령직에 올랐다. 루이스는 자신이 내세운 금융안정화 프로그램을 실행하기 위해 히우 그란지 두 술의 과두체제에서 인기가 부상하고 있었던 제뚤리우 바르가스를 재무장관에 기용했다.

1929년 대통령 계승에서 만장일치의 합의점에 도달하지 못한 것은 루이스 대통령 자신의 정치적 주도권에서 중대한 과실이었다. 1928년 상 파울루 과두지도자들은 루이스의 지원 하에 중앙정부의 주도권을 장악하고 있었다. 상 파울루의 주지사 쥴리우 쁘레스찌스가 대통령 후보로 등장했다. 이것은 까페 꽁 레이찌 정치 게임의 법칙을 파기하는 중대한 사건이었다. 1914년 이래 대통령직은 1919년 로드리게스 알베스의 죽음으로 있었던 예외의 경우를 제외하고는 상 파울루와 미나스 제라이스가 돌아가면서 맡고 있었다. 1930년 미나스 제라이스는 대통령계승 순서를 당연히 기대하고 있었다. 그러나 루이스 대통령의 비타협적인 태도는 그들의 분노를 폭발시켰다. 그는 자신의 금융안정정책을 지속해 나가기 위해 신뢰할만한 계승자의 선택을 시도한 것이다. 역사적으로 이와 같은 전례는 한차례 있었다. 1902년 깜뿌스 살레스는 로드리게스 알베스의 디플레 금융정책을 이어갔고, 이로써 대통령직은 빠울리스따에서 빠울리스따로 계승되었었다. 루이스의 룰을 어기는 이와 같은 결단은 상 파울루 엘리트 계층이 히우 그란지 두 술과 미나스 출신들에게 점점 중앙정부의 요직을 잠식당하고 있었던 상황에서 발생했다. 그는 쁘레스찌스를 후보로 내세움으로써 결과적으로 나타날지 모르는 심각한 이견을 중화시킬 수 있으리라 믿었다. 그는 연방정부와 히우 그란지 두 술의 관계를 개선함으로써 미나스 제라이스가 고립된 투쟁을 할 것으로 생각했다.

반대당 후보로 협상을 시작했던 미나스 주지사 안드라다(Antonio Carlos Ribeiro de Andrada)는 히우 그란지 두 술을 연방정부와의 싸움에 끌어들이기 위해 대통령 후보직을 제안할 필요가 있었다. 1929년 6월, 오랜 협상 끝에 미나스와 히우 그란지 두 술은 후보로 히우 그란지 두 술의 현직 지사였던 제뚤리우 바르가스를 내세우기로 타협했다. 그들은 빠라이바 주와도 연합세력을 구축하고, 쥬앙 뻬쏘아를 부통령 후보로 내세웠다. 상 파울루 과두 지도자들이 중앙정부에서 강력한 세력을 구축하고 있었고, 17개 주의 지원을 받고 있었기 때문에 미나스 중심의 연합세력이 선거에서 승리할 가능성은 희박했다.

한편 자유연맹(The Liberal Alliance)은 미나스, 히우 그란지 두 술 그리고 상 파울루 민주당이 참여하는 지역전선을 결성했다. 빠라이바 주는 과두지도자들의 갈등으로 분열 현상을 보이고 있었다. 자유연맹은 전형적인 대통령직 계승 갈등을 타개하려고 노력했다. 바르가스 역시 커피와 연관되지 않은 지역들의 지배계층을 위한 정책도 구상했고, 중산층과 노동자 계급을 위한 프로그램으로 지지율 확보를 위해 총력전을 전개했다. 바르가스는 커피처럼 다른 생산 분야도 정부의 지원을 확대하고, 생산량을 증가시켜 나가야 한다고 강조했다. 자유 연맹은 커피가격 안정정책에도 반대의 입장을 표명했다. 그러나 그것이 루이스의 정책과 특별하게 차별화된 점은 없었다.

바르가스는 노동자 보호법의 일환으로 연금제 실시, 여자와 어린이 고용에 관한 특별 규정과 공휴일 임금 지급 보장 등의 조처를 내세웠다. 대도시에서 바르가스의 지지세는 상승했고, 열렬한 지지를 받았다. 심지어 자유연맹의 반 빠울리스따적 정책이 상 파울루에서도 상당한 관심을 얻었다.

당시까지만 해도 브라질의 사회문제는 그 자체가 치안문제(a police problem)라고 단언했던 대통령에게, 자유연맹은 그것이 무시될 수 없고, 행정부가 진지하게 고려해야 할 문제 중 하나라고 반박했다. 그들은 개인의 권리, 떼넨찌스의 동정을 구하기 위한 유배자들의 사면과 정치개혁을 캠페인으로 활용했다.

산업화에 관해서도 국내생산 원자재를 활용할 수 있는 산업과 원자재를 수입에 의존하는 산업을 분리하여 이에 합당한 정책을 연구했다. 또한, 한두 개의 독과점 특권회사가 누리는 혜택을 배제하고, 생계비의 압박에 시달리는 서민들을 보호하는 정책을 강구했다. 노동자의 권익 보호는 산업가들이 향유해왔던 특권에 반대하는 의도로 시작되었다. 따라서 상 파울루의 대부분 공업 협의회는 공식적으로 쥴리우 쁘레스찌스 후보를 지지했다. 산업

부르주아에게 자유연맹의 정책은 결코 매력을 끌지 못했다.

세계적인 경제 위기가 찾아온 것은 1929년 10월 선거 캠페인 중반이었다. 야당 지도자들은 이 위기가 정부의 부조리를 반증하는 것이라고 공격했다. 커피 생산업자들과 중앙 정부 간에 불협화음이 증폭되기 시작했고, 커피의 과잉 생산은 심각한 문제를 야기했다. 커피 생산자들은 루이스 대통령에게 부채 상환 지급유예와 금융지원을 요청했다. 이 금융지원은 Bank of Brazil을 통해 최종적으로 지급이 실현되어야할 상황이었다. 통화안정을 심각하게 우려했던 대통령은 만일 이 지원이 실현되면 분명한 재정적 위기가 발생하리라 예측했기 때문에 커피생산자들의 요청을 거부했다. 이로써 상 파울루에서 정부의 조처에 대한 불만이 고조되었다. PD와 PRP의 지원을 받은 농촌 협의단체 지도자들로 이루어진 농장주 회의(Congresso dos Fazendeiros)는 정부의 결정에 불만을 품고 1929년 11월부터 1930년 1월 초까지 항의를 계속했다. 이러한 불리한 여건 속에서도 상황은 크게 전도되지 않았다. 농장주들 이외에도 커피 경작자들의 항의는 확대되지 않았고, PD 역시 큰 호응을 얻지 못했다. 정부에 대한 불만에도 커피 경작자들은 자유연맹의 승리가 그들에게 유리한 면으로 작용하지 않으리라 판단한 것이다.

1930년 3월 1일 선거는 구 공화국의 전통적 방식에 따라 실시되었다. 정부와 야당은 대규모의 공방전을 전개했다. 바르가스는 히우 그란지 두 술에서 상대방 후보가 982표를 얻은데 반하여 298,679표로 압도적 우위를 점유했다. 그러나 자유연맹 내부에서 견해 차이로 갈등이 빚어졌다. 이것은 이념적 불일치에 의한 것이기보다는 세대차로 인한 것이었다. 즉, 미나스와 히우 그란지 두 술에서 전통적인 정치인들과 더불어 교육받은 젊은 미네이루와 가우슈들은 구 과두체제의 그늘 아래서 열심히 정치적 소양을 기르고 있었다.

바르가스처럼 히우 그란지 두 술에서는 꾼냐(Flores da Cunha), 아란냐(Osvaldo Aranha), 네비스(Lindolfo Collor Neves)와 까르도주(Mauricio Cardoso)가 1907년 세대로 알려진 정치그룹을 형성하고 있었다. 또한, 미나스에서도 멜루 프랑꾸(Virgílio de Melo Franco)와 깜뿌스(Francisco Campos)와 같은 전통적 지역 유지 가문출신 정치인들은 제1공화국의 정치제도를 공개적으로 비판하지는 않았지만, 1930년 이 정치적 엘리트 집단은 떼넨찌스가 취했던 길을 선택했다. 비록 실패로 돌아갔지만 떼넨찌스 운동은 여전히 그들의 군사적 경험과 군부 내에서의 권위로 영향력이 남아 있었다.

젊은 엘리트 정치인들과 의식 있는 군 장교 집단의 친화력이 무르익어 갔다. 대통령 선거전에서 이러한 분위기는 크게 확산되었다. 그러나 떼넨찌스는 신중하게 일을 진행해 나갔다.

군부가 자유연맹과 협력관계를 맺는 데는 많은 장애요소가 있었지만, 결국 그들 간의 협정은 성사되었다. 알라고아 출신으로 히우 그란지 두 술에서 군 생활을 했던 몽떼이루(Góis Monteiro) 중령은 군부를 대표하는 인물로써 가우슈 지도자들에게 완벽한 신뢰감을 얻었다. 그는 1920년대 군부 폭동의 일원은 아니었고, 북동부에서 쁘레스찌스 대장정에 반대하여 싸웠던 인물이었다.

1930년 3월-10월 계획된 폭동은 많은 우여곡절을 겪었다. 그러나 지방 정치 문제로 쥬앙 뻬쏘아가 암살당하자 이 사건이 큰 도움으로 작용했다. 이를 계기로 히우 그란지 두 술 주에서는 주 민병대가 혁명세력에 충성을 서약했다. 군의 연합은 남부에서 즉각적으로 이루어졌지만, 미나스와 일부 북동부 주들에서는 다소 간의 저항에 부딪혔다.

루이스 대통령은 그의 주된 정치기반인 상 파울루에서 주 방위군을 동원하여 남부에서 진군해오는 혁명군과 전투를 준비하고 있었지만, 전반적인 기류는 그에게 유리하지 않았다.

정부 정책에 불만인 일부 빠울리스따 지배계급은 이 무장투쟁에 가담하고 싶은 생각이 없었다. 그러나 중산층 세력은 상당수가 혁명세력을 지지하며 힘을 규합했다. 정부는 이들을 진압할 예비군 병력동원에 실패했다.

상 파울루에서의 심각한 군사적 충돌은 히우 지 쟈네이루의 군 최고층이 개입함으로써 피할 수 있었다. 군부와 해군의 고위 사령관들은 중재적 개입을 수행하기 위해 단결했다. 10월 24일 루이스가 대통령직에서 물러났다. 군 고위층은 권력의 상부에 남기 위해 군사위원회(Junta)를 구성하며 방안을 강구했다.

한편, 남부에서 전진해온 혁명군의 압박과 히우 지 쟈네이루의 대규모 군

중 시위는 바르가스의 대통령직을 보장해주었다. 드디어 1930년 11월 3일 바르가스가 임시 정부의 수반으로 직무를 시작했다. 그러나 그가 향후 15년간 권좌를 유지하리라 믿는 사람은 아무도 없었다.

이상에서 살펴본 바처럼 브라질의 구 공화정은 그 기반이었던 꼬로넬의 쇠퇴와 민주당 창당을 야기했던 부샤(Bucha)의 분열로 인해 붕괴되기 시작했다. 부샤는 쥴리우 후랑크 교수가 1831년 설립한 모임을 일컫는데, 멤버들 중 한사람이 출세하면 다른 멤버를 끌어주는 전통이 있었다. 이 시대 대부분의 민간 대통령들이 상 파울루 대학교 법과대 출신들이었고, 이들이 부샤의 멤버들이었기 때문에 구 공화국은 부샤 공화국이라고도 불린다. 상 파울루 비밀 공제 조합(Maçonaria)의 대표였던 쥬세 아드리아누 마헤이(José Adriano Marrey)가 영도한 민주당은 1930년 3월 1일 대통령 선거에서 야당 후보 제뚤리우 바르가스를 지원했다.

이 선거에서는 워싱턴 루이스 대통령과 17개 주의 적극적인 지지를 받은 쥴리우 쁘레스찌스 후보가 당선되었다. 제뚤리우 바르가스는 미나스 제라이스, 빠라이바 그리고 히우 그란지 두 술 주들의 지원을 얻었을 뿐이었다.

새로이 결성된 자유연맹은 바르가스의 패배를 쉽게 인정하지 않았다. 바르가스, 미나스의 전 지사 안드라다 그리고 떼넨찌스들이 주도한 혁명이 1930년 10월 3일 시작되었다. 혁명은 성공적이었다. 10월 24일 육군 장성들과 해군 제독들이 대거 참여한 군사 쿠데타가 워싱턴 루이스의 실각을 이끌어냈기 때문이었다. 1930년 11월 3일, 구 공화국을 종식시키고, 두 번째 임시 공화정부의 수반으로 바르가스가 추대되었으며, 임시군사위원회가 구성되었다.

1889-1930년에 이르는 공화정 시기를 바르가스가 영도한 신 공화국에 대비하여 구 공화정(República Velha)이라 일컫기 시작한 것은 바로 그때부터였다.

1930년 혁명의 성공 이후, 부샤에 대항한 폭동은 매우 심화되었고, 상 파울루의 라르구 지 싸웅 푸란시스꼬(Largo de São Francisco) 법과대에서 부샤를 설립한 후랑크(Júlio Frank) 교수의 묘를 훼손하려는 시도가 있었다. 하지만 바르가스가 정권을 장악한 후, 임시정부의 각료들 중 2인이 부샤 출신이

바르가스와 루즈벨트

라는 사실은 매우 시사하는 바가 크다고 할 수 있다.

1930년 혁명은 각기 다른 가치관과 목적을 지닌 수많은 사회계층과 그룹의 산물이었다. 당시 성격이 다른 각 지역과두 지도자들, 도시 중산층 그리고 소장파 군 장교들은 새로운 변화를 염원하고 있었다. 사실 과두체제의 위기는 날로 변모하는 사회계층의 요구에 대처할 능력의 부족에서 비롯되었다. 1930년 구 공화국의 소멸은 상 파울루의 커피 부르주아의 주도권을 붕괴시켰지만, 그것이 꼬로넬이즘의 종말을 의미하는 것은 아니었다.

미나스, 히우 그란지 두 술과 상 파울루의 민주당이 참여한 자유 연합은 다수의 인사들을 참여시켜 새로운 지역 전선을 구축하였다. 자유연합의 정치프로그램은 커피산업과 연관이 없는 지역의 다양한 사회계층의 여망을 담고 있었다. 커피와 더불어 다른 생산 분야의 중산계층과 노동자 계급의 공감도 얻고 있었다.

임시정부의 수반이 된 바르가스가 주도한 새로운 정책은 반 자유연합 색채가 강했던 상 파울루에서도 지지도를 높였다. 그들은 개인의 권리, 떼넨찌스의 호응을 얻기 위한 사면(Amnesty)과 적극적인 정치 개혁을 캠페인으로 내세웠다.

구 공화정에 대한 평가는 다양하다. 구 공화정을 긍정적으로 평가하는 사가들의 견해로는, 당시 브라질의 부패지수는 최소화되었고, 대통령들은 매우 청빈한 생활을 했다고 주장한다. 또한, 커피 산업 보호를 제외하고는 주 정부가 경제에 개입한 경우는 없었다고 한다.

군주제 지지자들은 1849-1889년의 40년은 브라질 제국이 세계 어느 곳에서도 찾아볼 수 없었던 전대미문의 평화기였다고 평가한다. 그러나 구 공화정 지지 세력은 당시 발생했던 수많은 폭동과 반란이 제국주의자들의 왕정복고를 위한 정치 폭동 때문이었다고 주장한다.

구 공화정 옹호자들은 이러한 정치적 갈등이 브라질의 현대화와 도시화로 야기된 피할 수 없는 상황에서 발생했다고 주장한다. 구 공화정 시대를 살았던 사람들은 그 당시 브라질이 가장 평화롭고, 질서가 확립된 사회였다고 회상한다. 그들은 당시 도시 폭력은 미미했고, 정치인들은 진지하고 사려 깊었으며 애국주의적 열정으로 무장되어 있었다고 말한다. 단지 정치적 갈등은 관념과 이데올로기의 문제였지 오늘날처럼 사회계층 간의 불협화음은 아니었다고 강조한다.

구 공화정은 농촌과 농업경제를 배경으로 시작되었지만, 급격한 산업화와 도시화로 인해 큰 변화를 겪었다. 따라서 이미 구 공화정 비평가들은 과두체제의 주들의 정책(Política dos Estados)이 심각한 병폐를 초래하고 있었고, 인구의 기하급수적 증가, 도시화 그리고 현대화에서 비롯된 수많은 문제들과 갈등을 해결하고 새로운 변화에 편승할 능력이 결여되어있었다고 주장한다.

제4장 1930년 이후 브라질의 정치적 진화

1. 혁명과 폭동

1930년 혁명

1929년 세계공황의 여파는 브라질 커피 수출에 엄청난 악영향을 미쳤다. 1930년에는 커피 외에도 모든 수출지향 상품들이 타격을 받았다. 이러한 경제적 위기는 중산층이 부재한 브라질 정계에도 많은 변화를 초래했다.

1930년 혁명은 워싱턴 루이스 대통령 이후 대통령직 계승 문제로 발생하였다. 당시 브라질은 상 파울루와 미나스 제라이스 간의 까페 꽁 레이찌 정치로 불리는 정치적 타협을 통해 두 개의 주가 교대로 대통령직을 계승해 왔다. 그러나 상 파울루 출신 루이스 대통령이 같은 지역 출신 쥴리우 쁘레스찌스를 지명하자 미나스 제라이우스는 즉각 반발하며 자유연맹(Aliança Liberal)을 결성하고 히우 그란지 두 술 지사였던 제뚤리우 바르가스를 후보로 내세웠다.

커피 가격의 하락과 경제적 불황 속에서 치러진 선거에서 빠울리스따인 쁘레쓰찌스가 대통령에 선출되었지만 자유연맹은 부정선거라는 이유를 내세우며 강력하게 반발했다. 반대세력은 빠라이마, 미나스, 제라이우스와 히우 그란지 두 술에서 10월 3일 폭동을 일으켰다. 혁명세력의 확산을 막기 위해 군대가 출동하였으나 그들의 기세를 꺽지 못했다. 많은 주들에서 혁명에 동조하는 세력이 커지고 군부세력의 지원이 있었다. 혁명군이 상 파울루 공격을 계획하자 급기야 워싱턴 루이스 대통령이 1930년 10월 24일 물러나고 임시정부가 구성되었다.

1930년 혁명은 정치적 타협의 불이행이 주된 원인이었다. 세계공황으로 인한 경제적 위기와 소장파 장교들, 기업가, 농장주 및 중산계층의 동조는 혁명을 성공적으로 이끈 주된 원동력이 되었다. 이로써 브라질에는 이른바 뽀뿔리스무(Populismo)가 새로운 통치이념으로 대두되었다.

한편 혁명을 성공으로 이끈 제뚤리우 바르가스는 정부평의회의 수반이 되어 많은 개혁 조처를 취했다. 그는 정부조직을 확대하여 노동부, 교육부와 보건부를 설립하고, 적극적으로 산업을 지원했다. 또한, 노동과 노동조합 재판소를 창건하고, 소시민들의 생활수준을 향상시키는데 큰 관심을 기울였고, 군부의 강화와 해운업의 현대화에도 박차를 가했다.

이러한 적극적인 정책에도 불구하고 연방헌법은 효력을 발하지 못했다. 그런 이유로 1931년 상 파울루에서는 모반이 일어났다. 주동자들은 쉽게 진압되었지만 헌정의회는 새로운 헌법을 제정하기 위해 바르가스에 의해 소집되었고, 1934년 신헌법이 공표되었다.

1932년 혁명

1932년의 헌정주의 혁명은 상 파울루에서 다시 권력을 장악하고자 했던 커피 농장주들과 새로운 헌법을 요구하는 중산계층에 의해 시도되었다. 이 혁명이 실패한 이유는 연방정부에 맞서기 위해 주 정부가 무기를 소유하지 못했고, 혁명을 성공적으로 이끌 심리적 준비가 결여되어 있었기 때문이었다. 또한, 이 혁명이 분리주의자들의 시도로써 다른 주들의 지원을 받을 수 없을 것이라는 풍문이 떠돌았기 때문에 더 이상의 동조세력도 얻지 못했다.

1934년 헌법

1933년 11월15일 국민들에 선출된 250명의 하원의원과 계층별 50인 대표는 새로운 공화헌법을 재정하였다. 이 헌법은 지나치게 세밀하고 보수적 성격을 지녔다. 또한, 연방 주의체제를 정체로 선언하였으며, 사법부를 견제하기 위해 입법부에 더 많은 권한을 부여했다. 새로운 헌법은 대통령 선거를 간접선거로 지속해나가고, 연방관할 구역은 자치권을 부여한다는 내용과 최저임금제와 노동재판소 설치에 관해서도 규정하고 있었다.

유럽의 상황과 브라질에 미친 영향

전 후의 변모된 사회에서 하층민들의 자본주의와 지배계층에 대한 반발이 심화되었다. 이러한 상황에서 유럽사회는 1917년 러시아에서 공산주의가 확산되었고, 독일, 이탈리아와 스페인에서는 전체주의적 파시스트 체제가 부상했다. 브라질에서도 히틀러와 무솔리니와 연계한 살가두(Plinio Salgado) 의 지휘 하에 전체주의 행동(Ação Integralista)이 형성되었다. 아울러 막스주의 사상의 영향을 받은 브라질 공산당 당수 쁘레스찌스가 영도하는 민족자유연합(Aliança Nacional Libertadora)이 조직되었다.

공산주의 폭동

1935년 11월27일 민족자유연합의 분열로 야기된 폭동이 히우, 히우 그란지 두 노르찌와 뻬르낭부꾸에서 일어났다. 그러나 이 폭동은 쉽게 진압되었다. 1937년 대통령 선출을 위한 선거전이 임박했지만 바르가스는 내란의 위험이 있다는 구실로 선거를 실시하지 않고 새로운 개정 헌법을 공포했다. 신헌법은 경제발전을 수행할 수 있는 정치체제 구축의 필요성을 강조하면서, 공산당의 활동금지, 의회해산 및 대통령의 연임을 규정하고 있었다.

계승 선거전(Campanha da Sucessão)

1937년 대통령 선거전에는 3명의 후보가 입후보했다. 작가인 쥬제 아메리꾸 지 알메이다, 전체주의 세력의 수뇌 쁠리니우 살가두와 정치가 아르만두 살레스 지 올리베이라가 선거 캠페인을 벌였다. 좌파나 전체주의자들이 국가를 위기에 빠뜨릴 수 있다는 우려를 표명하며 바르가스는 군부의 지원을 얻어 1937년 11월 친정 쿠데타를 일으켰다. 이리하여 새로운 헌법으로 신국가(Estado Nova)가 탄생한 것이다.

2. 신국가 체제(1937-1945)

바르가스는 신국가체제를 선포한 이후 많은 강력한 조처를 취했다. 그는 지방의회를 포함한 모든 의회활동을 중지시켰다. 주 정부는 중재자(Interventores)들에게 인도되었고, 모든 공공업무를 감시통제하기 위해 공공업무 관리부(DASP:Departamento de Administração do Serviço Público)를 설립했다. 주 정부의 문장과 기를 소멸시켰고, 항공업무를 관장할 부서를 신설하였다. 또한, 출판의 자유를 억압하고 정당설립을 금지하면서, 반정부 인사들을 재판하기 위해 재판소를 설립하였다.

신국가는 국가비상상태의 선언과 함께 대통령에 의한 강력한 중앙 집권적 통치 체제를 확립하여 권위주의적 성향을 나타냈지만 민중주의적인 정책을 추구해 나갔다. 그 결과 노동자를 위한 지원책으로 사회보장제도, 최저임금제도, 주 6일 및 8시간 근무제가 실시되었다.

법률가 깜뿌스(Francisco Campos)가 안을 완성한 신헌법은 즉시 발효되어 전국에 포고되었다. 이 헌법의 모델은 유럽 파시스트의 영향이 매우 컸다. 그중 폴란드(Polonia) 헌법에 유사했기 때문에 브라질 1937년 헌법은 뽈라까(Polaca)라고도 불린다. 실제로 모든 국가의 권력은 국가 원수의 수중에 집중되었다. 그러나 이 헌법은 결코 존중되지 못했다. 신헌법은 모든 것이 독재자의 사적인 의지에 의해 행해지도록 제정되었다. 입법부는 선거가 없었기 때문에 대표를 선출하지 못했고, 국민투표 역시 실시되지 않았다.

신국가의 행정과업

신국가는 1937-1945년까지 매우 중요한 변화를 경험했다. 일반교육과 직업교육에 영향을 미치는 교육개혁이 행해졌다. 각주의 수도에는 고등교육기관들이 설립되었다. 또한, 사법부의 개혁이 있었고, 1941년에는 항공부와 공군(FAB)이 창건되었다.

신국가의 가장 큰 관심사는 노동조합의 조직 강화였다. 당시 파시스트 이탈리아에서는 조합주의(Corporativismo)가 노동자들을 통제하는데 이용되고 있었다. 바르가스도 프롤레타리아 계급을 통제하기 위해 이탈리아의 노동헌장(Carta do Trabalho)을 이용했다. 온정주의(Paternalismo)는 하층민, 정부 그리고 고용주(Patronato) 간의 관계를 특징지어준다. 유럽에서 격렬한 권리 회복의 요구로 성취된 노동법은 브라질에서는 국가가 양보하는 형태로 유입되었다. 따라서 노동자들의 권리회복 요구 과정은 브라질에서는 존재하지 않았다. 노동자들이 요구하기 전에 국가가 이를 용인한 것이다.

바르가스 통치기의 경제적 상황

브라질 국가경제는 1929년 세계공황의 영향으로 깊은 충격에 빠져 있었다. 가장 심한 비판은 경제적 타격이 커피의 단일 경작제도 때문이라는 것이었다. 실제로 커피 가격조절정책, 통화발행과 국내 대부금은 국가경제를 궁지로 빠뜨렸다. 그러나 경제파탄의 원인은 더 심오했다. 브라질 경제는 단일 활동 외에도 의존적이었다. 브라질 경제의 동요는 외부적 요인에 있었다. 즉, 세계 경제의 중심이 아닌 주변에 머물고 있다는 것이 문제점이었다. 민중적이고 권위주의적인 구조의 지원을 받은 바르가스는 이와 같은 상황에서 국가위기를 벗어나기 위한 많은 노력을 기울였다. 주에 대한 통제는 무엇보다도 농경지의 개혁 시도에서 잘 나타난다. 이처럼 민족주의와 경제적 실용주의는 1930-1940년대 브라질의 특징을 이루었다.

커피경제는 1931년 브라질을 휩쓴 경제적 위기에서 벗어나기 위해 많은 조처를 취했다. 가격을 유지하려는 의도로 과잉생산된 커피의 소각정책이 시행되었다. 1937년 1천 7백만 포대의 커피가 소각되거나 바다에 수장되었다.

정부의 커피 지원책으로 고용수준은 안정되었고, 대농장주들은 더 큰 소득을 얻게 되었다. 이런 이유로 바르가스는 필요했던 정책적 지지를 그 대가로 얻을 수 있었다. 커피가격의 하락은 수지균형에 있어 막대한 적자를 남겼다. 외국의 차관은행들은 채무금 상환을 요구했다. 브라질은 이를 감당하기 힘들었다. 결국 바르가스는 차관상환 동결을 선언했다. 이로써 최대의 채권국인 미국과의 사이에 긴장이 고조되었다.

바르가스는 세계시장에서 커피 가격 하락이 농장주들의 재배에 대한 욕구를 감소시켰기 때문에 농업의 다양화를 촉진시켰다. 이로써 세계시장을 겨냥한 면화재배가 상 파울루를 중심으로 활성화되었다. 새로운 경작과 채취업을 촉진시키기 위해 설탕과 알콜 연구소, 마떼차 연구소와 소나무 연구소가 설립되었다.

바르가스의 관심은 국가의 산업화로 돌아갔다. 신국가의 공업에 대한 관심은 커피와 공업 분야 간에 반대가 없었기 때문에 병행될 수 있었다. 몇 가지 국면이 브라질 공업 발전에 유리하게 작용했다. 1939년 유럽에서 전쟁의 발발은 제조품의 수출을 급격하게 위축시켰다. 당시까지 전통적인 유럽 상품의 구매자였던 브라질은 곤경에 처했다. 그러나 몇 가지 품목에서는 국내 산업을 발전시킬 수 있는 호기였다. 이리하여 수입대체산업이 국내의 원자재 이용으로 시작되었다. 브라질의 도시화는 국내소비시장의 확대에 적절한 기회를 제공했다. 브라질 정부는 주들 간의 수출세를 없애고 국내시장 활성화를 적극 지원했다.

브라질의 산업화는 전적으로 기간산업에 달려있었다. 국내기업들은 충분한 재원을 확보하지 못했다. 외국자본의 투자도 2차 세계대전으로 인하여 중단되었고, 국가를 위한 중요한 공공사업에 외국인의 참여도 배타주의적 성격이 강했다. 국가가 공업발전과 투자에서 역할을 담당하면서, 중재자로써 경제에 개입할 가능성이 열렸다. 당시까지 국가는 생산의 조정자로써 경제를 관망하고 있었다. 바르가스는 국가 경제발전과 현대화에 도전하였다.

1940년 석유 국가자문의원회(Conselho Nacional do Petróleo)가 설립되었다. 이를 계기로 석유제품의 정유와 배급의 통제가 행해졌다. 이와 같은 국가정책은 두뜨라(Dutra)가 이끄는 군부에 의해 수행되었다.

바르가스는 제철공장의 설립도 추진했다. 전쟁이 시작되었음에도 불구하고 독일의 Krupp사는 이 프로젝트에 큰 관심을 표명했다. 바르가스는 미국이 이 사업에 협조할 의향이 없으면 독일의 도움을 받을 것이라고 미국정부에 알렸다. 엑심방크(Eximbank)를 통해서 브라질 정부는 초기금융을 지원받았다. 이로써 1941년 볼따 헤돈다(Volta Redonda)에 국영 제철공장이 설립되었다. 새로운 차관으로 연간 30만 톤의 철이 생산되었다. 1942년 전쟁 기간에 철광석을 수출하는 발리 두 히우 도씨(Vale do Rio Doce)가 설립되었다. 기업 분야에 국가의 개입은 브라질 경제에 새로운 이정표가 되었다.

일본의 진주만 공격과 브라질의 입장

1941년 12월 7일 일본의 진주만 공격은 50년 전부터 시작된 일본 제국주의와 미국 간의 아시아 시장 다툼의 절정이었다. 브라질은 중립을 지켜나가던 상황에서 결정을 내려야 할 순간에 이르렀다. 정부의 관리들 속에도 나치-파시스트 세력이 있었던 브라질은 이탈리아, 독일, 일본인들의 지역사회가 세력을 확장하고 있었다. 그러나 금융자본과 지정학적 위치에서 브라질은 미국에 접근해 있었다. 미국은 북아프리카 공략을 위해서 브라질 북동부에 기지를 확보하고자 했다. 독일은 이미 그곳에서 Afrika Korps가 군사작전을 하고 있었고, 철과 망간 등 군수산업을 위해 중요한 원자재 공급을 보장받고 있었다.

1942년 1월 히우에서 개최된 제2차 아메리카 각료회의에서 브라질과 미국의 동맹이 한층 공고해졌다. 북동부 지역에 미국을 위한 기지가 제공되자, 브라질 선박 부아르끼(Buarque)호가 독일 잠수함의 공격으로 침몰했다. 1942년 8월15일부터 19일 사이에 독일과 이탈리아의 해상공격으로 브라질 선박 5척이 침몰하였다. 바르가스는 국민들이 전쟁 선포를 요구하며 거리로 뛰쳐나가는 것을 통제하지 않았다. 그리고 즉각 브라질의 참전을 공식적으로 선포했다. 독일, 이탈리아 그리고 일본인 이민자들에 대한 제재조처가 행해졌다.

브라질 함대는 나치 파시스트와의 전투를 위해 준비를 갖추었다. 해군은 1944년 브라질 참전부대(FEB)를 이탈리아로 수송했다. 이 부대는 모라이스(Mascarenhas de Morais) 장군과 모우라(Nero Moura) 중위가 지휘하는 공군부대로써 1943년 8월에 창설되었다.

영미 연합군은 아프리카에서 롬멜 장군의 독일 전차부대를 격퇴한 후 이탈리아 남부의 시칠리아를 습격하고 이어서 로마를 공격했다. 브라질군은 최악의 격전지에 도착했다. 나치 파시스트군은 이탈리아 반도 북부의 요새를 굳건히 방비하고 있었다. 브라질군은 클라크(Mac Clark)장군 지휘 하의 미군과 합동하여, 많은 전투에서 큰 전과를 거두었다.

바르가스는 집권 후 대외정책에 있어서 일관성 없이 상황에 따라 정책을 추구하였는데 이를 시계추 정책(Política Pendular)이라 일컫는다. 그의 시계

추 정책은 브라질 국익에도 많은 도움이 되었다. 제2차 세계대전 참여 쪽으로 기울면서 미국으로부터 금융지원과 기술지원을 얻었고, 국영제철소와 항공산업 분야의 발전을 보장받을 수 있었다.

위기의 바르가스

1943년부터 바르가스 정권은 악화일로에 있었다. 젊고 유망한 정치가들과 자유 직업인들은 미네이루스(Mineiros)라는 단체를 구성하고 바르가스의 신국가 체제에 반발하는 수많은 집회와 모임을 가졌다. 그들은 1943년 10월 미네이루스의 성명(Manifesto dos Mineiros)를 통해 브라질의 재민주화를 강력히 요구했다.

체제붕괴의 위협에서 벗어나기 위해 바르가스는 도시 대중집단의 지원을 찾았다. 포퓰리즘이 다시 활성화되었다. 브라질 노동성은 바르가스를 옹호하기 위해 노동자들을 동원했다. 다양한 사회조직들이 독재자에 항거하여 시위를 벌였다. 수많은 시위들로 사회질서는 통제불능의 상태가 되었다. 1945년의 추가법령으로 대통령 선거일이 확정되었다. 투옥된 바르가스의 정적들은 사면되었고, 소련과의 외교관계도 회복되었다.

브라질에서는 수많은 정당들이 출현하기 시작했다. 민족민주연맹(UDN), 두뜨라를 대통령 후보로 내세운 미나스 제라이스 과두세력이 결집한 민주사회당(PSD), 바르가스가 영도한 브라질 노동당(PTB), 피우쟈(Yedo Fiuza)를 후보로 내세운 브라질 공산당(PCB), 쁠리니우 살가두가 이끈 민중대표당(PRP)등이 탄생했다.

바르가스는 대중들의 시위를 즐겼다. 그는 온정주의적 이미지로 대중을 끌어들였고, 경제적 민족주의로 공산주의자들의 환심을 샀다. 어제의 적들과 손을 잡았다. 브라질 공산당의 루이스 카를로스 쁘레스찌 마저 그의 협력자가 되었다. 공산주의자들과 노동자 세력의 연합으로 PTB의 슬로건이었던 '우리는 제뚤리우 바르가스를 원한다(Queremos Getúlio)'로부터 Queremismo 집단이 탄생했다.

그러나 바르가스는 좌익으로 기울면서 많은 비난을 면치 못했다. 위험을 인식한 그는 동생인 벤자민 바르가스를 연방정부 관할구의 경찰 총수로 임명했다. 이것은 쿠데타의 도화선이 되었다. 바르가스는 마침내 권좌에서 물러나야 했다. 독재정권 15년 후에 그의 아성이 무너져 내린 것이다. 고이스 몬떼이루 장군의 군부 쿠데타로 1945년 10월 29일 바르가스의 신국가 체제는 완전히 붕괴되었다. 바르가스는 히우 그란지 두 술의 한적한 시골에서 은둔생활에 들어갔다. 연방최고재판소장 쥬제 링야레스(José Linhares)가 신임 대통령 선출 시까지 대통령직을 대행했다.

Ⅳ

브라질의 현대

제1장 브라질의 민주화시대

바르가스의 축출 이후 예정된 정치일정에 따라 1945년 12월 2일 대통령 선거가 치러졌다.

이 선거에서는 PSD_PTB연합이 후보로 내세운 두뜨라(Eurico Gaspar Durta)가 민족민주연맹(UDN) 후보인 고메스(Eduardo Gomes)를 물리치고 새로운 대통령에 당선되었다.

두뜨라는 농업 분야의 지주층과 PSD의 보수세력 그리고 바르가스의 노동당 세력의 지원을 얻어 통치를 해나갔다. 그는 대의민주주의를 복구하고 국가의 재민주화를 확고히 할 목적으로 1937년 헌법을 대체하는 헌법제정을 위해 제헌 의회를 소집했다. 제헌 의회에서는 민주사회당이 다수의 의석을 확보하였다. 임기 5년의 두뜨라 대통령은 신국가의 관리주의적 경제정책을 탈피하여 경제적 자유주의를 선택함으로써 정부를 경제활동의 단순한 보호자로 변모시켰다. 이로 인해 제2차 세계대전 중 1차 상품의 수출은 격감했고, 무역수지도 크게 악화되었다. 브라질 외환보유고는 바닥을 드러냈고, 물가도 큰 폭으로 상승했다. 또한, 1946년 4월에 공포한 유흥업에 대한 규제정책으로 연예계에 종사하는 많은 사람이 일자리를 상실했다.

1947년 헌법은 1934년 헌법을 상기시킨다. 중요한 특징으로는 연방공화국 대통령제, 정,부대통령의 임기 5년, 3권 분리, 18세 이상 성인의 선거권, 주와 도시의 자치권, 한 개 주 당 3인의 상원의원, 인간의 기본권 보장을 특징으로 하고 있다.

제2차 세계대전 이후 미국과 소련이 이념투쟁으로 냉전에 들어갔을 때, 브라질은 미국편에 섰다. 두뜨라 대통령 통치기에 미국의 아이젠하워 대통령이 브라질을 방문했고, 이에 따른 답방도 행해졌다. 또한, 1947년 9월 히우에서는 범아메리카 평화 및 안보회의(Conferencia Interamericana da paz e Segurança)가 개최되었다. 이미 브라질은 미국의 압력에서 벗어날 수 없는 상황에 있었다. 이로써 PCB는 와해되었고 소련과의 관계는 단절되었다. 소비재나 불필요한 물품들의 수입이 급증했다. 미국의 전쟁 과잉물자들이 연합국에 의해 구매되는 현상이 나타났다. 브라질군도 미군장비를 구입했다. 통제가 힘든 경제적 상황으로 수지 균형은 적자를 면치 못했다. 외국자본은 유리한 분야에 집중되었다. 바우스바움(Leoncio Bausbaum)은 '1945-1947년에 특징적으로 나타난 현상은 공화정 초기를 연상하게 한다. 매일 새로운 철강 회사나 알루미늄 회사가 설립되었다. 그들은 가동되기도 전에 사라져 버렸다. 아울러 눈치 빠른 회사들은 주식을 팔아버렸다.'라고 말한다.

두뜨라 통치기의 가장 의미 깊은 계획은 건강, 식량, 운송과 에너지를 위한 살떼 계획(Plano Salte)이었다. 그 외에도 브라질 경제 개발계획, 싸웅 프란시스꼬 수력회사 설립, 히우와 싸웅 빠울로 간 고속도로 건설사업, 미주기구(OEA)에 적극적인 참여 그리고 브라질에 헨리 투르만 대통령이 방문하였을 때 미국과 체결한 상호 원조 조약이 대표적인 업적이었다.

문화적으로도 두뜨라 집권기에는 많은 일들이 성취되었다. 그는 기초교육의 중요성을 강조하며 많은 초등학교와 중등학교를 설립하고, 기술교육을 위한 지원책을 만들었으며 성인들의 문맹퇴치를 위한 정책도 실행하였다.

두뜨라 집권 말기가 다가오면서, 다시 계승문제로 브라질 경제에 불안한 기운이 감돌았다. 선거에는 자신이 설립한 브라질 노동당의 지원을 받은 제뚤리우 바르가스, 두 번째로 입후보한 UDN의 에드아르두 고메스 그리고 정부여당 PSD의 마샤두(Cristiano Machado) 후보가 경쟁했다. 이 선거에서 바르가스가 승리하여 재집권하게 되었다.

대통령궁으로 돌아온 바르가스(1951-1954.8.24)

1945년 브라질 정치사에서 바르가스의 추방은 결정적이지 못했다. 브라질에서는 바르가스의 카리스마와 정치적 냉혹함을 이길만한 리더는 나타나지 않았다. 정당들은 애매모호한 태도를 취했다. 상 파울루의 지사였던 바호스(Adhemar de Barros)가 이끄는 PTB_PSP연합인 사회진보당(Partido Social Progressista)은 바르가스를 후보로 내세웠다. 그는 선거에서 거의 과반수의 지지를 얻었다. PSD는 끄리스찌아누 마샤두 후보를 공식적으로 지원했음에도 불구하고 바르가스에 대한 지원도 외면하지 않았다.

바르가스가 이처럼 인기를 회복하게 된 이유는 신국가 체제시의 서민들의 아버지라는 이미지가 도움이 되었다. 아울러 두뜨라 정권의 지나친 친미주의에 대한 반감으로 PTB를 선호하였던 것이다.

어쨌든 포퓰리즘은 한 마리의 불사조처럼 잿더미 속에서 다시 살아났다. 바르가스는 신국가 시절의 민족주의적 경제정책을 또 다시 선택했다. 이미 두뜨라는 정부의 간섭을 피하고 시장경제의 원리에 맡기는 정책을 취함으로써 부익부 빈익빈 현상이 크게 대두되고 있었다. 그런 이유로 빈자들의 아버지 바르가스는 예전의 경제정책으로 되돌아 간 것이다. 그러나 이러한 정책이 바르가스의 조기퇴진을 불러오는 원인이 되었다. 시대가 변한만큼 상황도 바뀌었는데 예전과 같은 정책으로 경제를 안정시킬 수는 없었다. 간섭주의(Intervencionismo)는 기간산업 특히 제철, 석유화학, 에너지와 운송 분야에 영향력을 행사했다.

브라질 국립개발은행(BNDE)의 설립은 정부의 개발자금 지원을 위한 Lafer계획의 일환이었다. 개발계획의 방향설정은 미국의 지원에 의해서 이루어졌다. 브라질 경제 최대의 관심사는 석유광의 탐사와 채굴을 독점하기 위해 1953년에 설립한 뻬뜨로브라스(Petrobrás)에 집중되었다. 민족주의적 캠페인이 뻬뜨로브라스 회사를 중심으로 전개되었다. 바르가스는 '석유는 우리의 것이다.'라는 인식을 국민들에게 심는데 주력했다. 외국의 대기업들에게 국가의 풍요로운 광물을 넘겨주는데 대한 반기였다. 역사학자 Thomas Skidmore는 '이 제안은 1953년 10월 법이 승인되기 전에 지식인, 관료, 군인, 사업가와 정치인들 사이에 엇갈린 의견으로 신랄한 캠페인을 불러 일으켰다. 많은 사람의 의견은 국가기업의 설립을 찬성하는 것 같았다. 그러나 이 캠페인을 이끈 지도자들의 공격적인 목소리는 경제적 식민지의 상태에서 브라질의 해방을 보장하기 위한 열정적인 십자군운동의 인상이 강했다.'

정치적 소요는 극에 달했다. 바르가스는 1950년에 대통령에 선출되었고, 1956년까지 임기가 보장되어 있었다. 그러나 상황은 달리 전개되었다. 외국 자본과 연결된 국내의 많은 기업들은 정부의 정책에 반대하였다. 그들은 바르가스의 새로운 독재를 두려워했다.

바르가스가 노동부 장관 굴라르의 지원으로 쿠데타를 기도한다는 소문이 확산되었다. 굴라르는 좌파성향의 인물로써 아르헨티나의 노동조합을 벤치마킹하고, 페론정부의 포퓰리즘을 모방하여 군부와 야당의 반발에 부딪히고 있었다. 그래서 야당인 민주연합은 굴라르의 해임을 요구하며 바르가스 정부에 압박을 가하였다. 신문기자 라세르다(Carlos Lacerda)는 정부 관료들의 스캔들과 기만에 대해 강력히 비판하며 UDN을 지원했다. 상황이 최악의 상태에 이른 것은 한 거리에서 발생한 암살시도였다. 이 사건으로 라세르다가 부상당하고, 바스(Vaz) 소령이 죽었다. 바르가스 대통령에게 책임이 추궁되었다. 이 음모에 대통령 경호원이 개입한 증거가 포착되었기 때문이었다.

이러한 상황에서 인플레와 국민들의 불만은 정부의 인기를 최악의 상태로 떨어뜨렸다. 브라질 변호사협회(OAB)는 대통령의 사임을 강력히 요구했다. 군부 역시 바르가스의 사임을 강요했다. 그리고 1954년 8월24일 새벽 바르가스는 심장에 총을 쏘아 자살했다.

카페 필류 정부(1954.8-1955.11)

바르가스의 자살로 부통령 필류가 잔여임기인 17개월의 대통령직을 계승했다. 바르가스의 유언장은 PTB와 포퓰리즘을 크게 변화시켰다. 경제적 민족주의는 논란과 반박의 대상이 되었다. 카페 필류는 UDN 출신으로 PSD의 바르가스가 임명한 각료들과 호흡이 맞지 않았다.

1955년 10월 실시된 선거에서는 PSD_PTB가 내세운 쿠비체크(Juscelino Kubischeck de Oliveira)후보가 아데마르 지 바호스, 쥬아레스 따보라와 뿔리니우 살가두를 물리치고 대통령에 당선되었다. 부통령에는 바르가스 정권의 노동장관이었던 굴라르가 선출되었다.

한편 필류 대통령은 병환으로 남은 임기를 마저 채우지 못하고 하원의장 루스(Carlos Luz)에게 직책을 넘겨주었다. 당시 브라질 국민들 사이에는 쿠비체크와 장고(Jango)가 바르가스와 연결되어있는 인물들이기 때문에 정권을 떠맡지 못할 것이라는 소문이 떠돌았다. 야당이 선동해서 일어난 소요사태로 브라질의 정국은 매우 불안했다. 이러한 위기에 상황에 국방장관 로뜨(Teixeira Lott)는 정부와 극도로 사이가 나빠졌다. 그 역시 Petebsimo의 당원이었기 때문이다. 군부의 지원을 받은 로뜨는 카를로스 루스 대통령을 축출하고 상원 부의장 네레우 라모스(Nereu Ramos)에게 정권을 이양했다. 쫓겨난 루스의 세력은 공군과 해군의 지원을 받아 쿠데타를 시도했지만 실패하였다. 의회는 압력에 굴하지 않고 투표를 통해 방해세력을 물리치고 쿠비체크에게 대통령직을 넘겨주었다.

쿠비체크 정부(1956.1-1961.1)

일반적으로 쥬셀리누라고 물렸던 JK정부의 출발은 Jacareacanga와 Aragarça에서 발생한 폭동과 공군이 시도한 일련의 모반 때문에 매우 불안했다. 그러나 육군의 지원과 JK가 이룩한 많은 업적으로 1956-1961년의 5년간은 안정적이었다.

정치제도는 원활하게 기능을 발휘했다. 의회도 완전히 권리를 되찾았다, JK에 대한 비판은 타협과 중재로 해소되었다. 출판은 어떠한 압력에도 제 역할을 수행했다. 국가의 질서가 확립되고 민주주의의 이념이 정착되었다.

브라질리아의 깐당고스 상

오스카 니메이어

JK의 통치이념은 '통치란 도로를 여는 것이다.'를 교훈삼아 추진되었다. 벨렝과 브라질리아 간의 도로개설, 오스카 니메이어(Oscar Niemeyer)와 루씨오 꼬스따(Lúcio Costa)의 프로젝트로 이루어진 신 수도 브라질리아 건설, 북동부 발전 감독청(a Superintendencia para o Desenvolvimento do Nordeste,SUDENE)의 설립, 자동차 산업 추진단(Geia)설립이 실행되었고, 그 밖에도 군대 제정비, 중남미 경제 통합을 위한 Operação Pan- Americana 창건과 Furnas와 Três Marinas의 수력발전소 설립으로 전력 에너지 자급자족의 시대를 열었다.

브라질의 국제관계는 미주대륙 국가들이 주도하는 많은 기구들에 참여와 활동으로 실현되었다. UN에서 브라질은 이스라엘과 이집트의 국경 가자 지구에 군대를 파견하면서 적극 협조하는 한편, OEA 에서도 경제지원 프로그램을 제안하면서, Operação Pan- Americana의 발전에 일조하였다. 이러한 결과로 미주간 개발은행(Banco Interamericano de Desenvolvimento, BID)이 탄생하였다.

공업발전은 쥬셀리누의 가장 큰 관심사였다. 대통령 선거의 슬로건이였던 '50년에 할 일을 5년에(50 anos em 5)'는 실체화되어갔다. 국내기업들은 외국과의 자본 및 기술 분야에서 협력체제를 구축해 나갔다. 정부는 경제정책 목표달성계획(Plano de Metas)을 세우고, 그 우선 목표를 기간산업과 교육에 두었다. 자동차 산업이 브라질에 유입되었다. 그러나 외국자본은 국가경제에 매우 값비싼 보상을 요구하였다. 국고를 고갈시키면서 외국으로 국내자금이 급속히 빨려나갔다.

경제성장의 가속화는 서민층에 무거운 부담을 주며 격심한 인플레를 유발했다. 브라질 경제는 거대한 다국적 기업들의 공세로 국제화에 대한 대가를 지급하지 않으면 안되었다.

쥬셀리누는 국영기업의 민영화와 외자유치를 위해 화폐와 신용감독청(SUMOC)을 통해 국내기업과 외국기업의 합자를 유도했다. 1959년 IMF는 변동환율제의 도입과 함께 수출에 대한 인센티브 제도 및 석유, 밀, 제지, 비료 등에 대한 보조금을 폐쇄하도록 강요하는 한편 브라질 경제에 적극 개입하였다. 쥬셀리누는 불편한 관계의 IMF와 관계를 단절했다. 그는 IMF의 지나친 간섭에서 벗어나 자율적인 경제정책을 추구하기 원했다. 그런 이유로 외자 유치가 더욱 어려움을 겼었고, 경제 발전은 위기를 맞았다.

정치적으로도, 브라질은 노동당, 민주사회당, 민족민주연합과 브라질 공산당 간의 정치적, 이념적 대립으로 위기에 처해 있었다. 1960년 4월 선거에서는 민족민주연합과 쥬셀리누 정권의 반대세력이 지지한 콰드루스(Jânio da Silva Quadros)가 대통령으로 선출되었다. 정치적 부패를 일소하고, 인플레 억제와 물가안정을 공약으로 내세운 콰드루스는 노동당과 민주사회당의 지원을 받은 로뜨 후보보다 1백만 표 이상을 더 획득하여 승리했지만 전임자가 남긴 문제 해결 능력은 결여되어 있었다.

쟈니우 콰드루스의 짧은 재임기(1961.1-1961.8)

신임 대통령 쟈니우 콰드루스는 상 파울루의 시의원, 시장 그리고 주지사를 역임한 후 1961년 공화국 대통령에 선출된 입지전적 인물이었다. 강한 카리스마의 소유자인 그는 브라질 헌정 사상 최고의 투표율로 당선되었다. 그의 선거 공약은 정부의 부패를 일소해 버리겠다는 의지와 국가재정 상태를 회복시키겠다는 확고한 의지가 담겨있었다. 하지만 JK는 그에게 재앙적인 인플레를 유산으로 남겼다.

콰드루스는 브라질 지식인들이 선호하는 민중적이고 도덕적인 포퓰리즘을 앞세우면서 쿠비체크가 남기고 간 무거운 부담을 해결하기 위해 나섰다. 그는 한 연설에서 5년 임기 반 동안 천문학적 액수의 외채를 해결해야 한다고 말했다. 당시 브라질은 쥬셀리누가 남긴 부채로 국가재정적자는 288조 크루제이루에서 1,936조 크루제이루로 증가했다.

쟈니우는 브라질 경제를 회복하기 위해 충격요법을 사용하였다. 그는 UDN의 후보였음에도 불구하고 그들과 관계가 좋지 않았다. 라세르다는 쟈니우 정부를 강하게 공격했다. 좌파들도 외국으로 송금되는 이익금을 제지하라고 요구했다. 의회와의 관계도 야당 세력의 강화로 쉽지 않았다.

이처럼 지원책이 부재함에도 불구하고 그는 많은 분야에서 개혁을 시도했다. 냉전 중에도 미국, 소련 그리고 중국과 등거리를 유지하면서 비동맹(Não-alinhamento)의 위치로 국가를 이끌어 갔다.

그러나 콰드루스 대통령은 인플레이션과 차관문제 해결과 봉급 및 보조금 동결에 의한 재정안정 계획을 성취하지 못하고, 오히려 노동자들과 기업가들로부터 원성만 샀다. 또한, 농공 생산품의 원활한 유통과 수출시장 개척을 위해 쿠바를 비롯한 사회주의 국가들과 아프리카 신생국들에 접근했지만 많은 불신감만 조장하였다. 결국 콰드루스는 의회와의 불편한 관계로 지원을 받지 못하자 1961년 8월 25일 의회에 사임을 요청했다. 이로써 7개월의 짧은 임기를 마치고 콰드루스는 대통령직에서 물러났다.

당시 부통령이었던 굴라르는 중국을 방문 중이었다. 많은 시민과 군부는 바르가스와 유대관계를 맺고 있다는 이유로 굴라르의 대통령직 승계를 반대하였다. 또 다시 브라질은 내전의 위기에 처하게 되었다.

대통령직은 상원의장 라니에리 마질리(Ranieri Mazzili)에게 넘어갔다. 굴라르가 부통령직에 있었음에도 이와 같은 결정이 내려진 것은 좌파세력에 반감을 품고 있었던 국방부장관과 해군장관을 포함한 군부장관들의 강력한 반대 때문이었다.

그러나 1961년 8월 히우 그란지 두 술 지사이며 굴라르의 처남인 레오넬 브리졸라는 헌법의 규정에 따라 당연히 굴라르가 대통령직을 승계해야한다고 주장하는 대규모 캠페인을 전개했다. 브라질 남부의 3주 히우 그란지 두 술, 산따 까따리나와 빠라나에서 전개된 이 캠페인에는 주지사들을 비롯한 일부 군장성들과 많은 주민들이 적극 호응했다.

이와 같은 상황을 좌시할 수 없었던 브라질 의회는 라울 필라 위원이 제안한 의원내각제를 투표를 통해 상원과 하원에서 통과시켰다. 이로써 1961년 9월 굴라르가 대통령에 취임하였다. 1961년 의회가 통과시킨 추가 법령으로 브라질은 의원내각책임제로 변했다. 대통령은 국가의 원수이지만 총리가 행정업무를 관장하게 된 것이다. 히우 그란지 두 술의 지사 브리졸라가 이끄는 쟝고의 당원들은 여당이 되어 만족했지만, 총리를 배출한 야당도 결과에 만족했다.

굴라르는 국무총리에 바르가스 정권 시 법무부 장관이었던 땅끄레두 네비스를 지명하였다. 네비스 총리는 PSD에서 4인, UDN에서 2인, 대통령이 속한 정당인 PTB에서 1인의 장관을 선출하여 여러 정당의 협조를 얻었다. 의원내각책임제에서는 대통령이 공포하는 법령들은 국무총리의 승인을 거쳐야만 했다. 또한, 대통령의 거부권은 하원과 상원 의원 2/3가 반대할 때 그 효력을 상실하게 되었다. 그러나 1963년 1월 실시된 국민투표로 브라질은 다시 대통령 중심제로 전환되었다.

굴라르는 바르가스 정권과 유사하게 민족주의 성향이 강한 정책을 추구하였다. 대외정책에 서도 당시 쿠바의 카스트로를 축출하려는 미국의 봉쇄정책에 반대 입장을 표명하였고, 소련과의 외교관계를 재건하려는 움직임을 보였다.

1963년 1월부터 1964년 3월까지 굴라르 정권은 경제학자 셀수 후르따두(Celso Furtado)가 수립한 3개년 계획(Plano Trienal)을 실행에 옮겼다. 이 계획은 인플레이션의 상승을 억제하고, 성장률도 감소시키는 긴축정책이었다. 정부는 외채상환의 재조정과 외환유출방지를 위한 외채도입을 허용하였다.

굴라르는 경제사회개방 3개년 계획을 비롯한 많은 개혁정책을 추진하였으나, 군부, 정치인, 기업인들의 반대에 부딪혀 실행에 옮기지 못했다. 그가 집권 초기부터 추진한 토지개혁 역시 사유재산권을 침해한다는 이유로 대토지 소유자들과 가톨릭 교단의 반발을 샀다.

의회도 굴라르를 지지하는 민족주의 의회전선(FBN)과 반대세력인 의회민주주의 행동단(ADP)이 대치하였다. 모든 개혁정책에 있어 좌파와 우파와의 갈등은 첨예화되었다. 1946년 3월 가톨릭 주교연합이 주관하는 '하느님과 함께하는 가족들의 자유를 위한 행진'이 상 파울루에서 개최되었고, 약 50만 명의 인파가 넘쳤다. 이 시위 참가자들은 굴라르 정권을 격렬하게 성토하였다.

불안한 기운이 군부 내에서 감돌았다. 대규모의 군중집회가 열리는 등 반정부시위가 확산되었다. 마침내 1964년 3월 육군참모총장 까스뗄루 브랑꾸(Catelo Branco)장군이 중심이 된 쿠데타가 일어났다. 미국도 이 쿠데타를 지지하고, 새로운 정부를 인정했다. 4월 9일 혁명 최고 사령부(Comando Supremo da Revolução)는 긴급조치 제1호(AI-1)를 발하였고, 의회는 브랑꾸 장군을 공화국 대통령으로 임명하였다. 이리하여 브라질의 민주화 시대는 막을 내리고 군부시대의 서막이 올랐다.

제2장 브라질인의 종교와 종교의식

1500년 브라질이 발견된 이래 포르투갈인들은 가톨릭을 식민지에 보급하기 위해 커다란 노력을 기울였다. 그러나 브라질에서 가톨릭은 봉사보다 권력과 결탁하여 군림하는 교회의 상을 나타냈다. 이리하여 지난 4세기 동안 브라질 교회는 본연의 임무를 수행하지 못했고, 보수적 전통교회의 양상에서도 벗어나지 못했다. 1960년대에는 그리스도교 사상과 윤리의 실천이라는 중대한 사명을 인식하고 교회는 역사적 전환기를 맞이했다. 이른바 해방신학이 탄생한 것이다. 또한, 복음주의(Evangelical), 오순절교회(Pentecostal), 조합교회(Christian Congregation) 그리고 Universal Church of Kingdom of God와 같은 신교세력의 확산으로 가톨릭은 큰 위협을 받고 있다.

뿐만 아니라 원주민의 토속신앙, 아프리카 흑인들의 종교와 가톨릭이 결합하여 형성된 Syncretism이 엄청난 속도로 성장하고 있는 실정이다. 그런 이유로 브라질에서는 가톨릭이 중남미의 다른 국가들과는 달리 단일 종교로써의 특권이 상실된 지 오래이다.

'중남미에는 제단과 보좌가 분리될 수 없다.'라는 클라렌스 헤링의 말은 로만 가톨릭이 지난날 브라질에서 어떤 역할을 수행했는지를 잘 표현해주고 있다. 16세기의 유럽이 절대왕권의 강화로 교회의 지위를 상대적으로 위축시키자 가톨릭은 실추된 권위와 명예를 회복하기 위해 포르투갈과 스페인의 식민지에서 많은 개종활동을 전개했다. 교황은 포르투갈 국왕에게 식민지에서 활동할 성직자를 임명하는 빠드로아두(Padroado)제도를 허용했고, 이를 계기로 브라질에서는 정교일치의 양상이 제도화되었으며 교회는 특권을 할애 받아 사회 전반에 걸쳐 막강한 영향력을 행사하며 하나의 국가적인 기구로 활동하였다.

브라질에서 종교의 역사적 진화는 크게 식민지시대(1500-1822), 제국시대(1822-1888) 그리고 공화주의 시대(1889-1960)로 구분할 수 있다.

식민지 시대

이 시기에는 가톨릭이 유일한 종교로 간주되었고, 유태교와 개신교는 비밀리에 신앙의 명맥을 유지하고 있었다. 식민초기부터 가톨릭 선교정신은 브라질 식민화의 특징이었고, 원주민들의 개종사업은 정복을 정당화하는 목적이었다. 1549년 브라질에 도착하여 원주민들에 영농기술과 공예품 제조기술 등을 가르치며 미션마을을 설립했던 예수회의 활동을 비롯하여 1581년 베네딕파(Beneditino), 1584년의 프란시스코회(Franciscano), 1665년의 까르멜리따 수녀회(Carmelitas)와 1881년의 도미니카 수도회(Dominicano)는 식민당국의 허용한도 내에서 개종과 교육사업을 수행했다.

그러나 교회를 비롯한 이들 선교단체의 활동은 기독교의 역사적 사명을 충분히 수행하지 못했다. 그 이유는 권력과 결탁한 교회가 봉사의 의무보다 식민과 원주민 위에 군림하고 있었고, 광활한 영토를 관장할 성직자의 수가 부족했으며 개종한 원주민들이 그들 고유의 신앙을 쉽게 포기하지 않았기 때문이다.

식민시대에는 수많은 속인단체도 등장했다. 이들 중에는 박애단(Irmandade)과 친교단(Confrarias)의 규모가 비교적 컸다. 교회당국은 당시 사탕수수 농장들이 많은 북동부 지역에서 노예들이 아프리카 원시 종교를 확산하는 것을 우려해서 민간박애단체의 설립을 권장하고 있었다. 그러나 1871년 뻬르낭부꾸 혁명 시 포르투갈의 폭정에 불만을 품은 박애단들이 독립지지 세력으로 변하면서 많은 문제를 야기했다. 또한, 브라질 교회는 1759년 예수회의 추방으로 큰 위기에 봉착했다. 무엇보다도 교육 분야에서 예수회가 무상으로 운영했던 교육기관의 폐쇄도 심각한 문제로 대두되었다.

식민화 초기에는 많은 유태인 개종 기독교인들이 종교재판을 피해 브라질에 왔다. 그들의 이민은 금지되어 있었지만, 16세기 말에는 북동부 설탕 제분소 약 200여개가 개종 유태인 소유였다. 화란이 이 지역을 장악하고 있었을 때 유태인들은 다시 유태교도로 돌아가 공개적인 예배활동도 전개했다. 1642년 유명한 랍비인 이삭 아보아드 다 폰세까가 브라질에 와서 1654년까지 머물며 설교했지만, 화란인들이 추방되었을 때 그들의 시나고가도 폐쇄되었고 유태인들도 3개월 이내에 브라질을 떠나지 않으면 안되었다.

신교세력의 브라질 침투는 1532년부터 시작되었지만 지속적이지는 못했고, 1555년 프랑스 원정대도 칼빈파 신교도들을 정착시키려다 실패했다. 화란의 신교도들 역시 1637-1644년에 원주민, 흑인과 백인 식민들의 개종에 나섰다 좌절되었고, 신교가 정식으로 브라질 땅에서 종교의 자유를 인정받은 것은 1808-1810년에 동쥬앙 6세와 계약을 맺고 들어온 독일과 영국의 과학자들과 기술자들이 최초였다. 그러나 그들의 예배장소는 제한되어 있었고, 일반 가정에서만 가능했으며, 예배당의 종 사용도 금지되었다.

제국시대

이 시기에는 가톨릭의 주도권이 유럽 자유주의 사상, 심령론, 프리메이슨단과 실증주의의 영향으로 크게 타격을 받았다. 브라질은 1822년 동 뻬드루의 '독립 그것이 아니면 죽음이다.'라는 외침으로 포르투갈로부터 독립을 선언했다. 비록 1824년 헌법은 가톨릭을 국교로 인정했지만 그동안 교회가 향유했던 정치적, 문화적 특권은 크게 축소되었다. 당시 브라질 교회가 경험한 최대의 사건은 종교문제였다. 이 사건 이후 교회와 왕실 사이는 공화임시정부가 1890년 7월1일 국가와 교회를 분리시키고 국가는 교회에 박해를 가하지 않겠다고 선언했을 때까지 갈등관계를 유지했다.

유태인들은 1810년 종교의 자유가 인정되면서 혜택을 입었다. 1812년 동유태교의 세라피딩이 아마존에 정착했다. 천국의 문이 1828년 벨렝에 설립되었고, 1850년부터 모든 유태교 분파가 전국에 확산되었다. 19세기 말엽에는 그리스, 터키, 레바논, 팔레스타인, 폴란드 그리고 러시아에서 수많은 유태인들이 박해를 피해 브라질로 이주해왔다.

개신교는 1823-1824년 독일의 루터란 교회를 시작으로 집단 이주해 왔으며 노바 프리부르구(Nova Friburgo)와 성 레오폴두(S.Leopoldo)시를 건설하였다. 조합교회도 켈리(Robert Reid Kelly)의 인솔 하에 1855년 브라질 땅에 정착했다. 그는 황제와 개인적으로 친분이 있었다. 또한, 1867년 감리교(Metodista), 1822년 침례교(Batista), 1889년 장로교(Presbiteriano) 그리고 1890년에는 감독파(Episcopais)와 복음교회파가 활기차게 선교활동을 전개했다.

한편 1865년에는 살바도르에 유입된 정령숭배사상이 브라질 특유의 또 하나의 종교로 등장했고, 아울러 1881년 히우에서는 이그레쟈(Igreja)라는 이름으로 실증주의 사상이 노예제도의 폐지와 공화정 선포에 커다란 영향력을 행사했다. 브라질인들의 삶에 새로운 변화를 갈망했던 군인, 교수, 지식인들은 꽁트의 실증철학으로부터 나온 합리주의와 이성주의적 사고에 크게 심취했다.

공화주의 시대

아프로 브라질인(Afro-brasileiro)들의 제설혼합주의적 예배의식이 확산되고 이주민들이 유입해온 동양의 종교사상이 모습을 드러내기 시작했다. 1890년 제정된 공화국 헌법은 국가와 종교를 분리시킨다고 밝히고 있었다. 비록 가톨릭은 이와 같은 조치로 단일 종교의 특권은 상실했지만 교회활동은 오히려 자유로워졌다. 즉 1889년 1개 대주교관구(Arquidioce), 6개의 주교관구(Dioce) 그리고 2개의 대주교와 주교 관할 감독교구 쁘렐라지아(Prelagia)가 있었던 브라질의 교구는 36개의 대주교관구, 183개의 주교관구, 15개의 쁘렐라지아와 6,742개의 소교구(Paroquias)로 늘어났다. 또한, 히우의 대주교 동 쥬아낑이 추기경에 서품되었다.

1891년 헌법은 가톨릭이 군부를 종교적으로 보좌하거나 공립학교에서 신앙과 성서이론을 교육하는 것을 금지시키는 교육과 종교의 분리원칙(Lacismo)도 포함하고 있었다. 1872년 종교문제로 동 뻬드루 2세의 소환을 받았던 동 비딸 주교의 이름을 따서 창건된 동 비딸 센터는 브라질 중산 지식층을 중심으로 가톨릭 국교화를 위해 노력을 했으나 큰 효과를 얻지 못했고, 1933년까지 이 헌법의 규정이 효력을 발생했다. 1929년 미국이 경제공황으로 브라질 수출 주종상품인 커피의 수입을 중단하자 브라질에서는 사회, 경제적으로 불안감이 조성되었고 이로 인해 1930년 혁명으로 바르가스가 집권하였다. 이때부터 가톨릭도 권리회복운동을 활발히 전개해 나갔다.

1934년 헌정 헌법으로 국가와 교회가 다시 화해하고 공공교육에도 가톨릭 강좌가 개설되었다. 그리고 교회활동에 대한 국가의 재정지원도 보장되었다. 이 시기에는 국가와의 관계에서 교회가 유리한 입장을 확보하기 위한 수단으로 일종의 압력단체의 성격을 지닌 노동자단체(Círculo Operários)와 브라질 가톨릭행동단(Ação Católica Brasileira,ACB)이 창건되었다. 1937년 바르가스 정권은 내란의 가능성을 시사하며 계엄을 선포하고 1934년 헌법을 무효화하며 신 국가체제를 발족시켰다. 브라질 교회는 또 다시 세속정권과 타협하지 않으면 안되었다.

1945년 제2차 세계대전 이후 브라질은 정치적 안정을 되찾고 민주화의 거센 운동에 편승하며 독재정권을 물리쳤다. 동년 초기에 교황청의 낡은 교지에 반기를 들고 마우라(Maura)의 주교 동 카를로스(D.Carlos)가 성직자의 독신생활(Ceilbato Sacerdotal), 체발식(Tonsura), 예배의식 외의 법의사용, 성찬세, 이혼지지 등을 문제삼아 투쟁을 벌였었으나 까마라 추기경에게 경고를 받았다. 그러나 그는 굴하지 않고 1945년 브라질 가톨릭 사도교회(Igreja Católica Brasileira)를 창건하며, 많은 성직자들과 브라질인들의 지지를 받았으나 교황 삐우 2세(Pio II)에 의해 파문당했다.

1950년대는 브라질 교회가 구조적 재정비를 위해 힘쓴 시기였다. 그 결실로 1952년 브라질주교협의회(Conferência Nacional Apostólica Brasileira, CNBB)가 설립되고 초대의장으로 까마라 추기경이 선출되었다, 동 협의회는 '그리스도교인들은 그 어떤 시련 앞에서도 굳건한 신앙과 용기있는 태도를 취하고 신의 말씀에 의지하고 살며 비양심적인 사람들이 책임을 자각하도록 투쟁하는데 그 설립목적을 둔다.'라고 선언하였다.

제3장 공화정 시기의 경제

제국주의 말기의 브라질 경제는 대규모의 원자재 생산과 수출지향의 열대상품 생산에 치중했다. 브라질 열대상품의 수출은 국내의 소비재 수입을 위해 더욱 증가되지 않으면 안되었다. 1890년 브라질은 폰세까 임시정부시의 경제정책 실패를 일컫는 이른바 엔실랴멘뚜(Encilhamento)의 위기를 겪었다. 이것은 화폐제도의 역기능으로 인해 발생했다. 즉, 제국시대 말기에 경제활동의 발전으로 화폐부족 현상이 커졌고, 노예제도의 폐지로 임금 노동자들에게 지급하기 위해서도 많은 화폐가 필요했다. 아울러 농업의 붕괴를 막기 위해 농지에 대한 재정지원과 공업에 대한 지원도 시급했다.

브라질에서 화폐경제는 국제경제 추세에 보다 민감하게 반응했다. 수출로 벌어들인 외환으로 국내에서 필요한 소비재의 수입이 행해졌다. 비록 산업화가 빠른 시일 내에 실현되지는 못했지만, 섬유, 피혁, 음료, 식품가공과 건설자재 분야에서 나타나기 시작했다. 서비스 분야도 가장 역동적인 활동을 보였고, 교통, 상업과 금융 분야에서도 괄목할만한 성장이 이뤄졌다.

수출입 성장 모델의 공고화로 사회구조에는 두 가지 근본적인 변화가 있었다. 그중 하나는 중산계층의 출현과 성장이었다. 직업상으로 볼 때 이 계층은 전문가, 상인, 수출입과 연관된 중소기업인들이 주된 범주로써, 사회의 지도적 위치에는 서지 못했지만 잘 교육받은 도시인들이었다. 두 번째 주요 변화는 노동계층에 관한 것이었다. 수출경제 확산을 유지하기 위해서 엘리트 계층은 해외에서 노동력을 수입하려 했다. 결과로써 아르헨티나는 1880년대에 유럽 이주민들을 끌어들이기 위해 공격적인 장려정책을 썼다. 브라질 역시 상 파울루의 커피 농장에서 일할 노동력을 필요로 했다.

브라질 뿐만 아니라 라틴 아메리카에서는 이와 같은 노동자 계층이 미래를 위한 매우 중요한 계급의 출현으로 받아들여졌다. 그들은 상호간에 도움을 주고받기 위한 단체를 구성했고 일부 국가에서는 노동조합도 결성되었다.

1900-1930년대에 가장 중요한 변화는 농촌과 도시의 균형이었다. 노동자의 유입과 해외 이주민은 대도시의 성장을 촉진시켰다. 브라질도 인구의 10%가 도시 거주자였다. 이처럼 수출입 경제의 확장은 브라질 사회의 도시화를 촉진시켰다. 그러나 국적으로 인해 20세기 초반까지도 노동계급의 정치적 발판은 확립되지 못했다. 아르헨티나와 브라질에서는 이민이 귀화하지 않고서는 선거권을 가질 수 없었다.

공화정 시기의 농업

예전처럼 농업은 브라질 부의 기반이자 가장 중요한 경제활동이었다. 브라질 농업은 생산량에 있어서는 큰 변화가 있었지만, 생산 기술면에서는 여전히 낙후되어 있었다. 브라질에서는 생산의 증가가 외국소비시장과 밀접하게 연관도 있었기 때문에 진정으로 확고한 경제발전을 기대하기 힘들었다. 공화정 시대 국가가 기대할 수 있는 유일한 수출상품은 커피였다.

커피는 대규모로 생산되었지만, 질보다는 양 위주였다. 오랫동안 브라질 생산의 기반이 되었던 커피는 수출 총액의 60%에 달했다.

1893년의 위기

이처럼 확고한 브라질 생산 품목의 1위를 유지해왔던 커피는 1893년 커다란 위기에 봉착했다. 브라질 커피재배자들은 과잉생산이 끼칠 영향에 대해서는 미쳐 생각할 겨를이 없었다. 이 위기는 다른 분야에까지 악영향을 미쳤다. 그러나 커피는 생산계층의 막강한 권력 때문에 여전히 브라질에서 가장 중요한 상품으로써 위치를 유지했다. 1906년 이후로 정부당국은 가격 유지 방어정책을 내놓았다. 이 정책은 재배업자들에게 매우 유리한 조건을 제시했다.

1930년의 위기

이 위기는 커피가 수요를 훨씬 능가하는 생산량에 기인했다. 여기에는 낙후된 방법에 의한 계획 없는 생산과 1929-1930년에 세계경제에 몰아친 공황의 여파가 컸다. 커피가 차지하는 비중이 너무도 커서 브라질의 다른 경제 분야도 엄청난 타격을 받았다. 그러나 커피는 여전히 국가경제의 대들보로써 남아 있었다.

고무

커피 재배지역으로 몰려든 수많은 이주민들 외에도 19세기 말과 20세기 초에는 북동부 주민들의 아마존 이주가 성행했다. 아마존 지역에는 면화와 쌀 경작만이 번창하고 있었다. 그러나 생산량에 있어서는 브라질 전체적으로 볼 때, 결코 많은 양은 아니었다. 풍요로운 자연을 보유한 아마존 지역에서는 노동력 부족으로 채취산업은 큰 어려움을 겪고 있었다. 그러나 19세기 말 자동차 산업이 급성장하면서 고무는 없어서는 안될 원자재로 급부상했다.

아마존 분지에는 고무나무가 풍요로웠다. 개발의 어려움이 매우 컸지만 브라질은 단기간에 생산량을 늘려나가, 1910년에는 세계 최대의 생산국이 되었다. 그러나 1914년에는 아시아의 경쟁세력에 밀려 그 지위를 상실했으며, 제1차 세계대전 말에는 생산량이 미미했다.

카카오

브라질은 세계 최대의 카카오 생산국이었다. 이 열대작물은 초기에 아마존에서 재배되었지만, 바이아 해안이 최적의 조건을 지녔음이 알려지면서 북동부 지역에 확산되었다. 금세기 초에는 아프리카 황금해안(Costa do Ouro)이 주요 경쟁상대로 떠올랐지만, 여전히 브라질은 카카오 최대 수출국이다.

교역

공화기에 브라질 무역은 이전 시기보다 훨씬 교역량이 증가했다. 커피, 고무, 카카오, 육류, 곡물 등의 수출상품은 지속적인 양적 팽창을 이루었다. 아울러 공업의 발전을 위해 기계류의 수입이 증가했고, 소비재 수입도 꾸준히 상승했다.

공업

1880- 1889년에 미미했던 브라질 공업은 이후 괄목할만한 성장을 이루었다. 제국시대의 보수적 사고에서 벗어난 브라질 엘리트들은 공업생산에 대한 보호정책을 강구했다. 주로 상 파울루에 집중되어 있었던 공업에 유리한 혜택을 주기 위해 관세율을 높이는 정책도 시행되었다.

상 파울루를 중심으로 공업 발전이 이룩된 동기는 이 지역 커피 경작의 발전이 빠울리스따 들에게 많은 부를 제공했고, 이를 계기로 공업에 대한 투자가 이루어졌으며, 유럽 이주민들의 수준 높은 기술의 이용과 수력발전에 의한 전력 공급이 가능했기 때문이었다.

또한, 1914-1918년 세계대전은 브라질 공업에 커다란 충격을 주었다. 브라질의 수입 상대국들이 전쟁에 참여하자 수입이 위축되었고, 외국과의 경쟁을 약화시킨 환율하락이 문제였다.

전쟁으로 브라질이 수입해왔던 상품들의 공급이 중단되자 국내공업 육성에 대한 정부의 관심이 고조되었다. 이것은 브라질 수지균형에도 크게 기여했다. 그러나 경쟁력의 부족으로 국내 산업은 질적인 발전을 기대할 수 없었고, 국내시장 공급을 위한 규모에 한정되었다. 또한, 자본부족의 문제도 심각했다. 국내공업에 투자된 자본이 대부분 농업경작을 통한 이익금에 한정되어 있었기 때문이었다.

1924년 다시 해외상품의 수입이 재개되면서 거의 모든 브라질 국내 산업은 침체되기 시작했다. 2차 세계대전은 다시 한 번 브라질 공업에 엄청난 타격을 입혔다. 그러나 전쟁 중에 건설된 볼따 헤돈다(Volta Redonda) 제철공장은 브라질 금속공업의 초석이 되었다. 전력산업의 확장으로 중공업 분야의 발전도 기대할 수 있었다.

제4장 브라질 이민

브라질에서 비포르투갈계 이민의 효시를 밝히기 위해서는 1808년 포르투갈 왕실의 히우 천도시대로 거슬러 올라가야 한다. 동 쥬앙 6세의 아들 동 뻬드루는 오스트리아 공주 레오폴디나와 결혼했다. 그녀를 따라 브라질에 온 다수의 수행원들은 독일계 오스트리아인들이었고 이들이 최초의 이민들이라 할 수 있다. 이후 동 쥬앙은 1818년 스위스인들과 라인강 유역 거주민들을 바이아 주에 정착시켰다. 그리고 2년 후에는 그들이 Nova Friburgo 라는 도시를 건설하였다.

1820년대에는 수많은 독일 이민들이 브라질 남부에 이주해 왔다. 그들은 예전의 스페인 라 쁠라따(La Plata) 식민지와 인접한 영토를 개발하려는 동 뻬드루 황제의 정책에 적극 호응하였다. 1830년에도 약 7천 명의 독일인이 집단 이주해 와서 유럽과 기후가 흡사한 남부지역에 정착했다.

동 뻬드루와 그의 계승자는 더욱 이민정책을 강화했다. 이리하여 동 뻬드루 2세 통치기에는 독일 이민들이 남부지역의

블루메나우의 독일식 건축

산따 까따리나 주에 블루메나우(Blumenau)와 죠인빌(Joinville)시를 건설하였다. 그리고 미국 시민전쟁 시에는 미국 남부로부터 2만 명의 백인 이주민을 받아들였다. 그들 일부는 아마존 지역에 정착했지만, 대부분은 상 파울루 주로 들어와서 아메리까나(Americana)라는 도시를 세웠다.

19세기 브라질 이민의 최대 장애물은 노예제도였다. 이민을 고려하는 많은 유럽인들은 무엇보다도 그들이 노예들과 경쟁해야한다는 점을 우려하고 있었다. 아울러 개신교도들은 가톨릭 국가에서 자신들의 종교를 지켜나갈 수 있을 지를 걱정했다. 더욱이 브라질 대부분이 열대지역에 속해 있어서 기후에 적응하기 힘들 것이라는 잘못된 인식도 있었다.

1888년 노예제도의 폐지와 더불어 커피 농장에서 노동력 결핍이 유럽으로부터 폭넓은 이주민 유입을 부르고 있었다. 19세기 말에는 이전의 노예를 대신할 이주노동자를 선별하는데 있어서도 브라질 지식인들이 유럽인들을 선호하는 인종이론이 작용했다. 농촌의 엘리트 계층은 그것이 브라질 인구의 '백화(whiten)'에 최선책이라고 여겼다. 유럽 이민들은 일종의 표백제 역할을 하게 되는 것이었다.

이민의 행렬은 제2차 세계대전 직전까지 지속되었다. 이탈리아인, 포르투갈인, 스페인인, 독일인들이 대규모로 유입되었다. 중동, 동유럽과 러시아인들의 이주도 증가했다.

1890년 연방법은 브라질 이민법이 매우 인종차별주의적임을 나타낸다. 아프리카인들과 아시아인들은 특별한 의회의 승인 없이는 이주가 금지되어 있었다. 그러나 1891년 이민과 식민화에 대한 주들의 자치권이 허용되었다. 커피 경작자들의 압력에 의해 상 파울루 주는 실험적으로 일본인 이민을 받아들였다.

일본 이민

최초의 일본 계약 노동자들은 1908년 브라질 땅을 밟았다. 781인의 일본인들은 도착 즉시 상 파울루 인근의 커피 농장에 배치되었다. 20세기 초에 이주해 온 이탈리아 이민들은 신뢰할만한 노동자들이 아니었다. 그들은 유럽의 무정부주의와 사회주의 관념에 젖어 있었고, 이 농장 저농장을 전전하며 농장주들의 마음을 불안하게 했다. 더욱이 이탈리아 이민들의 대우에 대한 불만은 1902년 이탈리아 정부의 이민 중단조처로 비화되었다.

반면에 새로 도착한 일본인들은 훨씬 다루기 쉬웠다. 주로 빈농출신인 그들은 본국에서 어려운 생활 때문에 새로운 땅에 대한 희망과 기대로 활기차 있었다. 낯선 언어와 문화에 맞서면서 그들은 힘든 노동을 견뎌냈다.

시간이 경과함에 따라 다수의 일본인 이주자들은 커피농장을 떠나 소작농으로 전환하거나 열심히 돈을 모아 스스로 작은 농장의 주인이 되었다. 이리하여 인구가 급성장한 상 파울루 시에서 1935년에는 일본인 농장주와 노동자들이 35%이상의 채소와 과일 공급을 책임졌다.

1930년대에는 일본 이민들의 숫자가 눈에 띄게 늘었다. 대부분의 새로운 이주자들은 상 파울루 주에 정착했다. 알바레스(Alvarez), 마샤두(Machado), 아루쟈(Arujá)와 미란도뽈리스(Mirandópolis)는 일본인들로 넘쳐났다.

이탈리아 이민들처럼 일본 이주자들 대부분은 열심히 벌고, 저축한 다음 언젠가는 본국으로 귀환할 희망을 가지고 있었다. 그러나 이러한 꿈을 이룬 사람은 극소수였다. 설령 그러한 꿈을 이룰 수 있는 사람들도 본국으로 역이민하여 일본사회에 재적응하기가 어려울 것이라고 깨달았다.

이러한 갈등의 시기에 일본이민 1세대는 브라질에 동화되기를 꺼려했다. 그들은 일본어를 구사했고, 일본 신문을 읽었으며 결혼을 위해 중매쟁이를 활용하는 옛조상들의 관습을 이어나갔다. 또한, 자녀들을 위한 일본인 학교를 세웠다.

그러나 바르가스의 민족주의 정부체제의 출현은 모든 브라질 이민들에 대한 제한정책을 시행했다. 이 조처로 10세 이하의 학생들에게 외국어를 교육하는 행위를 금지했다. 그리고 1940년에는 외국어 신문 발행도 금했다.

1942년 브라질이 일본과 추축국에 대해 선전포고를 했을 때, 그들은 공동수용소에서 감시를 받았다. 그들은 공식 석상에서 일본어를 말하는 것도 금지되었다. 이 어려운 시대를 지나 이제 상 파울루 은행에서 일하는 한 일본여인은 회상하기를 '나의 부모님은 집 밖에서는 절대 일본어를 말하지 말라고 하셨다. 그러다가는 경찰에게 붙들려 간다고 하셨다.'라고 한다.

일본이민 2세대를 일컫는 Nisei는 이미 그들이 태어난 브라질의 환경에 적

상 파울루의 일본인 거리

응하였고, 자신들의 미래는 브라질에 달려있다고 깨달았다. 그들은 집에서는 일본어를 구사했지만, 브라질 학교에 다녔고, 브라질 문화에 젖어 있었다. 더욱이 부모들은 대학교육의 가치와 중요성을 알고, 전통적으로 브라질에서 큰 특권을 누리던 직업인 법률가, 의사, 건축가나 엔지니어가 되도록 독려했다. 이 시기에 일본 이민 다수가 농촌에서 상 파울루 시나 도시 외곽으로 이사했다.

그러나 그들의 부모세대처럼 Nisei들도 쉽지 않은 시대를 경험했다. 그들은 일본의 전쟁패배를 수치스럽게 여겼고, 일본인으로써의 정체성을 부정하고, 그것을 경시하였다.

이문화의 민족들을 쉽게 흡수하는 브라질 사회의 능력은 이 니세이들이 브라질에서 적응하기 위한 노력에 도움을 주었다. 동화는 고통 없는 과정은 아니었다. 브라질 농부들의 시각에서 일본 정착자들은 브라질인으로 보이지 않았다. 그들은 일본인들의 뛰어난 농업 기술을 부러워했다. 정부의 도움에 의존하는 습관에 익숙한 브라질 농부들은 자신의 힘으로 성공에이르는 일본 농부들을 비난하기도 했다. 이러한 어려움에도 불구하고 브라질에서 일본인들의 성공은 놀라운 것이었다. 1988년 상 파울루 대학교 학생의 16%가 일본인 성을 지닌 사람들이었다.

더욱이 Nippo-Brazilians는 농업 분야에서 눈부신 활동을 했다. 농업협동조합 Cotia는 14개 주에 수만 명의 조합원이 소속되어 있다. 이 조합은 브라질 기업 순위에서도 상위 30위 안에 들며, 라틴아메리카에서 동종 업체 중 가장 번영을 구가하고 있다. 이 조합이 취급하는 농산품은 250종 이상의 과일, 채소와 곡물 등이다.

브라질의 일본인들은 상 파울루 시와 인근 지역에서 소비되는 과일과 야채의 약 70%를 공급하고 있다. 그들이 브라질에서 경작하는 땅의 면적은 일본 본토의 전체 농사면적보다 크다는 것도 놀라운 사실이 아닐 수 없다.

마지막으로 일본인 3세대인 Sansei는 브라질 사회에 완전히 통합된 사람들이다. 그들의 부모세대처럼 전통적으로 존경받는 직업을 얻기 위해 공부하라는 압력이나 의무감에서 벗어나 있다. 산세이들은 다른 브라질인들처럼 자유롭게 결혼해서 인종적으로 혼합을 이루고 있다. 일본이민 연구소가 연구한 자료에 의하면 산세이의 거의 반이 일본인 혈통이 아닌 브라질인들과 결혼하여 혼혈을 이루고 있다.

일본인 3세는 그들의 선대에서 이룩한 성공과 일본의 경제적 성장으로 인해 무한한 자부심을 느낀다. 그런 이유로 다시 일본어를 읽히고 일본 문화에 관심을 갖는다. 그들은 브라질이 경제적 어려움에 처했을 때, 일본과 관계를 갱신할 기회를 가졌다. 1990년 일본법은 3년 동안 이주민 2, 3세대가 일본에 체류하며 일자리를 가질 수 있도록 했다. 약 16만 명의 브라질계 일본인 전체의 10%에 해당하는 일본인들이 본국에서 일할 기회를 얻었다.

해외취업자의 의미를 지닌 데까세끼들은 모국 땅에 브라질 상품, 음악, 축구 등을 소개했다. 그러나 그들의 시끄럽고, 요란하게 즐기는 개방된 성격과 현격한 문화적 차이는 일본인들의 정서에 반하는 것이어서, 점차 차별대우를 받기 시작했다.

그들은 힘든 일에 종사하면서 벌어들인 돈을 브라질에 송금했다. 1991년 자료에 의하면 그들은 약 15억 불 정도를 브라질로 송금하였다. 그러나 1993년 말 일본경제의 불황으로 일자리를 잃은 그들은 계획보다 일찍 브라질로 귀환했다.

오늘날도 일본계 브라질인들은 브라질에서 실로 많은 역할을 수행하고 있다. 농업의 성공 뿐만 아니라, 쌀과 채소의 소비를 증가시켰고, 상 파울루 주변에 많은 공장과 은행을 운영하고 있다. 그들의 무술 카라데와 여흥 문화인 가라오케는 브라질에서 성업 중이다.

Nippo-Brazilians 연구소의 한 관계자는 '오늘날 우리는 1백만 명 이상으로 늘어났다. 우리는 브라질 사회와 브라질인의 가치체계에 통합되었다. 그래서 다른 브라질 시민과 같이 매일 일하고 고통을 겪고, 다른 이주민 그룹과 같이 브라질의 현대화를 위해 기여하고 있다.'라고 말한다.

이탈리아 이민

최초의 이탈리아 이민은 16세기 중엽에 마데이라 군도에서 상 파울루 주로 이주해 온 사탕수수 재배자들이었다. 이후, 포르투갈 왕가가 들어와 전성기를 맞이했던 히우에는 소수의 이탈리아 이주민이 도착했다. 그들은 주로 예술가, 지식인, 기업가 그리고 이탈리아 반도통일과 자유화의 투쟁에 참여했다가 유배당한 사람들이 대부분이었다. 그들 중에는 가리발디(Giuseppe Garbaldi)가 있었다. 그는 히우 그란지 두 술 지방을 브라질로부터 독립시키려는 운동에 적극 참여했고, 여기서의 경험을 바탕으로 이탈리아 통일을 이룩했던 인물이다.

이탈리아 이민은 19세기 이전까지는 대규모로 행해지지 않았지만1820-1930년에 브라질에 들어온 이민 5백만 명 중 거의 35%가 이탈리아 출신이었다. 비록 첫 번째 정착자들은 커피농장의 계약 노동자들이었지만, 기술을 지닌 노동자들은 상 파울루 행을 택했다. 그들은 이 도시를 남미 최대의 도시로 변모시키는 데 큰 역할을 수행하였다.

이처럼 이탈리아 이민들은 노동자와 기업가 두 가지 역할을 했다. 브라질의 록펠러로 불리는 마따라쬬(Francisco Matarazzo) 역시 기회를 이용할 줄 아는 이탈리아계 이민 출신이었다.

Italo-Brazilians는 브라질 문화를 풍요롭게 했다. 유명한 화가 뽀르찌나리(Cândido Portinari)를 비롯한 음악가와 작가들도 유럽풍에 브라질적 특색을 가미한 수많은 작품들을 창조했다.

독일 이민

현대의 독일계 브라질인들 중 가장 유명한 인물에는 국가대표 농구팀 소속으로 1987년 범 미주대회에서 미국을 격파하는데 크게 기여한 슈미츠(Oscar Schmidt)가 있다. 또한, 상 파울루의 진보적인 추기경 동 빠울루 아른스(Dom Paulo Arns)도 독일계이고, 독일계 유태인으로 1939년 나치를 피해 이주해 온 세계적인 보석상 한스 스테른(Hans Stern)도 잘 알려진 인물이다.

독일계 이민들은 개인적이기보다는 집단적인 특색을 지닌다. 그들은 브라질의 남부 히우 그란지 두 술, 산따 까따리나와 빠라나 주에서 오늘날도 산뜻하고, 잘 정돈된 도시를 세우고 집단으로 생활한다. 그들은 개신교 신앙을 브라질 사회에 뿌리내린 장본인이다. 또한, 브라질 양조업을 발전시켰으며, 지금은 사라졌지만 한 때 최고의 항공기업이었던 VARIG와 VASP를 설립했다. 오늘날 브라질 남부의 주요 산업인 신발과 섬유 산업 성장 역시 그들의 덕분이다.

독일계 이민은 이탈리아나 스페인 이주민만큼 많지 않았다. 1890-1919년에 백만 명 이상의 이탈리아인이 몰려 왔을 때, 독일인은 단지 5만 6천 명 정도였다. 그들은 브라질 사회로부터 고립되어 생활했고, 오랫동안 일본인, 폴란드인, 이탈리아인에게 나타났던 현상과 동일하게 동화에 저항했다.

그 밖의 이민들

남부연방에서 도망해온 미국남부 이주민들은 완전한 브라질인으로 동화되었고 상당한 번창을 이루었다. 그들은 많은 선교단체들과 함께 와서 브라질 개신교 확산에 크게 기여했다. 상 파울루에는 그들이 건립한 맥킨지(Mackenzie) 대학이 유명하다.

그 외에도 갈리시아로부터 이주해 온 스페인 이민들의 경험은 후손인 작가 삐뇬(Néldia Piñon)의 꿈의 공화국에 잘 나타나고 있다. 또한, 많은 상 파울루의 기업가들 중에는 중동 출신이 많다. 쎄아라 주지사를 역임한 제레이싸찌(Tasso Jereissati)는 매우 뛰어난 사업가이자 행정가였다. 유태계에서도 재벌기업의 창시자 민들린(José Mindlin)을 비롯한 훌륭한 인물들이 배출되었다.

브라질화의 과정에서 이탈리아와 독일계의 대통령들도 배출되었다. 그들은 육군 총사령관을 역임하고, 군부시대에 대통령이 되었던 메디씨(Emílio Médici) 와 가이젤(Ernesto Geisel)이다. 그러나 그들은 브라질 공화국을 통치한 외국인 출신 브라질인의 첫 번째 자손이라 할 수 없고, 체코슬로바키아 이주민의 손자인 쿠비체크가 그 영예의 주인공이다.

제5장 브라질의 군사독재시대(1964-1984)

자니우 콰드루스 대통령의 잔여 임기를 채우기 위해 까스뗄루 브랑꾸 장군이 대통령에 임명되었다. 브랑꾸는 UDN의 지지를 받았고, 준법주의에 의거해 전복의 위험요소들을 제거해 나갔다. 또한, 육해공군으로 구성된 혁명최고사령부는 긴급조치를 발동하였고, 1946년 헌법을 무시하고 선거인단에 의한 대통령 간접선거제를 선포했다. 의회도 굴복하고 브랑꾸를 대통령으로 선출했다. 이러한 군부의 횡포에 항거했던 의원들은 공산주의자 또는 부패정치인의 오명을 씌워 추방했다.

1964년 4월 정권을 장악한 군부는 국가의 난제들을 해결하기 위해서 정적들의 응징에 나섰다. 그 첫 번째 조처로 체제에 반대하는 인사들에게 박해를 가하기 위한 긴급조치가 발동했다. 이들에 대해서는 추방, 심문과 유형 등이 행해졌다.

이처럼 긴급조치는 진정한 마녀사냥이자 정치적 보복주의의 전형이었다. 미국의 메카시 상원의원이 앞장섰던 냉전시대의 공산주의자 사냥이 브라질에서도 행해진 것이다. 내부의 적을 찾아낸다는 핑계 하에 혁명위원회 특별경찰 조직(Inquérito Policiais Militares,IPM)이 설립되었다. IPM은 영관급 장교들이 주도했다. 혐의가 있는 정치인, 조합간부, 학생과 군인들은 인간의 권리가 무시된 조사를 받았다. 심지어는 혁명에 가담했던 인사들 중에서도 가혹한 심문이 행해지기도 했다.

행정부는 긴급조치 1호로 정·부통령의 간접선거에 의한 선출, 대통령의 계엄 포고령, 반체제 인사들의 파면과 퇴직조치 그리고 사법부와 상관없이 정치권력의 폐기 등으로 한층 강화되었다.

까스뗄루 브랑꾸의 약속

의회는 브랑꾸 대통령과 쥬세 마리아 알크밍(José Maria Alkmin) 부통령을 선출했다. 브랑꾸는 '나의 정부는 브라질인들의 영혼을 반영할 정치적, 도덕적 원리와 전통과 법을 준수하는 정부가 될 것이다. 분명히 말하건 데 확고하게 미래를 지향하는 정부가 될 것이다.'라고 굳게 약속했다.

의회가 초기에 보여준 열정은 정치인들의 박해와 추방 등으로 차츰 식어갔다. 쿠데타 지지자들은 전 대통령 쥬셀리누 쿠비체크의 추방에 심한 충격을 받았다. 새로운 경제 정책에 반대하는 사람들과 엘리트 계층의 불만은 1965년 주지사 선거에서 나타났다. 정부는 가장 중요한 주로 간주되는 히우지 쟈네이루 주를 비롯한 3개 주에서 참패했다. 이것은 체제의 불안정으로 해석될 수 있었다.

당시 미나스 제라이스 주의 상원의원이었던 쥬셀리누는 추방당하면서 다음과 같이 말했다. '나는 이 브라질 당에서 전제정치가 지속되지 못하리라는 사실을 잘 안다. 국민들이 우리 위에 떨어져 내린 암흑의 시간에 직면할 고통을 내가 먼저 맞서 나가리라.'

군사체제는 까스뗄루 정부를 1967년 3월까지 연장하도록 의회를 움직였다.

국가발전을 위한 새로운 전략

신정부는 국가안전원칙(Doutrina de Segurança Naciona)l을 통해 군부가 작성한 새로운 발전 전략을 내놓았다. 이에 따른 반발을 피하기 위해 굴라르 정권의 유산인 고 인플레와의 투쟁을 서둘렀다. 그 외에도 정부는 수출을 늘리고 외국자본의 유입을 위해 개방정책을 추구했다. 이러한 상황으로 이끌기 위해서 신정부는 항만과 도로망의 현대화에 투자했고, 자본시장을 활성화했으며 임금을 억제했다. 수출 확대를 위해 내수 시장의 성장을 막을

까스뗄루 브랑꾸 대통령

필요도 있었다.

정부를 인도하는 군부의 논리는 아마존의 점유, 영해의 확장과 핵정책(política nuclear)으로 국민의 관심을 불러일으키는 데 있었다. 이러한 정책의 실현을 위해서 의회의 어떠한 저항도 막을 수 있도록 연방정부에 힘을 집중시켜줄 필요가 있었다. 정부의 경제활동 계획(Programa de Ação Econômica do Governo, Pega)이 공표되었다. 이 정책의 입안자들은 경제기획 장관 깜뿌스(Roberto Campos)와 재무부장관 불룡이스(Otávio Bulhões)였다. 사회정책은 지역경제 불균형을 완화하는데 중점을 두었다. 이를 위해 브라질 국립 주택은행(BNH)이 설립되었다. 이 새로운 경제정책은 정부가 보조하는 대부금 또는 국민의 세금으로 지원되는 형태로 추진되었다.

정부는 브라질 중앙은행(Banco Central da República)의 설립과 더불어 은행의 개혁 그리고 새로운 소득세법을 통한 세제 개혁을 감행했다. 그와 함께 농지개혁을 약속하면서 토지규정(Estatuto da Terra)도 제정했다.

체제의 공고화

정치적 그리고 제도적인 관점에서, 군사독제 체제는 긴급조치나 그 밖의 강령들을 제도화할 필요가 있었다. 정당들은 폐쇄되었고, 의회도 두 개의 새로운 단합을 형성했다: Aliança Renovadora Nacional(Arena)와 Movimento Democrático Brasileiro(MDB)

Arena는 정부를 지지하는 그룹이었고, MDB는 그와는 반대 입장에 섰다. 그러나 정책은 혼합되어 있었다. 지지해야 할 정책은 여당의 반대에 부딪혔고, 많은 야당 의원들은 정부의 정책을 지지했다. 주지사 선거에서 야당은 히우 지 쟈네이루와 미나스에서 승리했다. 체제를 엄폐할 인위적인 형태의 양당제가 형성된 것이다.

긴급조치 3호로 주지사는 주 선거인단에 의해 간접적으로 선출되었다. 그리고 시장은 임명제가 되었다. 군부와 보수세력은 헌법개혁을 원했다. 긴급조치 4호로 의회는 새로운 헌법 개정을 허용했다. 정부는 국가발전을 위해 강하고 중앙집권화된 체제를 정당화했다. 1967년 헌법은 행정부에 특별한 실권을 부여했다. 행정권은 강화된 반면, 입법과 사법권은 약화되었다. 이로써 연방정부는 주와 자치도시들에 간섭할 수 있었다. 브라질은 절대적 중앙집권주의 체제로 변모에 나갔다.

군부의 박해

정적들에 대한 군부의 박해는 매우 혹독했다. 특히 뻬르낭부꾸에서는 약 1천여 명이 체포되었다. 공산당 출신 하원의원 베제라(Gregorio Bezerra)를 비롯한 정치인들은 공개적으로 고문을 당했다. 폐위된 전임 대통령을 지지했던 조합 지도자들과 정치인들, 가톨릭 조직과 학생조직의 간부들 그리고 쿠데타에 반대하는 군인들은 체포의 대상이었다. 당시 체포되고 박해받은 사람들의 숫자는 1만-5만 명으로 추정된다.

정치인들에게는 긴급조치 1호로 정치활동 금지나 자격정지 처분이 내려졌다. 이로써 연방의원과 주의원 441명의 활동이 금지되었다. 행정부의 관리, 외교관, 대학교수들도 직위해제나 자격정지의 고통을 겪었다.

쿠데타 초기에, 국가 안위를 위한 조처라고 생각하여 동조했던 세력들도 고문과 온갖 부당한 박해 소식을 듣고 군사정부에 등을 돌리기 시작했다. 초기에 군부는 브라질의 성숙된 민주화를 조속히 실현한 후에 자유선거를 통해 민간정부에 정권을 이양하겠다고 다짐했었다. 그러나 민주화의 일정은 약속대로 쉽게 실현되지 않았다.

브랑꾸 정권 내에는 온건파와 강경파가 공존하고 있었다. 온건파는 경제성장을 최우선 과제로 생각하고, 민간정치인들의 정치활동을 일정 한도 내에서 허용하여 단지 선동적인 반체제 정치인들을 제도권에서 추방하려고 했다. 반면 강경파는 자유민주주의 정치를 종식시키고 군부가 지속적으로 집권하는 권위주의 국가의 확립을 원했다.

쿠데타 내의 쿠데타

학생들의 시위, 언론의 비판 등으로 정부의 입지가 약화되었다. 그들은 한결같이 민주주의로의 복귀를 외쳤다. 1968년 군사체제는 진퇴유곡에 빠졌다. 하원의원 알베스(Márcio Moreira Alves)의 연설은 긴급조치 5호를 발동하기 위한 구실이었다. 전 대통령 쿠비체크, 전 주지사 카를로스 라세르다와 알메이다 마갈양이스(Rafael de Almeida Magalhães), 연방의원들, 주의원들, 시장들과 시의원들이 이 조치로 투옥되었다.

긴급조치 5호로 시위도 금지되었다. 브라질 내에는 긴장이 감돌았다. 쿠데타 내에서 또 하나의 쿠데타가 전개된 것이다.

1967년 간접선거에 의해 임기가 만료된 브랑꾸를 뒤이어 육군원수 꼬스따 이 실바(Arthur da Costa e Silva)가 대통령에 취임했다. 실바 대통령은 취임사에서 인도주의적 관점에서 자유화를 약속했다. 그러나 1968년 더욱 더 거세진 반정부 시위와 의회파동으로 군부 내 강경파가 득세함으로써 또 다시 긴급조치가 발동되었다. 그러나 이 학생들의 시위는 날이 갈수록 강해졌다. 히우에서 한 학생이 죽은 사건이 발생했고, 이에 항의하는 격렬한 시위에는 10만 명이 모였다. 교회의 좌파세력도 가담했다. 많은 학생들, 지식인들, 신부들 그리고 노동조합 지도자들은 국가질서를 파괴했다는 이유로 체포되거나 구금되었다.

학생시위는 상 파울루에서도 발생했다. 또 다른 죽음이 발생하자 체제는 심각한 위기에 봉착했다. 이러한 와중에서 실바 대통령은 병석에 드러누웠고, 1969년 8월 대통령직에서 물러났다. 부대통령 알레이쑤(Pedro Aleixo)는 정권을 떠맡을 수 없었다. 군부가 긴급조치 5호의 독재주의에 반대하는 의사를 표명했던 한 자유주의자가 권력을 쥐는 것을 허용치 않았기 때문이다. 그런 이유로 후계자를 선출하기 위한 군사위원회(Junta militar)가 구성되었다. 3군의 대표로 구성된 이 군사 위원회는 정권을 인수하고 계속해서 독선적 군부 통치를 강행해 나갔다.

3인의 대표는 라지마케르(Rademaker) 해군제독, 따바레스(Lyra Tavares) 육군 장군 그리고 멜로(Souza Melo) 공군 여단장이었다. 공화국 역사상 처음으로 3인이 권력을 분담했다. 몇 달 후에 실바 대통령이 사망했다. 그리고

1969년 메디씨(Garrastazu Médici)장군이 대통령에 선출되었다. 군부 내의 온건파와 강경파 간의 대립은 메디씨 대통령 집권기에도 여전히 계속되었다. 따라서 온건파의 민주화 추진과 민간인 대통령에게 정권을 이양하겠다던 약속도 실행되지 않았고, 군부의 권력은 더욱 커져만 갔다. 또한, 메디씨 정권은 바리그 항공사 여객기 납치, 은행 무장강도 사건과 발리 두 리베이라가 이끈 게릴라집단의 출현 등으로 많은 곤경에 처했다. 그러나 메디씨를 더욱 난처하게 한 것은 1969년 9월 미국대사 엘브릭(Charles Elbrick)이 히우에서 반정부 투쟁을 선언한 민족자유연맹(Aliança Libetadora Nacional,ALN)과 Movimento Revolucionário 8 de Outubro(MR-8)에게 납치당한 사건이었다. 그들은 교환 조건으로 15인의 정치범 석방과 성명서 공표를 요구했다. 이 조건은 받아들여졌고, 대사도 석방되었다. 군사정부와 반정부 투쟁세력 간의 갈등은 극에 달했다.

군부 내에서 온건파의 입장이 호전된 것은 가이젤(Ernesto Geisel, 1974-1979)과 휘게이레두(J.B Figueiredo, 1979-1984) 대통령 집권기였다. 1974년 가이젤 대통령 취임 이후 정치범의 고문이나 구금은 현저히 줄어들었다. 그는 브라질 민주화와 질서회복을 위해 제헌 의회의 구성, 신헌법의 제정 및 새로운 정부의 수립을 위한 국민 투표를 시행하려 했으나 군부는 신정부의 유형과 기능을 결정한 후에도 그들의 권한을 계속 유지하려고 했다.

완만하고 안전한 정치개방

인플레와 반대세력의 계속되는 압박으로 군부는 다른 탈출구를 찾을 수밖에 없었다. 그들은 민간인에게 정부를 이양하는 일정을 구상하기 시작했다. 새 정부의 두뇌역할은 고등군사학교(Escola Superior de Guerra)의 사상가이자 지식인인 꼬우뚜 이 실바(Golbery do Couto e Silva)장군이 맡고 있었다. 정부는 반대세력이 라디오나 TV 프로그램에서 1974년 선거를 위해 자신들의 의견을 개진할 기회를 허용했다. 그리고 이어진 선거에서 정부여당인 Arena는 참패를 면치 못했다. 군부는 정권 연장책으로 강경 노선을 주장했지만 가이젤 대통령은 군 강경파의 압력과 골베리의 계획 사이에서 균형을 추구하였다. 정부는 완만하고 점진적인 개방을 진행해 나갔다. 그러나 대통령 임기를 6년으로 하고, 상원의원 선출을 간접선거로 하는 이른바 비오니꼬스(Bionicos)라는 새로운 규정을 통해 정권을 강화했다.

노동자당의 탄생

상 파울루 노동자 세력과 지식인들 그리고 교회 단체들의 연합으로부터 노동자 당(Partido dos Trabalhadores, PT)이 탄생하였다. 이 당은 과거부터 표방해온 좌파 성향의 사회주의적 이념을 지닌 대규모 집단이었다. 당의 지도자는 루이쓰 이나씨우 룰라 다 실바(Luís Inácio Lula da Silva)였다. PT는 상 파울루를 비롯한 많은 주들과 연방의회에서 의원을 배출했다. 그들은 브라질 재민주화투쟁에서 선봉대 역할을 수행했다.

PT를 비롯한 많은 반대세력들은 의회에 디레따스 쟈(Diretas Já)로 알려진 공화국 대통령 직접선거를 요구하는 안을 상정했다. 계획안은 보수세력에 의해 제지되었고, 휘게이레두 장군의 계승은 선거인단(Colégio Eleitoral)의 수중에 있었다.

휘게이루 대통령의 경제위기

1979년 대통령으로 선출된 휘게이레두는 전임 대통령의 완만하고 점진적인 개방정책을 지속해 나갔다. 그는 사면법을 제정하고 1964년 혁명시의 정치범들을 포함한 다수의 망명인사들을 복권 시켰고 정부여당인 Arena를 사회민주당(PDS)로 개편하였다.

휘게이레두는 브라질 역사상 최악의 경제위기에 직면하였다. 그의 재임기간에 인플레이션은 43%에서 229.7%로 상승하였고, 국내 부채도 5천억 크루제이루에서 90조 3천억의 크루제이루로 치솟았다. 외채 또한 1천억 달러를 넘어섰고, 1982년 11월에는 IMF의 건의를 수용할 수밖에 없었다. 사실 1964년 시작된 군부통치는 초기에 정치적 문제를 신속히 해결한 후 민간정부에 정권을 이양하는 것으로 종식되게 되어 있었다. 그러나 군부 내의 갈등, 기술 관료의 증대와 경제안정 정책을 위한 국제자본과의 연계로 지배연합세력이 형성됨으로써 관료적 권위주의 체제가 강화되었다. 그러나 엄청난 외채에 따른 구조적 경제위기의 지속은 군부에 대한 브라질인들의 불신을 조장했고, 결국 1985년 대통령 선거에서 민간인 대통령이 탄생함으로써 군사독재시대는 막을 내리게 되었다.

브라질 군부정치 체제(1964-1985)가 민주정체로 이전해 가기까지

브라질은 1964-1985년까지 21년 동안 군부의 권위주의적 독재 체제에 의해 통치되었다. 1964년 3월 31일 새벽 휠류(Olímpio Mourão Filho) 장군이 지휘하는 혁명군은 쥬앙 굴라르(João Goulart) 정권을 타도할 목적으로 히우를 향해 진군했다. 굴라르 정부의 연합사령부(Casa Militar) 사령관 아씨스 브라질(Assis Brasil) 장군은 이 쿠데타를 진압할 준비가 되어 있지 못했다. 정부 여당 세력도 이 사건의 추이를 지켜볼 뿐이었다.

브라질 공화주의 역사상 가장 짧은 시간에 군사적 개입이 실현되었다. 탱크, 장갑차와 군용 지프차들을 앞세운 전투복 차림의 군인들이 시가지를 점유하자, 전 국민은 놀라움을 금치 못했다. 정당이 소재한 건물들, 각종 협회와 노동조합 그리고 굴라르 정부의 개혁을 지지했던 단체들의 근거지가 무장 군인들에 의해 점유되었다.

바르가스 재단은 이 군사혁명이 브라질 사회의 주요한 구성원들에 의해 크게 환영받았다고 밝힌다. 중산 계층 외에도 미나스 제라이스, 상 파울루를 비롯한 주요 주의 지사들은 브라질이 처한 경제적 위기와 정부의 좌경화를 종식시키기 위해 군의 개입이 필요하다고 외쳤다. 가톨릭교회도 자유를 위한 신과 가족들과의 행진(a Marcha da Família com Deus pela Liberdade), 가톨릭 대학 청년회(Juventude Universitária Católica, JUC)와 기본교육 운동(Movimento de Educação de Base, MEB) 등의 조직을 통해 군부의 개입을 적극 환영했다.

쿠데타의 성공은 미국 정부를 안도케 했다. 새로운 정부가 미국의 이익을 보호해주고, 브라질이 쿠바와 동일한 전철을 밟지 않으리라는 가정 하에 군부의 개입을 매우 만족스럽게 생각했던 것이다. 사실 미국은 브라질 주재 대사 고든(Lincolm Gordon)을 통해 쿠데타에 협조했다. 만일 쟝고(Jango)정권의 반발이 예상 외로 커지면 그들과 맞설 준비도 되어 있었다. 워싱턴은 이미 미 해군 함대의 산또스 항 이동을 명하였다.

이처럼 브라질의 좌경화 위기는 전 세계인의 관심을 촉발시켰다. 그러나 위기를 극복한 군부는 쿠데타 성공 후, 3가지 지도노선을 정하고, 국민들의 합법적인 정치 참여권과 자유를 말살시켜 나갔다. 입법, 사법과 행정의 기본 3권은 군부의 직접 개입으로 무너져 내렸고, 정치 활동에 대중의 참여가 제한되었으며, 미국의 헤게모니를 인정하고 사회주의 사상과 연관된 모든 활동을 배격했다.

군부 세력은 유사시마다 긴급조처(Ato institucional)를 발동하며 국가제도 자체를 바꾸어 버렸다. 그들은 친여당 조직인 ARENA를 창당하고 헌법을 개정하며 군부정치를 이어나갔다. 많은 보수적 정치지도자들은 굴라르로부터 자유를 되찾고, 진보주의 세력을 배척할 수 있었기에 쿠데타를 지지했다. 그들은 군부가 임무를 완수하고, 본연의 자리로 복귀하리라 믿었다. 그러나 그것이 잘못된 판단이라는 사실을 깨달았다.

군부의 억압, 고문, 검열과 박해가 도를 넘어서자 구 정치인들은 전임 대통령 쿠비체크와 굴라르 등의 거물 정치인이 참여한 넓은 전선(Frente Ampla)을 조직하여 군부와 맞섰다. 학생들도 전국학생연맹(União Nacional dos Estudantes,UNE) 등의 기구를 통해 항거했고, 노동자들도 파업과 학생들과의 연계 투쟁을 해 나갔다. 좌파세력도 게릴라전 양상의 무장 투쟁에 나섰다.

브라질이 이처럼 암울한 정치 노정을 달릴 때, 경제 분야는 비교적 성공적인 결과를 나타내고 있었다. 특히 메디씨 대통령 통치기에는 이른바 '브라질의 기적'이라 불릴 만큼 놀라운 경제 성장을 이룩했다. 그러나 두 차례에 걸쳐 발생한 국제 오일 쇼크, 외채의 증가 그리고 지나친 인플레율은 정치적 현실과 맞물려 권위주의적 군사독재 체제의 미래를 불투명하게 했다.

가이젤 대통령 집권기부터 정부는 군부 강경파의 위협에도 불구하고 정치적 자유화와 점진적 민주화를 진행해 나갔다. 1979년 정권을 떠맡은 휘게이레두 대통령 역시 전임 대통령의 민주화 노정을 이어 갔다. 새로운 정당 설립법으로 보다 자유롭고, 목적의식이 강한 야당이 출현하기 시작했다. 노동운동도 활성화되었고, 노동자 당(PT)는 도시와 농촌 노조원들을 결집시켰다. 전국 대도시에서 백만 명 이상의 군중이 참여한 가운데 국가가 울려 퍼지고, 자유를 갈망하는 외침이 군부 체제를 위협했다. 미나스 주지사 땅끄레두 네비스(Tancredo Neves)가 이끄는 대통령 직접선거를 외치는 지금 당장 대통령 직선제를 시행하자! 라는 구호 'Diretas Já' 캠페인의 힘은 엄청났다.

브라질 국민이 염원했던 대통령 직접 선거는 의회의 거부로 좌절되었지만, 1985년 1월 선거인단 투표에서 자유 전선 당(PFL)의 네비스가 대통령에 당선되었다. 20여 년의 군사독재정권이 무너지고 민간 대통령이 영도하는 새로운 민주화 시대가 도래한 것이다.

군부체제의 확립

1964년 3월 31일 폭동에는 부패와 공산주의 사상으로부터 민주주의를 회복하려는 브라질인들의 염원이 담겨 있었다. 군사정권은 이른바 긴급조처(Ato Institucional)라는 헌법의 권위를 능가하는 기능을 발동했다. 첫 번째 긴급조처 1호(AI -I)는 1964년 4월 9일 마찔리(Ranieri Mazzilli)가 임명한 육군장관 실바(Artur Costa e Silva), 해군장관 그레네발트(Augusto Hamann Rademaker Grünewald), 공군장관 멜루(Francisco Correia de Melo)는 법률가 메데이루 다 실바(Carlos Medeiros da Silva)와 깜뿌스(Francisco Campos)가 만든 이 조처에 서명했다. AI-1의 서문은 다음과 같이 밝히고 있다: 승리의 혁명은 헌정권의 운용을 부여한다.

국회의 권한을 제한하는 이 조처는 공화국 대통령에게 헌법수정을 주도하는 권리를 위임했다. 그리고 제안한 법안이 30일 이내에 의회에서 처리되지 않는 경우, 행정부가 긴급(Urgentes)으로 제안한 법안은 기간의 경과(Decurso de Prazo)규정을 적용하여 자동 승인되도록 했다.

A I-I이 규정한 조처들은 행정부를 강화하고 의회의 힘을 위축시켰다. 이로써 대통령의 권력이 상대적으로 강해졌다. 아울러 의회의 면책권은 정지되었고, 혁명위원회는 정치인들의 정치 참여권을 최대한 10년까지 정지하거나 임기를 취소할 수 있었다. 공직자들의 고용보장도 공직자 정화작업(Operação Limpeza)을 실현하기 위해 6개월 동안 정지되었다.

국가의 재건과 질서의 재정립이라는 기치를 내세운 혁명 세력은 혁명의 목적을 사회적 평화, 민주주의의 보존과 민족주권의 확인((Paz Social,

Preservação da Democracia, Afirmação da Soberania Nacional)으로 규정했다. 그러나 긴급조처로 혁명세력은 국가모반죄를 다루기 위해 군경 조사단(Inqéritos Policial-Militares, IPM)을 구성하고 체제에 반발하는 적대자들을 체포, 구금하고 고문하며 독재 정권의 전형적인 양상을 드러냈다.

AI-1은 의회에서 간접선거로 1964년 4월 15일 까스뗄루 브랑꾸(Humberto de Alencar Castelo Branco) 장군을 대통령에 선출했다. 대통령 주변에서 권력을 장악한 사람들은 주로 1949년 창건된 브라질 최고 군사학교(Escola Superior de Guerra, ESG) 출신으로써 대통령도 그들 중 일원이었다. 정치적으로 브랑꾸 대통령의 주변 인물들은 제한된 민주주의를 구현하는 것을 1차 목표로 삼았다.

이를 위하여 1964년 6월 군부는 국가 정보원(Serviço Nacional de Informações, SNI)을 창건하였다. 이 조직은 초대 원장 꼬우뚜 이 실바 장군의 아이디어로 명목상으로는 국가안보에 관한 주요 자료를 수집, 분석하는 목적을 지녔다. 그러나 실제로 SNI는 대통령만큼이나 중요한 권력의 중심으로 체제 강화를 위해 활동을 펼쳐 나갔다. 그들은 굴라르 정권 타도를 위해 조직된 전국학생연맹(UNE)을 습격하여 간부들을 체포했고, 북동부의 농민연맹과 도시의 노동자 동맹 지도자들도 구금했다. 또한, 1964년 49인의 판사가 숙청되었고, 50인의 의원들도 임기가 취소되었다. 하원의원 40인 중 18인이 브라질 노동당(PTB) 소속이었고, 1945년 4월 7일 보수세력이 규합하여 창당하였고, 바르가스 정권에 반대하며, 1962년까지 브라질 의회의 제2당이었으나 이후, 노동당에게 제2당의 자리를 내주었던 브라질 민주당(União Democrática Nacional,UDN) 소속의원은 한 명도 추방되지 않았다. 보수세력은 1,400명 이상의 공무원이 숙청당했고, 군부 내의 반대세력도 1,200여 명이 쫓겨났다고 주장했다. 체제에 반대하는 애국주의 인사나 좌파세력도 SNI의 대상이 되었으며 일부 주의 지사들도 임기를 채우지 못했다.

군사정권은 경제적으로 브라질 자본주의 개혁을 위해 노력했다. 무엇보다도 굴라르 정권의 좌경화된 경제 정책을 일소하는 것이 급선무였다. 도시와 농촌 노동자 계층의 통제도 시급한 과제였다. 이를 위해 브랑꾸 정부는 정부경제활동계획(Programa de Ação Econômica do Governo, PAEG)을 수립하였다. 이 계획은 기획 장관 깜뿌스(Roberto Campos)와 재무장관 불룡이스의 주도 하에 진행되었다. PAEG는 인플레와의 투쟁(combate à inflação)과 구조개혁(reformas estruturais)를 목표로 삼고, 공공 분야의 결손을 감축시키고, 민간 분야의 신용대부를 제한하며, 임금 인상을 억제했다. 아울러 이 계획에는 연방정부의 승인 없이 외채를 유입시키지 못하도록 함으로써 주 정부의 지출을 통제하려는 의도가 포함되어 있었다.

국가 재정의 수지균형은 세수 증대와 밀, 석유 같은 기본 상품에 대한 보조금 지급 중단과 공기업의 환경 개선으로 이루어졌다. 인플레 조정을 위해 물가와 화폐가치의 재조정(Correção Monetária)제도가 도입되었다. 정부는 또한 도시 임금 노동자들의 가장 큰 권리인 평생고용 제도를 종결지었다. 통합노동법(Consolidação das Leis do Trabalho, CLT)에 의해 보장되고 있었던 이 제도는 1966년 9월 근무기간보장기금(Fundo de Garantia por Tempo de Serviço)으로 대체되고, 장기근속자의 해고도 가능하게 했다.

브라질 농촌의 선동자들에 대한 억압정책의 일환으로 1964년 11월 토지규정(Estatuto de Terra)이 의회의 승인을 얻었다. 이 법안으로 브랑꾸 정부는 농업개혁과 농업정책 촉진의 발판을 마련하였다.

깜뿌스와 불룡이스 장관의 중요한 개혁안 중에는 국제 통상에 관한 내용이 있었다. 그들은 브라질의 수출이 충분한 경쟁력을 갖추지 못했다고 판단하고, 저평가된 브라질의 잠재력을 과시하기 위한 수출장려 캠페인을 전개했다. 그들은 수출 산업 분야에서도 외국자본의 유입을 기대했다. 이로써 1962년 미국과 외국 투자기업들의 불만을 야기한 규제법이 철회되고, 이윤의 해외송금이 가능하도록 새로운 법이 제정되었다.

PAEG 계획은 그 목적을 충분히 수행했다. 세수가 증대되었고, 지출의 절감으로 1963 GDP의 4.2%, 1964년 3.2% 그리고 1965년 1.6%로 적자의 폭이 줄어들었다. 또한, 1964년 의 고 인플레율이 감소되고 1966년 GDP가 상승하는 효과를 보았다.

다른 많은 계획들이 실효를 거두지 못하는 상황에서 유독 PAEG가 성공한 이유는 무엇일까?

깜뿌스와 불룡이스 장관의 적절한 계획이 주된 성공 요인이겠지만, 권위주의적 군사정부의 적극적인 지원정책이 크게 작용했다. 당시 상황에서 어떠한 경제 안정정책도 사회의 희생이 따르지 않고는 성공할 수 없었다. 브랑꾸 정부는 두 각료들의 강요된 희생을 수반하는 계획을 쉽게 수용했다. 가장 힘든 상대인 노동자 계층의 반발도 억제했고, 외채 문제도 IMF의 청신호 덕분에 잠정적인 해결책을 찾았으며, 무엇보다도 미국의 지원이 중요한 역할을 차지했다.

국제정세에 있어서도 브랑꾸 정부는 미국의 입장을 명백하게 지지했다. 1965년 도미니카 공화국의 내란에 미국 해병 4만 2천 명이 파견되자, 브라질은 온두라스(Honduras), 파라과이와 함께 미주 간 평화군의 일원으로 군대를 파견했다.

1965년 10월 11개 주에서 주지사 선거가 직접선거로 실시되었다. 부패를 종식시킨다는 명분으로 행한 정부의 지나친 억압정책에 반발한 중산층과 소시민들은 군 강경파의 개입에도 불구하고 과나바라(Guanabara)와 미나스 제라이스 등지에서 야당 후보에게 표를 던졌다. 브랑꾸의 유화정책에 반발했던 군부의 강경파 세력은 야당의 승리는 정부가 정적들에게 지나치게 관대했기 때문이라고 주장했다. 이로써 그들은 군부의 준엄한 통제가 따르는 권위주의 체제를 이끌며, 공산주의와 부패의 척결에 더욱 광분했다.

이미 1964년 7월 22일 의회에서 205표의 찬성과 96표의 반대로 통과된 헌법 수정안(Emenda Constitucional)으로 1967년 3월 15일까지 정·부통령의 임기를 연장한 군사정부는, 또 다시 주지사 선거 24일 후 AI-2를 선포했다. 긴급조처는 정·부통령을 국회에서 공개적인 출석조사투표(Roll-Call Vote)의 방식으로 절대다수의 찬성을 얻어 선출하는 방법을 택했다. 이 조처에 포함된 다른 내용은 대통령의 권한 강화였다. 즉, 대통령에게 국가안보를 위한 법령의 공포권을 부여한 것이다. 정당법의 개정도 포함되어 있었다. 이리하여 신국가 체제 말기에 창건되었던 모든 정당들이 소멸되었다. 긴급조처는 오로지 두 개의 정당만을 허용했다. 이로써 여당인 민족개혁연맹(Aliança Renovadora Nacional, ARENA)과 야당인 브라질 민주운동(Movimento Democrático Brasileiro, MDB)이 탄생했다. ARENA에 가입한 정치인들의 대다수는 UDN 소속이었고, 상당수의 민주사회당(Partido Social Democrático, PSD)

출신도 있었다. 민주사회당은 1945년 창당되었으나 긴급조처 2호로 소멸되었다. 이 당은 바르가스의 비호를 받았고, 1945-1964년에 PTB와 더불어 바르가스 지지세력을 형성하였다. 당시 이 당은 하원의 제1당이었고, 쿠비체크와 두뜨라 대통령을 배출하였다. 그리고 MDB는 PTB와 일부 PSD 출신 정치인들을 영입했다.

군사정권은 1966년 2월 5일 AI-3호를 선포하여 주지사의 간접선거와 주지사의 주 수도 시장 임명권을 부여했고, 추가조처로 1966년 5월 10일 Ato Complementar-9를 통해 정·부통령과 주지사, 부지사의 간접선거 규정을 확정했다.

브랑꾸 정부는 신헌법 개정에도 착수하여 1967년 1월 24일 공포된 긴급조처 AI-1, 2, 3호와 추가조처도 포함한 신헌법을 만들었다. 1966년 10월 한 달 동안 폐쇄되었던 의회는 특별회기를 통해 행정부의 권한과 안보 사항이 한층 강화된 신헌법을 최종 승인했다. 그러나 소르본느(sorbonne) 그룹으로 불렸던 ESG 출신들이 주축인 브랑꾸 대통령 측근들은 강경파에 밀려 후계자 결정에서 배제되었다. 군부는 꼬스따 이 실바 장군을 대통령 후보에, 그리고 UDN 출신 뻬드루 알레이슈를 부통령 후보에 지명했다.

브랑꾸 통치 시 국방장관을 역임했던 꼬스따 이 실바는 1967년 3월 대통령 직을 계승했다. 혁명세력이 늙은 아저씨(tio velho)이라 불렀던 그는 미국에서 군사훈련을 받았고, 1961-1962년의 긴장된 시기에 4군단 사령관직에 있었다. 그의 성격은 브랑꾸의 지적인 특징과는 달리 주저하지 않는 성격이었다. 군부 강경파와 권위주의적 국수주의 세력은 그에게 큰 기대를 걸고 있었다. 군의 강경파는 브랑꾸의 화해정책과 외국자본에 제공된 인센티브에 불만이 많았다. 그러나 꼬스따 이 실바 대통령은 강경파의 단순한 도구가 되지 않았다. 그는 사회 각층의 압력을 충분히 고려했다. 야당과 대화하고, 불협화음을 줄이려고 노력했다. 노동 분야에 대해서는 친여 성향의 조합과 그 지도자들의 협조를 얻어냈다.

체제에 대한 반발

1966년 시작된 억압의 충격 속에서도 야당은 힘을 규합하기 시작했다.

가톨릭 고위 성직자들도 공개적으로 정부의 탄압에 항거했다. 이들 중 특히 눈에 띄는 인물은 올린다(Olinda)와 헤시피(Recife)시의 대주교 동 엘더 까마라(Dom Hélder Câmara)였다. 학생들도 UNE 조직을 통해 움직임을 보였다. 정치적 무대에서 버림받고 있었던 UDN의 라세르다는 정적이었던 전임 대통령 굴라르와 쿠비체크에게 접근했다. 그들은 힘을 규합하여 Frente Ampla를 구성했다. 이 구정치인들은 몬테 비데우에서 만나서 브라질의 재민주화와 노동자의 권리를 옹호하기 위한 투쟁의 시작을 선포했다.

1968년 브라질에서는 데모를 진압하기 위한 엄청난 군대의 동원이 있었다. 3월 히우에서 발생한 소규모 시위에서 군의 헌병에 의해 한 학생이 살해당했다. 수천 명의 학생들은 장례식에 참여했고, 분노한 시민들도 함께 동조함으로써 사건은 확대되었다. 가톨릭교회와 도시 중산층도 가담했다. 민주주의 수복을 위한 투쟁에 참여하기 위한 군중들의 시위는 1968년 6월의 10만 인의 산책(Passeata dos 100,000)이었다. 이 항쟁과 더불어 벨로 오리존찌(Belo Horizonte)인근의 꼰따젱(Contagem)과 상 파울루 지역의 오사스꼬(Osasco)에서 대규모 노동자 파업이 발생했다. 1968년의 오사스꼬 파업은 노동자들과 학생 단체가 연합하여 회사를 점유하면서 시작되었다. 노동부 장관이 금속노조에 직접 개입하고 중무장 군인들의 잔혹한 진압이 행해졌다.

이 사건에는 좌파 정치조직들의 무장 투쟁이 있었다. 무장 세력은 군사정권을 무너뜨리는 수단으로 게릴라전을 수행했다. 이들은 쿠바 혁명과 라틴 아메리카 게릴라전에 영향을 받은 세력이었다. 오랫동안 브라질 좌파를 이끌었던 브라질 공산당(PCB)은 이러한 투쟁의 형태에 반대했다. 1967년 공산주의자 마리겔라(Carlos Marighela)는 당과 결별하고 민족자유연맹(ALN)을 결성했다. AP는 이미 무장 투쟁에 참여하고 있었고, 그 밖에도 많은 세력이 이에 동조하였다. 그들 중에서 인민혁명전위대(Vanguarda Popular Revolucionária,VPR)는 많은 좌파 게릴라를 확보한 그룹이 있다.

투쟁에 나선 좌파 과격 세력은 1968년 첫 번째 행동을 개시했다. 그들의 게릴라전은 주로 테러리즘의 형태를 취했다. 은행 습격이나 유력인사의 납치(Seqüestros) 등이 자행되었다. 그들은 외국인사들의 납치 후 그 대가로 돈을 요구하거나, 투옥된 정치인사의 석방 또는 자신들의 활동을 알리기 위해 통신 수단을 통한 성명 발표 등의 수법을 사용했다. 이런 방법으로 미국대사, 스위스 영사 그리고 독일과 일본 영사 납치 사건이 잇따라 발생했다. 또한, 상 파울루 미국 영사관 폭탄설치나 많은 과격 활동이 전개되었다.

군 내부의 강경파들은 좌파의 무장 투쟁을 시작으로 더욱 강화된 정책을 강구했다. 그들에게는 그것이 제한된 자유를 말살시키는 좋은 구실이 되었고, 그들의 행동은 정당한 것처럼 여겨졌다.

당시 하원의원 알베스가 의회에서 행한 연설은 군부를 크게 자극했다. 그의 연설은 국민들에게 알려지지 않았지만, 군부 내에서 큰 파문을 일으켰다. 군을 모독하는 연설 중에는 브라질 젊은 여성들에게 군 장교들을 사랑하지 말라는 충고도 있었다. 군은 알베스 의원을 법정에 고소했고, 군 모독죄를 적용하도록 강요했다. 그뿐만 아니라 그의 면책권을 정지하도록 요구했지만, 의회는 이를 거부했다. 알베스 의원의 연설은 긴급조처 발동의 원인이 되었다. 1968년 12월 13일 실바 대통령은 의회를 폐쇄한다는 내용을 담은 AI-5를 공포했다.

AI-5는 혁명 세력 내부에서 혁명의 도구로 이용되었다. 1967년 신헌법으로 상실되었던 대통령의 의회 해산권과 의원면직권이 부활되었다. 이 조처로 대통령은 공직자 면직권과 정치인들의 활동 정지, 재산 몰수권을 확보했고, 출정영장의 보장도 정지되었다. 긴급조처와 더불어 군 핵심부는 정보력 확보에 집중했다. 많은 대학교수의 자격정지가 있었고, 미디어 검열 및 고문도 시행되었다. 이 조처로 인해 좌파 무장투쟁 세력이 더욱 활동을 강화했다. 군사정부는 사회적 압력과 국민의 기본권 회복을 철저히 외면했으며, 보다 강경한 정책으로 일관했다.

1969년 8월 실바 대통령은 뇌출혈로 공식 활동을 수행할 수 없었다. 부통령 알레이슈는 권한을 계승받지 못했고, 헌법의 규정을 위반하고 군사평의회(Junta Militar)가 정권을 행사했다. 그들 중에서 인민혁명전위(Vanguarda Popular Revolucionária, VPR)는 많은 좌파 게릴라를 확보한 그룹이었다. 극좌파는 혼란을 틈타서, 투옥된 정치범들과 교환하기 위해 히우에서 미국 대사 엘브릭을 납치했다. 그들은 석방의 대가로 15인의 정치범들을 빼내서 멕시코로 탈주시켰다. 군사평의회는 국가안보를 해치는 어떤 반정부 행위자도 국외로 추방한다는 추방법을 제정하였다. 첫 추방자들은 바로 그들 15인이었다. 사형제도는 내란죄의 경우에 성립했지만, 결코 공식적으로 적용되지 않았다. 대신에 즉결심판에 의한 처형이나 고문사가 많았다. 대부분의 실종사는 이에 해당된 경우였다.

1969년까지 해군정보센터(Centro de Informações da Marinha, CENIMAR)는 고문으로 가장 악명 높은 기관이었다. 상 파울루에 반데이란찌스 작전(Operação Bandeirantes, OBAN)이 설립되어 히우와 상 파울루 지역의 반정부 세력을 탄압했지만, 국가방어를 위한 정보와 작전 분견대(Destacamento de Operações e Informações de Defesa Interna, DOI-CODI)가 설치되면서 그 역할을 이어받았다. DOI-CODI는 군사정부의 가장 중요한 고문센터였고, 각 주들에 분소를 설치하고 전국을 행동반경으로 활동했다.

브라질이 이처럼 암울한 정치적 상황을 지속하고 있을 때, 경제계획은 비교적 성공적으로 운용되고 있었다. 깜뿌스와 불용이스 장관은 짧은 기간에 재정을 안정시켰다. 재무장관 네뚜(Delfim Neto) 역시 신용을 확장하면서 성장을 촉진시키는 정책에 동참했다. 그의 인플레 잡기 정책도 성공적이어서 1968년 25.4%로 안정되었고, 자동차, 전기, 화학 산업의 활성화로 산업발전의 희망이 엿보였다. 민간부분의 건설업 또한 국립주택은행(Banco Nacional de Habitação)이 제공하는 기금으로 괄목할만한 성장이 이루어졌다. 1968년-1964년의 GDP 성장률은 각기 11.2%와 10%의 고무적인 수치를 나타냈다. 이는 또한 일 인당(Per Capita) 8.1%와 6.8%로 해당하는 성장세였다.

1969년 10월 중반 실바는 여전히 생존하고 있었지만, 회복의 가능성은 없었다. 군사평의회는 정 · 부통령 자리를 공석으로 선언하고, 선거를 위한 준비에 나섰다. 10월 25일 의회에서 실시된 선거에서 군부는 메디씨 장군을 대통령으로, 그리고 해군장관 라데마케르를 부통령에 선출했다.

메디씨는 실바 대통령처럼 히우 그란지 두 술 출신이었다. 그는 부계가 이탈리아이고 모계는 스페인의 바스크 계였다. 1950년대 군 복무 시 그는 실바 장군의 참모였고, 그와 매우 막역한 사이였다. 1964년 군사혁명에 참여하여 굴라르 정권을 무너뜨리고 워싱턴 주재 브라질 대사관 무관직에 있었지만, 실바가 대통령이 되자, SNI의 총책임자로 돌아왔다. 메디씨는 대중들에게 잘 알려지지 않은 인물이었고, 권력을 즐겨하지도 않았다. 그는 각료들에게 정부의 운영권을 위임하면서, 브라질 역사상 가장 억압적인 통치 기간 중 대통령의 지배권을 독점적으로 행사하지 않았다. 그의 집권 초기에 도시의 좌익 무장 세력은 점차 사양화되고 있었다. 이는 부분적으로 강력한 억압 정책의 효과이기도 했지만, 과격한 게릴라 전이 대중 대다수로부터 비난을 받았고, 극좌파 스스로도 브라질을 또다른 베트남으로 전환할 수 없다고 판단했기 때문이었다.

지방 게릴라 투쟁의 막바지는 빠라주 서편 아라과이아(Araguaia) 강 유역의 PC do B에 의해 행해졌다. 1971-72년에 게릴라들은 농촌인구의 후생과 경작법 개선을 위해 노력하며 그들과의 관계를 돈독히 했다. 군부는 1972년 이 세력의 근거지를 발견했지만, 1975년에야 이 지역을 국가안보에 관계된 주요지역으로 설정하고 소탕했다. 그러나 대부분의 브라질인들은 이 지역에서 어떤 일이 일어났는지 조차 모르고 있었다.

한편 야당은 메디씨 통치기에 최저점에 있었다. 이는 당시의 유리한 경제 상황, 억압과 무기명 투표 캠페인의 결과였다. 그의 임기 중 두 차례의 선거가 있었다. 1970년 상원 선거에서 Arena는 MDB를 19:3으로 누르고 승리했고, 1972년 시장과 시의회 선거에서도 압도적인 승리를 거두었다.

그러나 메디씨 정부는 억압을 멈추지 않았다. 경제적 번영을 구가하는 기간에도 체제에 반대하는 사회 소수세력과 무관심한 다수 대중 간에는 명백한 구분을 지었다. 정부는 소수 반대세력에는 억압정책을 지속해 나갔고, 다수의 소시민에게는 중화정책을 추진해 나갔다.

1964년 이후 브라질의 통신시설은 크게 개선되었다. 또한, 은행의 민간 대출도 용이해져서 사람들은 손쉽게 TV 수상기를 구입할 수 있었다. 1960년에 도시주민의 9.5%만이 TV 수상기를 소유했지만, 1970년에는 40%로 상승했다. 이 동안 TV Globo는 정부로부터 받은 특혜로 전국적인 방송망을 확보했고, 모든 미디어를 통제했다. 이 방송매체는 정부의 입이 되어 역사상 가장 친여적 성향을 띤 선전도구로 변신했다. 당시 국가의 이미지를 알리는 TV Globo의 슬로건은 '브라질, 위대한 힘'이었다.

이른바 브라질의 기적은 메디씨 정권 때 나타났다. 경제적 측면에서의 성

메디씨 대통령

장뿐만 아니라 메디씨 집권기인 1970년 브라질은 월드컵 축구경기(Copa do Mundo de Futebol)에서 3연패 함으로써 쥴 리메 컵을 영구 보관하게 되었다. 비교적 낮은 인플레율이 유지되는 가운데 놀라운 경제 성장이 이룩되었다. GDP는 매년 평균 11.2% 상승했고, 1973년에는 13%의 최고치를 나타냈다. 인플레율도 18%를 넘기지 않았다.

이 기적은 델핑 네뚜가 이끄는 경제 전문가들의 폭넓은 기금 활용 정책 덕택이었다. 세계적인 추세는 개발도상국들이 외국차관을 유입하여 국내의 경제 계획에 투자하는 것이었다. 비산유국들은 1972년 970억 US$에서 1980년에는 3,750억 US$의 외채를 안고 있었다. 브라질 역시 1973년 43억 US$의 외채를 유입했다.

외국자금이 가장 많이 투자된 분야는 자동차 산업이었다. 매년 30%이상의 고성장을 기록한 이 분야는 중형차의 제조기술과 소비자 대출의 활용으로 미국의 GM, FORD와 Chrysler의 대규모 투자를 끌어들였다. 무역수지도 크게 개선되었다. 수출품목의 다양화, 유리한 조건의 대부, 수출세의 감면이나 면제 그리고 수출 보조금 등의 폭넓은 인센티브로 수출이 많이 증가했다. 브라질 무역의 병폐였던 단일 품목 의존도는 크게 변화되었다. 1949-1964년 커피는 브라질 수출 총액의 57%를 차지했으나 1965-1971년에는 37%로 하락했다. 그리고 1972-1975년에는 15%의 감소율을 나타냈다. 이러한 유리한 여건 속에서, 브라질의 세금징수와 관세 징수 능력은 크게 개선되었고, 이것이 인플레 조정에도 많은 도움을 주었다.

그러나 브라질의 기적에는 부정적 측면도 있었다. 경제 실무자들은 금융제도와 국제 통상에 지나치게 의존하였다. 외국차관의 유입, 외국자본 투자와 수출 확대를 위한 용이한 조건들은 성장에 수반된 문제점들이었다. 또한, 성장을 위해 필요한 수입 기자재와 설비 그리고 원유 수입은 엄청난 부담이었다. 또 다른 부정적 측면은 사회적 현상에서 찾을 수 있다. 네뚜의 경제정책은 자본의 축적을 유리하게 했다. 인플레율은 비교적 안정적 수치를 기록했지만, 기대임금률은 상승했다. 개인의 소비에서도 고소득자나 중간 소득자들은 유리했지만, 비숙련 노동자들은 낮은 임금으로는 어려움을 겪었다. 1972년 노동인구의 52%가 최저임금 이하의 수준이었고, 22%가 최저임금의 1-2배 사이에 있었다. 그러나 이와 같은 개별 소득의 모순은 경제 성장과 더불어 실업률이 줄어들고, 한 가족 내에 일하는 인구가 늘어나면서 크게 개선되었다. 경제성장과 더불어 야기된 또 다른 부정적 측면은 교육, 주택 그리고 국민 건강 복지에 관한 수준이 발전의 속도를 따라가지 못한 점이었다.

산업이 발전되면서 환경문제도 심각하게 대두되었다. 특히 자동차 공해는 심각한 문제를 유발했다. 또한, 메디씨 대통령이 계획한 아마존 횡단도로(Transamazônica)는 이 지역 개발을 위한 대역사였지만, 그것이 끼친 악영향은 군사정권의 무차별한 개발 정책의 좋은 예가되었다. Br-230으로 불리는 이 고속도로는 메디씨 재임 시 계획되어, 1972년 8월 공사에 착수했다. 전장 4,000km로 브라질 7개 주를 관통하는 이 도로는 엄청난 규모 때문에 파라오 공사(Obra faraónica)라 불렀다.

브랑꾸 대통령처럼 메디씨도 계승자를 내세우지 못했다. 1973년 중반, 군부는 가이젤(Ernesto Geisel) 장군을 대통령 후보로 지명했다. 히우 그란지 두 술 출신으로 독일 루터란 계의 자손인 그는 국영기업 브라질 석유공사(Petobrás) 의 사장을 역임한 바 있었다. 브랑꾸의 측근인 그는 ESG의 일원이었고, 군 내부에서는 자유화를 적극적으로 지지했기 때문에 선택받지 못하고 있었다. 강경파의 반대로 어려움을 겪었던 그는 육군장관이었던 형 오르란두 가이젤(Orlando Geisel)의 도움과 그가 지닌 능력을 인정받아 후보로 지명되었다. 가이젤에 반하여, MDB는 기마랑이스(Ulysses Guimarães)를 후보로 지명했다. 그는 불합리한 간접선거, 자유에 대한 억압과 소득 불평등을 맹공격하며 군사정권을 비난했다.

1967년 헌법 수정안은 대통령 선출 방식을 바꾸었다. 즉, 하원의원들과 주의회 의원 대표들로 선거인단을 구성하여 선출하는 방식을 택한 것이다. 가이젤은 이 제도로 선출된 첫 번째 대통령이었다. 1974년 1월 선거인단 투표에서 400표의 지지로 76표를 얻은 야당 후보를 누르고 당선되었다.

민주화의 노정

자유화 프로그램

가이젤 정부(1974-1979)는 정치적 자유화를 위한 노정에 들어섰다. 대통령은 완만하고 점진적이며 안전한 절차를 밟아 나갔다. 이 자유화 프로그램은 팽창(distensão)이라 불린다. 실제로 이 민주주의로 가는 과도기에는 전진과 후퇴를 거듭하는 어려움이 수반되었다. 군 내부의 강경파에게 강한 압박을 받고 있었고, 대통령 자신은 자유화와 개방을 향한 조심스러운 발걸음을 내딛고 있었다. 그는 보수적 민주주의를 지향했다. 그러나 야당이 빠른 시일 내에 정권을 잡지 못하도록 개방은 가급적 천천히 진행하려 했다. 군 강경파는 그의 정책이 달갑지 않았다. 그들은 끊임없는 반발로 가이젤 행정부를 위협했고, 이러한 상황은 군부의 마지막 대통령 휘게이레두(1979-1985) 통치기까지 계속되었다.

1974년 11월 법령으로 비교적 자유롭게 선거가 진행될 수 있었고, TV와 라디오에 정당들이 정책토론에 참여하게 되었다. 상원의원 선거에서 Arena는 쉽게 승리하리라 예상했지만 대도시와 발전된 많은 주들은 MDB의 지지율이 높았다. 22인의 상원의원 중 16인이 MDB 소속이었다. 이러한 결과는 AI-5과 포고령 477을 철회하여 사면, 정치범들의 수감, 고문을 종결시키고, 실종자 발생이나 살해행위가 없기를 바라는 국민의 뜻이었다. 1975년에도 가이젤은 여전히 억압과 자유화 정책을 병행해 나갔다.

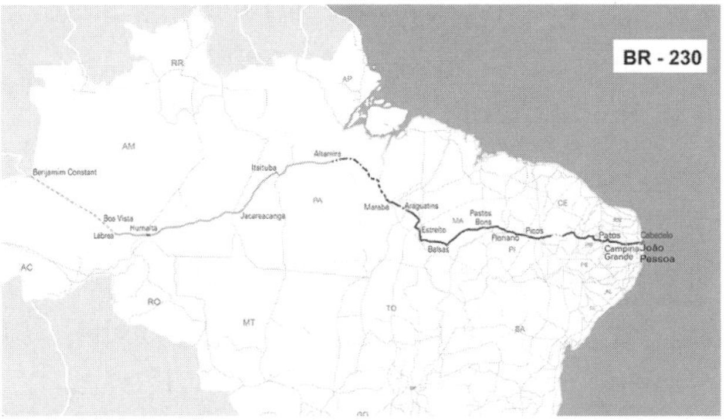

아마존 횡단도로

가이젤 행정부와 군 강경파의 충돌은 상 파울루에서 발생했다. 1975년 10월 TV 기자인 에르죠그(Vladimir Herzog)는 DOI-CODI에 출석을 요청받았다. 그는 PCB와 연루되었다는 의혹을 받고 있었다. 에르죠그는 출두했지만, 살아서 돌아오지 못했다. 공식적인 발표는 그가 목매어 자살한 것으로 되어 있었지만, 가혹한 고문으로 인한 사망이라는 것을 모르는 사람은 없었다. 그의 죽음은 상 파울루에서 대규모 군중 데모로 번졌다. 중산 계층의 시민들과 가톨릭교회가 앞장섰고, 특히 브라질 변호사협회(Ordem dos Advogados do Brasil, OAB)는 은폐된 고문과 살해에 대해 강력히 항의했다. 몇 달이 지난 후 1976년 1월 금속노조 소속의 휠류(Manoel Fiel Filho)가 에르죠그의 추모식에서 사망했지만, 그 역시 자살로 위장 발표되었다. 가이젤은 여론을 감안해서 즉각 DOI-CODI 책임자 교체에 나섰다. 그의 신뢰를 받은 책임자는 민간단체와 친화력을 쌓아가며 고문의 종식을 위해 노력했다.

1976년 11월로 예정된 지방 자치단체 선거는 Arena의 패배가 예상되었다. 그러나 선거가 있기 몇 달 전인 7월 법령 6,339로 선거법 250조항이 개정되었다. 선거전 비용이 무료였기 때문에 야당 후보들이 TV와 라디오를 비롯한 각종 매체에서 군사독재 체제를 비난할 것이라는 이유로 모든 것을 제한하려는 의도였다. 이 법은 제안자인 법무부 장관 팔까웅(Armando Falcão)의 이름을 따서 팔까웅 법이라 칭했다. 야당인 MDB는 정부의 방해공작에도 불구하고 100개의 도시들 중 59개의 시의회에서 다수당이 되었고, 시장 선거에서도 압승을 거두었다.

가이젤은 여전히 자유화 정책과 군사정권 유지를 위한 정책을 유연하게 진행해 나갔다. 야당이 세력을 확장해 나갈수록 정부도 새로운 탄압 정책으로 맞섰다. 1977년 4월 1일 가이젤은 의회를 폐쇄하고, 새로운 조처를 취했다. 일명 4월의 묶음(Pacote de Abril)으로 알려진 이 조처는 4월에 여러 가지 법안이 한 묶음으로 일괄 심의되어 통과되었다는 의미에서 부쳐진 이름이었다. 이것은 상원의원의 1/3을 간접선거로 선출하고, 예전에 요구되었던 의원의 2/3이상의 찬성이 아닌 절대 다수의 찬성으로 헌법 개정을 할 수 있게 하고, 주 지사는 간접선거로 선출하며, 후보들의 TV와 라디오 출연은 제한되었고, 연방하원의 의석은 선거인 수가 아닌, 인구수에 의한다는 내용이었다. 이 법으로 선출되는 관제의원(Senador biônico)은 선거인단의 간접선거에 의해 인위적으로 만들어졌기 때문에 야당은 결코 승리할 수 없었다. 하원의원 선출 역시 북동부 주들을 유리하게 하는 조처였다. 이 주들은 중남부의 주들보다 비례적으로 더 많은 하원의원을 배출하게 되었다. 이는 Arena가 우세한 북동부를 위한 조처였다. 군부의 의도는 1979년 대통령 계승에서 군부의 집권을 연장하려는 데 있었다. 정부는 이 법을 통해 대통령의 임기도 5년에서 6년으로 연장했다.

아울러 가이젤 정부는 1978년 공개적으로 자유화를 지향한다는 의미에서 MDB, 브라질 출판협회(Associação Brasileira da Imprensa, ABI) 그리고 브라질 주교협의회의 지도자들과 만남을 가졌다. CNBB는 주교들의 친교를 돈독히 하고, 성직 활동을 활성화하며 브라질 교회 공동의 이익을 위해 1952년 10월 14일 히우에서 창건되었고, 1977년 이후 브라질리아로 이전되었다. 이후 가이젤 정부는 화해의 제스추어를 보였다. 즉, 1978년 10월 의회가 헌법 수정안 11호를 승인하고, 1979년 1월 1일부터 시행에 들어간 것이다. 이 수정안으로 헌법에 추가되었던 AI-5는 더 이상의 효력을 발휘할 수 없게 되었다. 이날부터 행정부는 의회의 해산을 선언할 수 없었고, 공직자의 임기를 무효화하지 못했으며 시민들의 정치활동 권리를 박탈할 수 없었다. 또한, 인신보호법도 다시 효력을 되찾았다.

MDB는 1978년 연방의원 선거에서 좋은 결과를 얻었다. 이 당은 국민의 불만을 해소시키는 정치적 채널 역할을 수행했고, 자유주의자로부터 사회주의자에 이르는 각계각층의 기대를 안고 있었다. 학생단체, 노조, 법률가들과 가톨릭교회의 지원 하에 MDB는 상원의원 선거에서 유효 투표의 57%를 획득했지만, 여당의 제도적 장치인 관제 상원의원 때문에 다수당이 되지 못했다.

Arena는 하원에서도 231석을 점유하여 189석의 MDB를 제치고 다수의석을 확보했다. MDB의 지지자들은 대부분 대도시에 포진되어 있었다. 상원 선거에서 이 당은 상 파울루에서 83%, 히우 지 자네이루에서 63% 그리고 히우 그란지 두 술에서 62%를 얻었다. 그러나 군사정부는 여전히 상·하 양원에서 다수당의 지위를 확보했다.

가이젤 정부의 경제정책을 평가하기 위해서는 부정적인 외적 요인을 고려하지 않을 수 없다. 메디씨 대통령 통치기에 첫 번째 오일 위기가 발생했다. 이는 이스라엘과 아랍국가들 간에 있었던 Yom Kippur 전쟁의 결과였다. 아랍 산유국들은 석유 공급을 줄이고, 가격을 인상했다. 80%이상을 수입에 의존했던 브라질은 심각한 위기에 처했다. 그러나 가이젤은 1974년 3월 취임식에서 전임 대통령의 시대에 기록한 전무후무한 브라질의 기적에 도취해 있었다. 경제 정책은 전임 재무장관 네뚜를 대신해서 정통파 경제학자 시몬센(Mário Henrique Simonsen)에게 맡겨졌다.

가이젤 정부는 제2차 국가경제 개발계획(PND II)에 착수했다. 금융을 안정시키고 인플레를 잡으려 했던 1차 계획(PND I)는 메디씨 정부 때 실행되었다. 2차 계획은 수입대체산업을 완성하는데 집중되었다. 에너지 문제를 심각하게 고려한 이 계획은 석유탐사, 핵에너지 프로그램, 알코올의 석유대체 그리고 수력발전 시설의 확대를 포함하고 있었다. 이 계획에 따라 브라질과 파라과이 사이를 흐르는 빠라나(Paraná) 강에 이따이뿌(Itaipu) 댐이 건설되었다. 양국 합작 사업으로 1984년 시운전된 이따이뿌는 세계 최대의 수력발전 시설이 되었다. 1974년의 브라질 경제는 안정보다 성장을 우선시했다. 군사정부는 국가 성장의 강한 욕구를 지니고 있었다. PND II는 국민총생산액(PIB)을 1,200억 US$로 책정했고, 1인당 국민소득 1,000 US$, 매년 10%의 경제성장율, 새로운 고용인구 7백만 명 창출, 15세 이상 브라질인의 문맹 타파, 교육, 보건, 후생과 직업 교육 및 과학연구에 집중 투자 그리고 매년 200억 US$로 수출확대를 기대하고 있었다. 이러한 목표를 달성하기 위해 분야별로 필요한 새로운 조직이 설립되었다. 주택은행, 사회복지연구소(Instituto Nacional de Previdência Social), 농업개혁과 개발연구소(Instituto Nacional de Colonização e Reforma Agrária)와 운수성(Ministério dos Transporte)이 그 대표적인 기구들이다.

제2차 경제개발계획은 자본재 생산 민간 대기업의 투자를 적극 지원했다. 이를 위해 국가 개발은행(BNDE)는 모든 인센티브와 대부를 제공했다. 그러나 실제로는 이 새로운 정책이 브라질 전력공사(Eletobrás), Petrobrás, 브라질 전화통신공사(Embratel)를 비롯한 많은 국영기업에 투여되었다. 상 파울루 주변의 많은 기업가들은 정부의 지나친 개입과 변질된 정책에 반발했다. 그때까지 전문관료들과 군인들이 독점했던 정책에 민간 사회 세력이 개입을 시도했다.

PND II의 결과에 대한 경제학자들 간의 논란은 많았다. 휘시로우(Albert Fishlow)나 모우라(Alkimir Moura) 같은 학자들은 외채문제를 악화시키고, 경제 조절을 지연시키기 위한 가속화된 성장의 부적절한 시도라고 혹평했다. 반면에 까스뜨루(Antonio Barros de Castro)는 이 계획이 수입대체화의 과정에서 질적인 향상을 이룬 브라질 공업화의 일대 전환이었다고 평가한다.

브라질이 성장으로 가는 길에는 무엇보다도 투자가 필요했다. 국내의 저축과 통화공급 불충분은 외국자본의 유입으로 충족되었다. 차관의 형태로 들어온 자본은 공기업과 사기업들의 부채를 증가시켰다. 1978년 브라질은 1975년 국가부채의 두 배가 넘는 435억 US$의 부담을 안고 있었다. 그 외에도 부채에 대한 이자 지급은 수지균형의 적자폭을 더욱 키워나갔다. 이는 대부분의 차관에 유동이자율이 적용되었기 때문이었다. 국제 이자율의 상승은 미국의 정책에서 비롯되었다. 아울러 차관으로 얻어진 기금은 일부 중매인들을 살찌우는데 사용되었다. 더 심각한 상황은 이 막대한 기금이 회수하기 힘들 것 같은 프로젝트에 투입된다는 것이었다. 예로써 벨로 오리죤찌-상 파울루-히우를 연결하는 철도사업 Ferrovia do Aço는 완전히 방치되었고, 핵 개발은 경제적으로나 환경적 재앙으로 여겨졌고, 에너지 개발사업 Proálcool도 낭비적인 사업이었다.

가이젤 정부의 경제 수치는 만족스러운 결과로 나타났다. 1974-1978년 GDP는 연평균 6.7% 증가했고, 1인당으로도 4.2%의 성장률을 나타냈다. 또한, 인플레율도 동 기간에 37.9%를 상회했다. 그러나 위험 요소는 많았다. 이 적절한 인플레율은 공기업이 생산한 제품들이 값싸게 팔렸기 때문에 나타난 인위적인 현상이었고, 공기업들은 적자에 시달렸다. 외채의 부담은 더욱 늘어났고, 새로운 차관을 들여오는 것 외에는 다른 방법이 없었다.

가이젤도 군사정부의 정책에 따라 포퓰리즘과 연관된 노조 활동을 억압했다. 그러나 노동조합을 해체하지는 못했다. 1968년 농촌에서는 전국 농업노동자 연맹(a Confederação Nacional dos Trabalhadores Agrícolas, Contag)이 정부로부터 독립된 조직으로 활동하기 시작했다. 그들은 전국적으로 농촌 노조연맹의 조직을 촉진하고 있었다. 1968년 625개였던 농촌 노조는 1972년 1,154개, 1976년에는 1,745개 그리고 1980년에는 2,144개로 증가했다. 노조 가입자 수도 증가해서 1973년 290만 명에서 1979년에는 510만 명으로 증가했는데 이는 조합의 각종 미래 사회 프로그램의 운영에 기인했다.

교회의 영향 하에 있는 토지의 목양자 위원회(Comissão Pastoral da Terra, CPT)를 통해서 무장 투쟁 그룹이 나타났다. 농촌 지역에서는 토지 소유를 위한 투쟁과 노동자의 권리를 확대하기 위한 투쟁이 공존했지만, 지역에 따라 그 성격이 달랐다. 한편 도시에서는 은행원, 교수뿐만 아니라 의사나 보건, 위생 관계 종사자들을 포함한 이른바 화이트 칼러(colarinho branco) 노동조합이 나타났다.

이처럼 가이젤 통치기에 노동운동은 새롭고, 종전과 다른 형태로 시작되었다. 인민 노동조합(Sindicalismo Populista)의 재건은 군사정부가 동의하지 않았기 때문에 실행이 불가능했다. 그런 이유로 노동조합은 국가와는 독립적으로 노동자들이 소속된 직장에서 조직되고, 확대되었다. 가장 투쟁적인 노조활동은 자동차 산업에서 시작되었다. 상 파울루의 ABC지역에 밀집된 산업노동자들은 새로운 노동운동의 선구자들이었다. 1978년 싸웅 베르나르두(São Bernardo)에는 기계와 금속산업에 종사하는 125,000명의 노동자가 있었다. 그들 대부분은 자동차 산업에 종사했다. 이들 중 67.2%가 1천 명 이상의 노동자가 일하는 회사에 소속되어 있었다. 1976년 상 파울루 시에는 동일한 공업 분야에 42만 1천 명이 고용되어 있었지만, 단지 20.8%만이 1천 명 이상의 회사에 소속되어 있었다.

새로운 노동조합은 지도층이 교회와 밀접한 관계를 유지하며 운영되었다. 물론 조합의 변호사들도 중요한 역할을 수행했다. 비록 가이젤 정부의 자유화 정책은 지연되고 있었지만, 노동자들의 집단적 시위는 정치 개방의 새로운 분위기를 조성해 나갔다.

1977년 8월 가이젤 정부는 1973년과 1974년에 관계된 인플레율을 교묘하게 조작한 사실을 인정했다. 공식적인 인플레율이 봉급 증가율을 결정하는 주요 자료였기 때문에, 수치의 분석 결과 임금 노동자들의 봉급이 31.4% 하락한 것이 확인되었다. 싸웅 베르나르두와 디아데마(Diadema) 금속노조는 임금 되돌려 받기 캠페인을 전개했다. 이 시위는 1978년과 1979년의 노동자 대파업의 계기가 되었고, 후일 1백만여 명의 동조를 얻었다. 금속노조 위원장 룰라가 진두지휘하는 파업은 싸웅 베르나르두에서 총회의를 하고, 다른 노동조합들과 연계 투쟁을 선언했다. 이로써 1979년 약 320만 명의 노동자들이 전국적으로 파업에 들어갔다. 95만 8천 명의 금속노동자들은 27차례의 파업을 감행했고, 교원노조도 76만 6천 명이 20차례의 파업을 했다.

파업의 목적은 봉급인상, 고용 보장, 노동자들이 중심이 된 공장 위원회 인정과 민주적 자유주의의 회복에 있었다. 1979년 전국적인 파업의 확산은 정부의 보수주의 세력이 싸웅 베르나르두 사태를 잘못 인식한 데서 비롯되었다. 지엽적인 파업은 전국적인 반향을 일으켰다. 그러나 ABC의 노동조합은 자신만의 고유한 특성과 함께 탄생했고, 성장해 나갔다. 그들은 국가와의 관계에서 완전 독립하여, 조합원을 늘려나갔다. 1978년 43%의 노동자들이 조합에 가입했고, 조합 지도자들은 PCB와는 다르게, 전통적 좌파의 영향에서 벗어나 있었다.

가이젤은 그의 계승자를 휘게이레두 장군으로 지명하였다. 부통령 후보로는 미나스 주사를 역임한 샤비스(Aureliano Chaves)가 선정되었다. 이들은 1978년 10월 14일 선거인단 투표에서 MDB가 내세운 후보를 물리치고 당선되었다. 1978년 10월 15일 선거인단 투표에서 휘게이레두는 MDB의 몬떼이루(Euler Bentes Monteiro) 장군을 355:266으로 물리쳤다. 가이젤의 후계자 지명 성공은 비단 선거인단 투표에서뿐만 아니라, 군부 내의 파벌 싸움에서 승리를 의미했다. 군부 내의 강경파 대변인이었던 국방부 장관 후로따(Sílvio Frota)는 반체제 운동에 부드럽게 대처하는 정부를 맹렬히 비난하며 후보로 나섰지만, 가이젤은 그를 사임시키고, 선거 캠페인도 중단시켰다.

휘게이레두 장군은 군부의 수뇌로써, 가이젤 정부에서 SNI의 총책임자였다. 그는 개방의 과정을 완만하게 조정해 나가는 동시에 강경파의 행동을 제압해 나갔다. 보리스 화우스뚜(Boris Fausto)는 자유화를 촉진시키기 위해 지명된 인물이 정치적 억압을 위한 조직의 총수였다는 것을 상기시키며, 브라질 민주화의 파라독스라고 말한다.

휘게이레두 통치기는 정치적 개방의 확대와 경제위기의 심화라는 결코 공존할 수 없는 두 가지 특색이 혼합된 시기였다. 경제적 어려움은 사회적 갈등과 권리회복 운동을 촉진시켰다. 휘게이레두는 1979년 3월 대통령직을 맡자, 기획장관으로 시몬센을 임명했다. 프랑스 대사로 있었던 네뚜도 불러들여 농업 장관으로 기용했다. 엄격한 통화정책을 시도한 시몬센은 많은 분야에서 공격을 받았다. 인플레로 이득을 취했던 기업인들과 돈이 필요한 정부 부처들은 그의 정책에 반발했다. 결국 시몬센은 1979년 8월 장관직을 사직했다. 그러나 상황은 달라졌다. 2차 오일쇼크로 인한 물가상승으로 브라질의 수지균형이 악화되었다. 국제적으로 이자율은 상승했고, 상황은 더욱 복잡하게 얽혔다. 신규 차관도 난항에 부딪혔고, 지급조건도 더욱 강화되었다.

인플레를 잡고, 경제성장을 도모할 상황이 아니었다. 외국 차관 공여자들의 압박이 드세지자, 1980년 네뚜는 제동을 걸고, 엄격한 통화정책을 시행했다. 통화 발행을 억제하고, 국영기업에 대한 투자를 중단했다. 국내이자율은 상승했고, 민간 투자는 하락세에 있었다. 1981-1983년의 경기후퇴는 심각한 결과를 초래했다. 1947년 이래 처음으로 1981년의 PIB가 3.1% 하락했다. 그리고 경기가 후퇴한 3년간 GDP는 매년 평균 1.6% 하락했다. 가장 심각한 분야는 내구 소비재와 자본재 생산 분야였다. 이 공업의 대부분이 대도시 주변에 집중되어 있었기 때문에 실업률은 심각했다. 소득의 하락도 1929년 공황 이래로 가장 심각한 수준이었다.

정부의 적극적인 노력에도 불구하고, 인플레율은 줄어들지 않았다. 1980년 110.2%의 최고점에 도달했던 수치는 1981년 95.2%, 1982년 99.75%로 경제적 정체와 인플레가 혼합된 스테그플레이션(estagflação)을 나타냈다.

브라질 정부는 파산상태에 처했지만, 1982년 8월 멕시코 정부가 먼저 모라토리움(moratória)을 선언하고, IMF에 지원을 요청했다. 군사정부는 '우리는 멕시코가 아니다.'라고 주장했지만, 멕시코의 지불유예로 외국차관의 가능성이 사라지자, 외환보유고가 바닥난 심각한 상황에서 브라질은 1983년 2월 IMF에 호소하지 않을 수 없었다.

브라질 정부는 금융지원과 국제신용회복을 대가로 IMF의 지시사항을 받아들였다. 그 내용에는 부채 상환을 지속적으로 수행하고, 부채율을 개선해 나가며, 국내적으로도 공공경비의 절감과 임금 감축을 시행한다는 약속이 포함되어 있었다. 그러나 IMF와 브라질 간에는 서로 일치하지 않는 부분이 발생했다. 브라질에서 제한조처와 이자 상환에 반대하는 기류가 형성되자, IMF측은 계약의 불이행에 불만을 제기했다. 이와 같은 상황에서 외국 채권자들은 멕시코에게 행했던 것처럼 유리한 이자율을 제시하거나, 부채 지급 기간의 연장도 허용하지 않았다.

1984년부터 외채의 부담에서 벗어나려는 노력은 제조 산업의 수출확대에서 긍정적인 결과를 가져왔다. 오일 가격의 하락이 수입 감소에 큰 비중을 차지했고, 공산품의 수출은 확대되었다. 수출의 증가에는 II PND로 투자 혜택을 입었던 기업들의 역할이 매우 컸다. 그러나 인플레율은 1984년 223%로 상승했다. 인플레의 원인은 수출에서 얻어진 대금이 외채 상한에 사용되었기 때문이었다.

1985년 휘게이레두가 임기를 마칠 무렵, 국가의 재정적 위기는 일시적으로 회복되었고, 경제는 다시 성장세에 있었다. 그러나 국가의 수지균형은 여전히 적자였고, 인플레율은 엄청난 상승율을 나타냈으며, 외채도 1978년 435억 US$에서 1984년에는 910억 US$로 증가했다.

정치적 개방의 지속

휘게이레두는 경제적 위기 속에서도 민주화의 과정을 지속해 나갔다. 이 과정에서 골베리 장군과 법무장관 뽀르뗄라(Petrônio Portela)가 총괄책임을 맡았다. 뽀르뗄라 장관은 Arena의 총재이자 상원의원으로써 민간 사회단체들과 정부의 가교 역할을 수행한 인물이었다.

1979년 휘게이레두는 야당이 내세운 사면을 위한 투쟁에 관심을 표명했다. 의회의 승인을 받은 이 법은 제한적이었고, 강경파에게도 중요한 특권이 부여되었다. 그러나 이 법으로 정치적 유배자들이 귀국할 수 있게 되었고, 공적 자유의 확대에 중요한 계기가 되었다.

개방과 자유화의 과정에는 군부 강경파의 방해가 뒤따랐다. 야당의 신문사와 히우의 지방 의회에서 폭탄이 폭발했다. 브라질 변호사협회(OAB) 회장에게 배달된 소포가 폭발하여 비서가 사망했다. 노바 이과수(Nova Iguaçu)

의 주교 이뽈리뚜(Dom Adriano Hypólito)와 법률가 달라리(Dalmo Dallari)와 같은 교회와 연관된 인물들이 납치되었다. 그러나 범죄행위는 1981년 4월 30일 히노센뜨루(Rinocentro) 컨벤션 센터의 폭발 시도에서 그 절정에 달했다. 수천 명의 젊은이들이 모인 음악 축제에서, 폭탄 중 한 개는 육군 장교와 상사가 탄 차 안에서 폭발했다. 정부는 그 사실을 터무니없는 거짓으로 은폐하고, 사건을 마무리 지었다. 사건의 진실을 파헤치려던 조사단의 한 대령이 교체되었다. 1981년 대통령 특보장관 골베리의 사임은 이 사건의 조작을 거부한 것과 거의 확실히 연관되었다. 강경파는 델핑 네뚜의 사회보장기금에 관해서도 의견을 달리하며 휘게이레두 행정부를 공격했다.

1965년 승인된 선거법은 권력의 소유자들에게는 하나의 덫으로 변했다. 선거는 국민들의 투표에 의한 방식으로 변해갔다. MDB를 지지하는 정부에 대한 반대표에는 다른 사상과 다양한 종류의 불만이 내포되어 있었다. 1979년 12월 야당을 약화시키려는 의도로 정부는 정당 설립법(Nova Lei Orgânica dos Partidos)을 의회에서 승인받았다. 이 법으로 기존 정당인 Arena와 MDB가 소멸되고, 당(Partido)라는 단어가 들어가는 새로운 정당의 설립이 가능해졌다. 대중에게 인기가 없었던 Arena는 사회민주당(Partido Democrático Social, PDS)로 변신했고, MDB는 브라질 민주운동당(Partido do Movimento Democráco Brasileiro, PMDB)으로 탈바꿈했다.

군사정권이라는 공동의 적이 존재하는 한, 사상과 성향을 달리하는 많은 세력들이 그룹을 이루었다. 새롭게 탄생한 당들 중 도시와 농촌 노조원들이 힘을 규합하고, 교회와 전문직 중산계층이 가세한 노동당(Partido dos Trabalhadores, PT)이 있었다. PT는 브라질 임금 노동자들의 이익을 대변했다. 그들은 사회주의로의 노정을 전개해 나갔지만, 공산당과 소련 숭배에 반대했다. PT는 사회주의의 본질에 대한 뚜렷한 정의를 내리지 않았다. 이러한 이유로 당 내부에서도 반대의 기류가 흘렀다. 즉, 사회적 민주주의를 지향하는 세력과 프로레타리아 계급의 독재를 옹호하는 세력이 공존했던 것이다. 그들은 상 파울루 주변의 ABC 지역 노조연합과 긴밀한 관계를 유지했다. 룰라는 PT의 가장 눈에 띄는 인물로 성장했다.

브리졸라(Brizola) 역시 PMDB에 참여하지 않았다. 그는 군사정권에 의해 사라졌던 PTB의 명성을 되찾으려했지만, 법원의 결정으로 이 이니셜을 사용하지 못하게 되자, 노동자민주당(Partido Democráco Trabalhista, PDT)을 창당했다. 이 당은 바르가스의 조카손녀 이베찌 바르가스(Ivete Vargas)를 위시한 다양한 정치 세력과 힘을 규합했다.

1979년 정당 설립법으로 민중당(Partido Popular, PP)이 창당되었지만, 오래 지속되지 못했다. 네비스(Tancredo Neves)와 삔뚜(Magalhães Pinto) 같은 정부의 보수 적대세력이 모인 이 당은 부르주아 층을 겨냥했다. 따라서 PDS가 민주적이거나 사회적 본질을 보이지 않은 것만큼이나, PP도 민중적 특색과 거리가 멀었다.

1981년 8월 제1차 전국 노동자 계급 회의(Conferência Nacional da Classe Trabalhadora, Conclat)가 상 파울루에서 개최되었다. 이 모임에는 브라질 전역에서 노동조합 대표가 참석했다. 이 모임에는 두 개의 주요한 분파가 있었는데, 하나는 PT와 밀접한 관계를 유지한 공격적인 세력으로써 ABC의 노동조합이 핵심이었다. 또 다른 분파는 자유화의 노정에서 제한된 투쟁활동을 지향했다. 이 세력은 명백한 이데올로기적 특성은 없었지만, 노동자들의 확고한 이익을 중요시했고, 상 파울루의 금속노조가 주축을 이루었다.

1983년 노동자 단일 중앙회(Central Única de Trabalhadores, CUT)가 설립되었을 때, Conclat에 참여한 세력은 이에 가담하지 않았다. 이 단체는 1986년 3월 노동자 총 중앙회(Central Geral dos Trabalhadores,CGT)로 탈바꿈했다. 이리하여 브라질에는 두 개의 노조 총 연합이 경쟁관계를 이루었다.

휘게이레두 대통령은 1982년 11월로 선거일정을 잡았다. 의회에서는 야당의 기세를 꺾으려는 다양한 대책이 강구되었다. 그들 중에서 연계투표(voto vinculado)는 유권자들에게 시의회 의원부터 주지사에 이르기까지 모든 대표를 한 당에서 선출하도록 강요하는 제도였다. 각기 다른 당의 후보에 투표하는 것은 무효 처리되었다. 이것은 지방 자치도시에서 강세를 보였던 PSD를 유리하게 하는 조처였다.

이 불합리한 제도에서 PP는 해체를 결정하고, PMDB에 합류했다. 여전히 유효한 팔까웅 법 등의 제한 정책에도 불구하고, 선거 캠페인에서 토론은 가능했다. 1982년 11월, 4천800백만 유권자들이 지방자치단체 선거에 참여했다. 1965년 이래 최초로 주지사도 직선으로 선출했다.

의회선거에서는 상원에서는 PDS가 46석을 차지하여 승리했다. PMDB는 21석, PDT와 PTB는 각각 1석을 차지했다. 하원에서도 PDS는 승리했지만, 절대 다수의 지지를 얻지는 못했다. 결과는 PDS의 235석, PMDB의 200석, PDT의 24석, PTB의 13석과 PT의 8석으로 나타났다.

주지사 선거에서 야당은 뜻 깊은 승리를 얻었다. PDS는 중요한 주들에서 참패했다. 상 파울루에서는 PMDB의 몬또루(Franco Montoro)가 승리했고, 미나스 제라이스에서는 땅크레두 네비스가 당선되었으며, 빠라나에서도 히샤(José Richa)가, 그리고 히우 지 쟈네이루에서는 브리졸라가 주지사에 선출되었다. 컴퓨터로 진행된 개수작업에서 일련의 사기극이 연출되었으나, 이것은 PDT에 의해 폭로되었다. 그러나 PDS는 전통적으로 야당세가 우세한 뻬르낭부꾸와 히우 그란지 두 술에서 PMDB와 PDT의 지지표가 분산되면서 행운을 얻었고, 나머지 주들에서도 승리를 거두었다.

1983년 PT는 공화국 대통령직을 위한 직접선거 캠페인에 나섰다. PT는 이를 위해 다른 당들과 힘을 규합하고자 했다. 동년 6월 PMDB도 캠페인에 나설 결심을 했다. PT, PMDB, PDT, CUT, Conclat와 다른 조직들이 11월에 상 파울루에서 첫 번째 시위를 벌였다. 이 시위는 PT의 전투적인 과격 세력이 주축을 이루었고, 호응은 크지 않았다.

1984년 1월 초 PMDB는 기마랑이스(Ulysses Guimarães) 총재의 주도 하에 캠페인을 벌였다. 대규모 국민대회가 꾸리찌바(Curitiba)에서 개최되었다. 프랑꾸 몬또루 지사가 주도하여, 상 파울루에서는 야당과 노동조합 대표자들이 참여한 위원회가 구성되었다.

이를 계기로 직접선거를 위한 대규모 시위가 전국적으로 확산되기 시작했다. 수백만 군중이 상 파울루와 히우의 거리를 가득 채웠다. 디레따스 쟈(diretas já)로 알려진 직접선거 캠페인은 당을 초월한 단결과 군중심리로 분위기를 고조시켰다. 브라질인들은 직접선거에 그들의 모든 희망을 걸었다. 그들은 직접 뽑은 대통령이 부족한 임금, 개인의 안전, 인플레의 억제와 같은 문제를 해결해 줄 것으로 기대했다.

그러나 거리의 시위만으로 이들의 희망이 실현될 수는 없었다. 직접선거를 위한 헌법 개정은 의회에서 국회의원 2/3의 찬성이 있어야만 했다. 이를 위해서는 다수당인 PDS 의원의 상당수가 동조해줄 필요가 있었다. 마뚜 그로쑤(Mato Grosso)주의 PMDB 소속의원의 이름으로 알려진 올리베이라(Emenda Dante de Oliveira) 헌법 수정안이 제출되었다. 이 수정안은 국민들의 기대 속에 투표에 회부되었다. 휘게이레두 대통령은 비상사태를 선언하고, 혹시 일어날지 모르는 상황에 대비했다.

올리베이라 수정안은 통과되지 못했다. 지지를 위해서는 22표가 부족했다. 국회의원 479 명에서 통과를 위해서는 320명의 지지가 필요했으나 298표에 불과했다. 그러나 PDS의 의원 55인이 정부와 당의 압력에도 불구하고 지지표를 던졌다. 그리고 상원의 구성을 감안할 때, 이 수정안이 하원을 통과했더라도, 상원에서 승인되기란 불가능한 일이었다.

대통령 직접선거를 위한 수정안의 거부는 국민들 사이에 엄청난 좌절을 안겨주었다. 계승 문제는 선거인단의 수중에 있었다. 부통령 아우렐리아누 샤베스, 내무장관 안드레아짜(Mário Andreazza), 그리고 말루프(Paulo Maluf) 세 사람이 PDS의 후보로 대두되었다. 실바 대통령의 친구 말루프는 1969년 상 파울루 시장을 역임했고, 후일 간접선거에 의해 상 파울루 주지사로 선출되었다.

정부의 대통령 후보 선택에서 군 수뇌부의 승인절차는 없었지만, 군부는 여전히 결정에 있어 영향력이 있었다. 말루프는 PDS의 선출협의회를 상대로 적극적인 로비 정책을 펼쳤다. 1984년 8월 말루프가 정부 여당의 후보로 확정되었지만, 다른 후보를 지지했던 PDS의 일부 세력이 당을 떠났다. 이미 동년 7월, 샤베스는 후보직을 사퇴하고 자유전선(Frente Liberal)이라는 이름으로 신당을 창당했다. 자유전선은 땅크레두 네비스를 대통령 후보로 내세운 PMDB에 접근하였고, 양측의 합의 하에 말루프에 반대하며 민주연맹(Aliança Democrática)을 형성했다. 민주연맹은 대통령 후보에 땅크레두를, 그리고 부통령 후보에는 사르네이(José Sarney)를 지명했다.

PMDB는 사르네이에 대해 상당히 회의적이었다. 그 이유는 그가 불과 얼마 전까지 PDS의 거물인사였기 때문이었다. 따라서 그가 PMDB의 민주화 투쟁에서 행한 역할은 전무했다. 그러나 자유전선은 그의 부통령 후보 지명을 강력히 요구했고, PMDB는 요청을 받아들였다.

간접선거의 후보였지만, 땅크레두는 TV와 각종 집회에 참여했고, 대중적 지지도를 높여나갔다. 말루프 역시 그의 특유한 인화술을 이용해서 선거인단 한명 한명을 설득하려고 시도했다. 그러나 그의 작전은 실패했다.

1985년 1월 15일, 땅크레두와 사르네이는 선거인단 투표에서 확실한 승리를 거두었다. 480표의 지지를 받아 180표를 얻은 말루프 측을 압도한 것이다. 권위주의 체제의 표상인 선거인단제도 하에서도 야당은 대통령직을 차지했다. 이것은 브라질 국민들이 얼마나 민주화를 갈망하고 있었는지를 암시해주는 대사건이었다.

1964년 3월 31일 이후 브라질에 자리 잡은 군부체제의 주요한 특징은 무엇일까? 일반적으로 군부체제라는 표현은 군의 수뇌부가 정부의 모든 기능과 권력을 장악하기 때문에 사용되어진다. 3인의 육·해·공군 장관, 합참의장과 대통령 국방수석(chefe de Gabinete Militar da Presidência)으로 구성된 군 최고 수뇌부는 대통령 지명에서 가장 큰 결정권을 지니고 있었다. 그러나 군부는 초기부터 정치영역에서 한 마음으로 행동에 나서지 못했다. 문제가 발생했을 때, 까스뗄루 브랑꾸파(Castelistas), 강경파와 애국주의 세력으로 나뉘어 각자의 주장을 고집했다. 또한, 중견 장교들은 수뇌부에서 결정한 지도노선을 따르기도 했지만, 때로는 새로운 후보를 내세우면서 자신들의 주장을 굽히지 않았다. 결국 명목상으로, 군부는 홀로 통치하지 않았고, 그들과 함께 권력을 분담한 민간인들에도 지나친 간섭을 배제했다. 따라서 1964년 설립된 군부체제는 개인독재 체제가 아니었다. 경제개발 계획의 입안자들은 네뚜나 시몬센과 같은 경제 전문가들이었다.

군부 체제와 연관된 또 하나의 관념은 권위주의였다. 실제로 군부체제는 파시스트적 요소를 배격하고 있었다. 그들은 군사정권을 지원해줄 세력집단의 힘을 얻으려하지 않았다. 단일 정당 정책도 추구하지 않았고, 지식인들의 공감을 얻을만한 사상도 강조하지 않았다. 이에 반하여 좌파사상은 대학과 문화계 전반에 걸쳐 확산되어 있었다.

1945-1964년의 대의정체와 1964-1985의 군부체제는 명백한 차이가 있었다. 군사 정부는 개인독재 체제가 아닌, 군 수뇌부의 4성 장군이 일정 기간

정부를 관리하도록 선택되는 일종의 협력체제였다. 통치자의 선택은 헌법 규정에 따라, 의회가 선출하는 형태를 취했고, 외견상으로는 Arena가 후보를 지명했지만, 군부의 수뇌부가 실질적 결정권자였다.

포퓰리즘은 더 이상 권력의 수단으로 이용되지 못했다. 군부체제에서 노동자, 학생과 농민들은 힘을 상실했다. 그러나 노동조합은 많은 탄압과 통제에도 불구하고 살아남았다. 조합회비는 계속해서 징수되었고, 이것이 그들의 생존을 보장해주었으며, 점진적인 개방의 분위기 속에서 조합의 확산도 가능해졌다.

땅크레두 네비스의 대통령 선출과 함께 민주주의로의 이행이 끝난 것은 아니었다. 누구도 예기치 못한 일이 발생한 것이다. 1985년 1월 15일부터 3월 15일 취임식이 있기까지 네비스는 해외순방을 포함한 활발한 일정을 소화했다. 그러나 신임대통령의 취임식은 거행되지 못했다. 네비스는 브라질리아의 한 병원에서 심각한 수술을 받았다. 수술이 진행되는 동안 사르네이는 대통령궁(Palácio do Planalto)에서 네비스를 대신하여 취임식을 거행하고 있었다. 국민들은 한결같이 그의 쾌유를 빌었다. 그러나 수술 후 그의 병세는 더욱 악화되었고, 상 파울루에서 다시 수술대에 올랐으나 결국 사망하였다. 그가 서거한 4월 21일은 공교롭게도 브라질 독립을 위한 혁명의 영웅 찌라덴찌스(Tiradentes)의 서거일과 같은 날이었다.

장례식날 브라질 시민 모두가 길거리로 쏟아져 나왔다. 운구 행렬은 상 파울루에서 브라질리아를 거쳐 고향인 벨로 오리존찌까지 이어졌다. 군사정권을 종식시킨 첫 민간 대통령의 죽음으로 시민 모두가 슬픔에 잠겼다. 매우 중요한 상황에서 위대한 정치인을 잃은 안타까움과 억압받았던 험난한 정치적 생애가 그에 대한 연민의 정을 더욱 자극했다. 네비스는 정치가들의 세계에서도 정직하고 균형잡힌 인물로 평가되었다.

네비스의 죽음으로 사르네이가 대통령직을 계승했다. 그는 AD 내에서는 입지가 좁은 정치인이었다. 더욱이 그의 정치적 삶은 군사독재체제와 밀접하게 연결되어 있었다. 권위주의 체제에 반대했던 많은 정치 분파들은 과연 그가 신 공화국(Nova República)을 잘 이끌어갈 수 있을지 우려했다. 사르네이 역시 자신에 대한 잘못된 평가를 불식시키고 싶었다. 그런 이유로 전임자가 염원했던 많은 계획들을 실행에 옮길 것을 결심했다. 네비스의 그늘 아래서 통치를 시작한 사르네이는 전임자가 내정해둔 각료들도 지명했다. 그러나 신임 대통령 앞에는 헤쳐 나가야 할 수많은 도전과 장애물이 가로놓여 있었다.

땅끄레두 네비스 대통령

1985년 5월 8일 의회는 군사독재정권의 마지막 흔적을 지우기 위한 헌법 수정안을 통과시켰다. 수정안은 하원 458석과 상원 62석의 찬성으로 대통령의 직선제를 승인했고, 문맹자에게도 투표권을 부여하는 법안도 승인했으며, 그 밖에도 공산당의 인정, 지방자치도시의 시장 직선제와 연방관할 구역에서 3인의 상원과 8인의 하원을 선출하는 법안을 승인했다.

사르네이는 1985년 7월 22일 한 성명에서 새로운 정부가 당면한 어려움을 다음과 같이 표현했다. '나는 국가를 통치하려는 이 시점에서 브라질 역사상 최대의 정치적 위기, 세계 최대의 외채, 최대의 국내 부채 그리고 이미 우리가 겪은 최대의 인플레율을 상속받았습니다. 그뿐이 아닙니다. 사회에 대한 최대의 빚-도덕적 빚도 있습니다.'

결국 사르네가 대통령으로서 수행해야 할 최대의 과제는 권위주의가 남긴 잔재를 완전히 씻어내고, 헌정의회를 구성하여 새로운 연방헌법을 만드는 것이었다.

제6장 브라질 민간정부의 탄생

국민 여론과 반대 세력의 캠페인은 휘게이레두 대통령 후계자 선거를 직접선거로 전환하자는데 모아졌다. 수만 군중이 대도시 마다 운집하여 민주주의의 복귀와 자유를 부르짖으며 국가를 불렀다. 전국적으로 확산된 이 캠페인은 적어도 1백만 이상의 시민이 참가했다. 의회에는 대통령 직접선거를 보장하는 수정안이 제시되었다. 군사정권은 의회의 친여세력을 동원하여 반대세력의 제안을 좌절시켰다. 그러나 의회는 대통령 임기를 6년에서 4년으로 감축시키는 제안은 승인했다.

민정이양을 위한 1985년 1월 선거에는 PDS의 말루프와 민주연맹의 땅끄레두 네비스 후보가 입후보하였다. 네비스는 부통령 후보로 Arena의 전 총재였던 사르네이를 지명했다. 많은 국민들의 신망을 얻고 있었던 네비스는 대중적 인기가 결여된 보수주의자이며 전 상 파울루 주지사였던 말루프를 물리치고 선거인단에 의해 대통령에 선출되었다. 1964년 혁명 이후 최초의 민간대통령으로 선출된 네비스는 군사독재의 잔재를 일소하고 브라질 사회 각 분야에서 새로운 변화를 가져다 줄 인물로 평가되었다. 그러나 그는 정권을 떠맡을 수 없었다. 중병에 걸린 그는 1985년 4월 상 파울루의 한 병원에서 조용히 눈을 감았다. 결국 같은 날 부통령 사르네이가 신임 대통령에 취임하여 브라질의 신 공화국시대가 막을 열었다.

사르네이의 충격요법

네비스가 구성한 내각을 그대로 이어받은 사르네이는 1985년 한 해에만 약 400-500건의 파업으로 큰 고통을 받았다. 노동자들은 3개월 단위의 임금 재조정, 실질임금 인상과 주 40시간 노동을 요구했다.

재무장관 후나로(Dilson Funaro)가 이끄는 경제전문가 그룹이 경제에 충격을 가하고 인플레를 완화시킬 계획을 수립했다. 1986년 수립된 크루자두 계획(Plano Cruzado)은 초기에 인플레율을 감소시키는데 성공했다. 이처럼 크루자두 계획은 초기에 성공적이었다. 그러나 수퍼마케트의 선반들은 텅 비었고, 소비는 계속 증가했다. 경제팀은 계획을 수정할 필요성을 느꼈다. 갈수록 이 계획이 국민들의 실망을 키웠기 때문이었다. 정부여당인 PMDB는 연말 선거를 생각하고 정책을 수정함으로써 23개 주지사 선거에서 22곳에서 압승을 거두었다.

크루자두 계획에서 가장 중요한 것은 화폐개혁이었다. 화폐단위는 크루제이루에서 1,000:1의 비율로 크루자두로 전환되었다. 또한, 1986년 2월을 기준으로 1년간 물가동결, 임금동결, 국영기업의 민간이양, 정부투자의 20% 삭감과 투자우선순위의 조정이 시행되었다. 1986년 주지사 선거와 상·하의원 선거에서 PMDB가 압승을 거둔 후 수정된 제2차 크루자두 계획은 군사정부시대부터 고질화된 빈부격차, 인플레이션 및 만성적 실업의 퇴치에 중점을 두고 있었다. 그러나 새로운 경제 충격요법은 성공적이지 못했다.

1989년 정부는 내각개혁과 이른바 하계 계획(Plano Verão)으로 불리는 새로운 개혁안을 발표했다. 65개 생산품목의 가격동결, 크루자두 노부(Cruzado Novo)로 다시 한번 화폐단위를 전환, 그리고 달러화와의 평가 고정 등이 개혁안의 핵심적 요소들이었다. 그러나 사르네이 집권기에 발생한 약 1만여 건의 파업사태와 높은 인플레를 진정시키기에는 큰 효과가 없었다.

1989년 11월의 대통령 선거

사르네이를 계승할 대통령 선거에는 22명의 후보가 입후보했다. 라디오와 TV에서는 각 후보들의 공약과 상대방과의 열띤 공방전이 전개되었다. 이 선거에서 노동당의 루이스 이나씨우 룰라 다 실바(Luis Inácio Lula da Silva)

페르난두 꼴로르 대통령

후보가 13%의 지지율을 얻었다. 첫 번째 단계에서 룰라와 알라고아스(Alagoas)의 지사였던 훼르난두 꼴로르(Fernando Collor)가 승리했다. 두 번째 단계에서는 꼴로르가 3천1백만 표의 지지를 얻은 룰라보다 4백만 표 앞서는 3천5백만 표로 승리했다.

꼴로르는 전국 4,500개의 자치시들 중 3,900개 지역에서 승리를 얻었다. 그는 인플레를 억제하고 브라질이라는 존재를 세계 속에 부각시키는 것을 목표로 설정했다. 그의 쾌활하고, 두려움 없으며 스포츠를 즐기는 자유분방한 모습은 TV화면을 통해 많은 브라질인들에게 소개되었다. 초음속 제트기를 조종하고, 잠수함 여행을 즐기며 카라테를 시연하는 그의 역동적인 모습은 대중적 인기를 끌기에 충분했다. 야당은 그를 전임 대통령 쟈니우 콰드루와 비교하기도 했다.

인플레를 잡기 위한 또 하나의 계획

새 정부는 1964년 이래 선출된 최초의 민간정부였다. 사르네이 대통령은 꼴로르에게 월 89%의 인플레율을 남겼다. 재무장관 까르도수 지 멜로(Zélia Cardoso de Mello)가 이끄는 경제팀은 1990년 3월 경제안정화를 위한 신 브라질 계획(Plano Brasil Novo)을 마련했다. 취임 하루 후에 발표된 이 조처는 여론에 엄청난 충격을 주었다.

이 계획의 주요 특색은 은행에 저축된 모든 돈을 1년 반 동안 동결시키는 것이었다. 이로써 5만 크루제이루를 초과하는 모든 당좌계정과 저축예금 등은 동결되었다. 이 총액은 1.150억 달러에 달했다. 상환은 최소의 이자율을 적용하여 18개월 후 이루어졌다. 많은 사람이 이의를 제기했다. 물가 역시 30일 동안 동결되었다. 이 계획은 초기에 브라질 국민들로부터 적극적인 환영을 받았다.

꼴로르의 계획은 신자유주의(neoliberalismo)색채가 강했다. 외국상품을 위한 국내시장의 개방을 촉진하고, 국내 상품과 가격경쟁을 강화해 나갔다. 보호주의의 비호 하에 있었던 브라질 공업의 입지가 좁아졌다. 꼴로르는

까라스 삔따다스 시위

브라질에서 제조되는 자동차를 작은 소달구지라는 의미를 지닌 까로싸스(Carroças)라 불렀다. 자유임금협상과 계획의 결과로 나타난 경제적 불황은 실업자 수를 증가시켰다.

경제적 충격요법은 인플레를 잡지 못했다. 1991년 정부는 부득이 계획을 수정했다. 정부는 공공경비를 감축하기 위해 노력했고 정부소유재산의 민영화를 시작했다. 벨로 오리존찌의 철강회사 Usiminas가 경매 처분되었다. 또한, 외채 상환을 위한 기한을 최대한 연장하기 위해 IMF와 협상이 이루어졌다.

노동자 총회(Central Única dos Trabalhadores, CUT)와 PT에 의해 지원을 받은 노동자들은 임금인상과 불황타계를 요구하면서 파업에 들어갔다.

꼴로르 정부 내에서는 대통령 친구 빠울루 쎄사르 파리아스와 연관된 측근비리가 드러났다. 전국에는 각종 매체물을 통해 파리아스의 비리와 그의 은행계좌 내역이 공개되었다. 그 밖에도 수많은 각료들의 부패 행위와 영부인 로산느(Rosane Collor)의 비리관련 사건도 공개되었다.

브라질은 1992년 5월 베쟈(Veja)지에 공개된 자료에 경악을 금치 못했다.

대통령의 동생 뻬드루(Pedro Collor)가 파리아스의 비리를 공개적으로 밝힌 내용이었다. 즉각 의회는 청문회(CPI)를 소집하여 대통령 주변의 인물들을 조사한 끝에 꼴로르의 혐의도 밝혀냈다. 또한, 수뇌죄로 파리아스 역시 처벌을 면치 못하게 되었다.

언론의 가차없는 공격에 꼴로르는 최대의 위기에 몰렸다. 이미 등을 돌인 여론을 되돌려 놓기란 불가항력이었다.

브라질 민주주의의 실험

꼴로르 취임 초기 일시적이나마 20%로 인플레가 진압되었지만, 경기침체로 임금은 정체되었으며 실업률도 많이 증가했다.

브라질 변호사단체는 의회에 대통령의 퇴임을 위한 탄핵안을 제출했다. 이것은 브라질 민주주의를 위한 중대한 실험이었다.

꼴로르는 퇴임을 막기 위해 가능한 모든 방법을 동원해서 투쟁했다. 그를 지지하는 하원의원단과 봉사자들을 앞세우며, TV에서 국민들에게 결백을 호소했다. 그는 1992년 9월 2일 브라질 독립 기념일에 국가를 사랑하는 마음을 나타내기 위해 국기 색과 동일한 노랑과 초록색 옷을 입자고 제안했다. 그러나 군중은 검정 옷을 입고, 거리로 뛰쳐나와 그의 퇴임을 요구했다. 수천 명의 젊은이들은 얼굴에 노란색과 초록색 페인트를 바르고 시위를 선동했다. 그들은 이른바 까라스 삔따다스(caras_pintadas)들이었다.

탄핵안은 1992년 9월 의회에 상정되었고, 꼴로르는 가망성이 없음을 깨닫고 9월 28일 스스로 사임했다. 헌법의 규정에 따라 부통령 이따마르 후랑꾸(Itamar Franco)가 대통령직을 계승했다.

이따마르 프랑꾸의 빠웅 지 께이쥬(Pão de Queijo)정부

미나스 제라이스에서 정치를 시작한 이따마르는 정부 여당 당원들의 지지와 야당의 양해하에 대통령직을 떠맡았다. 그것은 브라질의 정치적 안정을 위한 여야 간의 타협으로 이루어졌다. 1993년 실시된 선거는 브라질 정체를 대통령제 공화국으로 결정했다.

신임 대통령은 전국적인 지명도도 없었고, 개인적인 스캔들에 휩싸인 나약한 인물이었다. 경기침체는 심각한 수준에 이르렀다. 공업생산은 전년도에 비해 5% 감소했다. 외국인 투자도 격감했고, 실질 이자율도 30%에 달했다.

상 파울루의 실업율은 16%였다. 그러한 상황에서 꼴로르 탄핵을 주관했던 삥에이루(Pinheiro) 하원의원을 포함한 상·하의원들의 부패비리가 정국을 더욱 어지럽혔다.

솟아오르는 물가와 인플레를 바로잡기 위해 새로운 화폐단위인 헤알(Real)이 등장했다. 정부와 대통령의 나약성은 많은 각료들의 교체에서 드러났다. 외무장관직에 있었던 까르도주(Fernando Henrique Cardoso) 교수가 재무장관으로 자리를 옮겼다.

까르도주는 독재에 대항하는 강력한 행동주의자였고, 국제적으로 존경받는 사회학자로써 좌파적 정치적 신념이 확고한 인물이었다. 상 파울루에서 상원의원으로 선출된 그는 PSDB에 합류했다.

1993년 5월 재무장관직을 맡은 그는 인플레 안정을 위한 경제-금융 계획을 발표할 준비를 진행했다.

강력한 인플레 억제책

1994년 3월 새로운 경제 계획이 실행에 들어갔다. 화폐단위도 크루제이루에서 헤알로 이전하는 순간이었다. 인플레에 지친 여론의 지원으로 계획은 성공적이었다. 1994년 10월 2일 페르난두 엥리께는 보수당과 PFL을 위시한 우파연합의 지원으로 유효투표의 55%를 얻어 노동당의 룰라를 물리치고 대통령에 당선되었다. 인플레율은 하락하기 시작했다. 1998년에는 연 3% 이하로 급락했다. 실로 믿기지 않는 사실이었다. 달러화 부족으로 인한 위기도 사라졌다. 그 해에 브라질은 700억 달러 이상의 외환보유고를 기록했다.

1995년 1월 1일 대통령에 취임한 까르도주 대통령은 정부의 국영전력회사, 철강회사, 통신과 철도회사의 매각에 나섰다. 도로망까지도 민영화되었다. 경제는 자유경쟁체제의 도입으로 완전히 규제에서 탈피했다. 통화안정으로 외국상품 가격도 하락했다.

민영화는 계속되었고, 브라질 최대의 철광석 광산(Vale de Rio Doce) 회사

까르도주 대통령

도 민간에게 매각되었다.

헤알 플랜(Plano Real)은 화폐가치의 안정은 유지했지만, 실업율을 잡지는 못했다. 1998년 8월 실업율은 상 파울루에서 19%에 달했다. 많은 중소기업들이 도산했다. 다국적 기업들은 Mercosul 시장을 겨냥하여 브라질에 눈길을 돌렸다.

까르도주의 최대의 승리 중 하나는 재선을 위한 헌법 개정이었다. 1998년 헌법 개정으로 행정부 수뇌의 재선출이 가능해졌다. 까르도주는 공화정 사상 전대미문의 결과를 성취했다. 1998년 재선출된 까르도주는 8년 연속 대통령직을 수행하게 된 것이다. 그와 4년 전 경쟁했던 노동당의 룰라 후보는 이번에는 1차 투표에서부터 참패를 당했다.

페르난두 엥리께 까르도주 대통령은 그의 정부를 비판하였던 세력들에게서조차 존경을 받는 엄청난 인기를 누리며 2차 임기를 시작했다. 그는 브라질 역사상 어떤 대통령도 경험하지 못했던 국제적 각광을 받았다. 브라질은 신자유주의와 세계화의 과정을 착실히 수행해 나갔다.

룰라(Luís Inácio Lula da Silva,2003.1-2006.12, 2007.1-)

까르도주의 임기가 끝나갈 무렵인 2002년 10월 27일 룰라는 PSDB가 후보로 내세운 상 파울루 상원의원 쥬세 세하(José Serra)를 물리치고 대통령에 당선되었다. 네 차례의 도전 끝에 2003년 1월 1일부터 브라질 연방공화국 35대 대통령으로 집권을 시작한 것이다.

취임사에서 그는 '나는 고등교육을 마친 징표인 학위장이 없다고 해서 많은 비난을 받았지만, 첫 번째 학위를 받게 되었다. 그건 우리 조국의 대통령 학위이다.' 상 파울루에서 정계에 입문했지만, 뻬르낭부꾸가 배출한 유일한 대통령이 된 그는 2008년 News Week가 선정한 세계에서 가장 영향력 있는 인물 18위에 올랐다. 일찍이 어린 시절부터 노동자로, 또한 노조 지도자로써 활동하며 브라질 서민들의 삶을 대변했던 그는 탁월한 정치가로 성장해 나갔다.

룰라 대통령

룰라는 2001년 대통령에 당선되었을 때, 좌에 치우친 사회주의자로 여겨졌지만, 오히려 브라질을 실용주의 노선으로 이끌었기에 그의 경제 정책이 보수적이라는 평가까지 듣고 있다. 그는 경제정책에 있어서, 경제 안정과 국제수지 개선을 우선과제로 삼았다. 이를 위해 그는 세제, 노동, 농지 그리고 연금 개혁에 착수했고, 70%를 상회하는 국민 지지율에 힘입어 세제와 연금 개혁을 순탄하게 진행했다. 금융과 화폐 정책에서도 예상과는 달리 보수적 정책을 실행하며, 중앙은행의 자치권을 허용했다.

사회정책에서도, 브라질 사회의 고질적 문제점인 소득 불평등을 개선하기 위해 노력했다. 그 일환으로 최저임금 인상, 빈곤타파를 위한 기금확보와 지원책이 마련되었다. 또한, 실업율을 줄이고 농업 분야와 인프라 구축으로 일자리 창출을 위한 프로그램이 시행되었다. 오늘날 브라질에는 굶주림에 위협받고 있는 사람이 대략 4천 4백만 명에 이른다. 빈곤층을 지원하기 위한 기아 박멸(Fome Zero)운동은 2015년까지 150만 빈민 가정에 매달 15달러를 지원하여 최빈곤층을 절반으로 줄인다는 목표를 내세웠다. 이를 위해 30개 이상의 각종 프로그램이 마련되었지만, 예산 부족, 실행 부서 간의 마찰과 부정부패는 목표 성취를 위한 최대의 걸림돌이 되고 있다. 토지개혁 또한 룰라 정부가 당면한 중요한 과제이다. 무토지 농민운동(MST)의 설립 취지가 변질되고, 좌파적 성격으로 변모하자 까르도주 정부는 농지 개혁안을 발표하고 무토지 농민들에게 토지를 분배하는 정책을 실시했다. 룰라 역시 토지수용을 통한 40 만 가구의 농민 정착, 토지은행의 저리분양에 의한 20만 가구 지원 그 밖에도 40만 가구에게 보조금 지급을 약속한 상태에 있지만, 그 성과는 미지수이다.

한편 룰라 정부는 외교적 측면에 있어서도 국제무대에서의 위상을 높이기 위해 노력하고 있다. 미국과는 대체 에너지 개발 및 사용을 위한 전략적 협력관계를 협의하고, 세계무역기구(Organização Mundial do Comércio,OMC) 그리고 EU와도 긴밀한 교류를 이루고 있다. 외교정책의 우선순위를 교역에 두고 있는 룰라 정부는 지난 7년 동안 9,370억 US$의 괄목할만한 수출고를 기록했다. 아울러 남미 통합을 목표로 Mercosul을 확대하고 역내 수출도 100% 이상의 신장세를 나타냈다.

최근 브라질은 2016년 하계 올림픽을 히우 지 쟈네이루에 유치하는데 성공했다. 남미 대륙 최초의 올림픽 개최는 이 지역의 위상을 드높이는 쾌거였고, 혼혈국가 또는 2류 국가로 대접받던 브라질로서는 조국을 전 세계에 알릴 수 있는 호기를 맞이하게 된 것이다. 룰라 대통령은 유치 성공 이후 한 기자회견에서 UN 안보상임이사국 진출이 브라질 외교의 가장 큰 꿈임을 밝혔다.

2007년 1월 재임기를 시작하면서 룰라는 경제성장 촉진 프로그램(Programa de Aceleração do Crescimento, PAC)를 공표했다. 2010년까지 5,039억 헤알이 투자될 이 프로그램은 사회 인프라 구축(위생, 주택, 운송, 에너지 및 수력자원), 신용과 금융 활성화 및 세제 개편 등을 목표로 하고 있다.

그의 열정적인 리더십에 브라질 국민들은 70-80 %의 높은 지지율로 화답하고 있다. 그러나 그의 앞에는 브라질의 고질적인 병폐인 빈부격차 해소 등 헤쳐 나가야할 수많은 과제들이 놓여있다. 실업문제, 부패를 야기하는 정치권의 개편, 선진국 진입을 위해 성장을 방해하는 요소 척결 그리고 BRICs 국가들에 비해 낮은 GDP 성장률의 증가를 위해 성장동력과 성장 촉진책 마련이 급선무인 것이다.

제7장 브라질 민족문화의 형성

브라질 중서부 고이아스(Goiás)주의 수도인 고이아니아(Goiania)에는 도시 건립을 기념하는 기념물이 있다. 여기에는 세 개의 남성 조각상이 기둥을 떠받치고 있는데 청동으로 만들었지만 옷차림으로 보아 그들이 백인, 흑인과 원주민임을 알 수 있다.

이처럼 브라질인들은 자신들의 조국이 이 세 인종에 의해 건설되었다는 믿음을 확고히 가지고 있다. 따라서 브라질인의 정체성을 찾는 것은 그들에게 언어, 종교와 민족적 특성의 가장 중요한 구성요소들을 제공한 이들 세 인종의 발자취에서부터 살펴보아야 한다. 오늘날 브라질인들과 그들의 모국 포르투갈의 관계는 반대감정이 양립하는(Ambivalent) 모습을 보이지만 독립 이후 이 세 인종을 하나로 접착시킨 아교의 역할은 포르투갈 출신 백인들이었다 .

1500년 까브랄이 브라질을 발견한 이후부터 1530년 소우자의 개척 원정대가 도착한 30년간 포르투갈 왕실은 브라질을 거의 방치하고 있었다. 그러나 동방교역이 유럽의 신흥 열강들의 출현으로 쇠퇴하자 왕실은 브라질로 눈길을 돌렸고, 유럽 경제 규모에 적합한 식민지로서의 값어치를 높이기 위해 통치, 방어와 생산 조직의 확립에 필요한 투자를 감행했다.

스페인령 아메리카에서처럼 풍부한 귀금속과 문명화된 원주민도 없었던 브라질에서 포르투갈인들은 자연자원의 이용이 가능한 해안 지역부터 정착하며 단계적인 개발사업에 착수했다. 다양하고 능률적인 식민통치 조직을 완비한 스페인과는 달리 포르투갈의 식민정책은 비제도적이고, 비능률적이며 정책의 발상도 즉흥적인 면이 강했다. 그런 의미에서 1532년 실시된 까삐따니아(Capitania)제도는 매우 고무적인 것이었다. 또한, 이 제도의 실시는 인도 교역의 위기에서 동 쥬앙 3세(D. João 111)가 취할 수 있는 최선책이었다. 동 쥬앙 3세는 뻬르낭부꾸에서 라 플라타(La Plata)강까지 경계선을 정하고 15개의 까삐따니아를 만들어 12명의 수증자에게 통치권을 넘겼다.

절대왕정 체제 하의 포르투갈 왕국이 식민지에서 유사 봉건체제(Quasi Feudalism)를 주입한다는 것은 많은 논란거리였지만, 동양에만 집중되었던 관심을 우회시켜 수증자들에게 폭넓은 권한을 부여하는 이 제도는 왕실로서는 매우 고무적인 사업이었다. 이 제도는 성공적이지는 못했지만 싸웅 비센찌(S. Vicente)와 뻬르낭부꾸에서 사탕수수 경작이 활성화되면서 농촌사회가 형성되고 소득성이 높은 경제활동이 시작되었다.

16세기에 사탕수수 재배가 확산되면서 포르투갈은 세계 최대의 설탕 생산국으로 부상했고, 유럽시장에 대한 설탕의 최대 공급자였다. 그러나 설탕의 생산은 엄청난 자본의 투입으로 대규모 농장에서 많은 노동력을 동원해야 하는 어려움이 있었다. 본국의 노동력 결핍으로 원주민 노동력의 활용이 강구되었으나 예수회를 비롯한 많은 선교단체들의 거센 반발로 계획은 실패했고, 결국 아프리카 흑인 노예들이 대거 수입됨으로써 노동력이 확보되었다.

3 인종 기념비

아프리카 노예선에 실려온 흑인들은 반뚜(Bantu)와 수단(Sudan)족들이었다. 그들은 바이아, 뻬르낭부꾸와 히우 지쟈네이루 항구에 들어와 해안을 따라 사탕수수 농장지대로 분산되었다.

브라질 발견 이전에 이 땅의 주인은

원주민들이었다. 포르투갈인들은 처음 그들을 대했을 때 '고귀한 야만인'이라는 찬사까지 했지만, 발견 당시 4백만으로 추정되는 원주민은 거의 사라지고 오늘날에는 단지 약 20만 명 정도가 생존하고 있다. 이 수치는 브라질 인구의 약 1% 미만에 불과하다. 육체노동을 천시했던 백인 식민들이 식민 초기에 사탕수수 농장의 힘든 일에 원주민을 투입했다. 그러나 노동일에 익숙지 못한 그들은 저항했고, 타고난 유목민적 천성을 버리지 못했다. 예수회는 그들의 보호자 역할을 했고, 교화사업의 일환으로 원주민 개종마을 미션을 세웠다.

역사가들 중에서는 '왜 포르투갈에서는 괭이를 지고 살던 사람이 브라질에서는 땅을 파려 하지 않는가?', '왜 포르투갈에서는 보습 자루를 쥐던 사람이 땅을 일구려 하지 않는가?' 그리고 '왜 복종하던 사람이 명령하려드는가?'라며 이주해 온 백인들의 태도를 비난한다.

백인들은 노예와 원주민의 출현으로 설탕 제분소 주인을 꿈꿨다. 이것은 귀족제도가 없는 식민사회에서 신분상승의 좋은 기회였다. 주인의 수족이 된 노예들은 집단수용소에서 생활했다. 백인들은 노예제도의 정당화를 위해 그들이 야만 상태의 흑인과 원주민들을 문명화로 이끄는 구원자라고 변명했다.

노예제도에 항거한 흑인 폭동은 브라질 역사에서 자세히 언급되지 않는다. 사가들은 백인의 입장을 정당화하기 위해 노예의 모반과 도주를 감출 필요가 있었다. 그러나 노예들의 항거는 다양하게 나타났다. 도주, 자살 및 향수병은 그중 가장 대표적인 것들이었다. 집단폭동은 대규모 탈주로 이어졌다. 도주한 노예들은 낄롬부를 형성하고 그곳에 아프리카 왕국을 재현하려 했다. 낄롬부 내에서 종교의식은 매우 다양했다. 각기 다른 문화권에서 모인 흑인들은 고유신앙 외에도 원주민 샤머니즘과 가톨릭의 영향도 받아서 새로운 형태의 혼합 종교도 생겨났다.

이와 같이 브라질 식민사회를 구성하는 이 세 인종들은 문화적으로나 사회적으로 많은 기여를 했다. 사회적으로는 백인과 흑인 사이에 태어난 물라뚜, 백인과 원주민 간의 까보끌루 또는 마멜루꾸, 원주민과 흑인 간의 까푸소와 같은 인종혼합으로 브라질 사회구성에 큰 역할을 했다. 많은 사람은 인종혼합이 브라질을 진정한 인종 민주주의(Democracia Racial)로 이끌었다고 주장한다. 브라질 문화는 이러한 세 인종의 유산이 혼합하여 조화를 이루는 과정에서 나타났다.

사실 식민지와 본국 간의 결속은 경제 분야에만 국한된 것은 아니었다. 실제로 유럽 식민들은 정치-경제적 지배와 더불어 유럽의 사회-문화를 지배했다. 그래서 그들은 원주민과 흑인문화 유산을 경멸했고, 그것을 저급문화로 도외시했다. 그러나 원주민과 흑인 문화의 많은 요소들이 브라질인들의 삶 도처에서 발견된다. 이들의 문화는 식민지의 유럽화에만 목적이 있었던 백인 지배계급의 동의 없이 민족의 영혼 속에 침투해 들어왔다.

브라질 사회형성에 있어 백인들의 유산을 강조하는 것은 다른 인종의 유산이 남아있지 않다는 것을 의미하는 것은 결코 아니다. 원주민과 흑인들의 문화적 전통이 배척되고 백인들이 규범을 정하고 그들의 가치관을 사회적 범주 속에 주입시키려 했던 것은 믿어 의심할 여지가 없다. 이 유색인종들은 백인들에게서 규범과 가치관을 강요당했다. 그래서 육체적 폭력과 문화적 폭력에 예속된 흑인과 원주민들은 그들 나름대로의 처신방법을 찾게 되었다.

백인 지배 하의 브라질에서 원주민과 흑인의 문화적 기여가 문화적 주류를 이루었다고 할 수는 없지만 인종혼합의 결과로 종교, 음악, 음식 그리고 건축술 등에서 이들 유색인종의 기여는 매우 컸다.

브라질인들의 삶 속에는 원주민들과 밀접하게 연관된 인식과 사고가 많이 존재한다. 아마도 원주민들이 오늘날의 브라질이 있기까지 행한 기여는 다양하지만, 가장 큰 것은 내륙 지역 개발 참여일 것이다. 원주민 안내인, 짐 운반꾼, 사냥꾼 그리고 카누 조정자가 없었다면 개척자들은 아마존 강 유역의 광활한 면적에 침투해 들어가지 못했을 것이고, 정착자들도 중부와 남부의 오지에 정착하지 못했을 것이다. 그들은 오늘날의 브라질이 있기까지 건설의 역군으로서 뿐만 아니라 값진 희생자로 기억될 것이다.

원주민들은 또한 오지 개척단 반데이란찌스의 노예 사냥꾼으로서, 동북부 내륙 지역의 대규모 목축업의 창시자로서 그리고 18세기에는 금과 다이아몬드 채광자로서도 기여했다. 이 같은 원주민들의 역할은 오늘날 브라질 국경 형성에 지대한 영향력을 행사했다. 1750년 스페인과의 국경에 관한 협약에서는 종전의 또르데질랴스(Tordesilhas) 조약에서 보다 훨씬 더 넓은 영토를 확보하게 되었는데 이 모두가 원주민들의 도움에 의한 것이었다.

브라질 원주민의 역사를 기술한 죤 헤밍(John Heming)의 붉은 금(Red Gold)에는 다음과 같은 내용이 있다. '아무도 원주민들이 죽어가는 것을 원치 않았다. 아마존 유역은 그 울창한 정글을 뚫고 나갈 사람이나 카누를 조종할 사람이 없으면 아무런 쓸모가 없었다. 정착자들은 원주민을 고용하거나 노예 노동자로 만들고 싶었다. 선교사들은 그들의 전도 사명을 뽐내고, 영광스럽게 하고자 원주민의 개종을 원했다. 왕실 당국자들은 유사시 그들을 공공사업에 활용하고 타 식민국가나 적대 부족들로부터 영토를 방어하고자 원주민 신민화를 도모했다.'.

한 브라질 원주민 연구가는 오늘날 브라질인들의 얼굴을 자세히 보면 광대뼈가 솟은 사람들이 많고, 피부색이 구릿빛인 사람도 눈에 많이 띄는데 이것은 그들의 혈관에 원주민 피가 흐르고 있음을 입증해주는 것이라고 말한다. 아울러 원주민들의 습관과 특색은 브라질인들의 행동양식에 깊게 침투해 있고, 원주민들의 신화도 브라질인들의 잠재의식 일부를 이루고 있다고 주장한다.

한편 향토주의 작가 죠르지 아마두(Jorge Amado)는 흑인들이 브라질 사회 건설에 기여한 바에 대해 높은 찬사를 보낸다. 그러나 흑인들의 문화가 미친 영향이 너무 커지자 19세기에는 상류사회를 주축으로 탈아프리카를 위한 정책이 감행되었다. 흑인들의 영향은 음악, 음식, 노동력, 언어, 춤, 종교와 민속 등에 실로 엄청나게 파급되었다. 그뿐만 아니라 그들은 브라질의 방어를 위해 투쟁했던 고귀한 역사를 간직하고 있다. 17세기에 용감한 노예 출신 디아스(Henrique Dias)는 흑인 부대를 이끌고 북동부 지역을 점유하고 있었던 화란인들에 대항해 싸웠다. 1711년 또 하나의 흑인 부대가 프랑스군에 포위된 히우 지 쟈네이루 방어전에서 피를 흘리며 싸웠다. 파라과이에 대항한 브라질, 아르헨티나와 우루과이 3자 동맹(Triple Alliance)에서도 흑인 군인들은 조국수호를 위해 싸웠다.

브라질과 같이 민족적, 인종적 집단들 사이에 만남, 갈등, 혼합의 과정을 거치며 이룩된 나라에서는 같은 환경 속에서 모두가 살아갈 방법을 터득해야 했다. 혼합된 세 인종이 지배자와 피지배자로서 살아온 역사 속에서 값진 그들의 문화적 유산이 생성되었고, 이것이 오늘날 브라질의 문화적 특성으로 자리하게 된 것이다.

브라질인들의 문화적 특성

개인주의적 집단주의(Individual-Collectivism)

브라질인들의 특성에서 발견되는 중요한 사실은 그들이 친밀하게 구성된 집단 내에서 뚜렷한 자아개념을 지닌다는 것이다. 호프스테는 브라질을 개인에게 일반적인 자유가 주어진 가운데 집단주의 개념이 있는 문화라고 설명한다.

브라질인에게 가족이나 자신이 소속한 단체는 매우 중요한 것이어서 그들이 개인주의적인 것처럼 보이지만 실제로는 가족과 단체를 먼저 생각한다. 그들은 친인척이나 종교적으로 이루어진 관계를 통한 가족 중심의 사회를 형성하고 있다.

브라질인들은 개인적 생활과 단체 생활 간에 상관관계가 매우 높다. 예로서 회사들은 피고용인의 재정적 문제를 도와주고 가족이 병에 걸리거나 기타 개인적 문제가 생길 때 이에 협조와 지원을 잘한다. 브라질에서 사업에 성공하기 위해서는 협상에 앞서 서로 아는 것이 매우 중요하다. 개인 관계가 중요하기 때문에 가족들이나 그 주변에 관한 안부를 묻는 것이 관례이다. 이것이 사업에서 이익을 얻을 수 있는 좋은 방법이다.

식민시대부터 브라질의 가부장적 전통은 유지되어 왔다. 가정이나 집단의 중요한 의사 결정에 있어서 가장이나 보스의 뜻을 따르는 것은 지극히 당연한 행동이다. 브라질인들의 가족관계는 인간 접촉의 가장 좋은 예이다. 자녀는 결혼할 때까지 부모 곁을 떠나지 않으며, 결혼 후에도 부모의 집 부근에 가정을 꾸미고 자주 만난다. 사탕수수 농장에서 비롯된 이 가부장적 특성은 농민은 주인을 위해 생산에 참여하고, 주인은 농민의 생계를 책임질 뿐만 아니라 법적인 문제가 발생 시 그 중재인 역할까지도 했다. 그런 여러 가지 이유로 농민은 주인과의 관계에서 안전과 보호를 찾았고 그 대가로 충성을 맹세했다.

사탕수수 농장주는 정치권력, 직위, 혈통에 기반을 두지 않은 당시 사회구조의 특성상 하나의 구심점이 되었다. 그는 자신의 농장에서 모든 것을 자신의 의지대로 행하고 전제적 권력을 행사했다. 프레이레는 제분소 주인이 노예들 위에 군림하는 전체주의적 성격만을 지니지 않았고, 때로는 예속자들을 보호할 줄 아는 관용을 지녔다고 말한다. 또한, 로마의 가족세습 재산규정에 따라 장남은 농장의 상속자가 되었다. 따라서 장남 외에 다른 가족은 실질적 소유권을 얻지 못했는데 세대가 교체되면서 한 농장의 재산이 분할되지 않고 잘 유지되기 위한 조처였다. 그래서 상속권이 없는 다른 자식들과 친지들은 장남 세습자의 권위에 예속되었다. 그런 이유로 대농장에서 모든 일은 주인에 의해 결정되었고, 부재 시에는 아무런 결정도 내릴 수 없었다.

이러한 식민시대의 유산이 브라질 사회를 이끄는 강력한 힘으로 남아 있는 것이다. 가족 내의 강한 단결은 사업에서도 강력한 족벌주의를 형성했다. 가족들은 친인척들에게 자리가 마련되도록 특별 배려한다. 따라서 좋은 직위나 취업의 기회는 능력에 상관없이 가족들에게 제공되었다. 이와 같은 족벌주의(Nepotism)는 바로 식민시대의 가톨릭 전통인 대부대자관계(Compadresco)와 깊은 연관을 갖는다. 족벌주의는 부유하고 덕망 있는 지도층에서 더욱 성행했고, 이러한 현상은 정치적인 면에서 패트론 제도(Patrão system)라는 형태로 고착되었다. 이 제도는 오늘날 브라질을 이끌어온 전문관료 테크노크라트(Technocrat) 사회에서도 나타나는 브라질의 특성이다.

강한 종교의식

브라질은 식민시대 이래로 본국의 영향을 받아 가톨릭이 유일한 종교였고, 그 강한 소명의식과 선교정신이 오늘날까지 브라질인들의 정신세계를 이끌고 있다. 그러나 전체 인구의 93%가 가톨릭 신자인 브라질은 최근 복음주의, 오순절파, 조합교회와 같은 신교세력의 확산 그리고 원주민 토속신앙, 아프리카 흑인 종교와 그 밖에도 혼합 종교들의 빠른 성장으로 가톨릭이 크게 위협받고 있다.

브라질에서 가톨릭은 단순히 한 종교 이상의 의미를 지니고 있다. 가톨릭이 있기에 브라질인이 존재하고 브라질인이 있기에 가톨릭이 존재한다는 말은 결코 지나친 표현이 아니다. 식민시대에 원주민 개종사업은 가톨릭 최대의 목표였다. 이 임무는 예수회가 맡아 진행했다. 이미 종주국 포르투갈은 북아프리카에서 이슬람 세력에 대항해 강력한 투쟁을 벌였고, 이베리아 반도 내에서도 아랍 세력의 지배에 맞서 항거했다. 그들의 최대의 적은 이교도 이슬람 세력이었기에 대항해시대와 식민개척시대에도 기독교신앙을 무지한 원주민들에게 전파하는 것이 당연한 임무라고 생각했다. 포르투갈인들의 운명은 종교개혁으로 큰 타격을 받은 가톨릭교회의 손실을 상쇄하는 데 있었다. 따라서 교황의 가장 신뢰하고 믿음직한 충복 포르투갈인들에게 교황청은 많은 특권과 보상을 내려 개종사업을 이끌어갔다.

브라질인들의 가톨릭 신앙은 '넓게 퍼져 있지만, 그 깊이는 1인치 밖에 안되는 믿음'이라고 말하는 사람들도 많다. 실제로 초기 전도의 사명을 수행한 사제들은 열대의 열악한 환경에서 육체의 유혹, 질병과 광활한 땅에서 강요된 고립생활이나 위협적인 원주민들로 인해 많은 어려움을 겪었다. 또한, 예수회는 원주민 노예화 문제를 두고 식민들과의 갈등 속에서 실용주의적 태도를 선택하지 않을 수 없었다. 그래서 일부 성직자 중에서는 오지 생활의 가혹함과 가뭄의 피해를 신의 분노로 돌리고 인류의 죄에 대한 하나님의 징벌이라 생각하는 사람들이 있었다. 그래서 다양한 이단의 의식이 삶과 고난을 개선하는 하나의 대안으로 등장했다. 죽은 포르투갈의 국왕 동 세바스띠앙(D. Sebastião)이 환생하여 그를 믿는 자들을 위해 보상을 내릴 것이라는 안또니우 꼰셀레이루의 메시아 출현 예언, 씨세로(Cícero) 사제의 극단적인 종교 활동들이 그 예이다.

한편, 브라질인들의 독실한 신앙심을 입증해주는 사건도 많이 있는데 그들 중 성모 마리아의 검은 테라 코타 상의 발견이 대표적이다. 어부들이 강에서 이 마리아 상을 건져냈다는 소식은 순식간에 전국에 퍼졌고, 발견된 곳은 일종의 성지로 변모하여 수많은 사람이 모여들었다. 교황 삐우스11세(Pius XI)는 이 상을 브라질의 수호성인으로 인정했다. 성지가 된 이 아빠레

시다(Aparecida)에는 오늘날도 수많은 순례자가 몰려들지만, 거동이 불편한 사람들을 위해 가끔 옮겨져 전시되기도 한다.

브라질 주교들의 조사에 의하면 가톨릭은 매년 개신교나 다른 종교 세력에게 60만 명의 신도를 빼앗긴다고 한다. 새로운 오순절파는 성령으로부터 직접 영감을 호소하고, 질병의 치료도 한다. 그들은 라디오나 TV를 통해서도 직접 빈자들에게 다가간다. 초기 미국에서 건너온 신교 교파들은 브라질에 새로운 문화도 소개했다. 그래서 브라질인들은 환락을 추구하는 음악, 춤, 축제가 죄악에 가득한 것이라고 생각하고, 더욱 합리적인 삶의 자세를 갖기 위해 노력했다. 이와 같은 새로운 종교는 브라질 전체적으로 볼 때, 그 파장이 지극히 미미했고, 가톨릭에 크게 위협이 되는 수준은 아니었다. 그러나 20세기에 들어오면서 새로운 유형의 신교가 유입되면서 브라질인들의 심성을 크게 자극하기 시작했다.

1950-1960년대 오순절 교회는 눈부신 성장을 보였다. 산업의 발달과 더불어 브라질에는 노동계급이 증가했고, 도시 빈민들의 소외의식도 강해졌다. 이들 속에 깊숙이 파고든 오순절 교파는 브라질에 새로운 문화를 이식하려고 하지 않았다. 그들은 자유분방한 예배스타일로 브라질인들의 마음을 사로잡았다. 신도들은 노래하고, 박수치고, 환호하며 교회 내에서 악기를 연주하기도 했다. 이 교파는 자아발견과 개인의 진취정신에 관해 설교했다. 신자들은 좋은 직업을 얻기 위해 노력했고, 돈을 버는 것은 신이 내리신 축복의 증거라고 믿었다. 교회의 다양한 조직망은 고용정보와도 연결되어 직업을 알선했다. 성실한 이 신도들을 고용한 고용주들은 이 교파의 추종자들을 높게 평가했다. 이들은 음주도 삼가고 춤으로 보냈던 여가활동도 자제하며 저축생활을 하였다.

많은 사람이 브라질 현대화의 필수적 전제조건으로 신교에 의한 변화의 추이에 관심을 보이고 있다. 브라질에서 개신교의 성장은 미래에 대한 확고한 실마리를 제공한다. 그것은 전통주의 미래가 아닌 자본주의와 부르주아지의 미래이다. 새로운 오순절 교파를 추종하는 계층이 과연 빈민층에서 중산층으로 변모될 수 있을지 사람들은 매우 궁금해 한다.

오늘날 대부분의 브라질인은 아프리카 기원의 종교가 브라질인들의 의

아빠레시다 성당

식 속에 깊이 침투해 있음을 잘 알고 있다. 이 신앙은 최근에 이주해 온 독일계, 이탈리아계, 일본계 이민사회에도 많은 신도를 확보하고 있다. 또한, 빈자들에서 중산 지식계층과 정부의 고위관료들에 이르기까지 다양하다. 깐돔블레(Candomblé)나 움반다(Umbanda)같은 아프리카에서 전래한 신앙들은 낮은 형태의 강신술로 저평가되기도 하지만 신자들은 영적인 치유뿐만 아니라 육신의 치유까지도 기대한다. 브라질인들은 불확실한 미래에 대한 큰 위안이 되기 때문에 초자연의 힘에 의존하기를 좋아한다. 신도들은 예배 중 무아지경에 이르고, 신들린 상태가 되면 그들을 괴롭혔던 온갖 고통도 잊고, 신과 혼연일체가 된다. 이때 흑인들은 인종차별에서 오는 열등감도 말끔히 씻어버린다. 백인 하층민 역시 빈곤의 고통을 잊고, 재정적으로나 사생활의 많은 면에서 위협받는 중산층도 이 종교의 도움으로 위안을 삼는다.

오늘날 가톨릭 교단은 신교세력과 아프리카 종교의 확산을 우려하며 그 원인을 해방신학에서 찾으려 한다. 브라질 빈자들은 항상 정신적, 신비적 그리고 마술적인 요소들에 매료된다. 보프 신부는 '브라질 인구의 40%가 만성적 기아에 허덕이는데 이들 중 1천만 명이 정신질환, 8백만 명은 기형, 6백만 명의 말라리아, 650만 명의 폐결핵, 2만 5천 명의 나환자들이다. 따라서 이러한 절박한 상황에 처한 사람들을 구제하기 위해 지금이 교회가 새롭게 태어나야 할 때이고, 기독교인의 사명을 수행할 때이다.'라고 강조한다.

삶에 지쳐 인내심마저 다 소진해버린 사람들은 해방신학이 사회, 정치적 개혁을 위해 집단행동을 강조하지만 개신교는 개개인의 변화를 통한 구원을 강조하고, 아프리카 종교는 고통과 불안에 빠진 인간을 일시적으로 나마 위무하고 미래에 대한 꿈을 주는 역할을 한다고 말한다.

비록 개혁교회와 해방신학, 아프리카 종교와 원시 샤머니즘으로 많은 어려움을 겪고 있지만 브라질 사회는 여전히 가톨릭이 우위에 있다. 그러나 '가톨릭은 빈자를 택했고, 빈자는 복음주의 신교파를 택했다.'라는 말이나, 다양한 계층에 파고들어 신과 교류하는 아프리카 종교의식은 오늘날 브라질인들의 복합적이고 강한 종교적 심성의 좋은 예가 된다고 할 수 있겠다.

성실성과 호방함

일반적으로 브라질인들은 매우 친절하고 상냥한 민족으로 알려져 있다. 행동양식이 그런 만큼 브라질인들은 천성도 명랑하고 남을 환대할 줄 알며 예의도 갖추고 있다. 브라질에서 사람들은 그 친절함이 상하계급을 가리지 않고 나타난다. 브라질에 파시즘 선풍을 불러일으킨 바르가스(Getúlio Vargas) 대통령도 히틀러나 무솔리니 못지않은 독재자였지만, 무뚝뚝한 얼굴의 그에게서도 '빈자의 아버지'라는 칭호에 어울리게 부드러운 속마음은 있었다.

이와 같이 친절하고 상냥한 성품은 생각과 행동에 있어 약간 과장된 성품과 함께 브라질인들의 특성으로 자리 잡았다. 세계 최대의 강 아마존, 세계에서 가장 큰 삼각주 섬 마라죠(Marajó), 세계 최대의 인공동굴, 세계 최대의 수용인원을 자랑하는 마라까나(Maracanã) 축구 경기장, 세계 최대의 수력발전 댐 이따이뿌(Itaipú)가 있는 브라질은 자랑거리가 많다. 이처럼 세계 최고의 것을 많이 가지고 있다는 자부심이 사소한 것도 과대포장하거나 지나치게 확대해석하는 성품을 만든 것 같다. 포르투갈 역사에서도 인물의 과장됨은 잘 나타난다. 라틴 아메리카에서 유일하게 식민지가 왕정 군주국으로 바뀐 브라질 제국에는 두 명의 황제가 있었다. 역사는 이 두 인물을 과장되게 기록하고 있지만 그들은 전형적인 브라질인의 성격을 지닌 평범한 인물들이었다.

미국의 운거(Roberto Mangabeira Unger)교수는 브라질인들의 가장 기본적인 특색은 어떤 상황에서도 유쾌함과 호방함을 보일 수 있는 성격이라고 말한다. 실제로 그들은 어떠한 불유쾌한 분위기나 어려움에도 대처 능력이 뛰어나다. 또한, 그들은 다른 민족 같으면 불만을 표시하거나 포기해 버릴 것 같은 상황에서도 놀라울 정도로 인내심을 보인다. 아마도 이러한 특성은 브라질의 전통적인 계급구조, 엄격한 법규와 마이동풍인 관료제도에 과감히 도전하는 것이 무익하다는 사실에서 발전한 성품인 것 같다. 학자들은 이러한 성품이 711년 이베리아 반도를 침공한 이슬람 무어인 세력이 포르투갈을 지배하면서 그 기원을 이루었고, 포르투갈인들이 식민지에 유입한 운명주의(Fatalism)에서 기인한다고 믿고 있다.

시인 안드라지(Oswaldo de Andrade)는 브라질은 무능력으로 고통을 받고 있고, 브라질인들의 과장과 허풍스러움의 이면에는 열등의식(Inferiority Complex)이 잠재해 있다고 말한다. 결국 그들에게는 현실을 직시하기보다는 약점을 진실로 왜곡하는 면이 많이 발견된다는 것이다. 작가 로드리게스(Nelson Rodrigues)는 '우리는 뒤집힌 나르시스들이다. 그래서 자신의 이미지에 침을 뱉는다.'라며 이러한 자신들의 성품을 비판한다.

초창기의 브라질인들은 그들의 토착 원주민 문화를 경시하는 경향이 있었고, 이를 극복하기 위해 서구세계의 새로운 문화모방에 몰두했다. 이러한 태도는 국내제조품이 외제 수입품보다 질적 수준이 낮고, 경쟁 상대가 되지 못한다는 믿음과 연결되어 국내산업 발전을 더디게 했다.

마라까나 축구경기장

브라질 지식인들은 브라질인들이 일종의 유토피안 드림(Utopian Dream)을 꿈꾸는 유아적 사고, 즉 어린이들이 위대한 영웅들의 자서전을 읽지만 그들이 이룩한 업적 이면에 숨은 노력과 어려운 과정 자체는 이해하지 못하는 경향이 있다고 지적한다. 실제로 브라질인들은 용의주도한 계획이나 준비, 꾸준한 노력에 의하기보다 즉흥적 행동이나 자발적 행동에 훨씬 의존하는 바가 크다.

브라질인들의 선량한 심성은 종종 그들의 어두운 면을 은폐하는 경우가 있다. 원주민 말살, 노예폭동의 진압, 브라질 독립투쟁시의 처형극, 농촌토지소유제도에 도전한 양민학살, 최근의 각종 도시범죄, 부자에 대한 빈자의 투쟁의식과 같은 브라질 역사에서 감행된 수많은 폭력과 살상극들이다.

인종들 간에도 브라질인들의 온정주의는 잘못된 인식을 심어주었다. 어느 정도 수준에서는 백인과 흑인이 진정한 인간의 따뜻한 감정을 표시하며 지낼 수 있다. 그리고 그것이 브라질 사회의 중요한 성취, 즉 사회통합을 상당한 수준으로 끌어 올렸다. 그러나 이러한 이유로 브라질인들이 인종적 민주주의를 이루며 공존한다고 말할 수는 없다. 백인들처럼 흑인들이 동일한 정치, 사회 그리고 경제적 기회를 즐기기 어렵게 만드는 미묘한 인종차별이 은폐되어 있다.

사실상 오늘날 브라질 상류사회에 흑인들이 진출하기는 매우 어렵다. 높은 교육을 받을 수 있는 흑인과 유색 혼혈은 많지 않다. 그 때문에 많은 사람이 주장한 바처럼 브라질의 인종적 민주주의는 존재하지 않고, 단지 흑인들이 자신이 사회의 밑바닥 계층에 있다는 사실을 스스로 인정하고 있기 때문에 갈등과 차별이 외견상 없는 것처럼 보일 뿐이다.

다양성과 혼합(Diversity & Mixture)

브라질인들의 특성 중 다양성과 혼합은 매우 중요한 요소이다. 브라질은 그 광활한 면적 때문에 지역에 따른 차이와 다양성을 피할 수 없다.

브라질에서는 무엇보다도 지역에 따라 주민들의 지방색이 확연하다. 일반적으로 빠울리스따(Paulista)들은 근면하고 기업가 정신이 강하다. 그들은 이미 식민 시대부터 오지개척단 반데이란찌스를 조직하여 원주민, 도망한 노예와 금광을 찾아 내륙을 탐험했고, 이 결과 내륙이 개발되었고, 또르데질랴스 조약에 의거한 국경을 넘어서 훨씬 넓은 영토를 확보했다. 까삐따니아 제도가 실행되었던 1500년도 중반에는 사탕수수 경작의 활성화, 18-19세기에는 커피 농장의 확산 그리고 20세기에는 브라질 최대의 경제 중심지로 성장할 수 있었다. 수많은 이민을 받아들여 인종의 전시장으로 변모한 상 파울루는 주민들의 강한 기업가 정신으로 브라질에서 가장 부유한 곳이 되었다.

까리오까(Carioca)는 걱정 근심 없고 인생을 여유 있게 즐길 줄 아는 낙천적 성격을 지닌 히우 지 쟈네이루 주민들을 말한다. 히우가 위치한 과나바라(Gunabara)만은 연중 최상의 기후조건과 아름다운 자연환경 그리고 교통의 중심으로 많은 관광객이 들끓는 식민시대의 수도였다. 이러한 천연의 조건 때문에 도처의 브라질인들이 꼬빠까바나(Copacabana)를 비롯한 수많은 해변을 찾아 이곳에 온다. 미나스 제라이스 주민들이 억척스레 모은 돈을 이곳에서 다 탕진한다는 말은 결코 과장된 말이 아니다. 최근 히우는 세계 최대의 성형외과가 밀집된 곳으로도 유명하다. 세계적인 부유층들과 미인들이 집결하는 히우는 이보 삐땅기(Ivo Pitanguy)라는 천재적 성형외과 의사 때문에 성형을 위해 몰려드는 사람들로 인산인해를 이루고, 히우 카니발은 세계인의 이목을 끄는 지구촌 최대의 축제가 되었다.

미나스 제라이스 주민들인 미네이루(Mineiro)는 매우 신중한 성격과 검소함을 지닌다. 그들에게는 노랭이(Pão Duro)라는 별칭이 붙을 정도로 경제관념이 투철하다. 또한, 그들의 매사에 신중함은 '산 넘어에는 또 다른 산이 있기 마련이다.'라는 금언에서도 잘 나타난다. 브라질 광산 개발붐이 한창일 때 이곳은 인구가 가장 많이 집결된 곳이었다. 그 때문에 수도인 벨로 오리존찌(Belo Horizonte)를 중심으로 수많은 인재가 배출되었다. 한때 브라질 대통령 자리를 상 파울루와 교대로 차지했던 이유로 까페 꽁 레이찌라는 정치적 은유가 있다.

동북부(Nordeste)는 주민들이 매우 내성적인 특색을 지닌다. 이 지역은 브라질 발견 이후 가장 먼저 유럽인들의 발길이 닿은 곳이고, 사탕수수 재배가 맨 처음 시작되어 대농장들이 많았다. 따라서 흑인 대부분의 생활터전이 되었다. 가부장 제도가 시행된 대농장에서는 노예인구 외에는 농장주와 그 가족들 그리고 최소한의 자치권이 보장된 자유민(Homem Livre)들만이 있었다. 이들 계층 간에는 원활한 인간관계가 형성되지 못했고, 농장 간의 교류도 활성화되지 못했다. 화려한 상류생활과 과시욕을 지닌 농장주, 게으르고 나태한 모습으로 노예를 소유한 특권의식에 사로잡힌 자유민 그리고 노동에 지쳐 삶에 대한 의욕마저 상실한 노예들은 서로 간에 상대를 이해하거나 자신을 상대에게 이해시킬 이유도 없었다. 그러한 상황이 관습으로 고착되어 이곳 사람들을 내향적 성격으로 변모시켰다.

남부(Sul)지역에 목축업을 유입시킨 장본인은 예수회 선교사들이었다. 그들은 오늘날의 빠라나(Paraná), 산따 까따리나(Santa Catarina)와 히우 그란지 두 술(Rio Grande do Sul)의 광활한 초원에 목장을 세웠다. 남부의 목동 가우쇼(Gaúcho)는 소떼를 몰고 초원을 돌아다니며 방목을 하고, 교배를 통해 사육 두수를 늘려나갔다. 그리고 목장주에게 대가로 소를 분양받아 자신 소유의 목장을 갖는 게 소망이었다. 이러한 목표를 위해 그들은 더욱 멀리, 보다 풍요로운 초지를 찾아 떠도는 외롭고 쓸쓸한 생활에 익숙했다. 그래서 오늘날도 이와 같은 강인한 독립정신이 남부인들에게 남아 있는 것이다.

이상에서 살펴본 브라질인들의 지역적 특성은 브라질을 서로 고립시키기보다는 다양성과 브라질 사회에 강한 구심력을 제공했다. 이러한 다양성이 한데 혼합되어 새로운 형태의 힘을 생성한 것이다. 이와 같은 새로운 혼합된 힘은 브라질인들의 놀라울 정도로 큰 관용 때문에 가능했다. 이 혼합력의 전통은 후일 브라질에 이주해 온 비포르투갈계 주민들에게도 잘 수용되어, 그들을 쉽게 브라질인으로 동화시켰다. 지난 1세기 반 동안 이탈리아인, 독일인, 스페인인, 시리아인, 레바논인, 일본인과 그 밖의 이주민들이 브라질에 들어와서, 이 인종의 도가니에서 완전한 브라질인으로 변할 수 있었던 것은 이 혼합력 때문이었다.

브라질을 한데 혼합시키고 응집시키는 가장 큰 요소는 포르투갈어이다. 비록 지역에 따라 엑센트는 다양하지만, 지역에 따른 방언은 존재하지 않는다. 오히려 아프리카 노예들의 영향으로 포르투갈어는 더욱 부드럽고 감미로운 발음으로 변했고, 어휘 또한 모국인 포르투갈에 비해 훨씬 더 풍요로워졌다.

가톨릭의 전통과 의식이 브라질인들을 한데 묶는 중요한 역할을 한 것은 사실이지만 또 다른 결속과 혼합은 축구에서 나왔다. 브라질에는 지역마다 많은 프로 축구팀이 있지만 히우 지 쟈네이루의 플라멩구(Flamengo)팀은 전국민의 사랑을 받는다. 축구는 브라질인들의 기질과 부합되는 운동으로 개인과 집단을 동시에 표현할 수 있는 스포츠이다. 공허함으로 가득찬 다민족 사회에서 개개인, 다른 인종, 다른 계층을 하나로 응집시킬 수 있었던 것은 축구였고, 이것이 그들의 열정에 불을 댕긴 것이다. 그들은 '우리는 축구를 먹고, 마시고 그리고 꿈꾼다.'라고 말한다.

이상에서 살펴본 바처럼 브라질은 다양성이 존재하면서 그것이 한데 혼합되어 새로움을 창조하는 특색을 지닌다. 수많은 인종집단의 혼합, 문화적 혼합, 서구적인 것과 비서구적인 것의 혼합 등 수많은 것들이 오늘날 브라질을 이루는 힘이 되는 것이다.

그 밖의 특성들

제이찡유(Jeitinho)

브라질 사회를 잘 이해하는 사람이라면 제이찡유가 의미하는 바가 무엇인가를 어렴풋이 알 수 있다. 그 의미는 폭넓게는 '전체적인 규정을 어기고, 비공식적인 방법을 사용함으로써 목적을 달성하려는 빠르고, 능률적이고 임시변통적인 방법'을 말한다. 프랑스의 한 학자는 '불가능을 가능하게, 부당함을 정당함으로, 불법적인 것을 합법적인 것으로 만드는 천재적이고도 교묘한 수법'이라고 정의한다.

바르보사(Lívia Neves Barbosa)는 '무슨 방법이 없겠습니까?'라는 의미를 지닌 'dar um jeitinho'를 영어로 'to pull a string' 또는 'to cut through the red tape'로 번역한다. 그가 행한 두 가지 인터뷰 내용에서 그 의미가 잘 파악될 수 있다. '한 청년이 서류를 요청하려고 관공서에 갔다. 관리는 서류를 찾으려면 5일 후에 오라고 말했다. 청년은 취직문제로 급하니 서류를 빨리 찾아야 한다고 사정했다. 그리고 dar um jeitinho를 했다. 그러자 관리는 상관에게 한번 물어보겠노라고 하면서 잠시 자리를 떴다. 잠시 후 돌아온 관리는 내일 오면 서류를 찾을 수 있다고 했다.'

또 다른 인터뷰를 보면 더욱 확실히 그 의미를 알 수 있다. '한 여성이 운전 중 낯선 곳에서 길을 잃었다. 마침 길에서 마주친 소방수에게 그녀는 도움을 요청했다. 그 사람은 여성이 가고자 하는 곳을 묻고, 좌회전해서 가다가 다시 두 번째 좌회전해서 거기서 dar um jeitinho를 하라고 일러주었다.

그리고 그는 일방통행로이지만 역주행할 수 있을 거라고 말해주었다. 다른 사람들도 그렇게들 하니까, 그러는 편이 좋을 거라는 충고도 곁들였다.'

이상에서 내용을 통해서 충분히 이해되지만 '무슨 방법이 없겠습니까?'라는 오늘날 브라질인들이 어떤 행위를 할 때 장애가 되는 법규, 규칙 또는 관습에 대한 성급하고 즉흥적인 응답이다. 또한, 이것은 비인격적 규범에 지배되고 있는 상황을 인격화하는 행위이기도 하다. 많은 브라질인은 규정에 따르기보다는 더욱 쉽고 편리한 이 방법으로 일을 처리하는데 익숙해 있다.

이와 같은 브라질인들의 비공식적 제도는 로젠(Rosen), 라모스(Ramos)와 또헤스(Torres)같은 학자들에 의해 브라질인들의 일 처리 방법(Brazilian Way of Doing Thing)라는 연구서로 발표되었다.

그렇다면 왜 제이찡유가 브라질인들의 특성으로 인식되고 있고, 브라질 사회가 눈부신 성장과 괄목할만한 성장을 이룬 오늘날까지도 여전히 일상생활 일부로 남아있는가? 이것은 브라질인들의 온정주의에 근거해서 다민족 사회의 구성원들 간에 상호협조관계가 비공식적으로 제도화된 것으로 볼 수 있다. 또한, '친구의 친구는 나의 친구'이고 '모두가 친구'라는 친교 맺기에 익숙한 브라질 사회에서 계급의식 없이 모두가 동등하게 살아가며 서로 간에 도움을 줄 수 있다는 생각에서 일 것이다.

한 국가의 정체성은 항상 긍정적일 수만은 없다. 제이찡유와 같은 특성 때문에 브라질은 선진국들에 비해 낙후된 국가로 낙인찍혔다. 그래서 브라질인들은 자신이 브라질 일부임을 수치스럽게 생각하고 제이찡유를 부정하기도 한다. 그러나 이것은 브라질을 이해하는 가장 확실한 방법이다. 또한, 이것을 통해 법적, 정치적 그리고 제도적 측면을 넘어서 브라질 사회의 인간적인 면모를 느낄 수 있다. 따라서 제이찡유는 젊고 정열적이고 육감적이고 가능성으로 가득한 이 나라의 따스한 인간애의 표현이라 할 수 있을 것이다.

패트론 제도(Patron System)

군부가 오랫동안 정권을 장악했던 브라질 사회에서 패트런 제도는 식민시대의 유산으로 그 전통을 이어 유지되었다. 중세 봉건제도에서 영주(Lord)와 봉신(Vessel) 사이에 있었던 상하 간의 끈끈한 유대관계가 유사봉건제도로 발전한 브라질 식민사회에서 비슷한 형태로 나타난 것이다. 오늘날도 많은 기업이 그 운영에 있어 이러한 비공식적 유대관계를 형성하고 있고, 브라질의 전문관료 테크노크라트 사회에서도 이 제도가 작용하고 있음을 확인할 수 있다.

실제로 이 제도는 라틴 아메리카 정치 사회의 일반적 특성인 개인추종주의(Personalismo)와 같은 맥락에서 이해될 수 있다. 정치문화에 있어 어떤 정당의 정강이나 지역사회의 조직보다는 특정 개인의 자질이나 인격을 추종하는 것이 패트론 제도의 특성이다. 설령 선거에서 한 능력 있는 후보가 발전적인 정책으로 나서도, 부패하고 무능력한 후보가 후견인 역할을 하는 경우 피선거권자가 후자를 택하는 경우가 이에 해당한다. 따라서 브라질에서 사업하는 경우 인맥은 매우 중요한 관건이 된다. 다양한 분야에서 중요한 인물들과 인과관계를 맺는 것은 비즈니스에서 성공의 여부와 깊은 관련이 있다.

마좀비스무(Mazombismo)

브라질에서 태어난 유럽인 후손을 뜻하는 마좀부(Mazombo)에서 비롯된 이 특성은 노동일을 얕잡아 보는 백인들의 속성을 말한다. 이것은 일반적으로 Gentleman Complex와 같은 의미라고 볼 수 있다. 식민초기에 개척자들은 육체노동을 멸시하는 경향이 있었다. 이는 그들의 성공을 통해 생성된 권위의식의 자연스런 발로였다. 또한, 당시 백인 후손들은 모든 농장일과 가사를 노예에 의존했기 때문에 천박한 일로부터 자유로워지려는 심리가 강했다. 결국 이런 전통이 오늘날도 자신이 브라질인이라는 사실을 자랑스럽게 여기지 못하고, 어떤 사회나 집단에 소속되기를 꺼리며, 창의력은 결핍되고 경제활동에도 미온적인 태도를 보이게 된다. 오늘날 이와 같은 마좀비스무 현상은 많이 감소했지만 여전히 신생국 브라질의 문화적 특성으로 잔존하고 있다.

넘쳐나는 새로움

가정이나 농촌사회에 여전히 전통적 가치관이 유지되고 있음에도 불구하고 브라질인들에게는 새로운 것을 추구하는 특성이 있다. 이러한 열정은 신도시 브라질리아의 미래 지향적이고 환상적인 모습, 벨로 오리존찌의 최첨단 공항, 전국적인 선풍을 끌고 건설 중인 쇼핑 몰들 등에서 나타나고 있다.

고이아스 주 내륙의 황량한 고원에 새로운 수도의 건설은 쿠비체크 대통령의 결단에 의해 실행된 사업이지만 마치 하얀 천의 캔바스 위에 브라질의 꿈과 미래가 그들의 상상력으로 스케치 된 것과 같았다.

분명 새로움은 이 젊은 국가에 알맞은 특성이다. 유명한 가수 까에따누 벨로주(Caetano Veloso)는 한 인터뷰에서 '젊게 산다는 것은 세계 모든 이들의 꿈이지만, 그것이 브라질인들에게는 하나의 편집광이다.'라고 말한다. 이것은 히우와 같은 대도시에서 잘 입증되는 현상이다. 뜨거운 태양, 하얀 백사장과 푸른 파도는 약동하는 젊음을 느끼게 한다. 브라질의 이처럼 축복받은 자연환경은 그들의 정체성을 확립하는 데 중요한 역할을 했다. 한 미국 작가는 '브라질인들은 아름다움 속에 빠져 있다.'라면서 이 포근하고 아름다운 기후와 정경에 찬사를 보낸다. 어떤 사람들은 '신은 브라질인이다.'라고 말하기를 주저하지 않는다. 그들은 또한 천연자원의 풍요로움이 브라질인들을 위대한 국민으로 만들고, 그들의 지속적인 발전이 선진 대열에 설 수 있는 밑거름이 될 것을 확신한다.

새로움을 추구하는 정신은 이미 포르투갈의 지배자, 식민 개척자와 식민들의 마음속에 내재해 있었다. 그러나 그들은 모든 것이 쉽게 성취될 수 있으리라 생각했고, 의욕만을 앞세웠다. 그 결과 오늘날 브라질은 자연에 대한 보살핌을 게을리 했고, 생태적 재앙도 유념하지 않았다. 브라질인들이 무계획적인 개발과 환경에 대한 무관심에도 불구하고 조국애를 논하는 것은 매우 역설적이다. 따라서 지나치게 새로움 만을 추구하는 자세는 미성숙한 태도에서 비롯된 것이고, 그들의 부정적인 민족 특성으로 평가될 수도 있을 것이다.

강하게 표현되는 즐거움과 우울함

브라질인들은 인생을 즐기는 데 강한 애착을 지닌 민족이다. 세계적인 축제 히우 카니발, 살바도르(Salvador)와 올린다(Olinda)의 거리 축제 그리고 축구 경기처럼 열광으로 넘치는 행사들에서 그들의 심리적 특성이 잘 나타난다.

최근 브라질 지식인들 사이에 카니발을 망국병의 원인이라고 비판하는 소리가 높다. 그러나 카니발이 갖는 사회적, 심리적 효과를 생각하면 그러한 논란은 큰 중요성을 갖지 않는다. 히우 카니발의 연례행사를 창시한 뜨린따(Joãozinho Trinta)는 '브라질은 지구의 심장이다. 그래서 브라질의 역할은 지구상에 행복을 가져다주는 것이다.'라며 이 축제가 갖는 의미를 강조한 바 있다.

브라질에서 카니발은 계급과 인종, 빈부의 차이를 극복하고 완전한 인간 평등주의가 실현되는 행사이다. 또한, 많은 인종들의 문화적 다양성이 환희와 즐거움으로 표현되는 무대인 것이다.

또 다른 하나의 즐거움은 축구로부터 나온다. 초기 미국 이주자들이 정착 후 후세들과 더불어 정체성을 찾는 방법으로 많은 스포츠 중 야구를 국가적 유흥거리로 만든 것은 잘 알려진 사실이다. 유사한 식민시대와 독립의 과정을 거친 브라질 역시 축구를 통해 그들의 공허함을 채웠다. 축구는 브라질 경제 발전의 특징인 단일품목 재배경제처럼 한 가지에 몰두하는 브라질인들의 속성과 부합하는 스포츠였다.

인류학자 다마따는 축구의 매력은 누구에게나 존중되는 규칙의 존속 때문이라고 주장한다. 권력가나 부유층에 유리한 법이 존재하는 사회에서 축구는 돈보다, 지연보다 재능을 중시하고 모든 이들을 평등하게 한다. 이처럼 축구 경기에서는 사회정의가 가능한 것이다. 그리고 그것은 모든 이들의 즐거움으로 승화된다.

사회학자 프레이레도 축구가 매력을 끄는 이유는 '그것이 더 이상 규율바르고 보수적인 아폴로(Apollo)들을 위한 스포츠가 아니고 마시고 떠들고 노는 디오니소스들을 위한 스포츠이기 때문이다.'라고 정의한다. 아폴로와 디오니소스는 대칭적인 개념으로 사용되며, 전자가 이성적이고 냉정한 인간형에 비유된다면 후자는 술 마시고, 제멋대로 구는 낙천적 인간형을 상징한다.

브라질 축구는 스포츠와 삼바의 혼합물이다. 경기 시작 전부터 열광하는 팬들은 끝나는 순간까지 드럼을 두드린다. 이런 행위는 삼바 춤의 형태로

드리볼하는 선수들의 리듬감을 강화시키기 위한 것이다. 그들 모두의 움직임은 삼바 춤의 특징 중 하나인 자연스러움이 그대로 스며 나오는 것과 같다. 때문에 시합에 참여하는 군중은 단지 구경꾼이 아니니다. 그들은 경기 시작 전부터 이 행복한 의식의 참여자가 된다. 폭죽을 터트리고, 응원가를 부르면서 그 에너지를 먹고 사는 선수들과 그들은 공생관계에 들어간다. 그리고 대중의 열광은 골 득점에 의해 오르가즘으로 극도에 이르게 된다. 이것이 브라질인들의 특성인 즐거움을 유발하는 현장이다.

브라질인들은 종종 온 국민들이 극단적인 슬픔의 감정에 몰입하는 경향도 강하다. 이러한 감정의 솟구침은 폭발력도 강해서 가히 파괴적인 결과를 자초하기도 한다.

1950년 히우의 마라까나 축구 경기장에서 열린 세계 월드 컵 경기에서 브라질 팀이 우루과이에게 참패했다. 17만 명의 관람객은 슬픔에 잠겼고, 이를 계기로 수많은 국민들이 우울증에 빠지거나 자살하는 거국적인 비극을 연출했다.

1985년 네비스(Tancredo Neves)대통령의 사임 또한 온 브라질 국민을 슬픔으로 몰아갔다. 또한, 1994년 AP통신이 뽑은 스포츠계 최대의 사건 중에는 두 번째로 브라질 출신 카 레이서(Car Racer) 세나(Ayrton Senna)의 충돌사고로 인한 죽음이 있었다. 이 사건으로 브라질 전체가 슬픔과 우울증에 빠졌다. 그러나 동년 7월에 브라질 축구팀이 월드컵 결승전에서 승리하자 전 국민의 슬픔은 일순간 사라지고, 브라질 전체가 축제의 즐거움으로 들썩거렸다.

네비스 대통령의 죽음과의 사투는 브라질 국민적 특성의 또 다른 면모를 보여 주었다. 75세의 정치가가 수술대에 올랐을 때 로마 가톨릭 신자, 신교도 그리고 아프리카 종교의 숭배자들과 동양의 다양한 신앙을 추종하는 사람들 모두가 그의 회복을 비는 기도를 드렸다. 그들은 네비스의 기적적인 회복에 신이 개입하시기를 합심하여 간절히 기원했다.

뉴욕 타임스의 한 기자는 '어떤 사람은 병원 앞 보도를 따라 커다란 나무 십자가를 끌며 기도했고, 다른 사람이 그를 채찍질하며 고행을 실천했다. 많은 사람이 피를 흘리며 무릎으로 기어갔고, 묵주를 굴리며, 기도하고 큰 목소리로 찬송하는 모습도 보였다.'라고 현장을 소개했다. 이러한 광경에서 브라질인들이 즐거움과 슬픔에 민감하고 또한 모두가 한 마음 되는 심성을 지녔다는 것을 확인할 수 있다.

브라질인들의 의사소통방식

의사소통방식은 언어적인 방법과 비언어적인 방법으로 구분된다. 앞서 언급한 브라질인들의 문화적 특성이 의사소통과 어떠한 연관을 갖고 표현되는가를 살펴보고자 한다.

약속

포르투갈인들의 약속이 주로 식당 등에서 이루어지는 것과는 달리 브라질은 사무실을 선호한다. 따라서 약속 시간도 점심시간을 피하는 것이 좋다. 라틴 아메리카 대다수 국가와 마찬가지로 브라질인들은 시간과 일에서 신뢰하지 못할 부분이 많다. 브라질인들은 약속시간보다 10-15분 늦는 것이 관례이다. 그런 이유로 상대가 빨리 서두르는 일이 없으면 사업관계 논의 이전에 가벼운 주제의 담소를 나누는 것이 좋다. 그러나 상 파울루와 같이 국제적인 거래가 많이 이루어지는 대도시에서는 비교적 약속시간의 준수가 철저하다.

브라질의 정식 공휴일은 정월 초하루, 주현절(1월 6일), 부활절(3월 24일), 띠라덴찌스 탄생 기념일(4월 21일), 독립기념일(9월 7일), 공화정 선포일(11월 15일), 성탄절(12월 25일)등이며, 카니발은 지방 공휴일로 지정되어 있다. 브라질에서는 금요일 오후부터 주말의 분위기가 느껴진다. 그래서 금요일 오후부터 일요일까지는 모두가 가족 친지들과 함께 보내는 시간이 됨으로 이때는 약속을 철저히 피해야 한다.

이러한 사전 지식은 브라질인들과의 비즈니스에 크게 도움이 된다. 브라질에서 사업상 강한 유대를 맺으려면 오랜 시간과 돈을 들여야 한다. 그런 노력 없이 비즈니스를 시도하는 것은 아무런 성과를 거둘 수 없다. 그들과의 거래는 상호신뢰를 구축한 다음에야 비로소 성사될 수 있다.

인사와 행동양식

브라질인들은 자신의 감정을 표현하는데 전혀 부끄러움이 없다. 그래서 길가에서 남녀가 포옹하는 경우도 많이 보게 된다. 남녀가 만나거나 헤어질 때 악수하는 것은 일반적이다. 악수도 타민족보다 오래 끌며, 손을 잡은 채로 대화를 계속해 나가는 경우도 많이 볼 수 있다. 또한, 친한 사람끼리의 만남은 악수로 그치지 않고, 신체 일부를 두드리거나 만지는 행위도 뒤따른다. 이러한 몸 접촉은 친밀한 관계임을 확인하는 방법이고, 상대에 대한 관심의 표현이다. 브라질에서 여성끼리의 만남에서는 서로의 뺨에 가벼운 키스를 하며 소리로 표시하는 방법이 있는데 왼쪽 뺨에 먼저 하고 악수와 더불어 행해진다. 볼 키스는 남성과 여성 간에, 때로는 남성들 간에도 행해짐을 유념해야 한다. 남녀 중 한 사람이 미혼이면 결혼의 행운이 있으라는 의미에서 세 번의 키스도 이루어진다.

브라질인들은 미국인이나 일본인보다 서로의 얼굴을 오래 쳐다보며 신체의 접촉도 훨씬 많은 편이다. 얼굴을 보는 것은 상대의 표정을 읽고 상대의 기분상태나 성격을 파악하기 위함이다.

대화

브라질에서는 사람들 간의 대화 시 서로의 간격은 15-30cm 정도이고, 미국은 보통 60cm가 좀 더 된다고 한다. 이것은 브라질인들의 특성인 온정주의와 친밀감의 표시라 할 수 있다. 브라질인들은 가족과 자녀를 매우 자랑스럽게 여기기 때문에 대화 시 상대방의 자녀들에게 관심을 보이면 매우 좋아한다. 대화를 시작하기 전에 축구, 축제 또는 기후 등에 관한 가벼운 대화로 분위기를 고조시키는 것이 좋다. 브라질 남성들은 농담을 즐기고, 큰소리로 웃고 떠드는 편이다. 그들과 대화 시에 인종에 관한 농담은 삼가고, 아르헨티나와의 관계를 논쟁거리로 해선 안된다. 그 밖에도 정치, 종교나 그들의 열등의식을 자극하는 주제는 피하는 것이 상책이다.

접대/ 선물

브라질인들과 처음 만났을 때 매우 독한 커피를 자주 마셔야 한다는 것을 명심해야 한다. 브라질에서 집으로 초대되는 일은 극히 드물지만, 초대를 받았을 때는 꽃을 안주인께 선물하는 것이 좋다. 자줏빛 꽃은 죽음을 상징하기 때문에 피해야 한다. 포르투갈에서 전래한 푸짐한 요리를 함께 즐기는 브라질식 초대는 상대에게는 최고의 영광이요, 강한 신뢰의 표시이다. 물론 처음 만났을 때 선물의 교환은 하지 않는 편이지만 빈손으로 가는 것도 실례이다. 선물의 선택은 중요하다. 비싼 선물은 상대의 의도가 무엇인지 의심할 수 있기에 삼가고, 마음과 정성이 담긴 물건을 택해야 한다. 값싼 선물이라도 진심으로 고마움을 표시하는 그들의 소박한 마음은 초대객을 기쁘게 한다. 피해야 할 선물로는 관계의 단절을 의미하는 칼, 눈물과 이별을 의미하는 손수건, 검은색이나 13의 숫자가 표시된 물건들이다.

호칭

브라질에서 상대를 부를 때는 직책이나 크리스천 이름(성)을 사용하는 것이 일반적이다. 가령 상대가 교수이면 남녀 성을 구분하여 각각 우 프로페쏘르(o Professor)나 아 프로페쏘라(a Professora)로 부르고, 장군이라면 우 제네랄(o General)이라 부른다. 또한, 포르투갈에서처럼 대학 학사출신이면 공식적인 박사학위 취득자가 아니더라도 우(아) 도또르(도또라)를 뜻하는 o(a) Doutor(a) 칭호를 사용한다.

브라질에서는 상대방을 부르는 가장 보편적인 인칭대명사가 보쎄(Você)이다. 포르투갈인들이 즐겨 쓰는 뚜(Tu)는 브라질 아마존지역이나 남부지역에서 친구 사이나 어린이들과 하층민들이 사용한다.

브라질인들이 헤어질 때 인사로 아떼 아마냥(Até Amanhã)을 많이 사용한다. '내일 봅시다.'라는 의미의 이 인사는 브라질인들의 느긋하고 여유를 부리는 습성에서 나온 인사법으로, 그들을 이해하는데 가장 중요한 용어이다. 또한, 브라질인들의 속성을 가장 잘 나타내는 용어로는 뚜두 봉(Tudo Bom)이 있다. 이것은 사람들의 인생사는 어떻게 하거나 결국 좋은 결과를 가져온다는 그들의 낙천적인 성품이 담긴 표현이다. 브라질인들이 살아가면서 부딪히는 인생역경에 대처하는 태도를 설명해주는 이 말에는 긍정적인 사고를 지니면 만사가 해결된다는 희망이 담겨 있다. 결국 '아떼 아마냥'이나 '뚜두 봉'은 브라질 특유의 현실도피 개념의 상징이라 할 수 있다.

의상

보수적이고 격식 차리기를 좋아하는 포르투갈인들과는 달리 브라질인들은 가볍고 실용적인 캐주얼 차림을 즐긴다. 물론 상류층이나 비즈니스 관계의 만남에서 남성이나 여성들이 정장을 차려입는 것은 일반적 관례이다. 그러나 서민들은 화려한 색상의 가벼운 차림이 많다. 우리나라에서처럼 길을 가다가 우연히 자기와 같은 색상, 같은 디자인의 옷을 입은 사람을 보면, 당황해 하거나 부끄러움을 느끼는 경우가 브라질에서는 결코 없다. 소탈하고 타인을 의식하지 않는 그들은 누군가의 의상이 마음에 들면 똑같은 옷이라 할지라도 너도나도 유니폼처럼 입을 수 있다. 이것은 자아 만족을 중시하는 그들의 생활습관에서 연유한 것이다.

식사예절

브라질은 영토가 넓고, 지역에 따라 사는 사람이나 음식도 다양하지만 식사예절은 포르투갈 전통을 많이 따르는 편이다.

식사가 시작되기 전 초대자가 '넝 파사 쎄리모니아(Não faça cerimônia)'라는 표현을 자주 쓰는데 이것은 '사양하지 말고 드세요.'를 뜻한다. 그들의 손님을 환대하는 따뜻한 심성이 담긴 말이다. 식사 전에 손을 깨끗이 닦는 것은 기본예절이고, 반드시 포크와 나이프를 사용하여 음식을 먹지만, 칼을 사용하기 어려운 고기를 먹을 때는 손을 이용할 수 있다.

식사 때 금기사항도 다양하다. 예로서, 모자를 벗지 않고 식사하는 것은 사탄과 함께 식사한다는 의미로 받아들여진다. 포크를 잘못 사용하여 음식을 떨어뜨린 경우는 가난한 사람에게 적선한다는 뜻에서 다시 집어 먹어서는 안된다. 또한, 식사 시 소리를 내며 먹거나, 트림을 하는 것도 상대를 불쾌하게 하는 행위라 피해야 한다. 포도주를 마실 때 약간 흘리는 것은 기쁨이지만, 소금을 흘리는 것은 저주를 뜻한다.

식사 후 테이블에서 이쑤시개를 사용하는 것은 예의가 아니지만 꼭 사용할 필요가 있을 때는 한 손으로 가리는 것이 좋다. 미혼녀가 식탁의 상석에 앉으면 혼사길이 막힌다는 금기도 있다. 음식그릇은 오른손으로 받고, 식사 후 빈 그릇은 왼손으로 건넨다. 그 이유는 오른 손은 축복을, 왼손은 저주를 의미하기 때문이다. 다른 사람이 남긴 포도주를 마시면 그 사람의 비밀을 알아낸다는 의미가 있다.

서양에서 13이란 숫자는 불행을 뜻한다. 최후의 만찬에서 식사 후 맨 처음 일어난 사람이 목매어 자살한 가롯 유다였고, 마지막으로 일어난 예수께서 십자가에 못 박혀 돌아가셨기 때문에 식탁에는 13명의 사람이 앉을 수 없다.

브라질인들은 내일을 향한 큰 기대로, 그들에게 붙여진 '미래의 나라'라는 희망적인 경구를 확고한 믿음으로 받아들인다. 그러나 오늘날 많은 지식인은 우려하고 있다. 비관론자들은 전형적인 자기비하와 더불어 '그러나 미래는 절대 오지 않을 것이다.' 또는 '우리나라는 어찌해볼 도리가 없는 불가능의 나라이다.'라며 패배의식에 사로잡히기도 한다.

어느 누구에게도 예약된 밝은 미래는 없다. 브라질은 미국이 진보해 온 과정에서 겪었던 어려움보다 훨씬 많은 난관에 직면해 왔다. 산업화와 기술향상은 요원하다. 더욱이 19-20세기 초에는 미국에서도 사회, 경제적 불균등이 문제시되었지만, 브라질에서 가진 자와 없는 자 간의 격차는 엄청나게 크다.

1822년 독립 이후 브라질은 많은 변화를 추구했다. 이른바 탈 서구화 정책이 그것이었다. 그러나 지식인들은 선진 서구사회에 대한 열등의식에서 벗어나기 위해 유럽계 이민을 대폭 수용하는 정책을 고집했다. 1888년 노예지도 폐지 이후 급격한 노동력 감소로 브라질 경제의 젖줄인 커피 산업은 큰 위기에 직면했다. 1891년 헌법으로 주 정부에 이민에 대한 자치권이 대폭 허용되자, 노동력을 절실히 필요로 했던 상 파울루 주는 동양계 이민을 받아들여 백화정책을 깨트렸다.

식민시대와 제국시대에 세 인종혼합이 이룩한 문화는 도시 중심의 새로운 이민 유입으로 새로운 면모를 갖춰 나갔다. 브라질은 포르투갈인 외에도 독일, 이탈리아, 스페인, 중동, 동유럽, 일본, 러시아, 미국 외에도 우리나라에서도 많은 이민을 수용하고 있다. 따라서 브라질은 문화적인 면뿐만 아니라 정치사상, 사회제도, 언어, 종교, 음식, 관습 등에서도 또 다른 새로운 모습을 보이고 있다. 다양성은 긍정적인 면도 있으나, 때로는 혼란도 야기한다. 그래서 브라질을 얘기할 때 브라질의 골칫거리(Brazilian Puzzle), 또는 어중간한 지경(Borderlands)이란 표현이 자주 쓰인다.

다행스러운 것은 앞서 언급한 다양한 조건으로 인해 생성된 다민족 사회와 문화가, 세 민족이 이룩한 문화의 원류(Mainstream)에 합류되어 새로운 특징을 이루어 나가고 있다는 점이다. 이러한 의미에서 브라질을 대표할 수 있는 문화코드는 일반적인 자유가 개인에게 주어진 가운데 집단주의 개념이 있는 문화, 가톨릭을 중심으로 타민족과 인종들에 의해 유입된 종교나 숭배사상이 합류된 싱크레티즘의 강한 종교의식, 착한 성품에서 온 친절성과 과도한 자부심이 만들어낸 과장과 호방성, 광활한 영토와 다양한 인종들로 생성된 다양성과 혼합적 특성이 있다. 그 밖에도 브라질인들의 속성을 잘 파악할 수 있는 가장 확실한 방법인 제이찡유, 식민시대의 유산으로 농장주와 예속된 자들과의 관계에서 발전하여 오늘날 전문관료 테크노크라트 사회까지 영향을 미치는 패트론 제도, 육체노동을 경시하고 권위의식에 사로잡힌 브라질 태생 백인들의 속성인 마좀비스무, 젊은 패기와 밝은 미래에 대한 기대에서 싹튼 새로움의 추구 그리고 마지막으로 브라질인들의 심리적 상태를 가장 잘 나타내주는 극단적인 즐거움과 우울함의 표출 등이 대표적인 특징들이다.

오늘날 다민족 사회와 국가들이 안고 있는 문제점들은 많다. 그러나 다양한 문화의 혼합은 신생국 브라질의 정체성 확립에 크게 기여했다. 언젠가 프랑스의 드골 대통령은 '브라질은 진지한 국가가 아니다.'라는 말로 브라질인들에게 큰 상처를 안겨주었다. 아무쪼록 브라질인들이 그들의 이미지를 새롭게 부각시키는 문화코드를 통해 브라질의 참된 모습을 세계 모든 사람들에게 각인 시킬 수 있게 되기를 바랄 뿐이다.

부 록

연대표

식민시대(colonial)

- 1500년

1월 26일: 스페인 항해가 Vicente Yáñez Pinzón이 브라질 동북부 해안에 도착

2월, 3월: 스페인 항해가 Diego de Lepe가 브라질 동북부 해안에 도착

4월 22일: 포르투갈 항해가 뻬드루 알바레스 까브랄이 브라질 동북부 해안에 도착, 공식적인 발견 날짜로 인정됨

1501년: 제노바인 아메리꼬 베스뿌시우와 함께 개척 원정대가 브라질 해안에 도착

1502년: 마누엘 1세가 빠우 브라질의 왕실 독점권 선포, 기독교로 개종한 유태인 페르난두 지 노롱냐가 3년간 브라질 땅 개발권 확보

1503년: 곤살루 꼬엘류의 지휘 하에 브라질 개발 원정대 활동

1511년: Bretoa 호가 Cabo Frio 재외상관에서 빠우 브라질, 열대 동물들과 조류를 실고 포르투갈 귀환

1516년: 끄리스또방 쟈끼스 지휘 하에 해안경비대 활동

1519년: 쟈끼스 원정대의 Prata 강 순시

1526년: 끄리스또방 쟈끼스의 해안 경비 원정대가 프랑스 선박 나포

1530년-1533년: 마르띵 아퐁소 지 소우자의 브라질 식민 원정대 활동

1532년: 소우자가 싸웅 비센찌 마을 창건
사탕수수 경작 시장

1534년: 세습 까삐따니아 제도 실행

1535년: 에스삐리뚜 산뚜 까삐따니아에 빌라 지 비또리아 창건
뻬르남부꾸 까삐따니아에 빌라 지 올린다 창건

1548년: 바이아 까삐따니아를 식민지 수도로 확정
브라질에 최초로 아프리카 노예도착

1549년: 초대 총독 또메 지 소우자 부임
살바도르 시 창건

1553년: 2대 총독 두아르찌 다 꼬스따 부임

1554년: 상 파울루 시 창건
예수회 신부 쥬제 지 안쉬에따와 마누엘라 노부레가 등이 상 파울루 지 삐

라찡잉가 학교 설립

1555년: 프랑스인 니꼴라스 두랑 지 빌레가뇽이 프랑싸 안따르찌까라는 식민지를 과나바라 만에 설립

1558년: 3대 총독 멩 지 싸 부임

1560년: 멩 지 싸 총독이 과나바라 만의 프랑스인들 추방

1565년: 싸 총독의 조카 에스따씨우 지 싸가 싸웅 쎄바스찌앙 두 히우 지 쟈네이루 시 창건

1566년: 마누엘 다 노부레가와 쥬제 지 안쉬에따의 노력으로 따모이오스 원주민의 연맹 해체

1572년: 멩 지 싸 총독 서거
브라질 총독부 이원화

1580년-1640년: 스페인과 포르투갈 합병기
펠리페 왕조(Dinastia Filipina)

1594년: 프랑스인들이 오늘날의 싸웅 루이스 두 마라냐웅에 프랑싸 에끼노씨알 식민지 설립

1602년: 화란인들의 서인도 회사 창건

1609년: 화란인들의 브라질 설탕산업 개입

1616년: 오늘날의 벨렝인 Forte do Presépio 설립

1624년: 화란인들의 첫 번째 침공(살바도르 정복)

1629년: 반데이란찌스가 과이라의 예수회 선교마을 공격

1630년: 화란인들의 두 번째 침공(뻬르낭부꾸 정복)

1637년: 화란의 마우리씨우 지 나싸우가 동북부 통치 위해 브라질 도착

1640년: 포르투갈의 왕정 복고

1648년: 과라라뻬스 전투(화란인들에 대한 첫 번째 승리)

1654년: 화란인들의 항복

1661년: Paz de Haia: 화란인들이 공식적으로 동북부 지역 포기를 인정

1680년: 꼴로니이 두 싸끄라멘뚜 설립

1684년: 마라냐웅에서 벡만의 폭동(Revolta dos Beckman)

1693년: 미나스 제라이스에서 최초로 금 발견

1695년: 도밍구스 죠르지 벨류의 군대가 빨마레스 낄롬부 정복

1705년: 포르투갈인들이 집단으로 미나스 제라이스 이주

1708년: 미나스 제라이스에서 엥보아바스의 전쟁(Guerra dos Emboabas)

1709년: 상 파울루와 미나스 지 오우루 까삐따니아 창건

1710년: 마스까찌스의 전쟁(Guerra dos Mascates)
1715년: 포르투갈과 스페인 간에 유트리히트 조약 체결
1720년: 상 파울루 까삐따니아에서 분리하여 미나스 제라이스 까삐따니아 창건
1727년: 프란시스꾸 지 멜루 빨레따가 프랑스령 기아나에서 빠라에 커피 유입
1750년: 포르투갈과 스페인 간에 마드리드 협정 체결
1759년: 세습 까삐따니아 제도 소멸
1761년: 포르투갈과 스페인 간에 엘 빠르두 조약 체결
1763년: 히우 지 쟈네이루로 수도 이전
1777년: 포르투갈과 스페인 간에 산뚜 일데퐁수 조약 체결
1789년: 광산촌의 불신(Inconfidência Mineira) 폭동
1792년: 광산촌의 불신 폭동 주모자 띠라덴찌스 처형
1798년: 바이아 혁명 발발
1801년: 포르투갈과 스페인 간에 바다죠스 조약 체결
1808년: 포르투갈 왕실의 브라질 천도
우방국들에 대한 항구 개방
1816년: 도나 마리아 I 세 서거
동 쥬앙 6세 즉위
1817년: 뻬르낭부꾸 혁명
1820년: 뽀르뚜 자유주의 혁명
1821년: 포르투갈 왕실의 포르투갈 복귀

브라질 제국(Império)

• 1822년
1월 9일: 피꾸의 날(Dia do Fico)
9월 7일: 독립 선언
10월 12일: 동 뻬드루 I세 등극
• 1824년
3월 25일: 동 뻬드루 I 세가 브라질 최초의 헌법 승인
1828년: 시스쁠라찌나 전쟁(Guerra da Cisplatina)
1831년: 동 뻬드루 I세 퇴위
1835년-1845년: 파로우필랴 혁명(Revolução Farroupilha)

1840년: 성년 쿠데타(Golpe da Maioridade): 동 뻬드루 2세 14세에 황제 등극

1865년-1870년: 파라과이 전쟁(Guerra do Paraguai)

1870년: 공화주의 성명

- 1888년

5월 13일: 황금법(Lei Áurea) 공표로 브라질에서 노예제도 완전 폐지

공화국(República)

- 1889년

11월 15일: 공화국 선포

1891년: 브라질 최초의 공화헌법 제정

1893년-1895년: 히우 그란지 두 술에서 연방주의자들의 폭동

1894년: 쁘루덴찌 지 모라이스가 최초의 민간대통령으로 당선

1930년: 제뚤리우 바르가스가 쿠데타로 정권장악

1932년: 새로운 선거법 제정, 비밀선거와 여성에게 투표권 부여

1935년: 공산주의 폭동

1942년: 브라질의 세계 2차 대전 참전

1946년: 바르가스 사임 후 에우리씨우 가스파르 두뜨라 장군이 정권 장악

1950년: 제뚤리우 바르가스 대통령 당선

1954년: 바르가스의 자살. 카페 필류 부통령이 대통령직 대행

1955년: 쥬셀리누 쿠비체크 대통령 당선

1960년: 브라질 신수도 브라질리아 탄생

- 1961년

1월: 쟈니우 콰드루스 대통령 취임

8월: 쟈니우 콰드루스 사임; 쥬앙 굴라르 부통령이 대통령직 수행

- 1964년

3월 31일: 군사쿠데타 발발: 쥬앙 굴라르 축출
움베르뚜 지 알렝카르 까스뗄루 브랑꾸 장군 대통령 취임

1965년: 복수 정당제 폐지와 양당제 정착:Arena와 MDB

- 1967년

의회가 여섯 번째 헌법 승인
아르뚜르 다 꼬스따 이 실바 장군이 대통령에 취임

12월: 의회 폐쇄와 AI-5 공포

1969년: 에밀리우 가하스따수 메디씨 장군 대통령 취임

1974년: 에르네스뚜 가이젤 장군 대통령 취임

1978년: 가이젤이 의회에 AI-5 폐지를 위한 수정안 제시

1979년: 쥬앙 바띠스따 지 올리베이라 휘게이레두 장군 대통령 취임

1980년: 노동당 창당

1983년: CUT와 CONCLAT 창당

- 1984년

4월 25일 -Emenda Dante de Oliveira가 의회에서 거부됨

- 1985년

1월 15일: 땅끄레두 네비스가 선거인단 투표로 대통령에 당선

3월 15일: 네비스의 병환으로 부통령 쥬제 사르네이가 대통령직 대행

4월 21일: 네비스 대통령 서거

4월 22일: 사르네이가 공식적으로 대통령직 수행

- 1986년

3월 1일: 신 화폐 끄루자두 발행과 함께 끄루자두 계획 발표

11월 15일: 신헌법 제정을 위한 입헌의회 선거

1988년: 헌법 공포

1989년: 페르난두 꼴로르 지 멜루 대통령 당선

1992년: 꼴로르 대통령 사임. 부통령 이따마르 프랑꾸 대통령직 수행

1994년: 페르난두 엥리끼 까르도수 재무장관의 헤알 계획 착수

1995년: 까르도주 대통령 취임

1999년: 까르도주 대통령 재선

2003년: 루이스 이나씨우 룰라 다 실바 세 차례 패배 후 대통령에 당선

2006년: 룰라 대통령 재선

참고문헌

강석영.민만식.최영수(1993). 중남미사.서울:민음사

강석영.최영수(2005). 스페인.포르투갈사, 서울:민음사

최영수(1995). 라틴아메리카식민사. 서울:대한교과서

Albuquerque, Luís de(1972), *Curso da História da Nautica.* Coimbra:Almedina

Arnold, David(1983), *a Época dos Descobrimentos 1400-1600.* Lisboa:Gradiva

Barreto, Luís Filipe(1987), *Caminho do saber no Renascimento portuguese*, Mem Martins: Publicações Europa-América

Boxer, C.R.(1969), *The Portuguese Seaborne Empire 1415-1825*, Lisboa: Edições 70

Barbeiro, Heródoto.(1999), *Ensaio Geral 500anos de Brasil.* São Paulo: Editora Nacional.

Bethell, Leslie(1989). *Brazil Empire and Republic 1822-1930.* Cambridge; Cambridge University Press.

Burkholder, Mark A.(1994). *Colonial Latin America.* New York: University Press.

Burns, E. Bradford.(1993). *A History of Brazil.* New York: Columbia University Press.

Caldeira,Jorge(1999). *História do Brasil.* São Paulo: Companhia das Letras.

Costa, Manuel Fernandes(1980), *o decobrimento da América e o Tratado de Tordesilhas*, Amadora: Biblioteca Breve

Cotrim, Gilberto(1989). *História do Brasil.* São Paulo: Editora Saraiva.

Crow, John A.(1992). *The Epic of Latin America.* Los Angeles: Berkeley.

Fausto, Boris.(1995). *História do Brasil.* São Paulo: USP

Freire, Maria Célia.(1974). *História do Brasil.* São Paulo: Ática.

Furtado, Celso.(1974). *Formação Econômica do Brasil.* São Paulo: Companhia Editora Nacional.

Golin, Tau(2002). *A Fronteira.* Porto Alegre: L & PM Editores.

Guedes, João Alfredo Libanio(1983), *A União Administração do Brasil Holandes*, Brasilia: FUNCEP

Herring, Clarence.(1962). *A History of Latin America*, 1870-1940. Austin: University of Texas Press.

Hess, David J.(1995). *The Brazilian Puzzle.* New York: Alfred A. Knoph.

Holanda, Sergio Buarque de.(2005). *Raízes do Brasil.* São Paulo: Companhia das Letras.

Keen, Benjamin(1996). *A History of Latin America.* Boston: Houghton Mibblin Co.

Lambert, Jaques(1971). *Latin America.* Berkeley: University of California Press.

Maior, A Souto.(1969). *História do Brasil.* São Paulo: Companhia Editora Nacional.

Marques, Oliveira(1980), *História de Portugal*, Lisboa: Palas Editores

Martinez, Pedro Soares(1983), *História Diplomática de Portugal,* Lisboa: Editorial Verbo,

Mendes Jr, Antonio(1989), *Brasil História vol I*, São Paulo: Editora Hucitec

________, *Brasil História vol II*, São Paulo: Editora Hucitec

________, *Brasil História vol III*, São Paulo: Editora Hucitec

Nadai, Elza(1990), *História do Brasil*, São Paulo:Editora Saraiva.

Santimburgo de, João,(1973), *Tratado Geral do Brasil*, São Paulo: Companhia Editora Nacional.

Scharcz, Lilia Moritz(2002) *As Barbas do Imperador: D.Pedro II.* São Paulo: Companhia das Letras.

Simonsen, Roberto C.(1978). *História Econômica do Brasil.* São Paulo: Companhia Editora Nacional.

Skidmore, Thomas E.(1997). *Modern Latin America.* Oxford: Oxford University Press.

Spate, O.H.K.(1979), *Spanish Lake*, London: Croom Helm sLondon

Stein, Stanley J.(1983). *A Herança Colonial da America Latina.* Rio: Paz e Tena.

Teixeira, Francisco.(1984). *História do Brasil da Colônia à República.* São Paulo: Editora Moderna

논문

최영수(1987), 1500년대 포르투갈의 동양제국에 관한 연구, 사학지, 제21집

______(1988), 포르투갈의 해외영토 확장정책에 관한 연구, 외대논문집, 제21집

______(1989), 포르투갈과 스페인의 교역독점정책에 관한 연구, 외대논문집, 제22집

______(1990), 아비스 왕조의 브라질 식민정책, 한국라틴아메리카학회 논총

______(1990), 포르투갈과 스페인의 식민정책에 관한 비교연구, 박사학위 논문

______(1991), 펠리페 왕조의 이원 왕정에 관한 연구, 외대논문집, 제24집

______(2003), 바스코 다 가마의 생애에 관한 연구, 중남미연구 제22권 2호

______(2006), 세계일주항해가 마젤란에 관한 연구, 중남미연구 제24권 2호

______(2007), 브라질 현대화에 관한 연구, 국제지역연구 제11권 4호

______(2008), 브라질의 국경형성에 관한 연구, 국제지역연구 제12권 3호
______(2008), 파라과이 전쟁과 브라질 체제 변화 연구, 포르투갈-브라질연구 제5권 2호
______(2009), 브라질 과두정치 체제에 관한 연구, 국제지역연구 제13건 4호
______(2010), 브라질 군부정치 체제(1964~1985), 중남미연구 제28권 2호

찾아보기

인명

ㅂ

ㅅ

ㅇ

일반

ㄴ

ㄷ

ㄹ

ㅁ

ㅂ